일제의 종교정책과 천주교회

윤 선 자

景仁文化社

머 리 말

필자는 역사학에 깊은 애정을 느낀다. 특히 우리 나라의 근현대
사에 관심을 가지고 있다. 오늘 우리의 삶과 가장 가깝게 연결되고,
오늘의 삶을 객관적으로 바라볼 수 있으며, 내일을 준비할 수 있는
토대가 되기 때문이다. 그래서 아픔으로 점철되어 있다고 여겨지는
근·현대사에 필자는 각별한 마음을 기울인다.

우리 나라의 근·현대사는 세계사와 복잡한 연결고리를 만들어
가며 엮어졌다. 그리고 그 연결고리를 만들어가는 데 종교가 중요
한 역할을 하였다고 생각한다. 그래서 필자는 우리 나라의 근·현
대사와 종교의 관계를 추적하는데 관심을 두었다. 특히 일제식민통
치기의 민족사를 천주교회를 중심으로 조망해 보고자 노력하였다.

연구를 시작하면서 언제나 머리 속에 가득하였던 생각은 '민족과
종교', '민족사와 함께 하는 종교', 그리고 '민족에게 봉사하는 종교'
였다. 지금도 이 생각에는 변함이 없다. 민족의 정서를 이해하지
못하는 종교, 민족의 삶에 풍부함을 가져다주지 못하는 종교, 민족
을 생각하지 않는 종교는 존재 이유와 활동에 많은 아쉬움을 남긴
다. 종교의 보편성은 민족의 특수성과 균형을 이룰 때 빛을 발할
수 있다. 민족의 특수성은 종교의 보편성만큼이나 중요하다. 따라
서 한국 근대사 안에서 천주교회가 한민족과 함께 하였다면 한 만
큼, 하지 못하였다면 못한 만큼 원인과 결과를 밝혀내고 의미를 부
여하고자 하는 것이 이 연구의 출발이자 결론이다.

천주교회는 세계적인 조직망을 갖추고 있는데, 한국에 진출한 선

교회들의 모국은 다각적인 관계를 만들어냈고, 그 영향력은 한국 근대사를 구성하는 중요 인자(因子)가 되었다. 필자는 천주교회 자체의 역사가 아니라 한국 근대사 안에서 존재하였고 생활하였던 천주교회의 위치와 역할, 세계사와 함께 하는 한국사를 엮어내는 중요한 통로로서의 천주교회와 식민통치권과의 관계 규명에 접근하였다. 또한 선교사와 함께 한국인을 한국 천주교회의 주인공으로 엮어내고자 노력하였다. 그리하여 일제는 한국 천주교회에 어떠한 정책을 수립·시행하였으며, 천주교회는 어떠한 반응을 하였는지 그 원인과 결과를 추적해내고자 하였다.

이 책은 필자의 학위논문 「조선총독부의 종교정책과 천주교회의 대응」을 수정, 보완한 것이다. 많이 부족한 연구지만 이렇게라도 모양을 갖추어 책으로 내놓을 수 있게 된 것은 그간 필자의 학업을 지도 편달해 주신 여러 선생님들 덕분이다.

지도교수로서 이 연구의 계획에서 마무리까지 함께 해주셨던 조동걸 선생님께 감사드린다. 독립운동사 연구에 매진하시는 선생님의 모습은 필자에게 늘 채찍과 격려가 되었다. 선생님의 가르침을 따라 가지 못하는 것이 부끄럽지만, 선생님의 제자임을 필자는 늘 자랑스럽게 생각한다. 선생님께서는 한국 근대사의 큰 흐름을 놓치지 않도록 주의를 주셨다.

이만열 선생님은 논문의 심사위원장으로 논문을 꼼꼼히 읽어주시고 큰 가르침을 주셨다. 기독교와 민족운동의 관계를 추적하고 계시는 선생님의 지도는 필자의 논문에 선학으로서의 고민과 방향 제시라는 가르침을 주셨다.

연구를 시작한 처음부터 내용이 부족하고 잘못된 연구 내용을 일일이 지적하고 고쳐주신 조광 선생님께는 특별히 큰 은혜를 받았다. 공부를 계속할 수 있도록 길을 안내해 주셨고, 공부는 물론 여러 가지로 많은 도움을 아끼지 않으셨다. 논문 심사위원으로도 참여하시어 논문이 완성되도록 배려하셨다. 언제나 진지하고 열정적으로 공부하시는 선생님의 모습은 필자에게 참으로 소중하고 힘이 된다. 박종기·지두환 선생님은 필자의 논문에 심사위원으로 참여하시어 논문이 마무리될 수 있도록 격려하시고 도움을 주셨다.

항상 격려를 아끼지 않으셨던 국민대학교의 김두진·정만조 선생님께 깊이 감사드린다. 깊은 관심을 보여주셨고, 연구자의 자세와 연구 열정을 갖추도록 도와 주셨다. 대학원 수업을 통하여 가르침을 주셨던 윤병석·박병호·한영국·이성무·정두희 선생님께도 감사드린다. 마음 깊은 곳으로부터 배려해 주신 노길명·민현구·박용운·윤경로 선생님께도 감사드린다.

학부 시절부터 많은 가르침을 주셨던 이상식·김동수 선생님을 비롯한 전남대학교 여러 선생님들께 감사를 드린다. 선생님들은 20년 이상 필자가 공부하는 모습을 애정을 가지고 지켜보셨으며 격려하고 배려해 주셨다.

한국근현대사학회에 감사드린다. 학회를 통하여 만난 여러 선생님들의 관심과 가르침은 필자가 공부하는데 계속적인 힘이 되고 있다. 김상기·김희곤·최기영·홍영기·한시준 선생님 등 한국근현대사학회 여러분께 감사를 드린다.

지극한 정성으로 키워주시고 보살펴주신 아버님과 어머님께 이 책을 바친다. 자식의 결정을 큰 믿음으로 도와주셨고, 공부하는 자식이 안쓰러워 늘 마음 아파하였던 부모님께 이 작은 책자로 죄송스러운 마음과 고마운 마음을 전해 드리고 싶다.

원고를 멋진 책자로 만들어주신 경인문화사의 한상하 회장님과 신학태 편집부장을 비롯한 편집부 여러분께도 깊은 감사를 드린다.

2001년 11월
윤 선 자

〈차 례〉

머리말

〈표 차례〉

I. 연구의 목적 및 중요성

일제 강점기의 한국사 연구는 지배정책사와 독립운동사가 양대 산맥을 이루고 있다. 지배정책사는 일제의 한국 지배를 중심으로, 독립운동사는 한국인의 민족운동을 중심으로 일제 강점기를 연구하였다. 한국사는 한국인을 주체로 연구, 기술되어야 한다. 그런데 한국인의 입장에서 일제 강점기를 연구하는 분야는 독립운동사가 중심이 되어 있다. 한국인의 입장에서 서술되는 일제 강점기의 사상사 · 생활사 · 문화사 분야의 연구가 다른 하나의 연구 방향으로 수립되어야 하리라 생각한다. 물론 이러한 연구는 지배정책사 및 독립운동사에 매개되고 영향받을 수밖에 없을 것이다. 이런 관점에서 일제하 한국 천주교회사를 살펴보는 것은 중요한 과제라 생각된다.

일제 강점기 한국 천주교회사는 연구가 아직 미진하다. 그 이유는 일제하 천주교회의 역할이 부정적으로 인식되어 왔기 때문이다. 이러한 인식이 관념적인 시각에서 비롯된 것임은 뒤에서 밝혀질 것이다. 일제하 천주교회사 연구에 거리를 두게 한 또 다른 요인은 관련 자료의 활용이 어렵다는 점이다. 일제하의 천주교회사를 연구하기 위해서는 『ACTA』(교황청관보)[라틴어], 파리외방전교회(Missions Étrangères de Paris)와 관련된 자료로 〈MUTEL문서〉·『MUTEL주교일기』·『DEMANGE주교일기』·『Compte-Rendu』(연보)[이상 프랑스어], 베네딕도수도회(Ordo St. Benedicti, 이하 베네딕도회로 약칭) 관련 자료[독어], 메리놀외방전교회(MaryKnoll Missioners, 이하 메리놀회로 약칭) 관련 자료[영어], 골롬반외방전교회(Columban Fathers, 이하 골롬반회로 약칭) 관련 각종 보고서와 선교사 서한[영어] 등이 기본 자료로 이용되어야 한다. 그런데 이러한 자료들에 대한 해독이 어렵고, 이에 대한 조사와 정리도 이루어지지 않은 상태이다. 이 연구는 이러한 점에 유의하여 지금까지 거의 언급되지 않았던 위의 자료들을 활용하여 일제하의 한국 천주교회사를 새롭게 조명하고자 한다.

우선 이 연구는 일제 식민정권의 종교정책과 천주교회와의 관계 규명을 목적으로 하며, 그 시기는 일제가 식민정책을 실질적으로 시행하게 된 을사조약이 체결된 1905년부터 일제가 물러간 1945년까지를 주된 연구범위로 한다. 이 연구에서는 서구 제국주의 지배구조와 일제 식민지 지배구조와의 관련성이 언급될 것이다. 그리고 천주교회가 일제 강점기 동안 한국에서 이루고자 하였던 목표와 실제로 드러났던 모습과의 차이를 비교·분석하는 과정에서 일제하 한국 천주교회사의 실상이 밝혀질 것이다.

이상과 같은 목적을 수행하기 위해 이 연구는 『교황청관보』(Acte Apostolicae Sedis, 1905-1945)·〈MUTEL문서〉·『MUTEL주교일기』(Journal de Mgr. G. Mutel, 1890-1932)·『DEMANGE주교일기』(Journal de Mgr. F. Demange, 1911-1937)·『파리외방전교회 서울교구연보』(Compte Rendu de la Société des M.E.P. de Seoul,

1878-1938)·『파리외방전교회 대구교구연보』(Compte Rendu de la Société des M.E.P. de Taikou, 1912-1940)·『가톨릭 선교』(Les Missios Catholiques, 1897-1933)·『Bulletin』(1902-1921)·『TABELLA』(1912-1937)·『서울교구지도서』(DIRECTORIUM Missions de Seoul, 1923)·『한국교회 공동지도서』(DIRECTORIUM COMMUNE, 1931)·『오틸리엔 선교지』(Missions-Blätter von St. Ottilien, 1910-1945)·『오틸리엔 연대기』(Chronik der Kongregation von St. Ottilien, 1923-1940) 등의 자료를 적극 활용할 것이다.

이 연구가 의도한 목적이 이루어진다면, 이 연구는 다음과 같은 면에서 그 활용 가능성이 예견된다. 첫째, 한국 천주교회사를 통사적으로 이해하는 데 도움이 될 것이다. 미진한 점이 많은 일제 강점기 한국 천주교회사를 밝혀내기 때문이다. 둘째, 일제 식민정책을 보다 포괄적으로 이해하는데 도움이 될 수 있을 것이다. 일제가 공포하고 시행하였던 각종 식민정책을 분석하고 그것이 한국에 미친 영향을 규명하기 때문이다. 셋째, 일제하 한국사 이해에 폭넓게 접근할 수 있을 것이다. 그 동안 일제하의 한국사 연구에서 천주교회사가 거의 밝혀지지 않았기 때문이다.

Ⅱ. 연구사 검토

일제하 한국 천주교회사를 언급한 최초의 저서는 1931년 조선교구(朝鮮敎區)[1] 설립 100주년을 기념하여 경성교구천주교청년연합

---

1) 1831년 9월 9일 '朝鮮代牧區'가 설립되었는데, 대목구란 교회 조직이 아직 발전 중에 있는 布敎地의 교회조직을 위해 정식 敎階制度에 준한 교구제도이다. 대목구의 전단계로, 지역이 좁거나 교회조직이 덜 발전한 지역에 적용되는 知牧區가 있다. 대목구의 책임자는 代牧, 지목구의 책

회가 경성에서 간행한 『朝鮮天主公敎略史』이다.2) 18세기 중국 교
회와의 접촉부터 1931년까지를 다루고 있는 이 책은 초기 교회사
및 순교사에 관심이 집중되어 있다. 일제하 천주교회사는 1909년
베네딕도회의 진출과 1911년 대구교구 설립, 1920년 원산교구 설립,
1927년 평양교구 설립, 1928년 연길교구 및 황해도 감목대리구(監
牧代理區)3) 설립, 1931년 전라도 감목대리구 설립 및 한국 주교회
의 등이 언급되어 있다. 또한 신자증가표, 1884-1930년의 영세자 총
수, 각 도별 신자 통계, 1930년의 한국 천주교회 현황 등이 부록으
로 언급되어 있다. 이 책은 학술적 방법을 기본으로 서술한 계몽서
이지만 당시까지의 교회사를 언급하였다는 점에서 의의를 지닌다.

『조선천주공교약사』가 간행된 지 31년만인 1962년 유홍렬(柳洪
烈)의 『韓國天主敎會史』가 가톨릭출판사에서 발간되었다.4) 이 책
은 한국인에 의해 체계화된 한국 천주교회의 통사서(通史書)였다.
일제하 천주교회사에 대해서는 안중근(安重根)의 이토오 히로부미

임자는 知牧으로, 지목은 원칙적으로 主敎 품위를 받지 못하며, 대목은
주교이지만 名儀주교이다. 그것은 정식 교구장이 되지 못하고 단지 교황
의 위임으로 교구를 관할하기 때문이다. 대목구와 지목구는 모두 포교성
관하이다(崔奭祐, 1983, 「朝鮮敎區 設定의 敎會史的 意味」, 『敎會史硏究』
4, 韓國敎會史硏究所, 63~64쪽). 한국 천주교회에 정식 교계제도가 설립
된 것은 1962년이다. 1831년 설립된 조선대목구, 1911년 설립된 대구대목
구를 제외하고는 1962년 전까지는 모두 지목구로 설립되었다. 그러나 본
책에서는 대목구와 지목구라는 명칭을 사용하지 않고, 대목구와 지목구
를 모두 '교구'로 통일하기로 한다.

2) 京城區天主敎靑年會聯合會, 1931, 『朝鮮天主公敎略史』, 京城區天主敎靑年
會聯合會.

3) 감목대리구는 교구 차원의 조직이 아니라 교구에 속하는 區劃地區의 하
나이다. 그 地區長을 監牧代理(Vicarius foraneus)라 한다. 황해도감목대
리구도 서울교구의 한 구획이었으나, 언젠가는 독립된 교구로 한국인에
게 넘기기 위한 준비단계로 설정되었다는 점이 보통 감목대리구와 다른
점이다(崔奭祐, 「朝鮮敎區 設定의 敎會史的 意味」, 76쪽).

4) 1984년 가톨릭출판사에서 『증보 한국 천주교회사』 상·하권으로 재간행
하였다.

(伊藤博文) 처단 사건을 빌렘 신부와도 관련하여 서술하고, 각 교
구의 설립 과정 및 일제 말기 교회의 상황을 일제의 탄압이라는 측
면에 시각을 맞추어 간단히 언급하고 있다. 약 1,100면 분량 중 일
제하 교회사로 15면이 할애되어 있는 점에서도 알 수 있듯이 이 책
은 순교사를 중심으로 하고 있기에 호교론적 인식이 강하다. 일제
강점기 부분은 교회의 외적인 발전에만 치중하여 서술하는 한계성
이 있다.

1980년대에 접어들면서 한국 근·현대사 연구가 활발하게 진행
되었는데 이러한 학계의 연구 경향은 천주교회사에도 해당하였다.
1970년대까지 20여 편에 불과하던 개항기 및 한말 국권회복운동기
의 천주교 관련 논문이 1997년 5월까지 100여 편 발표되었고, 일제
하의 천주교회사를 언급한 논문도 60여 편 발표되었다.5) 이는 일
제 강점기의 한국사에 대해서도 독립운동사 연구를 통해 관심을
집중하기 시작한 사학계(史學界)의 연구 동향 때문이었다. 또한
1964년 설립된 한국교회사연구소에서 한국 교회사 관련 자료의 수
집·정리·간행에 주력하였고, 1975년 조직된 교회사연구회를 중심

---

5) 1994년까지의 연구 성과는 조광 교수의 정리에 힘입어 계산하였다. 이후
1997년 5월까지의 연구물은 필자가 개별적으로 정리하였다. 물론 이 숫
자는 순수한 교회사 논문의 편수를 말하는 것이 아니다. 한국 천주교회
사 연구에 관련 있는 논문들을 포함한 것이다. 趙珖, 1982,「韓國 天主
教會史關係 論著의 整理-附 韓國天主教會史 研究文獻目錄(1874-1982)」
『崔奭祐神父華甲紀念 韓國教會史論叢』, 韓國教會史研究所 ; 1988,「韓國
天主教會史關係 論著의 整理 (II)」『教會史研究』6, 韓國教會史研究所 ;
「韓國天主教會史關係 論著의 整理 (III)-1988~1990 -」『誠農崔奭祐神
父古稀紀念 韓國가톨릭文化活動과 教會史』(韓國教會史研究所, 1991) ;
1992. 2·3,「한국교회사 연구의 회고와 전망 (I)-한국교회사 연구문헌
목록(1990.12-1991.11)-」『교회와 역사』201·202호 ; 1993.2,「한국교회
사 연구의 회고와 전망-한국교회사 연구문헌 목록(1991.12~1992.11)-」
『교회와 역사』213호 ; 1994.2,「한국교회사 연구의 회고와 전망 - 한국
교회사 연구문헌 목록(1992.12-1993.11)-」『교회와 역사』225호 ;
1995.2,「한국교회사 연구의 회고와 전망-한국교회사 연구문헌 목록
(1993.12-1994.11)-」『교회와 역사』237호.

으로 교회사 관련 연구가 활발해진 때문이다.

유홍렬의 저술 이후 한국 천주교회사의 시간적 영역을 확대시킨 『韓國 天主敎 200年』이 조광(趙珖)에 의해 1984년 간행되었다.6) 1784년 한국 천주교회의 창설부터 1980년대까지를 언급한 이 책은 일제 강점기와 해방 이후의 교회사에 많은 지면을 할애하고 있다. 한국사의 맥락에서 한국 천주교회사를 서술하고자 노력하였으며, 민족사의 일환으로서 교회사의 위치를 설정해 보고자 하였다.7) 한국사와 교회사의 연계성을 추구하고, 일제 강점기의 교회사에 대해서는 비판적인 시각에서 기술함으로써 교회사뿐 아니라 한국사 전공자들에게도 교회사에 대한 인식을 새롭게 하였다는 점에서 이 책이 갖는 의의는 크다. 강의안을 기본으로 이루어진 책이기에 각주가 생략되어 있고, 체계적인 서술이 이루어지지는 못하였다는 아쉬움이 남는다.

조광의 책이 간행된 이후 10년만인 1994년 문규현이 『민족과 함께 쓰는 한국천주교회사』를 두 권으로 발간하였다.8) 한국 천주교회 창설부터 1980년대 후반까지를 다루고 있는 이 책은 8・15 해방 이후의 교회사에 많은 지면을 할애하고 있다. 그 동안 이용이 한정되었던 일제하 교회사 관련 자료들을 제시하고, 비판적인 시각에서 교회사를 기술하려 하였다는 점에 이 책의 의의가 있다. 그러나 이용 자료에 대한 비판이 결여되어 있고, 선교사들이 작성하였던 자료들에 대한 분석도 충분하지 않으며, 서술상 한국사와의 연계성이 미흡하다는 한계를 갖는다.

일제하 한국 교회사를 연구하려면 한국 교회사 관련 기본 자료들에 대한 분석이 요구되는데 아직은 초기 단계라고 할 수 있다. 제8대 조선교구장 뮈텔이 보관해 두었던 일련의 문서들은 후학들에 의해 〈MUTEL문서〉로 명명되었는데,9) 1871년부터 1925년까지

---

6) 趙珖, 1984, 『韓國 天主敎 200年』, 햇빛출판사.
7) 이러한 저술 목적은 저자도 책머리에서 밝힌 바이다.
8) 문규현, 1994, 『민족과 함께 쓰는 한국 천주교회사』 1・2, 빛두레.

의 교회사 및 한국사와 관련된 내용들을 담고 있는 13,000여 건의
문서들이 개략적으로 소개되었다. 분류와 정리에 치중하여 일제 강
점기의 내용을 담고 있는 문서들은 체계적으로 분석하지 못하였다.
교회사 관련 기본 자료로 일제하 천주교회에서 간행하였던 언론지
들인 『별』,10) 『경향신문』, 『가톨릭靑年』에 대한 분석도 시도되었
다.11) 대부분 천주교회와 한국의 근대화를 연결시키고자 하는 목
적 의식을 강하게 나타내고 있으며, 당시 천주교회가 처해 있던 현
실인 일제 식민당국과의 관계는 살피지 않고 있다.

1980년대를 전후하여 교회와 국가권력 및 정치와의 관계를 연구
한 논문들이 발표되었다. 기독교12)와 불교·유교 및 재래(在來)종
교에 대한 일제의 통치방법을 기술한 강위조(姜渭祚)의 논문이 식
민지 한국에서의 종교정책 연구 분야를 개척하였다.13) 이후 많은
연구자들이 이 분야의 연구에 관심을 기울였다.14) 그런데 그 동안

---

9) 李元淳, 1969, 「Mutel 문서」 『韓國史硏究』 3, 韓國史硏究會.
10) 안홍균, 1988, 「'별'보에 대한 한 연구」 『敎會史硏究』 6.
11) 趙珖, 1978, 「京鄕新聞의 창간 경위와 그 의의」 『京鄕新聞』(影印本), 韓
    國敎會史硏究所 : 宋裕才, 1968, 「光武年代의 京鄕新聞 硏究」, 이화여자
    대학교 신문학과 석사학위논문 : 전선부, 1978, 「애국계몽운동기 경향신
    문의 논설 분석」, 고려대학교 교육대학원 석사학위논문 : 崔鍾庫, 1979,
    「韓末 京鄕新聞의 法律啓蒙運動」 『韓國史硏究』 26 : 崔起榮, 1984, 「舊
    韓末 '京鄕新聞'에 관한 一考察」 『韓國天主敎創設二百周年紀念 韓國敎
    會史論文集』 I, 韓國敎會史硏究所 : 黃明淑, 1988, 「大韓帝國末期 天主敎
    의 實業振興論-'京鄕新聞'論調를 中心으로-」 『敎會史硏究』 6 : 金輔
    璟, 1991, 「韓末 天主敎의 民族運動論 小考-경향신문(1906-1910) 논설
    분석을 중심으로」, 숙명여자대학교 교육대학원 석사학위논문.
12) 기독교는 천주교(Catholic), 개신교(Protestant), 그리스 정교회(Greek
    Orthodox Church), 성공회(Anglican Church) 등을 모두 포함하는 용어
    이다. 이 연구에서는 천주교에만 해당될 경우에는 '천주교', 개신교에만
    해당될 때에는 '개신교', 그리고 천주교와 개신교 모두를 지칭할 경우에
    는 '기독교'라는 용어를 사용하였다. 또한 천주교 선교사는 선교사로, 천
    주교신자는 신자로, 천주교회는 교회로 약칭하였다. 개신교의 경우는 개
    신교 선교사, 개신교 신자, 개신교회로 칭하였다.
13) 姜渭祚, 1977, 『日本統治下 韓國의 宗敎와 政治』, 基督敎書會.

일제의 종교정책을 연구한 논문들은 다음과 같은 경향성을 지닌다. 첫째, 종교별로는 개신교에 집중되어 있고, 시기적으로는 3·1운동 이후 1920년대에 집중되어 있다. 둘째, 3·1운동 이후에 초점을 맞추다보니 일제의 기독교정책을 '교회 탄압'이라는 시각에서 접근, 해석하고 있다. 그러나 교회 탄압이라는 시각은 종교에 대한 박해, 신앙 자유에 대한 탄압으로만 범주가 한정되어 버린다. 셋째, 천황제 국가의 지배 논리 속에서 그와 배치되는 개념으로서 기독교를 규정하고, 그 규정 위에서 일제의 종교정책을 이해하고 있다. 그러나 일제가 내세운 천황제 논리는 신앙의 개념에서가 아니라 식민 통치의 차원에서 설명되어야 한다. 이보다 더욱 아쉬운 점은 일제의 기독교정책은 명문화된 법령에 근거하고 있었는데, 선행 연구는 이에 대한 고찰과 분석을 간과하고 있다는 것이다.

일제하 천주교회의 존재 양태를 설명하기 위해 천주교회와 국가의 관계를 고찰한 논문들은,[15] 일제 강점기 천주교회가 정교분리

---

14) 일제의 기독교정책을 개신교 측면에서 고찰한 원고들로는 다음과 같은 것들이 있다. 朴相權, 1984, 「日帝의 宗敎政策과 韓國宗敎」『崇山朴吉眞博士 古稀紀念 韓國近代宗敎思想史』, 圓光大學校出版部 ; 張秉吉, 1985, 「朝鮮總督府의 宗敎政策」『精神文化硏究』 25 ; 元光浩, 1986, 「日帝의 宗敎政策과 韓國基督敎」, 연세대학교 교육대학원 석사학위논문 ; 韓晳曦, 1988, 『日本の朝鮮支配と宗敎政策』, 朝鮮近代史硏究叢書, 未來社 ; 윤경로, 1989, 「통감부시기 일제의 기독교정책과 조선전도론」『民族文化』 4, 한성대 ; 구라타 마사히코, 1991, 『일제의 한국 기독교 탄압사』, 기독교문사 ; 박승길, 1992, 「일제 무단통치시대의 종교정책과 그 영향」『현대 한국의 종교와 사회』, 文學과 知性社 ; 韓貞烈, 1993, 「朝鮮總督府의 韓國 基督敎 彈壓政策史硏究」, 연세대학교 신학대학원 석사학위논문 ; 李省展, 1993, 「宣敎師と日帝下朝鮮の敎育」『朝鮮民族運動史硏究』 9, 靑丘文庫 ; 이진구, 1996, 「종교자유에 대한 한국개신교의 이해에 관한 연구―일제시대를 중심으로」, 서울대학교 종교학과 박사학위논문.
15) 崔鍾庫, 1983, 「일제하의 한독관계―VI. 분도수도회의 활동」『韓獨交涉史』, 홍성사 ; 崔奭祐, 1982, 「한국교회사에 나타난 교회와 국가」『司牧』 83, 한국천주교중앙협의회 ; 김진소, 1986, 「개화기·일제치하의 한국 천주교회와 역사의식」『새으롬』 9, 대건신학대학 ; 崔奭祐, 1986, 「일제시대의 교회와 국가의 관계」『새으람』 9 ; 1986, 「韓佛條約의 체결과 그후

의 선교정책을 취한 것은 교회를 보호·발전시키기 위해서였다는
주장을 한다. 그러나 정교분리 원칙의 내용, 변천 과정, 적용 내용,
교황청의 방침과 한국 천주교회에서의 실제 적용, 일제의 정교분리
종교정책과 천주교회의 정교분리 선교정책과의 상관성 및 차이점,
그리고 천주교회와 국가권력과의 관계를 국가권력과 선교사들의
관계만을 위주로 고찰함으로써 한국인 신자들의 인식 등은 간과하
고 있다.

　종교와 정치의 관계가 언급되면서 일제하 한민족의 독립운동과
천주교회와의 관계에 대한 연구도 시도되었다.16) 그 한 방법으로
인물 연구가 진행되었는데 민족사적인 시각에서 일제하 천주교회
사를 비판적으로 고찰하고자 노력한 흔적들이 나타나지만 아직은
뮈텔, 빌렘, 안중근 등의 연구에 한정되어 있다.17) 연구범위를 확대

　　의 양국 관계」『韓佛修交 100年史』, 韓國史硏究協議會 : 1987, 「파리外
　　邦傳敎會의 韓國 進出의 意義－한국 진출을 전후한 시기의 국가와 교회
　　의 관계를 중심으로－」『敎會史硏究』 5 ; 盧吉明, 1987, 「開化期의 韓國
　　가톨릭敎會와 國家와의 關係」『가톨릭社會科學硏究』 4, 가톨릭社會科學
　　硏究會 : 1991, 「朝鮮後期 韓國 가톨릭敎會의 民族意識」『誠農 崔奭祐神
　　父古稀紀念 韓國가톨릭文化活動과 敎會史』 ; 盧榮澤, 1987, 「日帝下의
　　敎會와 國家」『가톨릭社會科學硏究』 4 ; 李太載, 1987, 「敎會와 國家」
　　『가톨릭社會科學硏究』 4.
16) 趙珖, 1975, 「日帝侵略期 天主敎徒의 民族獨立運動」『司牧』 42 ; 盧榮澤,
　　1984, 「日帝下 天主敎의 民族運動」『韓國近代宗敎思想史』, 원광대학교
　　출판부 ; 양한모, 1986, 「일제하 민중과 천주교회」『새으람』 9 ; 盧吉明,
　　1991, 「朝鮮後期 韓國 가톨릭敎會의 民族意識」『誠農 崔奭祐神父古稀紀
　　念 韓國가톨릭文化活動과 敎會史』, 한국교회사연구소.
17) 다니엘 부세(Daniel Bouchez), 1982, 「모리스 꾸랑과 뮈텔 主敎」『崔奭
　　祐神父華甲紀念 韓國敎會史論叢』, 韓國敎會史硏究所 ; 金貞松, 1990, 「뮈
　　텔 主敎의 對韓認識과 宣敎政策(1890-1919)」, 이화여자대학교 석사학위
　　논문 : 1991, 「뮈텔 주교의 조선 인식과 선교방침(1890-1919)－정치·사
　　회적 측면을 중심으로－」『誠農 崔奭祐神父古稀紀念 韓國가톨릭文化活
　　動과 敎會史』 ; 오경환, 1994.3, 「안중근과 인천 천주교 초대 주임 빌렘
　　신부」『황해문화』 2, 새얼문화재단 ; 윤선자, 1996, 「'한일합병' 전후 黃海
　　道 天主敎會와 빌렘 신부」『한국근현대사연구』 4, 한국근현대사연구회 :

하여 한국인 천주교신자들과 민족운동과의 관계가 고찰되어야 하
리라 생각한다.

3·1운동과 천주교회와의 관계에 대해서는 3·1운동에 천주교회
도 무관심하지 않았다는 주장들이다.[18] 천주교회의 공식 방침은
3·1운동에 참여하는 것을 금지하는 것이었지만, 개인적으로 참여
한 신자들이 적지 않았다는 것이다. 그러나 선행 연구들은 3·1운
동에 참여하였던 천주교신자들의 활동 양상 및 특징 등에 대한 설
명을 결여하고 있다. 그리고 외국인 주교 및 선교사들이 중심이 되
는 한국 천주교회사 서술에서 벗어나지 못하고 있다.

천주교회와 독립운동과의 관계가 언급되면서 간도에서 전개된
천주교신자들의 독립운동을 연구한 논문도 발표되었다. 경술국치
이후 한국 내에서는 천주교신자들의 독립운동 사례를 발견하기 어
렵다. 그런데 간도 지역에서는 천주교신자들의 독립운동이 활발하
였을 뿐 아니라 천주교신자들로 독립운동단체가 조직되기도 하였
다. 간도에서 조직되고 활동하였던 독립운동단체들에 대해서는 많
은 논문들이 발표되었다. 간도에서 전개된 각 종교집단의 독립운동
에 대해서는 서굉일·박영석·민경배·최봉룡의 논문이 발표되었
고,[19] 간도 천주교회의 독립운동에 대해서도 조광·최석우 등에

井田泉, 1984, 「安重根クキリスト教」『キリスト教學』, 日本立教大學キリ
スト教學會 ; 노길명, 1994, 「安重根의 信仰」『教會史研究』9 ; 조광,
1994, 「安重根의 愛國啓蒙運動과 獨立戰爭」『教會史研究』9 ; 최석우,
1994, 「安重根의 義擧와 教會의 反應」『教會史研究』9.

18) 崔奭祐, 1980, 「韓國宗教運動史-天主教-」『韓國現代文化史大系』Ⅳ,
高麗大學校民族文化研究所 ; 趙珖, 1989, 『韓國 天主教 200年』, 햇빛출
판사 ; 崔奭祐, 1996, 「일제하 한국 천주교회의 독립운동-3·1운동을
중심으로-」『教會史研究』11.

19) 徐紘一, 1981, 「北間島 基督教人들의 民族運動 研究」(Ⅰ·Ⅱ·Ⅲ)『神學
思想』32·34·35 ; 朴永錫, 1985, 「日帝下 在滿韓國人 基督教徒의 抗日
民族獨立運動-1910년대의 西間島地域을 중심으로」『韓國史研究』48 ;
閔庚培, 1991, 「일제하 간도에서의 한국 기독교 과격독립운동」『日帝下
韓國 基督教 民族·信仰 運動史』, 대한기독교서회 ; 崔峰龍, 1992, 「在滿

의해 언급되었다.[20] 그런데 기존의 연구는 간도 천주교회가 독립
운동에 참여할 수 있었던 이유, 참여 과정 및 내용, 천주교신자들
로 이루어진 대한의민단(大韓義民團)의 조직과 활동에 대해 구체
적인 접근을 하지 못하였다. 또한 무장독립운동 못지 않게 독립운
동에 힘이 되었던 교육운동에 대해서도 언급하지 않고 있다.

한국 천주교회는 세계 천주교회의 지역 교회이다. 따라서 한국
천주교회사는 세계사적인 관점에서도 살펴야 한다. 교황청 및 역대
교황들과 한국 천주교회와의 관계를 연구한 논문들도 발표되었
다.[21] 그러나 교황청과 한국 천주교회의 관계에만 관심을 두고 있
으며, 그것도 교황청의 일반적인 동양선교정책선상에서 설명하고
있다. 일제하 교황청의 대(對) 한국천주교회정책의 내용과 실제 적
용 과정, 교황청·일본·한국의 관계는 거론하지 않았다. 교황청의
정책들이 어떠한 과정에서 발표되고, 그러한 지침은 한국 교회에
어떤 영향을 미쳤는지는 설명하고 있지 않다. 1936년 신사참배를
허용한 교황청 포교성의 훈령이 나오게 된 과정, 1942년 한국 천주
교회의 관할권이 일본인 성직자들에게로 이관된 것은 일제하 한국
천주교회사를 교황청과 한국 천주교회와의 관계 속에서만 파악할

朝鮮人 反日民族獨立運動에서의 宗敎의 歷史的 地位에 對하여(1910-1920
년대를 중심으로)」『何石金昌洙敎授華甲紀念史學論叢 韓國民族獨立運動
史의 諸問題』, 범우사. 이 논문들은 간도 개신교신자의 성격, 개신교회와
민족주의의 관계 및 기독교 민족운동에 대해 언급하고 있다.
20) 趙珖, 1975,「日帝侵略期 天主敎徒의 民族獨立運動」『司牧』 42 ; 崔奭祐,
1980,「韓國宗敎運動史-天主敎」『韓國現代文化史大系』 IV ; 尹善子,
1997,「間島 天主敎會의 民族運動」『于松趙東杰先生停年紀念論叢 II 韓
國民族運動史硏究』, 于松趙東杰先生停年紀念論叢刊行委員會 ; 趙珖,
1996,「일제하 무장독립투쟁과 조선 천주교회」『敎會史硏究』 11.
21) 김성태, 1984,「역사 안에서의 교황」『교황 방한과 한국 천주교회-교황방
한기념 교회사특별심포지움 주제논문요지 자료집』; 崔奭祐, 1984,「韓國
天主敎會와 로마 敎皇廳」『韓國天主敎創設二百周年紀念 韓國敎會史論文
集』 I, 韓國敎會史硏究所 ; 김용자, 1985,「敎皇 비오 11세와 東洋 宣敎
政策」『韓國天主敎創設二百周年紀念 韓國敎會史論文集』 II, 韓國敎會史
硏究所.

때 문제가 있다는 것을 말해 준다.

종교와 정치의 관계를 설명하기 위한 방법으로 일제하 한국 천주
교회의 관할권을 지니고 있었던 선교회들에 대한 연구도 진행되었
다.22) 대부분이 한말 국권회복운동기 및 일제하에서 천주교회가 식
민정권에 협력하였던 것은 당시의 상황에서 교회를 보호하기 위해
서 어쩔 수 없었다는 논리를 전개하고 있다. 그러나 천주교회가 일
제식민권력에 협력하였다면 그 이유와 과정은 무엇이었는지, 협력
의 양상은 어떠하였는지 밝혀져야 한다. 또한 그러한 교회의 태도
는 어떠한 결과를 초래하였는지 규명되어야 한다. 선교회를 연구하
면서 선교정책을 고찰한 논문들도 발표되었지만23) 일제의 지배정
책과 연결지으며 당시의 상황을 인식하지 못한 한계성이 지적된다.

일제 말기의 천주교회사에 대해서는 논문이 거의 발표되지 않았
다. 신사참배에 관한 연구가 있을 정도이다. 교회사 내지 신학의
범주 안에서 이루어지던 신사참배문제에 역사학계에서 관심을 기

---

22) 배세영(M. Pelisse), 1984, 「한국 파리외방전교회와 그 선교방침(1831-
1942)」『韓國天主教創設二百周年紀念 韓國教會史論文集』 I, ; 1991, 「파리
외방전교회」『誡農崔奭祐神父古稀紀念 韓國가톨릭文化活動과 教會史』 ;
崔奭祐, 「파리 外邦傳教會의 韓國 進出의 意義 - 한국 진출을 전후한 시
기의 국가와 교회의 관계를 중심으로-」; 洪淳鎬, 「파리 外邦傳教會 宣
教師들의 韓國 進出에 대한 프랑스 政府의 態度」; 盧吉明, 「舊韓末 프
랑스 宣教師의 社會·文化活動」; 吳世完, 「한국에서의 프랑스 선교사의
출판언론 활동」; 宋 敏, 「프랑스 宣教師의 韓國語 研究過程」; 김정옥,
「일제하 프랑스 선교사의 활동」; 이병호, 「프랑스 선교사들의 영성과
한국교회」; 여동찬, 「개화기 불란서 선교사의 한국관」, 이상『教會史研
究』 5, 1987 ; 崔奭祐, 1983, 「韓國 芬道會의 初期 修道生活과 教育事業」
『史學研究』 36 ; 崔鍾庫, 1983, 「일제하의 한독관계 - VI. 분도수도회의
활동」『韓獨交涉史』, 홍성사 ; 백 쁠라치도(Placidus Berger, O.S.B),
1984, 「한국에서의 초기 베네딕도회의 선교방침」『韓國天主教創設二百周
年紀念 韓國教會史論文集』 I ; 홍순호, 1990, 「재한 선교사의 사회활동
-메리놀외방전교회를 중심으로-」『교회와 역사』 179.

23) 崔奭祐, 1984, 「在韓 天主教 宣教師들의 韓國觀과 宣教政策」『崇山朴吉
眞博士古稀紀念 韓國近代宗教思想史』, 원광대학교 출판부 ; 尹善子,
1996, 「日帝下 朝鮮 天主教會의 宣教政策」『北岳論叢』 14.

울이기 시작한 것은 이만열(李萬烈)에 의해서였다. 그는 신사참배
거부를 기독교의 우상숭배 금지가 정치성을 띠고 민족문제와 결부
되면서 항일투쟁의 형태로 나타난 것이라 주장하였다.24) 이후 한
석희와 김승태, 노치준이 이만열과 비슷한 결론으로 이끌어지는 논
문들을 발표하였다.25) 그러나 신념체계의 분석이라는 새로운 방법
론으로 종교학 분야에서 신사참배문제에 접근하였던 이진구는 신
사참배를 거부하였던 사람들 대부분이 황민화정책에 순응하였다는
사실을 들어 신사참배문제를 정치적인 민족의식의 측면에서 논의
하는 것은 지양해야 한다고 주장하였다.26) 그리고 김성건은 종교
사회학적 방법론을 사용하여 신학적 강조·선교정책·교회구조의
차이가 신사참배문제에 대한 장로교·감리교·천주교의 입장 차이
의 원인이 되었다고 설명하였다.27)

  그 동안 신사참배문제에 대한 연구는 주로 개신교회의 입장에서
진행되었다.28) 천주교회는 교황청의 1936년 5월 16일자 훈령을 근
거로 신사참배에 큰 어려움 없이 협력할 수 있었다고 여겼기 때문
이었다. 이러한 기존의 인식에 교황청과 이태리, 이태리와 일본의
정치적 관계, 그리고 교황청의 동양선교정책선상에서 천주교의 신

---

24) 이만열, 1981,『한국 기독교와 역사의식』, 지식산업사, 349∼353쪽.
25) 한석희, 1983,「전시하 조선의 신사참배와 기독교인들의 저항」; 강재언
    편, 1983,『식민지시대 한국의 사회와 저항』, 백산서당 ; 노치준, 1993,
    『일제하 한국기독교 민족운동 연구』, 한국기독교역사연구소.
26) 李進龜, 1996,「종교자유에 대한 한국 개신교의 이해에 관한 연구-일제
    시대를 중심으로-」, 서울대학교 종교학과 박사학위논문.
27) 김성건, 1991,「한국 기독교와 신사참배문제, 1931-1945」『종교와 이데올
    로기』, 민영사.
28) 김양선, 1971,『韓國基督敎史硏究』, 기독교문사 ; 이영헌, 1978,『한국기
    독교사』, 컨콜디아사 ; 한석희,「전시하 조선의 신사참배와 기독교인들
    의 저항」; 강재언 편, 1983,『식민지시대 한국의 사회와 저항』, 백산서
    당 ; 이진구, 1988,「신사참배에 대한 조선 기독교계의 대응 양상」『종
    교학연구』7 ; 김승태, 1991,「1930년대 기독교계 학교의 '신사' 문제 소
    고」『한국 기독교와 신사참배문제』; 김성건, 1991,「한국기독교와 신사
    참배문제, 1931-1945」『종교와 이데올로기』, 민영사.

사참배 용인을 보아야 한다는 언급이 이진구에 의해 제시되었다. 김성건은 박해의 경험, 천주교의 적응주의 선교정책 및 집합주의 구조와 신사참배를 연관시켜 설명하였다.[29]

그러나 개신교의 입장에서 천주교측의 신사참배문제에 접근하였던 논문들은 다음과 같은 점들을 간과하였다. 첫째, 기본 자료인 천주교측의 자료를 활용하지 못하였으며, 둘째로 천주교회가 신사참배를 허용하기까지의 과정과 그 이유에 대해서는 포괄적으로 밝히지 않은 채 교황청이 신사참배 허용 훈령을 내렸다는 내용을 소략하게 다루고 있다. 셋째, 평양교구를 관할하고 있던 메리놀회 선교사들의 신사참배 거부에 대해서는 언급이 없으며, 넷째로 천주교회와 신사참배와의 관계를 1936년 교황청의 훈령에만 한정하여 언급하고 훈령이 나오기까지의 과정, 훈령을 공포한 이유 등에 대한 설명이 부족하다.

한편 천주교측에서 신사참배문제에 접근한 연구자는 최석우와 문규현, 정동훈이었다. 최석우는 한국 천주교회의 신사참배 결정이 교황청과 주일교황사절에 의해 이루어진 타의적인 것이라고 언급하였다.[30] 문규현은 교황청의 신사참배 허용 훈령이 나오기 전부터 『경향잡지』에 신사참배를 허용한 것으로 보아 교황청의 훈령은 교통정리에 불과한 것이라고 하였다.[31] 정동훈은 교황청의 훈령이 일본 천주교회에만 해당되는 것인데 한국 천주교회에까지 확대 적용되었다고 하였다.[32]

이상 천주교측에서 신사문제에 접근한 논문들의 경향 및 한계는 다음과 같다. 첫째, 한국 천주교회의 신사참배 결정이 일본 천주교

---

29) 김성건, 「한국기독교와 신사참배, 1931-1945」.
30) 崔奭祐, 1980, 「韓國宗敎運動史-天主敎-」『韓國現代文化史大系』 IV, 高麗大學校民族文化硏究所.
31) 문규현, 1994,『민족과 함께 쓰는 한국천주교회사』 I, 빛두레, 171쪽.
32) 鄭東勳, 1994, 「日帝 强占期下의 韓國 天主敎會와 神社參拜에 關한 考察」, 가톨릭대학교 신학석사 학위논문 : 1996, 「신사참배에 관한 고찰」『敎會史硏究』11에 재수록.

회의 결정과 이를 근거로 한 교황청의 훈령 때문이었다는, 외적 요
인만을 강조하고 한국 천주교회의 내적 요인은 간과하였다는 점이
다. 둘째, 신사참배 훈령의 적용 대상에 관한 것으로 당시 교황청
에서 인지한 일본 천주교회의 범주는 일본의 식민지에도 해당된다
는 것이 고려되고 있지 않다. 셋째, 교황청 포교성의 신사참배 허
용 훈령이 나오기까지 비온디(Biondi, Fumasoni) 포교성장관의 역
할, 비온디와 주일교황사절 마렐라(Marella)의 관계를 간과하고 있
다. 넷째, 평양교구를 관할하고 있던 메리놀회 선교사들의 신사참
배 불가에서 용인으로의 태도 변화 이유를 설명하는데 일본 천주
교회와 메리놀회와의 관계를 밝히지 않고 있다.

　중일전쟁 이후 일제는 식민지 한국에 전시동원체제를 요구하였
고, 천주교회는 국민정신총동원운동 및 국민총력운동을 통하여 일
제의 침략전쟁에 동원되었다. 1937년 중일전쟁을 도발하면서 세계
침략전쟁에 뛰어든 일제는 국가의 모든 체제를 전시체제로 전환하
였다. 일제보다 생산력 수준이 높은 서구 제국주의 국가들과 전쟁
을 시작하면서는 일본 내에서의 체제 정비와 함께 자신의 식민지
에서 인적·물적 지원을 공급받기 위해 식민통치체제를 전시동원
체제로 바꾸었다. 한국에서 전시동원은 처음에 총동원운동이라는
이름으로, 1940년대에는 총력운동이라는 명칭으로 추진되었다. 총
동원운동이나 총력운동이나 모두가 한국을 침략전쟁에 동원하기
위해 황국신민화(皇國臣民化)와 내선일체(內鮮一體)를 주장하며
일제가 전개한 것이다.

　따라서 1930년대 후반 이후 한국에서 전개된 일제의 식민통치는
전시총동원의 큰 범위 안에서 파악해야 할 것이다. 그런데 아직은
일제 말기에 진행된 총동원체제에 대한 포괄적인 이해가 부족하다.
지금까지 전시체제기에 대해서는 광업·공업·농업정책 등을 중심
으로 경제적인 면에서, 그리고 노동력·군사력·군대위안부 강제
동원을 중심으로 인적인 면에서 일제의 한국 동원 양상을 연구한

논문들이 대부분이었다. 물론 경제적 수탈과 인적 수탈은 상호 영향을 주고 받으므로 비중에 차이가 있을 뿐 인적·물적 수탈 모두가 부분적으로는 언급되고 있다. 이러한 논문들은 각각의 방면에서 심도있게 일제의 전시수탈을 규명함으로써 관련 분야의 수탈 구조와 내용을 밝히는데 기여하였다. 아쉬운 점이 있다면 전시체제기의 모든 수탈이 전시총동원이라는 큰 범위 안에서 이루어졌는데, 그러한 면은 소홀히 취급되었다는 점이다.

이런 점에서 조동걸·김혜수·최유리의 논문은 전시총동원을 연구하는 데 많은 도움을 준다. 조동걸의 논문은 전시수탈문제를 인적 수탈과 물적 수탈로 구분하여 추적함으로써 이 분야에 대한 이해의 폭을 넓혔다.33) 김혜수는 일제가 추진하였던 잠정총동원기간계획에 대해 검토, 그 계획이 1937년 국가총동원으로 실현되었다고 하였다.34) 이 논문은 조선에서의 총동원운동이 1938년부터 시작되었지만 그 준비작업은 이미 진행되었다는 점을 밝혀주었다. 한편 최유리는 전시동원을 내선일체와 관련하여 일본과 조선을 비교하면서 설명하였다.35) 이 논문은 전시동원문제를 포괄적으로 이해하고자 하였다.

전시총동원은 총동원연맹과 총력연맹을 중심으로 한국의 각 분야에서 진행되었다. 연맹들의 중앙조직과 지방조직은 행정 단위를 기본으로 조직되었고, 한국에만 존재하였던 각종 조직은 많은 사람수를 포용하는 곳에서 각기 그 소속 인원을 중심으로 조직되었다.36) 그러므로 전시총동원에 대한 이해는 포괄적인 연구와 함께

33) 趙東杰, 1995, 「日帝末期의 戰時收奪－植民地 朝鮮에서의 실태와 문제－」 『千寬宇先生還曆紀念韓國史學論叢』, 正音文化史 : 1993, 『韓國民族主義의 발전과 獨立運動史硏究』, 지식산업사.
34) 김혜수, 1994, 「1930년대 조선에서의 (極秘) 暫定總動員期間計劃 실시」 『연구논집』 26, 이화여자대학교 대학원.
35) 崔由利, 1995, 「日帝 末期(1938年-45年) '內鮮一體'論과 戰時動員體制」, 이화여자대학교대학원 박사학위논문.
36) 國民精神總動員忠淸南道聯盟, 1939, 「國民精神總動員聯盟結成並ニ組織大

각각의 개별 연맹에 대한 연구가 함께 이루어질 때 깊이를 더할 수 있을 것이다. 아직은 이 분야에 대한 연구가 미흡하다. 특히 기독교의 측면에서 전시체제기에 대한 연구는 신사참배에 집중되어 있을 뿐이다.

태평양전쟁 발발 이후 한국 천주교회는 서구 선교사들이 가지고 있던 선교 관할권을 일부는 이양받았지만, 일부는 일본인 성직자들에게 넘겨주어야 하였다. 한국인 주교 양성에 소홀하였던 한국 교회는 준비없이 한국인 성직자가 관할권 일부를 이양받은 후 전시동원체제를 강요하는 일제에 의해 굴절된 모습을 나타냈다. 아직은 이 부분을 언급한 글이 발표되지 않았다.

Ⅲ. 연구의 범위와 구성

본 연구의 시간적 범위는 대한제국(大韓帝國)의 실제적인 주권이 박탈당한 을사조약이 체결된 1905년부터 1945년 해방 이전까지로 한다. 공간적 범위는 한국 및 한국인 천주교신자들로 이루어진 간도까지 다룰 것이다. 그러나 연구의 필요에 따라 일본 및 한국 천주교회를 관할하였던 선교회들(파리외방전교회·베네딕도회·메리놀회)의 본부가 위치한 프랑스·독일·미국 등도 언급할 것이다. 또한 한국인 신자들이 개척한 간도 천주교회도 범위에 넣을 것이다.

제1장에서는 1910년대 일제의 종교규제법령과 천주교회의 대응 관계를 살펴볼 것이다. 일제하의 대표적인 기독교 규제법령은 사립학교규칙과 개정사립학교규칙, 그리고 포교규칙이었다. 이 법령들은 한국이 일본의 완전한 식민지로 전락한 후 공포되었다. 일제는

綱制定二關スル件」, 120쪽.

한국을 강제 병합한 후 한국에 대한 어떠한 세력도 배제하고자 노력하였다. 그러므로 서구와 연계된 기독교는 한국을 강점한 후 일제가 가장 심혈을 기울여 규제한 종교였다.

따라서 일제의 종교규제법령은 한국을 절대적이고 완전하게 지배하기 위한 일제의 통치정책선상에서 접근해야 한다. 이 연구에서는 일제의 종교규제법령 중 기독교 규제법령들이 어떤 과정을 거쳐 제정되고 공포되었는지, 그 법령들의 내용 및 목적은 무엇이었는지, 그리고 그에 대한 기독교계의 대응 및 결과는 어떠했는지 등을 천주교를 중심으로 살펴보고자 한다. 1910년대에 제정된 이들 법령들과 관련, 당시 개신교는 미국 세력이, 천주교는 프랑스 세력이 후원자였음을 유의해야 한다. 이들 기독교 후원 세력들은 모두가 1910년대에 제1차 세계대전에 직접 관련되어 있었다. 그러므로 1910년대의 기독교 규제 문제는 신앙적이고 종교적인 관점에서만 파악하면 한계를 갖는다.

1910년대 일제의 기독교정책을 살펴보기 위해 서구계 종교와 비(非)서구계 종교에 대한 규제방식을 비교하고, 일제의 기독교정책에 대한 천주교회의 대응을 살필 것이다. 이어 1910년대 일제의 기독교정책을 분명하게 보여 준 법령들을 고찰할 것이다. 그러기 위해 먼저, 종교교육을 규제함으로써 교육에서 종교를 분리시키려 하였던 일제의 종교정책을 사립학교규칙과 개정사립학교규칙을 중심으로 추적하고자 한다. 이는 사립학교규칙을 공포한 과정 및 목표, 그에 대한 교회의 대응 및 결과를 밝히는 것이다. 이어 적극적인 기독교 규제법령이었던 포교규칙에 대해 고찰하여, 포교규칙의 제정 과정 및 목표, 그에 대한 교회의 대응 양상, 그로 인한 결과 등을 밝힐 것이다.

제2장에서는 일제의 식민통치가 강화되어 가는 중에 한국인들이 거족적으로 봉기한 3·1운동과 천주교회와의 관계를 규명하고자 한다. 한민족이 거족적으로 독립을 요구하였던 3·1운동은 민족운

동사에서 큰 획을 그었다는 점에서 많은 연구자들이 관심을 두었다. 그리하여 운동의 배경 및 전개 과정, 성격, 참여 계층, 그리고 역사적 위치를 규명한 논문들이 발표되었고, 3·1운동의 지역적·계층적·종교적 특징과 차이점을 발견해내고자 노력한 논문들도 발표되었다. 그런데 3·1운동 당시 한국의 5대 종교 중 하나로 88,000여 명의 신자 수를 헤아리던 천주교회의 동향에 대해서는 분석해야 할 많은 문제들을 남겨 놓았다.

본 장에서는 한국인 천주교신자들을 중심으로 3·1운동기 천주교회의 동향을 살펴보고자 한다. 먼저 한국인 신자들의 신앙 및 행동 양식에 영향을 끼친 성직자들의 3·1운동에 대한 인식을 외국인 주교 및 선교사와 한국인 성직자로 나누어 고찰해 보려 한다. 성직자들의 인식과 행동에 어떠한 특징이 있었으며, 외국인 선교사와 한국인 성직자의 인식에는 어떠한 차별성이 있었는지, 성직자들의 인식이 신자들에게 어떠한 영향을 미쳤는지를 알아보려는 것이다. 이어 3·1운동에 참여한 천주교신자들이 전개한 만세운동의 양상을 고찰하고자 한다. 어떠한 민족의식을 지녔고, 신앙과 독립운동을 어떻게 인식하였으며, 그들의 민족의식과 독립운동에는 어떠한 한계가 있었는지 살피려는 것이다. 그리하여 3·1운동기 한국인 천주교신자들의 움직임을 설명하고, 독립운동사 안에서 3·1운동기 천주교회의 위상도 자리매김해 보고 싶다.

제3장에서는 한국인 천주교신자들이 전개하였던 독립운동의 양상을 간도로 시야를 확대하여 고찰하고자 한다. 일제 강점기 한국인들에게 주어진 가장 중요한 사명은 한국 독립이었다. 그 임무는 한국 내에 거주하고 있었던 이들뿐 아니라 한국 밖에서 생활하고 있던 이들에게도 해당되는 것이었다. 일제 강점기 한국독립운동은 한국 내에서 뿐 아니라 일본, 미국, 그리고 간도를 비롯한 만주 등 국외에서도 활발하게 전개되었다. 특히 한국과 인접해 있던 간도에서 전개된 독립운동은 경술국치 이후의 한국독립운동사에서 중요

한 위치를 점하고 있다.

간도 천주교회는 지리적으로는 중국 교회에 속하였지만, 인적 구성에서 한국 천주교회에 속하였다. 따라서 교육운동과 무장독립운동을 통해 간도 천주교회가 전개한 독립운동은 한국 천주교회의 지리적인 범위를 넓히는데 기여할 수 있다. 한국 내에서 천주교신자들의 독립운동이 미진하였던 반면 간도 지역에서는 천주교신자들의 독립운동이 활발하였다. 그러므로 한국 내에서와는 달랐던 간도 천주교회의 독립운동을 일제의 간도 침략과 관련하여 살펴보고자 한다.

제4장에서는 3·1운동 이후 1920년대에 전개된 일제의 기독교 회유책에 천주교회는 어떠한 태도를 취하였는지 고찰하고자 한다. 먼저 종교교육과 교회 설립에 편의를 제공하였던 일제의 완화된 기독교정책에 천주교회는 어떠한 반응을 보였는지 조사할 것이다. 이어 3·1운동 이후 선교사 및 교회가 일제에 협력하게 된 중요한 이유였던 종교법인 문제를 살펴볼 것이다. 특히 이 문제는 종교교육 및 교회 설립에 대한 규제를 완화함으로써 기독교를 회유하였다는 그 동안의 인식에 전환을 가져오리라 생각한다.

그 동안의 연구 논문들은 기독교학교에서 종교교육과 종교의식을 허용하고, 교회 설립을 신고제에서 인가제로 전환하였기 때문에 3·1운동 이후 한국의 기독교계가 일제식민정권에 협조하게 되었다고 주장한다. 그러나 3·1운동 이후 한국의 기독교계를 관할하고 있던 선교사들이 종교교육이나 교회 설립보다 더 관심을 두었던 것은 교회자산의 법인화 문제였다. 식민지로 전락한 나라에서 식민지인들을 선교 대상으로 활동해야 했던 선교사들로서는 교회의 법인화가 곧 선교 활동의 보장이었다. 또한 한국에서 지속적으로 교권을 장악할 수 있는 방법이기도 하였다.

종교단체를 법인화한다는 것은 일제의 식민통치에 종교단체가 적극 협력하겠다는 것이었으며, 한편으로는 계속적으로 한국의 기독교계를 장악하겠다는 의미였다. 기독교학교에서의 규제 완화 및 교회 설립 기준 완화는 제1차 세계대전 이후 한국 기독교계에 큰 의미가 없었다. 그러므로 3·1운동 이후 전개된 일제의 기독교 회유책은 기독교학교에서의 종교교육 및 종교의식 허락과 더불어 종교법인 문제를 함께 고찰해야 정확히 파악할 수 있다. 때문에 일제와 한국의 기독교계가 표면상 내세웠던 기독교학교에서의 규제 완화 및 교회 설립 기준 완화에 한국 천주교회가 어떠한 대응을 하였는지 살펴볼 것이다. 이어 종교단체 중 가장 먼저 재단법인 설립을 인가받은 경성구천주교회유지재단(京城區天主敎會維持財團)을 포함하여 한국 천주교회의 재단법인화 과정을 추적할 것이다.

제5장에서는 만주를 침략하면서 시작된 일제의 대륙침략정책과 한국 천주교회와의 관계를 고찰할 것이다. 기독교를 통제하기 위해 취해진 일제의 신사정책과 한국 천주교회의 신사참배 거부 및 허용으로의 태도 변화 과정, 교황청의 신사참배 허용 훈령이 나오기까지의 과정, 신사참배 허용 훈령이 나온 이후 한국 교회의 상황 등을 살필 것이다. 특히 그 동안 간과되었던 교황청과 일본의 외교 관계, 역대 주일교황사절 및 포교성장관의 역할, 신사참배를 반대하였던 평양교구 메리놀회 선교사들에 대한 메리놀회 본부의 태도를 고려할 것이다. 이 문제는 일제의 식민지가 되어버린 한국에 대한 교황청의 입장 및 태도를 설명하는데 답을 제공하리라 생각한다.

제6장에서는 중일전쟁을 도발한 이후 일제가 취하였던 전시 종교정책과 한국 천주교회의 예속화 과정을 살펴보고자 한다. 대륙침략정책이 본격화되면서 일제의 종교정책도 한층 강화되었다. 천주교회의 국민정신총동원연맹 조직 과정 및 내용, 당시 교회와 일제 식민정권과의 관계를 고찰할 것이다. 태평양전쟁이 발발한 후 한국 천주교회의 관할권은 외국인 선교사들에게서 한국인 성직자에게로 이관되는 한편 일부는 일본인 성직자에게로 이관되었다. 당시 한국 천주교회의 운영권이 한국인 및 일본인 성직자들에게 이관된 것은

한국의 기독교계도 장악하려 하였던 일제의 종교정책에 의해 이루어진 것이었다. 교회의 관리운영권도 일제의 식민통치에 좌우되었던 것이다. 교황은 세계 천주교회의 최고 통치권자이다. 한국 천주교회의 관할권자를 임명하는 것도 교황이다. 때문에 한국 천주교회의 상황은 세계 천주교회와 관련하여 살펴야 한다. 일제 말기 한국 천주교회의 상황을 교황청과 일제와 한국사와의 관계 속에서 살펴보고자 한다.

결론에서는 지금까지의 분석을 종합·정리하면서 일제의 종교정책과 천주교회의 대응 관계를 규명하고자 한다. 이러한 작업을 통해 한국 근·현대사 안에서 천주교회사의 위치도 자리매김해 보고 싶다.

제1장

1910년대 일제의 종교규제법령과 천주교회의 대응

일제의 한국 식민지에 대한 통치 목표는 절대적이고 완전한 지배였다. 종교정책 역시 이를 이루기 위한 방향으로 전개되었다. 조선총독부의 종교정책은 통감부 시기의 경험을 바탕으로 1910년대에 기본 골격이 형성되었다. 3·1운동 이후, 그리고 대륙침략전쟁을 시작하면서 변화를 보이지만 적용 형태만 바뀌었을 뿐 기본 방침에는 변함이 없었다. 그러므로 1910년대 조선총독부의 종교정책에 대한 이해는 일제 식민지 시기의 종교정책을 이해하는 데 기조가 된다. 그리고 1910년대의 종교규제법령은 1910년대의 종교정책뿐 아니라 식민지 시기의 종교규제법령 및 종교정책을 이해하는 데도 도움이 된다.

일제는 한국을 식민지화해가면서 서구열강들이 한국에서 갖고 있던 기존의 이익을 침해하지 않을 것이라고 약속하였다. 특히 외국인 선교사들에게는 종교 및 신앙의 자유를 보장하겠다며 회유하였다. 그것은 일본이 기독교 국가인 서구열강의 적극적인 지원 아래 한국의 식민지화를 추진하고 있었으므로 한국에서의 기독교 세력을 무시할 수 없었기 때문이었다. 그러나 한국을 강점한 후 일제는 태도를 바꾸어 서구와 연계된 기독교에도 적극적인 규제를 가하기 시작하였다. 선교사 및 선교사들이 관할하는 교회와 교육·의료기관이 일본의 완전한 한국 지배에 방해가 된다고 여겨졌기 때문이었다. 그리하여 종교와 교육의 분리를 주장하며 선교사를 교육의 영역에서 배제하기 시작하였고, 선교에도 제재를 가하여 기독교 선교 자체도 규제하기 시작하였다. 그 결과 학교에서의 종교교육에 대한 규제가 사립학교규칙 과 개정사립학교규칙으로, 선교에 대한 규제가 포교규칙으로 명문화되었다. 이 법령들은 그후 여러 번 수정되었지만 기본 골격은 일제의 식민통치 기간 동안 변함없이 유지되었다.

1910년대 일제의 기독교정책을 고찰하기 위해 이 시기 일제의 종교정책을 고찰할 것이다. 그 방법은 서구계 종교와 비서구계 종교에 대한 통치방식을 비교하고, 기독교정책에 대한 천주교회의 대응을 살피는 것이다. 그러므로 1910년대 일제의 기독교정책을 명확하게 보여준 법령들을 고찰하고 그에 대한 천주교회의 대응을 추적할 것이다. 첫째, 종교교육을 규제함으로써 교육에서 종교를 분리시키려 하였던 일제의 정책을 사립학교규칙과 개정사립학교규칙을 중심으로 검토할 것이다. 사립학교규칙을 공포한 과정 및 목표, 그에 대한 교회의 대응 및 결과도 살펴보고자 한다. 둘째, 적극적인 기독교 규제법령이었던 포교규칙의 제정 과정 및 목표, 그에 대한 교회의 대응 양상, 그로 인한 결과 등을 밝히고자 한다. 셋째, 1910년대의 기독교 규제법령이 이후 어떻게 변화되었고, 천주교회는 어떤 모습을 취하게 되었는지를 고찰하고자 한다.

I. 통감부의 종교정책과 천주교회의 반응

1905년 을사조약이 강제 체결되고 통감부가 설치되면서 일제의 한국 식민지화는 급속히 진행되었다. 통감부 시기에는 한국인들과 외국인 선교사들의 종교를 통제하기 위해 일제가 제정·공포한 기독교 규제법령이 없었다.[1] 통감부 통치에서 기독교 규제는 중요하거나 시급한 일이 아니었기 때문이다. 당시에는 식민지로서

---

1) "宗敎取締에 關해서는 明治 39年 統監府令 第45號로 內地人의 宗敎宣布 手續節次를 定한 바 있다. 하지만 朝鮮人 및 外國人의 宗敎에 關한 것은 何等 法規도 없어서 그로 因해 布敎所가 함부로 設置되고 있어 그 弊害가 크다"(1911, 『朝鮮總督府施政年報』, 77쪽).

하부 구조를 다지는 작업이 중요한 일이었다. 통감부 시기의 기독교 방침은 한국인의 교화를 시정의 기본 방침으로 삼고, 이를 위해 선교사로 하여금 국민교화를 담당하게 하며, 이러한 기능에 충실할 경우 통감부가 재정을 지원한다는 것이었다.2) 그러므로 통감부의 통치 방침에 어긋날 경우 기독교를 규제한다는 것은 자명한 일이었다.

통감부 시기 일제가 마련한 기독교 규제법령은 재한 일본인을 대상으로 1907년 공포한 「종교의 선포에 관한 규칙」이었다. 이 법령은 기독교를 신도(神道)와 불교에 비해 상대적으로 차별하였고, 포교 활동의 인가를 통하여 종교 통제를 모색하였다.3) 당시 일본 국내에서 보편화된 기독교에 대한 부정적 인식과 종교 일반에 대한 통제 의지를 그대로 반영한 것이었다.4)

한국에서 기독교는 국권회복운동의 온상이었고, 기독교학교들에서는 구국교육운동이 전개되었기 때문에 기독교정책은 통감부에 중요한 의미를 지니는 것이었다. 일제가 기독교에 주의를 기울였던 또 다른 이유는 한국의 기독교계를 관할하고 있는 이들이 외국인 선교사들이기 때문이었다. 한국에 을사조약을 강요하기 이전 서구 열강과 각종 조약을 체결하여 한국을 반(半)식민지화하는데 승인을 받았으므로5) 일제로서는 선교사들로 인하여 외교문제를 일으

---

2) 박승길, 1992, 「일제 무단통치 시대의 종교정책과 그 영향」, 『현대 한국의 종교와 사회』, 文學과 知性社, 38쪽.

3) "帝國에 있어서 神道, 佛教, 其他 宗教에 屬하는 諸宗教로서 布教에 從事하려 할 時는 該當 管長 또는 此에 準할 者, 韓國에 있어서의 管理者를 選定하고 履歷書를 添附하고 다음 事項을 갖춰 統監의 認可를 受함이 可하다"(1907, '統監府令' 제45호 ; 1907, 『統監府公報』).

4) 이진구, 1996, 「종교자유에 대한 한국 개신교의 이해에 관한 연구－일제 시대를 중심으로－」, 서울대학교 종교학과 박사학위논문, 63쪽.

5) 1905년 7월 일본수상 가쓰라(桂太郎)와 미국의 육군장관 태프트(Taft) 사이에 맺어진 가쓰라－태프트 비밀협정은 일본의 한국에서의 정치ㆍ경제ㆍ군사상의 이익을 미국이 인정하고, 일본은 미국의 필리핀에서의 이권을 인정한다는 것으로 침략을 상호 보장하는 것이었다. 또한 1905년 8

키고 싶지 않았을 것이다. 일제가 주의와 관심을 기울인 것은 기독
교가 아니라 기독교를 한국에 포교하는 선교사들이었다. 그것은 그
들이 한국에서 오랜 동안 거주하였으므로 일제의 한국 침략 과정
과 한국인들에 대한 억압·착취, 그리고 이에 저항하는 한국인들의
정서를 가장 잘 이해하고 있었기 때문이다. 또한 을사조약이 강제
체결된 이후 각국의 외교공관들이 철수한 상태에서 일제에 불리한
정보와 여론이 외부 세계로 전파될 수 있는 유일한 통로였다는 것
도 이유였다.

통감부 시기 일제의 한국 기독교 대책은 이토오 히로부미(伊藤
博文)의 의견 및 태도와 거의 일치한다. 한국통감은 1905년 12월
20일 제정·공포된 「통감부 및 이사청(理事廳) 관제」에 의하여 한
국에서 일제가 수행하는 침략정책의 최정점에 위치하게 되었으므
로 모든 권력을 장악할 수 있었다.6) 그리고 이토오는 초대 통감으
로 1909년 6월까지 재직하여,7) 통감부 시기 한국에서 행해진 식민
정책의 대부분이 그에 의해 이루어졌다.

이토오의 한국 통치의 기본 방침은 두 가지였다. 하나는 외교권
박탈에 따른 한국인들의 저항을 누그러뜨리는 것이었고, 다른 하나
는 한국 통치를 통해 일제가 동양의 유일한 '문명 개화국'이라는
것을 대외적으로 홍보·선전하는 것이었다.8) 한국인들의 저항을
소멸시키고자 일제는 친일분자를 귀족·양반·유생·부호·교육
자·종교가들에게 침투시켜 그 계급과 사정에 따라 각종 친일단체
를 조직하게 하고, 많은 자금을 지원하였다.9) 또한 선교사를 우

월 12일 개정된 영일동맹은 "한국에서 일본의 정치·군사 및 경제상의
탁월한 이익을 인정하는 한편, 지도·감리 및 보호를 일본이 한국에서
집행하는 권리를 승인한다"고 하였다(信夫淸三郎·中山治一, 1959, 『日
露戰爭史の硏究』, 370~374쪽).

6) 통감에 대해서는 박만규, 1994, 「보호국체제의 성립과 통감정치」『韓國
史』11, 한길사 206~210쪽 참조.

7) 1909년 6월 14일 부통감 曾禰荒助가 제2대 통감이 되었다.

8) 渡部學(김성환 역), 1984, 『한국근대사』, 동녘, 79~84쪽.

대·회유하여 대외 선전에 이용하였으며 나아가 일본의 한국 통치를 칭찬하도록 유도하였다.[10] 서구의 기독교 강국인 미국과 영국의 묵인하에 을사조약을 체결할 수 있었던 만큼 일제는 국제 외교를 전개하는데 기독교를 의식하지 않을 수 없었다.[11] 일제는 이러한 두 가지 목적을 동시에 이루기 위한 방법의 하나로 기독교 세력의 친일화 유도책을 추진하였다.

을사조약의 체결로 사실상 한국의 주권이 일본에 넘어가자 재한 선교사들은 불안해하였다. 한국에서 그들이 소유하고 있던 재산권이 상실당하거나 선교 활동에 타격을 입지 않을까 하는 위기감을 느꼈던 것이다. 일제의 기독교 회유정책은 불안감을 느끼고 있던 선교사들의 기득권을 보장해 주는 조치로 시작되었다. 일제는 선교사들이 한국에서 누려왔던 각종 기득권을 법적으로 보장해 주었다. 예컨대 선교사 명의로 되어 있는 교회부지, 전답, 선교사 주택 등의 소유권을 을사조약 체결 이후에도 계속 인정해 줌은 물론 면세 특권까지 부여하였다. 1909년 공포된 가옥세·주세·연초세 징수의 대상에서 "본 법의 준수 여부를 각자의 자유의사에 맡긴다"는 면세특권을 허락하였다.[12]

이러한 특혜 조치는 기존에 한국과 외교 관계를 맺고 있던 모든 외국인에게 해당되는 조치였으며 선교사들만을 위한 특례 조항은 아니었다. 그러나 당시 선교사들은 적지 않은 토지와 가옥 및 각종 이권을 갖고 있었기에 통감부의 특혜 조치는 이들을 친일화로 유도하는 데 결정적으로 작용하였다. 선교사들은 선교를 목적으로 한 토지와 가옥의 소유 이외에도 개항 이후 계속된 정치·사회적 불

---

9) 김남식, 1984, 「일제의 사상통제와 한국교회의 변절」『神學指南』 겨울호, 174~175쪽.
10) 한석희 지음(김승태 옮김), 1990, 『일제의 종교침략사』, 기독교문사, 81쪽.
11) 한정렬, 1993, 「조선총독부의 한국 기독교 탄압정책사 연구」, 연세대학교 신학 석사학위논문, 10쪽.
12) 朝鮮總督府, 1918, 『朝鮮の保護及併合』, 235쪽.

안으로부터 생명과 재산을 보호받기 위해 기독교에 입교한 한국인
들이 자신의 토지와 가옥을 선교사 명의로 변경해 놓은 경우가 많
아 선교사들 소유로 되어 있던 부동산이 적지 않았다.[13]

선교사들이 일제 통감부에 접근한 또 다른 이유는, 한국은 자체
역량으로는 독립을 유지할 수 없다고 생각하였기 때문이었다. 일본
에 의한 시정(施政) 개선만이 한국의 봉건적 인습과 모순을 극복
하고 한국인의 행복한 삶을 보장해 줄 수 있다고 믿었던 선교사들
의 상황 판단이 이토오에 대한 호의로 표현되었다.[14] 재한 선교사
들과 재한 외국인들은 대부분 을사조약을 식민지배체제의 완성으
로 이해하였다. 따라서 그 이후의 협약이나 1910년의 강제 합병조
약에 의미를 부여하지 않았다.[15]

그러나 선교 활동의 보호·원조에도 불구하고 통감부와 기독교
는 항상 미묘한 대립 관계에 있었다. 통감부의 기독교 대책은 한국
인 기독교 신자들과 선교사를 분리시켜 한국인 신자들을 회유·친
일화를 유도하고, 선교사와는 관계를 악화시키지 않고 유연하게 점
진적으로 회유·소외시킨다는 것이었다.[16] 을사조약 체결 이후 일
제는 한국의 기독교신자들을 배일적이라고 비난하였다. 그리고 한
국 교회를 "일본의 압박을 달갑게 여기지 않는 자가 십자가 아래
모여 십자가 보호 밑에 세력을 양성하여 장차 십자군병을 일으켜
일본의 세력을 한국에서 축출하자는 데" 그 목적이 있다고 분석하

---

13) 윤경로, 1989, 「통감부시기 일제의 기독교정책과 성격」『民族文化』 4 ;
   1992, 『한국 근대사의 기독교사적 이해』, 역민사, 145쪽.
14) "이등이 통감이 되자 '백성들이 새 지도자에게 복종하고 현재의 조건(통
   감정치)을 최대한 이용하여 개혁을 추진하는 것이 좋을 것'이라는 것이
   당시 한국에 거주하고 있는 유럽인과 미국인 대부분의 생각이었다"(F.
   A. McKenzie(이광린 역), 1977, 『한국의 독립운동』, 일조각, 149~150쪽).
15) *The Korean Mission Field*, Vol. IV, March 1908, No.3, 14쪽 ; *The
   Annual Report of the Board of Foreign Mission of the Presbyterian
   Church in the U.S.A.*, 1906, 236쪽.
16) 尹建次, 1982, 『朝鮮近代教育の思想と運動』, 東京大學出版會, 271쪽.

였다.17)

　일제의 기독교 규제는 교육 분야에서 시작되었다. 1908년 8월 26일 친일정권에 의하여 공포된 「사립학교령」(칙령 제62호)18)은 학교 설립에 학부대신(學部大臣)의 인가를 요구하였다. 당시 대부분의 사립학교는 재정이 취약하여 사립학교령의 요건을 구비하기 어려웠다. 사립학교령이 공포되자 한국인의 반발이 일었고, 많은 사립학교를 운영하고 있던 선교사들의 반발은 강도가 더하였다. 통감부는 선교사들이 운영하는 사립학교에 대해서는 서류작성만을 요구하였다.19) 그러나 사립학교령은 기독교 규제를 예고하는 것이었다. 사립학교의 설립에 인가제를 도입함으로써 기독교학교에 부담을 주기 때문이었다.

　사립학교령이 공포되자 천주교측에서는 법령을 환영하지는 않지만 법을 준수하겠다고 하였다.20) 조선교구장 뮈텔(Mutel, Gustave, 1854~1933, 한국명 閔德孝) 주교는 천주교 선교사들에게 학교 인가가 아무런 이익도 없겠지만 불편도 없을 것이라며 학교 인가를 신청하라고 통지하였다.21) 반면 개신교 선교사들은 사립학교령을 따르겠지만 그 전에 인가된 학교에서의 기독교 교육의 자유, 기독교학교 사업을 계속하기 위한 학교간의 상호 협조, 기독교학교와 그 학교 졸업생들이 공립학교와 같은 인정과 대우를 받게 해 줄 것

---

17) 『日本公事館記錄』, 1905년 顧問警察報告, 「耶蘇敎會立會의 件」, 13~14쪽.
18) 『官報』 1908년 9월 1일.
19) 孫仁銖, 1971, 『韓國近代敎育史』, 연세대학교출판부, 63쪽.
20) "이 법이 임의 낫슨 즉 우리가 그 법을 됴하는 아니ᄒᆞ나 불가불 그 법대로 ᄒᆡ기를 힘쓸지로다"(1908.9.18, 「ᄉᆞ립학교에 큰 샹관되ᄂᆞᆫ 규측」 『京鄕新聞』).
21) 1908년 12월 14일 선교사들에게 통지서를 보냈다고 한다(『MUTEL주교일기』, 1909.2.23). 『MUTEL주교일기』(Journal de Mgr. Mutel)는 파리외방전교회원이며 제8대 조선교구장이었던 뮈텔이 교구장으로 임명된 소식을 접한 1890년 8월 4일부터 사망 직전인 1932년 12월 31일까지 써놓은 일기이다. 현재 프랑스 파리의 파리외방전교회 古文書庫에 보관되어 있으며, 한국교회사연구소에 마이크로피쉬본이 소장되어 있다.

등을 요구하였다.[22]

한국 천주교회는 사립학교령에 불만스러워하지 않았다. 학부에서 모든 학교에 법적 인가를 요구하였지만, 종교계 학교에는 종교교육의 자유를 주었다고 인식하였다. 그래서 천주교학교 대부분이 인가를 신청하였고, 어려움없이 인가를 받았다고 하였다.[23] 그러나 천주교측 통계와 학부 자료를 비교해보면 천주교회에서 운영하고 있던 많은 학교들이 학부 인가를 받지 못하였음을 알 수 있다. 교회 자료에는 1910년 학교 수가 124개로 기록되어 있는데[24] 학부 자료에는 1910년 2월 인가를 받은 천주교학교가 46개교로 기록되어 있다.[25] 78개교는 인가를 받지 못하였다는 것이다. 46개교의 인가는 당시 천주교학교 중 37%만이 인가를 받았다는 의미이다.

천주교학교의 인가율은 개신교학교의 인가율보다 낮았다. 개신교 선교회의 기록에 의하면 장로교는 605개, 감리교는 200여 개의 학교를 운영하고 있었는데 학부 자료에는 각각 501개교와 158개교를 운영하고 있는 것으로 기록되어 있다. 각각 83%와 78%의 인가율로 천주교학교 인가율의 2배 이상이다. 결국 천주교회는 사립학

---

22) 『MUTEL주교일기』 1909.2.23.
23) C-R-Chosen. 1909. C-R(*Compte-Rendu de la Société des Missions Étrangères de Paris*)는 파리외방전교회 파리본부에서 선교사들에게 제공하기 위해 각 포교지로부터 접수한 敎勢報告를 하나로 묶어 연간으로 간행한 것이다. 1841년 창간되었고, 한국에 관한 기록은 1846년부터 찾아볼 수 있다. 현재 한국교회사연구소에 1질이 소장되어 있다. 1831년 설립된 朝鮮敎區는 1911년 서울교구와 대구교구로 분리되었다. 따라서 이 책에서는 1911년까지는 C-R-Chosen으로 1912년부터는 서울교구보고서는 C-R-Seoul로, 대구교구보고서는 C-R-TaiKou로 표기하기로 하겠다.
24) *1901~1910년 천주교학교 현황

연 도	1901	1902	1903	1904	1905	1906	1907	1908	1909	1910
학교수	76	53	88	75	58	72	77	112	135	124
학생수	717	623	782	693	578	739	1,205	2,247	3,480	3,048

(C-R-Chosen, 1901-1910).
25) 俵孫一, 1910, 『韓國教育の現狀』, 學部, 55~56쪽 ; 孫仁銖, 『韓國近代教育史』, 79쪽.

교령에서부터 학교 운영에 어려움을 겪고 있었다는 것을 알 수 있다. 천주교회는 직접 선교 방법을 채택한 결과 학교 운영에 개신교회보다 소극적이었다. 그러나 한말 국권회복운동기에는 천주교회에서도 학교 설립이 활발하여 60여 개의 학교를 새로이 설립, 개편하였다.[26] 사립학교령이 공포되었을 때는 천주교회 내에서도 교육에 대한 욕구가 강하였다. 천주교측에서 37%의 학교만을 인가받으면서도 불만스러워하지 않았다는 것은 인가를 굳이 필요로 하지 않았다는 의미로 해석할 수 있을 것이다. 이러한 자세는 이후에도 천주교회가 학교 설립에 관심을 덜 기울이게 되는 요인으로 작용하였다.

일제는 기독교 회유정책을 추진하면서도 기독교계에 대한 경계를 게을리 하지 않았다. 그들은 선교사뿐 아니라 한국인 성직자의 명단을 요구하였다.[27] 통감 이토오 히로부미는 한국에서 선교 활동 중이던 프랑스인 선교사들을 다른 선교회 선교사들로 교체해 줄 것을 교황청에 요구하기도 하였다. 그러나 프랑스인 선교사들이 친로배일(親露背日)의 감정을 갖고 있는 한국인 신자들에게 일본에 대한 증오심을 심어 주기 때문이라는 이토오의 요구는 받아들여지지 않았다.[28] 그런데 1903년 그의 교황 방문은 일본의 식민지가 되어 가고 있는 한국의 상황을, 그리고 한국의 지배자가 일본이라는 것을 교황청과 프랑스인 선교사들에게 인식시키기에 충분하였다.

이토오는 기독교신자는 아니었다. 그가 기독교의 영향력에 대해 결정적으로 인식하게 된 것은 이와쿠라(岩倉具視) 구미사절단의 일행으로 서구 사회를 돌아본 이후였다. 1873년 귀국 직후 일본정

---

26) 崔奭祐, 1980, 「韓國宗教運動史 – 天主教」 『韓國現代文化史大系』 IV, 高麗大學校 民族文化硏究所, 214~215쪽.

27) 『MUTEL주교일기』, 1908.11.19.

28) 김진소, 1996, 「일제하 한국천주교회의 선교방침과 민족의식」 『敎會史硏究』 11, 22~23쪽.

부에 제출한 보고서는 그의 그러한 인식을 잘 말해 준다.[29) 이토오
는 선교사들에게 한국 통치에 대한 조언을 부탁하였고,[30) 선교사
에 대한 예우와 회유정책을 구상하였다. 수단은 다를지라도 목적은
마찬가지라며 선교사들에게 종교 도덕의 측면을 담당해 줄 것을
부탁하였고, 그에 대해 원조할 것을 약속하였다. 정치적인 일은 자
신이 맡을 것이니 선교사들은 정신적인 면에서 한국인을 맡아달라
고 하였다.[31) 그러나 이때 이토오가 강조한 것은 정치와 종교의 상
호 불간섭이라기보다는 종교의 정치불간섭이었다. 종교가 정치에
간여하지 않고 비정치적인 '순수한 교화활동'에 전념할 때 비로소
정치와 종교의 협력관계가 가능하다는 논리였다. 종교의 철저한 탈
정치화가 강조된 것이다.[32)

천주교측에서는 을사조약이 체결되자 개신교 선교사들이 일본과
각종 조약을 맺고 있던 영국 내지 미국 국적민이라는 데 긴장하였다.

　"영국 목사들은 영일동맹을 자랑한다. 미국 목사들은 우호적인 미일 관계

---

29) "우리들은 가는 곳마다 기리스단 해방과 信敎의 자유를 요구하는 외국
인의 강력한 요구에 접하지 않을 수 없었다. 생각컨데 차제에 전자에 대
해서는 속히 해방시켜 주고 후자에 관해서도 곧 자유롭고 관대한 조치
를 취하지 않는다면 도저히 외국 신민과의 우호적 관계를 기대할 수 없
다"(1940, 「宗敎史」『現代日本文明史』 16, 東洋經濟新聞社, 110쪽).

30) 통감 취임식에서 이토오는 뮈텔 주교와 다음과 같은 말을 나누었다.
"'한국에 오신 지 몇 년이나 됩니까?' '곧 30년이 됩니다.' '그러면 한국
인들보다 한국을 더 잘 알겠군요.' '천만에요.' '이곳에 새로 와서 정보가
필요합니다. 그러니 조언을 해 주십시오.' '제가 조언을 드리다니 송구스
럽습니다.'"(『MUTEL주교일기』, 1906.3.28).

31) 어느날 이토오는 한일 양국의 미국 북감리교회 감독인 해리스(Harris)에
게 다음과 같은 말을 하였다고 한다. "정치상 일체의 사건은 불초 본인
에게 맡기고, 금후 조선에서 정신적 방면의 계몽 교화에 관해서는 원컨
데 귀하 등이 그 책임을 맡아 주시오. 이렇게 하여야 그야말로 한국 인
민의 유도 사업은 비로소 완전하게 이룰 것이오"(朝鮮總督府, 1921, 『朝
鮮の統治と基督敎』, 6쪽).

32) 이진구, 「종교자유에 대한 한국 개신교의 이해에 관한 연구-일제시대를
중심으로-」, 63쪽.

등 통감부의 호의를 예견할 수 있는 것은 무엇이든 그들의 신자들에게 자랑한다. 목사들은 순진한 한국인들 앞에서, 가능한 한 천주교신자들이 있는 곳에서 수없이 되풀이 된 천주교에 대한 공격을 늘어놓는다. 왜 천주교 신부들은 결혼을 안하는가? 왜 성모와 성인들의 화상(畫像)을 공경하는가? 왜 미사예물을 받는가? 왜 천주교 신부는 성사를 주러 다니면서 신자들의 비용으로 숙식하고 일종의 헌금을 받는가?"[33]

개신교 선교사들보다 열악한 위치에 놓이지 않을까 하는 우려에서였다. 천주교 선교사들은 통감부가 설치되자 일본으로 인하여 한국에서 진보적이고 과학적인 문명이 발달하고 있다고 일본의 행위에 긍정적인 평가를 하였다.[34] 1909년 5월에는 통감부 경무국 오이시(大石)를 방문하여 "한국에 대한 일본의 보호령 통치에 어떠한 적대감도 갖고 있지 않다"[35]고 하였다. 일제의 한국 강점에 대해서는, 일제의 한국 보호정치는 당연히 합방으로 귀결될 수밖에 없으며 한국의 애국지사는 한일합방에 대항할 힘이 없기 때문에 불가항력의 상황을 깨닫고 굴복한 것이 당연하다는 논리를 폈다.[36]

통감부 시기 한국 천주교회는 정교분리 선교정책을 주장하였다. 정교분리원칙이 한국 천주교회에서 공식적으로 반포된 것은 1887년

---

33) C-R-Chosen, 1906.
34) "통감부 설치로 시작된 정치 상황이 이 나라 생활에 큰 변화를 가져왔다. 사람들은 새로운 것, 진보, 과학 등 문명을 상징하는 모든 것에 열중한다. 학교 문제가 특히 오늘의 화제이다. 시골 벽지 구석까지도 학교를 설립한다. 시작은 훌륭하다. 그러나 일을 진행시키는 데 질서가 없어서 결과는 그렇게 확실하지 않다"(C-R-Chosen, 1906).
35) 『MUTEL주교일기』, 1909.5.4.
36) "일본의 한국 보호 정책은 드디어 한일합병에 이르고 말았다. 이러한 조치로 일본이 한 걸음씩 전진해 올 때마다 일어난 저항운동이 또다시 일어나지 않을까 염려하였는데, 다행히 그러한 일은 일어나지 않았고 놀라운 평온 가운데 변화가 이루어졌다. 물론 엄격하고 면밀한 치안 조치 때문이었겠지만 조심스러운 체념 때문이기도 할 것이다. 애국지사들은 일본의 압박에서 벗어날 수 있는 희망을 가지고 있는 한 항거해야 하였겠지만 불가항력의 상황 앞에서 그들은 지혜롭게 굴복하였다"(C-R-Chosen, 1910).

블랑(Blanc) 주교의 『한국교회의 법규』(Coutumier de la Mission de Coree)를 통해서였다. 이 지도서는 선교사들이 주교의 분명한 허락없이 관가에 출입하거나 관장과 담판하는 것을 금하고 있다. 또한 선교사들이 신자들의 소송에 관여하거나 신자들 앞에서 정부를 멸시하는 말을 못하도록 규정하고 있다.[37]

선교권을 보장받기 위해 한국 천주교회가 정교분리원칙를 내세우며 추진하였던 교회와 국가간의 관계가 법적으로 분명하게 된 것은 1899년 3월 9일 내부(內部) 지방국장 정준시(鄭駿時)와 조선 교구장 뮈텔 주교간에 체결된 「교민조약」(敎民條約)[38]과, 1901년 7월 2일 제주목사(濟州牧使)와 찰리사(察理使), 그리고 프랑스 선교사들간에 체결된 「교민화의약정」(敎民和議約定)[39]에서였다. 이 협정들을 통해 신앙과 선교의 자유가 법적으로 인정되었으며 교회와 국가는 정교분리를 합의하였다. 특히 "전교사는 행정에 관여하지 못하며 행정관은 전교에 간섭하지 않는다"[40]고 명시한 것은, 그 후 교회의 사목행정과 국가의 종교정책에 기준이 되었다.[41]

1904년에는 프랑스공사와 대한제국의 외부(外部) 사이에 「선교조약」(宣敎條約)[42]이 이루어졌다. 조약의 중심 내용은 선교사가

37) *Coutumier de la Mission de Coree*, Seoul, 1887, 24~28쪽 : 崔奭祐, 1982, 『韓國 敎會史의 探究』, 韓國敎會史研究所, 477쪽.
38) 전문 12조. 원본은 한국교회사연구소에 소장되어 있다. 〈MUTEL문서〉 1899-9, 敎民條約 : 『獨立新聞』, 1899.5.22. 〈MUTEL문서〉는 제8대 조선 교구장 뮈텔 주교가 수집한 13,451건의 문서로 1871년부터 1925년까지의 시기에 해당하는 내용들이다. 불어 · 영어 · 라틴어 · 독어 등 각종 언어로 기록되어 있으며, 종교뿐 아니라 정치 · 외교 · 법률 등에 관한 내용도 많이 포함되어 있다. 현재 한국교회사연구소에 소장되어 있다.
39) 한국교회사연구소에 필사본 소장.
40) "傳敎師毋得干預行政 行政官勿得關涉傳敎事"(「敎民條約」 제2조).
41) 盧吉明, 1988, 『가톨릭과 朝鮮後期 社會變動』, 高麗大學校 民族文化研究所, 251쪽.
42) 『帝國新聞』, 1904.6.6, 1904년 6월 프랑스 성직자에 관한 조약이 프랑스공사와 외부대신 사이에 타결되어 조인 단계에 들어갔음을 보도하는 기사가 실렸는데 그 조약을 '선교조약'이라 표제하고 있다. 그런데 대한제국

한국인에게 신앙을 강요하거나 행정에 간섭하는 것을 금하는 동시에 선교사의 재산권과 여행권을 보장한다는 것이었다.43) 이 조약이 정식 조인되었는지는 알 수 없다. 아마도 이 해에 제1차 한일협약이 체결되고 이어 미국인 스티븐스(Stevenes, D. W.)가 대한제국의 외교고문으로 취임하고, 1905년 11월 을사조약이 강제 체결되면서 대한제국이 외교적 주권을 상실하는 정국의 급변 가운데 이 일은 관심 밖으로 밀려났다고 여겨진다.44)

통감부 시기 한국 천주교회가 정교분리정책을 주장한 것은 선교권을 보장받기 위해서였다고 할 수 있다. 정교분리정책을 채택한 한국 천주교회의 모습은 천주교회의 기관지 『경향신문』에서 분명하게 드러났다. 『경향신문』의 논설은 천주교회의 입장을 대변하는 것이었는데 정교분리원칙을 표방하였다.45) 정치와 종교와의 관계를 서로 무관해야 하는데 상관하면 잘못되는 일이라 하였다.46) 『경향신문』은 정치에 상관하는 신문을 모두 해로운 것으로 생각하

측의 기록에는 '教民犯法團束條例'로 나타나 있다(〈法案〉 1929호, 犯法教民의 團束을 위한 條例 作成件 : 李元淳, 1987, 「韓佛條約과 宗教自由의 問題」『教會史硏究』 5, 93쪽).

43) "일은, 법국 선교사가 한국 내지에서 선교하는데 대하야 인민을 억지로 권유치 못할 일 … 육은, 법국 선교사는 한국의 민사와 형사의 소송에 간섭치 못하되 교무에 관하여 불복할 때에는 법국공사에게 공소하야 한국 외부와 교섭할 일 … 칠은, 교민이 교무를 자탁하고 스스로 불법한 행위를 행할 때에는 법국 선교사가 엄중히 금지하되 만일 중벌할 때에는 그 지방관리에게 공소하야 조률 처판할 일 …"(『帝國新聞』, 1904.6.6).

44) 李元淳, 1986, 「朝鮮末期社會의 '教案' 研究」『韓國 天主教會史 研究』, 韓國教會史研究所, 235쪽.

45) "나라흔 세쇽의 일을 샹관ᄒ여 이 세샹에 복됨을 일우게 ᄒ고 교회는 후셰의 본일을 샹관ᄒ여 후셰의 복됨을 일우게 ᄒ여야 일이 다 잘 되ᄂ니라"(「나라희 목덕이라」, 『경향신문』, 1909.11.19).

46) "나라히 샹관치 아니홀 일을 샹관ᄒ야 각사름이 제 령혼을 위ᄒ야 량심대로 밋는 것을 억지로 금ᄒᄂ 일이 크게 잘못ᄒᄂ 일이오 그와 ᄀ히 령혼을 다스리는 교회인들이 그 교회로셔 나라희 올흔 법을 거스리든지 그 교가 샹관치 아니홀 세쇽일을 샹관ᄒ면 크게 잘못ᄒᄂ 일이니라 …"(上同).

였는데, 그것은 정치적인 목적에 따라 불가불 거짓말을 하고 신뢰를 잃기 때문이라고 하였다.[47] 그런데 경술국치 이후에는 태도를 바꾸었다. 정치와 종교가 서로 무관해야 한다고 주장하였는데, 이제는 정부가 종교를 지원·발전시켜야 한다고 태도를 바꾼 것이다. 종교에 저해되는 것을 정부가 없애도록 노력하고, 또 법률이나 관리로 인해 종교가 방해받지 않도록 도와주어야 한다고 주장하였다.

"정부가 두가지 홀 일이 잇스니 하나흔 덕의와 종교에 해ᄒ게 홈을 금ᄒ고 그 해ᄒ게 ᄒ는 이들을 벌홀 것이니 덕의와 종교는 각사롬의게 요긴ᄒ 것인즉 그 두가지 요긴홈을 거스리는 이들은 ᄉᄉ 사롬의게 해로온 쟈이라 이러므로 그 사롬들을 다른 아모 악ᄒ 일을 ᄒ는 쟈와 ᄀᆺ히 금ᄒ고 벌홀 것이요 또ᄒ 그 일에 더ᄒ야 정부가 조심홀 일은 법이나 관리로 인ᄒ야 덕의와 종교에 해가 싱기지 안케 홀 것이로다 둘흔 덕의와 종교에 해로운 일이 나지 못ᄒ게 홀 뿐 아니라 덕의와 종교를 세움과 번셩케 홈과 견고케 ᄒ는 일에 정부가 특별이 도와줄 일이라".[48]

한국 천주교회를 관할하고 있던 선교사들은 한국에서 각축하는 제국주의 세력의 판도 변화에 주의를 기울일 뿐, 종교적 입장에서 사회 안정을 중시하였고 한국의 자주권 회복에는 관심을 두지 않았다. 선교사들은 선교우선주의적·현실적응주의적 태도로 한국에서의 제국주의 열강의 세력 판도가 어떻게 변화되느냐에 따라 자신들의 태도와 입장을 스스로 변화시켰다. 그리고 이 때문에 초래되는 자기모순은 정교분리정책과 정치불간섭주의의 강화를 통해 합리화시켰다.[49]

정교분리 선교정책을 표방하였던 일제하 한국 천주교회에서 활동하였던 선교사들 중 한국인의 독립운동에 긍정적이었던 이들은

---

47) 「합방에 디ᄒ야 만히 말 아니ᄒ는 까닭」『경향신문』, 1910.4.8.
48) 「졍부가 빅셩을 도움」『경향신문』, 1910.12.16.
49) 노길명, 1991, 「개항기 제국주의 열강의 조선침략에 대한 프랑스 선교사들의 태도」『한국의 사회와 역사』, 일지사, 532~561쪽.

찾기 어렵다. 안중근의 영세신부였던 빌렘(Wilhelm, Nicolas Joseph Marie, 한국명 洪錫九) 신부도 처음에는 한국인들의 독립운동을 이해하지 못하였다. 러일전쟁이 발발하였을 때 그는 "러시아가 이기면 러시아가 한국을 병합하게 될 것이오, 일본이 이기면 일본이 한국을 관할하려 들 것"[50]이라며 어떠한 제국주의 세력이 한국을 병합할 것인지에만 관심을 두었다.

을사조약 체결을 전후하여서는 방관자적 태도를 독립운동에 반대하는 태도로 바꾸었다. 안중근이 독립운동을 전개하려 하자 "만일 네가 여기서 정치적 소요를 일으키려 한다면 네가 떠나든지 내가 떠나든지 하자"[51]며 반대하였다. 한민족의 독립운동에 방관 내지 반대 의사를 나타냈던 그의 태도는 을사조약이 체결된 이후 적극적인 반대 행동으로 나타났다. 1908년 황해도 재령(載寧)의 수비대장이 의병 토벌에 도움을 청하자 그는, 선교사들이 써준 쪽지를 가지고 출두하는 의병들은 무사 귀가시켜 줄 것을 약속받아 많은 의병들을 귀가시킴으로써 독립운동에 반(反)하는 적극적인 행동을 하였다. 그리고 이에 대한 공로로 통감부의 감사 편지를 받기까지 하였다.[52]

한민족의 독립운동에 부정적이었던 빌렘의 이와 같은 인식이 크게 바뀐 것은 독립운동에 투신하였던 안중근에 의해서였다.[53] 1909년 11월 안명근(安明根)을 통해 이토오를 처단한 사람이 안중근임을 확인하였던 빌렘은 1910년 3월 2일 조선교구장 뮈텔 주교의 반대에도 불구하고 여순행(旅順行)을 강행하였다.[54] 안중근은 사형이 언도되자 뮈텔 주교에게 신부를 보내줄 것을 청하였다.[55] 여순

50) 사단법인안중근의사숭모회, 1979, 『안중근 의사 자서전』, 95~96쪽.
51) 빌렘 신부가 황해도 信川郡 淸溪洞에서 프랑스 로렌(Lorraine)의 친구들에게 보낸 1912년 3월 19일 서한.
52) C-R-Chosen, 1908.
53) 이에 대해서는 윤선자, 1996, 「'한일합병' 전후 황해도 천주교회와 빌렘 신부」『한국근현대사연구』 4, 참조.
54) 『MUTEL주교일기』, 1910.3.4.

재판소의 일본인 검사도 사형수와 빌렘의 면회를 허락한다는 공식 전보를 뮈텔에게 보냈다. 그러나 뮈텔은 신부를 보낼 수 없다고 회답하였으며,[56] 안명근이 찾아와 빌렘 신부를 보내줄 것을 청하였으나 역시 거절하였다.[57]

한국 천주교회의 관할권자였던 뮈텔은 한국을 실제로 통치하고 있는 일제와 마찰을 일으킬까 염려하여 신부를 보내달라는 안중근의 요청도, 안중근에게 종부성사(終傅聖事, Sacrament of Extreme Unction)[58]를 주러 가겠다는 빌렘 신부의 요청도 받아들이지 않았다. 선교사이며 주교인 뮈텔에게는 일제와의 마찰을 피하여 한국에서의 선교권을 보장받는 것이 중요한 일이었다.

뮈텔의 태도는 한국 천주교회의 입장 표명이었다고 할 수 있다. 당시 그는 한국 천주교회의 유일한 최고 관할권자로 한국 교회의 모든 일에 결정권을 가지고 있었다. 한국 교회의 선교사들과 성직자들은 뮈텔의 의견을 따랐고, 천주교회의 교계제도상 그에게 복종해야 하였다.

경술국치를 전후하여 빌렘과 함께 황해도에서 일어났던 여러 사건들은 한국 천주교회가 한국의 독립운동에 관심을 갖고 협력하는 단초가 될 수 있었다. 그러나 선교우선주의를 채택하고, 제국주의 열강들의 한국 지배를 당연하게 생각하였던 대부분의 선교사들은 빌렘을 한국 교회에서 추방시킴으로써 한국의 독립운동에 대한 그들의 부정적인 인식과 태도를 고착화시켜버렸다.

---

55) 『MUTEL주교일기』. 1910.2.14.

56) 『MUTEL주교일기』. 1910.2.16.

57) 『MUTEL주교일기』. 1910.2.21.

58) 세례를 받고 의사능력이 있는 신자가 병이나 노쇠로 인하여 죽을 위험에 놓여 있을 때 받는 성사. 제2차 바티칸 공의회 이후 이를 '병자 성사'라 부른다(1984, 『한국가톨릭대사전』, 1073쪽).

Ⅱ. 한국 강점 후 일제의 종교정책

한국을 강제 병합한 후 전개된 일제의 종교정책은 두 방면에서
고찰할 수 있다. 한국인이 관할하는 종교와, 서구인이 주도권을 쥐
고 운영해간 종교로 나눌 수 있기 때문이다. 한국인이 관할하는 종
교는 한국이 일제의 식민지가 되었으므로 문제될 것이 없었다. 그
러나 서구인이 관할하는 종교, 즉 기독교는 서구세력과 연계되어
있었으므로 쉽게 통제할 수 없었다. 기독교는 서구세력을 강력한
후원자로 하고 있었고, 일제는 기독교의 그러한 배경을 의식하지
않을 수 없었기 때문이다. 따라서 일제의 종교규제정책은 한국인이
관할하는 종교에서부터 시작되었다.

1911년 6월 3일 「사찰령」(寺刹令 : 制令 제7호)이 조선총독부의
첫 종교규제법령으로 공포되었다. 사찰의 병합·이전·폐지·명칭
변경·사찰 소속의 재산 처분에 총독의 허가가 필요하다는 내용이
었다. 이듬해(1912)에는 「본말사법」(本末寺法)이 제정되어 한국의
모든 불교세력이 총독부의 완전 통제하에 들어갔다.[59] 사찰령과
본말사법으로 모든 사원의 자치가 폐지되고, 사원에 관한 모든 것
이 총독부에 의해 규제되었다.[60] 사찰령은 불교 활동을 종교적인
것으로 한정하였고, 사찰의 폐쇄를 명할 수도 있었다. 사찰령이 공
포된 후 9년간 약 50개의 사찰이 폐쇄되었고, 이 기간 중 큰 사원
은 하나도 새로 건립되지 못하였다. 그런데 불교 규제가 쉽게 성과
를 거둘 수 있었던 것은 사찰령을 통하여 조선총독부가 인적 규제

---

59) 平野武, 1972, 「日本統治下の朝鮮の法的 地位」『阪大法學』 83, 68쪽.
60) 김영태, 1970, 「한국불교사」(하), 『한국문화사대계 Ⅳ(종교·철학사)』, 고
    려대학교민족문화연구소, 35~40쪽 : 정광현, 1976, 「일제의 종교정책과
    식민지불교」『한국근대 민중불교의 이념과 전개』, 한길사, 258~272쪽.

와 함께 사원재산을 관리함으로써 경제적인 통제가 가능하였기 때문이었다.

유교 통제는 통감부 시기부터 향교에 대한 경제적인 규제로 시작되었다. 일제는 공유재산인 향교재산에 주목하여 1910년 4월 「향교재산관리규정」(鄕校財産管理規程 : 學部令 제2호)을 공포하였다.[61] 강제 병합 후에도 향교재산의 정리를 계속하여 1916년에는 기존 조사에서 제외되었던 향교재산 모두를 관유화(官有化)하였다.[62] 한편 1911년 6월 15일에는 「경학원규정」(經學院規程 : 조선총독부령 제65호)을 공포하여 성균관을 폐지하고 경학원을 설립하였다.[63] 경학원의 경비는 일왕(日王)의 보조금 25만원과 조선총독부 보조금 6,000여 원으로 충당하였다.[64] 그러므로 경학원은 조선총독이 직접 감독·관할하는 직속 기구가 될 수밖에 없었다.

이와 같이 불교는 사찰령으로, 유교는 경학원규정으로 통제하고 천도교 등은 통감부 시기에 공포한 「보안법」(1907년 9월)과 「집회취체에 관한 건」(1910년 8월 25일, 경무총감부령)으로 규제하였다.[65] 그런데 불교·유교·천도교 등 한국인이 관할하는 종교에 일제가 취한 규제정책은 모두가 경제적인 통제를 통한 규제였다는 공통점이 있다. 경제적인 규제를 시작으로 그들의 통치 목적에 부합되는 방향으로 종교단체들을 관리한 것이다.

그러나 기독교는 사정이 달랐다. 그것은 기독교의 관할권이 외국

---

61) 「향교재산관리규정」 제1조 및 제3조.
62) 1918년 조사에 의하면 향교 총수는 335개소, 그 소속 토지는 48만여 평이었다(西村綠也, 1932, 『朝鮮敎育大觀』, 16쪽).
63) 「경학원에 대한 훈령」 『每日申報』, 1911.8.2.
64) 성균관의 원래 재산인 건물 39동과 부지 16,000여 평에서 나오는 수입을 기금으로 한 이자수입도 운영자금으로 사용되었는데 그 액수는 연 13,000원 정도였다(朝鮮總督府 學務局, 1926, 『朝鮮敎育要覽』 ; 李明花, 1993, 「朝鮮總督府의 儒敎政策」 『한국독립운동사연구』 7, 93쪽).
65) 박승길, 1992, 「일제 무단통치 시대의 종교정책과 그 영향」 『현대 한국의 종교와 사회』, 文學과 知性社, 39쪽.

인 선교사들에게 있었기 때문이다. 기독교 규제는 기독교의 후원자
인 서구세력에 대한 규제를 의미하였다. 그리하여 일제가 기독교를
규제하기 위해 채택한 방법은 기독교를 한국 문제와 유리시켜 일
제의 한국 지배에 기독교 세력의 간섭을 배제하는 것이었다. 선교
사들이 한국인들에게 미치는 영향력과 그들의 국제적인 위치를 고
려하지 않을 수 없었기 때문이었다.

강제 병합 당시 한국에는 270여 명의 선교사들이 선교 활동을
펼치고 있었다.[66] 그리고 그들 대부분은 일제의 한국 강점을 지지
하거나 묵인하였다. 그들은 일제의 식민통치로 한국에서 기독교가
더 발전할 것을 기대하였으며 한국인들에게는 자주독립의 능력이
없으니 일제의 통치를 받는 것이 오히려 다행스럽다고 인식하고
있었다. 한국인 신자들에게는 일제에 반항하지 말 것을 권고하였
고,[67] 만일 한국인 신자들이 정치적 경향성을 나타내면 교회의 책
임있는 위치에서 멀어지게 하였다. 결국 사회참여적이고 민족의식
이 강한 한국인 신자들이 교회 내에서 차지할 수 있는 영역은 축소
되었다.[68] 따라서 강제 병합 이후 교회의 책임자들 가운데 정치적
인 의견을 표명하는 자를 찾기는 어렵다.[69]

일제의 천주교회에 대한 태도가 강경해지자 천주교측에서도 선
교권을 보장받기 위한 방향으로 태도를 전환하였다. 일제의 한국
강점 당시 한국 천주교회는 프랑스를 모국으로 하는 파리외방전교
회 선교사들이 관할하고 있었는데 그들도 일제의 한국 강점을 환
영하였다. 그들이 바란 것은 일본헌법이 인정하는 종교의 자유를
실제로 누리게 되는 것이었다.[70] 천주교 선교사들은 선교 자유를

---

66) 朝鮮總督府, 1912, 『朝鮮總督府統計年報』, 668~669쪽 : 韓國學部, 1910,
  『韓國敎育の現狀』, 124~125쪽.
67) Samuel Moffett, *The Christians of Korea*, New York : Friendship
  Press, 1962, 67쪽.
68) 노치준, 1993, 『일제하 한국기독교 민족운동연구』, 한국기독교역사연구소,
  72쪽.
69) 姜渭祚, 1977, 『日本統治下 韓國의 宗敎와 政治』, 基督敎書會, 29쪽.

보장받기 위해 한국정부와 조약의 체결을 시도하였으나 을사조약
으로 대한제국의 외교권이 박탈당할 때까지 뜻을 이루지 못하였다.
1899년 교민조약을 체결하였지만 뮈텔 주교와 내부 지방국장 사이
에 체결된 것이었으므로 이는 조약이라 할 수 없는 약정서였다. 또
한 1904년 6월 프랑스공사와 외부대신 사이에 선교에 관한 조약 체
결이 시작되었으나 이 역시 제1차 한일협약과 을사조약으로 마무
리되지 못하였다. 그러므로 선교사들은 일제가 선교권을 보장해 준
다면 더 이상 바랄 것이 없었던 것이다.

　조선총독부는 서구세력과 연계되어 있는 한국의 기독교회를 내
버려두지 않았다. 데라우치(寺內正毅) 총독은 「한일합방문」 제5조
에 종교 자유에 대한 성명서를 첨부하였다. 그러나 그것은 일본헌
법에 보장되어 있는 선교의 권리와 예배의 자유를 인정한다는 것
이 아니었다. 10월 5일 신임 각도 장관회의에서 정치에 관여하지
않는다면 신교(信敎)의 자유를 보장하겠다는 총독부의 기독교 방
침이 표명되었다.71) 한국을 강제 병합한 지 12일만인 1910년 9월
10일, 총독부는 종교적인 내용으로 국한하지 않는 한 신문 발행을
계속할 수 없다고 경향신문사에 통고하였다.72) 12월 5일에는 치외
법권을 폐지함과 동시에 신문의 사전검열제를 통고하였다. 계속되
는 원고 삭제에73) 천주교회는 검열을 거치지 않은 채 12월 30일

---

70) "일본인 관리들과 선교사 그리고 한국인 신부들과의 사이는 어디에서나
　　좋다. 우리가 바라는 것은 일본정부의 헌법이 인정하는 종교의 자유를—
　　이것은 이곳에도 적용되는 것이지만—우리가 실제로 누릴 수 있게 되는
　　것이다. 우리 교구 내에서는 금년에 몇몇 옹졸한 하급관리들이 그들 상관
　　의 의도를 받들어 조심스럽게 행동하는 것을 보았을 뿐이다"(C-R-Taikou,
　　1912).
71) The New Korean Governer and Missions, Editorials, *The Missionary
　　Review of the World*, 1910. 2, 952쪽 ; 朝鮮總督府, 1917, 『朝鮮の保護及
　　併合』, 338·367~369쪽 ; 黑田甲子郎 編, 1926, 『元帥寺內伯爵傳』, 朝鮮
　　及滿洲社, 589~595쪽.
72) 〈MUTEL문서〉 1910-90 ; 崔鍾庫, 1979, 「韓末 '京鄕新聞'의 法律啓蒙運
　　動」 『韓國史硏究』 26 ; 崔鍾庫, 1980, 『法史와 法思想』, 博英社, 547~548쪽.

220호를 발간한 후 폐간하였다.

그러나 곧 종교적인 내용을 위주로 하는『경향잡지』를 발간하였다. 또한『경향신문』에서 다루고 있던 '법률문답'란을 계속하였는데 사법상의 권리에 대한 내용은 축소하였고, 행정규제와 관련된 문제를 중심으로 법령을 소개하는데 그쳤다. 그리고 그것도 종교적 내용이 아니므로 폐지하라는 일제의 강요가 거듭되자,74) 1916년에 폐지하였다. 반면 1912년부터는『조선총독부관보』(朝鮮總督府官報)의 기사를 소개하는 '관보적요'란을 시작하였다.75) 총독부는 천주교회도 재정적으로 규제하고자 한국 천주교회가 프랑스로부터 받는 자금의 회계 보고서를 요구하였다.76) 그러나 그들은 천주교회의 재정 문제에 관여할 수 없었다. 한국 천주교회의 운영자금 대부분이 프랑스 등 외국으로부터 온 것이었고, 그 자금에 간섭할 경우 외교문제가 될 수 있기 때문이었다.

1911년 5월 24일 조선교구장 뮈텔 주교와 드망즈(Demange, Florian : 1875~1938)77) 신부는 데라우찌 총독을 방문하였다. 조

---

73) 〈MUTEL문서〉 1910-299, 경향신문의 폐간 경위에 관해 동료신부들에게 보낸 드망즈 신부의 보고서 : C-R-Chosen, 1911 ;『국사편찬위원회 편, 1974,『한국독립운동사자료』 4, 86~87쪽.

74) *Bulletin*, 1911년 1월 21일, 126쪽. *Bulletin*은 한국의 프랑스 선교사들이 정보 교환의 수단으로 1902년부터 1921년까지 20년 동안 프랑스어로 등사한 잡지이다. 그런데 Bulletin은 잡지의 고유한 명칭이라기보다는 이러한 보고 형식의 잡지를 총칭하는 것으로 보아야 한다. 이 잡지는 서울에서 발행하던 것이므로 'le Seoul Bulletin'으로 부르고『朝鮮敎區通信文』으로 편의상 번역하고 있다(1980.6,『교회와 역사』 58, 1쪽).

75)『京鄕雜誌』 1912년 4월 15일,「조선부동산증명」. '관보적요'란은 1927년「전국 각도 부동산취득세부과규칙」을 마지막으로 사라졌다

76)『DEMANGE주교일기』, 1912.3.4.『DEMANGE주교일기』(*Journal de Mgr. Demange*)는 파리외방전교회원이며 대구교구의 초대 교구장이었던 드망즈가 교구장으로 임명된 1911년 4월부터 사망하기 얼마 전인 1937년 12월까지 써놓은 일기이다. 현재 파리외방전교회 고문서고에 보관되어 있다.

77) 파리외방전교회 선교사. 초대 대구교구장. 한국명 安世華. 1875년 프랑스의 로렌(Lorraine)에서 태어나 1893년 파리대학을 졸업하고, 이어 1898

선교구의 분할 및 대구교구의 신설.[78] 드망즈의 주교 임명을 알리
고 주교 취임식에 총독과 총독부의 직원들을 초대하기 위해서였다.
그런데 그 자리에서 뮈텔 주교는 주교 취임식 날의 혼란을 막기 위
해 경찰의 도움이 필요하다며 총독부의 도움을 청하였다. 천주교회
의 이러한 태도는 총독부를 만족시켰다.[79] 교회 행사의 질서유지
를 총독부에 부탁한 것이 일제의 한국 지배를 천주교회가 인정한
다는 의미로 해석될 수 있었기 때문이다. 그러나 총독부의 반응은
교회에 만족스럽지 못하였다. 총독은 물론 총독부의 직원들도 제물
포항의 기공식을 이유로 4~6명밖에 참석하지 않았다.[80]

주교 취임식 후 서울교구장 뮈텔 주교와 대구교구장 드망즈 주
교는 총독을 방문하고, 총독과 총독부 직원들의 불참에 서운함을
표시하였다. 그리고 천주교 선교사들은 일본을 한국의 합법적인 정
부로 인정하며, 신자들에게도 그렇게 가르치고 있다고 충성을 다짐
하였다.[81] 선교사들은 천주교의 계명을 들먹이며 신자들에게 일제

년 파리외방전교회 신학교를 졸업한 후 사제로 서품되었다. 그해 10월
한국에 입국하여 1900년 용산 예수성심신학교의 교수, 1906년 『경향신
문』 사장을 역임하고 1911년 초대 대구교구장으로 임명되었다. 1937년
전라북도 지역을 전주지목구로, 전라남도 지역을 광주지목구로 분리·설
립시켰다.

78) "… 나는 조선교구로부터 이른바 '경상도'와 '전라도'라고 하는 2개의 도
를 분리시켜 그것을 '대구'의 명칭을 따르는 교구로 설정하고 이에 모든
권리와 특전과 영광을 부여하는 동시에 종래의 포교지에는 '서울' 교구
라는 명칭을 붙인다 …"(교황 비오 10세의 대구교구 설정 서한 :
CONSTITUTIO NOVI VICARIATUS APOSTOLICI IX REGIONE
COREANA DE 'TAI-KOU' NUNCUPATI, PIUS PP.X., *Acta
Apostolica Sedis*, 1911, 224~225쪽).

79) 『MUTEL주교일기』, 1911.5.24.

80) 『MUTEL주교일기』, 1911.6.11. 그런데 천주교회의 기관지에는 총독부의 고
위관리들이 대거 참석하였다고 보도되어 있다(1911, 『京鄕雜誌』, 269쪽).

81) "만약 일본인들이 오찬에 참석하였다면 천주교회는 정치적인 변화에 개
의치 않고 그 나라의 합법적인 정부에게 충성할 줄 안다는 것을 선언할
생각이었다. 또한 그것이 우리 모든 선교사의 생각이고, 신자들에게도
그렇게 가르치고 실천하도록 노력하고 있다고 데라우치 장군에게 말하

의 지배에 순종할 것을 권하였다.[82] 1912년 8월 메이지[明治] 천황
이 사망하자 기도문까지 반포하며 국상(國喪)이니 애도하고 장례
일까지 매주일 성당에 모여 기도문을 바쳐야 한다고 강권하기까지
하였다.[83]

　1910년대 일제의 종교정책은 서구계 종교와 비서구계 종교로 나
뉘어 추진되었다. 한국인이 관할하는 종교는 인적 규제와 함께 경
제권을 장악함으로써 통제정책이 진행되었다. 반면 서구세력과 연
계되어 있는 기독교에 대해서는 정교분리정책이 채택되었다.『경향
신문』과『경향잡지』에 대한 제재는 일제의 한국 지배에 어떠한 간
섭도 용납하지 않겠다는 총독부의 강경한 의지 표명이었다. 한국인
이 관할하는 종교를 규제하는데 성공한 일제는 서구계 종교에도
규제를 가하기 시작하였다. 그것은 기독교와 연계된 서구세력을 배
제하고 한국을 완전히 지배하겠다는 일제의 의지였다.

Ⅲ.「사립학교규칙」과 천주교회의 대응

　강제 병합 후 데라우치 총독은 식민지 한국에서 시행할 교육지
침을 발표하였다. 그것은 국민정신의 함양, 일본어 보급, 시세(時
勢)와 민도(民度)에 맞는 저급한 실업교육을 목표로 하는 것이었
다.[84] 이러한 통치방침에 따라 총독부는 1911년 8월 23일「조선교

　　였다"(『MUTEL주교일기』, 1911.6.16).
82) "천주십계 중 나라 권리에 순명하라신 제4계가 있은즉, 이에 대하여 우
　　리 교우들이 다른 사람보다 열심히 순명하여야 할지라"(1911,『京鄕雜
　　誌』, 19쪽).
83) 1912.8.15,『京鄕雜誌』, 337쪽.
84) 朝鮮總督府, 1925,『施政 二十五年史』, 168쪽.

육령」(칙령 제229호)[85]을 공포하였다. 10월 20일에는 「사립학교규
칙」(총독부령 제114호)[86]을 공포하였는데 조선교육령을 사립학교
에도 적용하기 위해서였다. 학교 설립에 총독의 인가를 절대시한
사립학교규칙은 한국인을 교육하는 모든 사립학교를 '규칙'의 적용
범위로 하였다. 이는 민간인이 설립한 학교는 물론 어느 정도 치외
법권을 누리고 있던 선교사가 운영하는 기독교학교도 규제하겠다
는 것이었다. 조선교육령 공포 이전인 1911년 7월 1일 데라우치 총
독은 각도장관회의석상에서 선교사가 운영하는 기독교학교의 불온
한 교육 태도를 지적하고, 종교와 교육의 분리를 지시하였다.[87] 학
무국장 세키야(關屋貞三郞)도 1911년 8월 보통학교 교감 강습회에
서 기독교학교는 직·간접으로 선교사의 관리하에 있어 유지가 어
려울 뿐 아니라 교육 방법이 한국에 적합하지 않으므로, 이를 지도
하여 총독부의 방침에 합치시켜야 한다고 역설하였다.[88]

충량(忠良)한 일본제국주의 신민(臣民)의 양성을 목표로 하는

85) 朝鮮總督府學務局, 『朝鮮敎育要覽』, 12쪽.
86) 「號外」 『朝鮮總督府官報』, 1911.10.20.
87) "사립학교 중에는 한국인 설립도 있지만 선교사 경영도 많다. 현재 학생
   수가 20만명 이상이니 정부에서 경영하는 보통학교 학생 수보다 많다
   … 各道 長官은 학교가 법규를 잘 지키는가 아니 지키는가, 敎員이 그
   직책을 다하는가 아니 하는가, 敎科書는 舊學部의 편찬 또는 인가한 것
   을 쓰는가 아니 쓰는가를 감시하여야 한다. 또 사립학교 중에는 唱歌,
   기타에 있어서 독립을 고취하거나 제국에의 반항을 장려하는 것을 강요
   하는 데가 있다. 이것들은 물론 허용하지 않는 일이니 단속에 있어서 가
   장 주의가 필요하다 … 외국 선교사가 경영하는 학교는 치외법권 때문
   에 종래에는 거의 정부의 간섭을 받지 않았다. 감정을 상하지 않도록 적
   당히 감독하고 종교와 學校를 분리하여 政令히 행하도록 하라"(高橋濱
   吉, 1927, 『朝鮮敎育史考』, 京城 : 帝國地方行政學會朝鮮本部, 364쪽 ; 大
   野謙一, 1933, 『朝鮮敎育問題管見』, 京城 : 朝鮮敎育會, 31쪽).
88) "사립학교 중 七百數十校는 기독교학교에 속하여 직접 혹은 간접으로
   외국 선교사의 관리하에 있어 그 유지가 비교적 곤란치 않다. 그 중 혹
   자는 한국 인도를 살피지 않고 그 교육방법이 왕왕 한국에 적합하지 않
   은 것이 있어 이는 유감되는 바이다. 이들은 서서히 지도하여 당국 방침
   과 합치시킬 필요가 있다"(『朝鮮總督府官報』, 1911.9.14).

교육령에 따라 제정된 사립학교규칙으로 천주교측에서는 어려움을
겪었다. 천주교신자교사 양성을 목적으로 개교한 숭신학교(崇信學
校)를 폐교해야 하였기 때문이다. 숭신학교는 사립학교규칙이 공포
되기 전인 1911년 9월 16일 23명의 학생으로 개교하여,89) 이듬해에
는 26명의 학생을 교육하였다.90) 그러나 1913년 9월 학생 모집 때
는 지원자가 4명뿐이었으므로 제1회 졸업생을 배출하고 수업을 중
단할 수밖에 없었다.91) 총독부에서 고등교육을 제지하여 사범학교
를 계속하기 어려웠기 때문이었다.92) 기술학교인 숭공학교(崇工學
校)는 계속 운영하였는데, 그것은 숭공학교의 교육 내용이 실업교
육을 장려한 일제의 정책에 부응하였기 때문이었다.

숭신학교가 폐교되었지만 학교 운영을 맡았던 베네딕도회 선교
사들은 아쉬워하지 않았다. 숭공학교의 운영에 만족할 따름이었다.
뮈텔 주교도 숭신학교의 폐교에 어떠한 대책도 마련하지 않았다.
선교사들의 이러한 태도는 사범학교 교육을 독점하려는 일제의 식
민지 교육정책에 반항하지 않겠다는 것이었다. 그런데 뮈텔 주교가
단 1회의 졸업생을 배출한 사범학교를 쉽게 포기할 수 있었던 것
은 한국인들의 고등교육에 회의적이었던 그의 사고방식에도 이유
가 있었다.93) 신자교사 양성을 위해 사범학교를 시작하였지만, 일
제가 한국을 강점하면서 상황이 바뀌자 사범학교에 대한 그의 인

---

89) 『MUTEL주교일기』, 1911.9.16.
90) C-R-Seoul, 1912.
91) C-R-Seoul, 1913.
92) 백 쁠라치도, 1984, 「한국에서의 초기 베네딕도회의 선교방침」『韓國天
   主敎會創設二百周年紀念 韓國敎會史論文集』 I, 韓國敎會史硏究所, 787~
   789쪽 : C-R-Seoul, 1913, 60쪽 : N. Weber, *Im Landre der
   Morgenstille, St. Ottilien, Oberbeyern* 1923, 150~155쪽 : *HWAN GAP*
   (還甲) : 60 *Jahre Benediktinermission in Korea und der Mandschurei,
   Munsterschwaryach*, 1973, 80~111쪽.
93) 안중근이 빌렘 신부와 함께 찾아가 대학 설립을 건의하였을 때 이를 거
   절한 사건이 잘 말해 준다(윤선자, 1996, 「'한일합병' 전후 황해도 천주
   교회와 빌렘 신부」『한국근현대사연구』 4, 참조).

식도 바뀌었던 것이다.

사립학교규칙은 사립학교에 대한 인사권 및 교학권(敎學權) 등
에 대한 간섭을 강화한 것이었다. 민족주의적이고 정치적인 교육의
통제가 목적이었지만 기독교학교도 통제 대상에 포함되었다. 한국
의 교육을 완전히 지배하기 위해서는 한국인이 운영하는 사립학교
뿐 아니라 선교사들이 운영하는 학교도 통제해야 하였기 때문이었
다. 선교사들이 운영하는 학교를 통치의 대상에서 예외로 둔다면
한국인 교육을 완전히 지배할 수 없었다. 사립학교령과 사립학교규
칙을 통해 교육과 종교의 분리를 주장함으로써 기독교에 압력을
가하였던 일제는 더욱 강경한 방법을 채택하였다. 선교사들이 학교
를 설립한 목적을 제거하는 것이었다. 기독교학교에서의 종교교육
과 종교의식을 금지함으로써 선교사들로 하여금 스스로 교육 분야
에서 물러나게 하는 것이었다. 그렇게 함으로써 기독교학교의 교육
이 독립운동에 미치는 영향을 억제하려고 하였다.[94)]

1915년 3월 24일 총독부령 제24호로 「개정사립학교규칙」이 공포
되었다.[95)] 모든 학교의 교과목에서 성서를 제외할 것과 5년 내에
교사들에게 일본어 학습을 의무화하고, 고등보통학교로의 교명(校
名) 변경을 강요하는 내용이었다. 기독교학교에서의 종교교육 및
종교의식 금지는 선교사들로 하여금 교회에서 운영하던 학교들의
존재 이유에 회의를 품게 하였다. 교사 자격 기준 강화 및 전문사
립학교 설립에 대한 재단법인 규정은 재정이 빈약한 천주교학교에
충격이었다. 게다가 상급학교의 입학 자격을 고등보통학교 졸업생
으로 규정함으로써, 인가를 받지 못할 경우 교회 학교들은 정규 교
육에서 도태된다는 것을 의미하였다. 고등보통학교로 승인받지 못
한 학교는 무자격 학교로 되어 학생들의 진학 자격이 인정되지 않

---

94) 文炯滿, 1982, 「日帝의 植民敎育과 宗敎敎育의 葛藤－植民敎育과 미션系
    學校敎育의 관계를 中心으로－」『近代 民族敎育의 展開와 葛藤』, 韓國精
    神文化研究院, 155쪽.
95) 『朝鮮總督府官報』, 1915.3.24.

앗고 취직에도 불이익이 따랐다.

사립학교령과 사립학교규칙에 이어 공포된 개정사립학교규칙은 더욱 강화된 기독교 규제법령이었다. 그런데 개정사립학교규칙의 모델은 사립학교규칙도 사립학교령도 아니었다. 그것은 일본에서 1899년 8월 공포된 「문부성훈령 제12호」였다. 이 훈령은 학교에서의 종교교육 및 종교의식을 금지하였으며 이에 따르지 않을 경우 남자학교의 경우 징병유예의 특권을 박탈하였고, 상급학교 진학 자격도 인정하지 않았다. 그러나 서구세력의 강력한 후원을 받는 선교사들과 일본인 기독교 지도자들은 문부성과 교섭하여 1903년에 이르러 기독교학교들도 징병유예 및 상급학교 진학 허가 등의 특권을 다시 인정받았다. 따라서 문부성훈령 제12호는 효력을 상실하였는데, 문부성훈령 제12호의 내용을 모델로 한 법령이 식민지 한국에서 개정사립학교규칙으로 공포된 것이다.

개정사립학교규칙은 사립학교를 식민지 교육 체제 안에 완전히 포함시켜 통제하는 것이었다.[96] 이 법령이 공포됨으로써 사립학교에서의 종교교육을 금지하는 조치가 명문화되어 성서과목의 교수가 금지되었다.[97] 데라우치 총독은 개정사립학교규칙을 공포하면서 관·공립학교는 물론 법령으로 교과과정을 규정한 학교는 종교교육 및 종교의식을 행할 수 없다고 '훈령'하였다.[98]

---

96) 辛周炫, 1986, 「1920年代 韓國基督敎人들의 民族運動에 關한 一考察−社會經濟運動을 中心으로」, 숙명여자대학교 석사학위논문, 31쪽.

97) 제6조의 2. 보통학교, 고등보통학교, 여자고등보통학교, 실업학교 또는 전문학교가 아니고 보통교육, 실업교육, 또는 전문교육을 하는 사립학교의 교과과정은 보통학교규칙, 고등보통학교규칙, 여자고등보통학교규칙, 실업학교규칙 또는 전문학교규칙에 준해서 이를 정해야 한다. 전항의 경우에 있어서 보통학교규칙, 고등보통학교규칙, 여자고등보통학교규칙, 실업학교규칙 또는 전문학교규칙에 규정한 이외 교과과정을 추가할 수 없다.

98) 「私立學校規則改正及私立學校敎員試驗規則施行に關する寺內總督訓令」『朝鮮總督府官報』, 1915.3.24. 학무국장 세키야(關屋貞三郎)는 사립학교규칙의 공포에 즈음하여 이루어진 '유고'에서도 법령으로 학과 과정을 규정한 학교에서는 종교교육과 종교의식을 행하는 것을 금지하였으나 당시는 관립

학교에서 종교교육 및 종교의식을 행할 수 없다는 총독부의 주장은 정교분리론에 근거한 것이었다. 그러나 일제가 주장한 정교분리는 체제옹호적인 색채가 두드러졌다. 개정사립학교규칙으로 타격을 받은 것은 기독교학교였다. 일제가 종교와 교육의 분리정책을 식민지 한국에서 강경하게 추진한 것은 교육에서 외국세력을 배제하기 위해서였다. 이 시기 한국에서는 초등교육에 기독교학교가 상당한 비중을 차지하고 있었기 때문이다.99) 또한 기독교학교에 그들의 영향력을 미칠 수 없었다는 것, 기독교와 선교사에 대한 반감도 작용하였다.100) 한국을 완전 지배하려는 일제의 정책에 기독교학교는 걸림돌이었던 것이다.

학교의 수가 부족하고 각종 사립학교를 '유고'의 정신에 합치시키기 어려웠기에 대체적인 사항만을 규정하는데 그쳤다고 하였다. "종교와 교육의 관계에 대하여는 유고 가운데 이미 '信教는 각 사람의 자유지만 제국의 學政에서는 국민교육으로서 종교 밖에 두는 것을 주의로 한다. 그러므로 관립 공립학교는 물론 특히 법령으로 학과 과정을 규정한 학교에서는 종교 교육을 실시하거나 또는 그 의식을 행하는 것을 허락하지 않는다. 당사자는 모름지기 이 취지를 체득하여 자제 교육의 길에 그르침이 없도록 해야 할 것이다'라고 분명히 말하여 그 뒤섞이는 것을 경계하였다. 그렇지만 당시 교육은 아직 全道에 두루 미치지 못하고 관립학교 수도 부족하였으며, 각종 사립학교도 각 그 연혁이 있고 역사가 있어서 아직 완전히 유고의 정신에 합치시키기는 어려웠기 때문에 당시 반포된 사립학교규칙은 단지 설립·폐지·변경·학칙·교과서 및 설립자·학교장·교원 등에 관한 대체적인 사항과 폐쇄 처분 및 상황 신고서 제출 등에 관한 극히 중요하며 빠트릴 수 없는 사항만을 규정하는데 그쳤다. 이제 관립학교 수가 약 400개 이상으로 병합 당시에 비하면 4배의 성황을 이루고 벽지라도 점차 校舍를 설비하게 되었으며, 사립학교도 그 기초가 박약한 것은 점차 자취를 감추고 경영자도 능히 한국 교육의 본지를 그르치지 않으려고 노력하고 있는 것은 참으로 즐거운 현상이다. 이러한 때에 국민교육의 통일을 도모하고 학과과정의 정리를 기하기 위해 관계를 분명히 하고 아울러 학교 교육의 본체요 근간인 교원의 자격에 대해 적극적인 요구를 규정하는 것, 이것이 곧 이번 개정의 요점이다"(關屋貞三郎, 1915.4, 「私立學校規則改定の要旨」『朝鮮彙報』, 22~27쪽).

99) 1911년부터 1919년까지 일반 및 교회에서 운영한 한국의 사립학교는 다음과 같았다.

개정사립학교규칙은 기독교학교의 완전 소멸을 목표로 하였
다.[101] 많은 학교를 운영하고 있었던 개신교측에서는 선교회연합회
(Federal Council of Missions) 명의로 법령의 수정을 요구하는 「개
정교육령에 관한 결의문」을 제출하였다.[102] 그러나 총독부의 답변
은 사립학교에서의 종교교육 금지 조치가 종교의 자유를 부정하는
것이 아니라는 것이었다.[103] 천주교 선교사들은 개정사립학교규칙
에 속수무책이었음을 시인하였다. 그리고 그것은 일제가 결코 양보
할 수 없는 선(線)으로서, 교육에서 종교를 분리하려 하기 때문이
라 설명하였다.[104]

총독부는 기독교계의 항의가 거듭되자 고마쓰(小松綠)의 「교
육·종교분리주의를 논(論)하여 조선의 교육제도에 미침」이라는
글을 통하여 개정사립학교규칙에 대하여 설명하였다. 미국과 프랑

연 도		1911	1912	1913	1914	1915	1916	1917	1918	1919
학교 수	일 반	1,307	904	829	808	752	668	587	502	468
	종 교	778	566	494	477	462	422	386	325	312
	계	2,085	1,470	1,323	1,285	1,214	1,090	973	827	780
종교계학교비율(%)		37.3	38.5	37.3	37.1	38.1	38.7	39.7	39.3	40.0

(朝鮮總督府, 『朝鮮總督府統計年報』, 1911~1919년)

100) 김승태, 1991, 「일제하 '천황제' 이데올로기와 기독교학교」 『신학사상』
74. : 김승태 엮음, 1994, 『한국기독교의 역사적 반성』, 다산글방, 37쪽.
101) 阿部洋, 1972, 「20世紀 初頭の韓國に於いで キリスト敎學校について」
『韓』 1-8, 韓國硏究院, 70~73쪽.
102) Pratt, C. H., 'The federal Council', The Korean Mission Field, 1915. 11,
p.309 : Underwood, H. H., Modern Education in Korea, New York :
International Press, 1926, 202쪽.
103) 朝鮮敎育會, 1927, 『朝鮮敎育法規例規大全』, 京城地方帝國行政學會朝鮮
本部, 531쪽 ; MeKenzie, F. A., Korea's Fight for Freedom, reprinted
Yonsei Uni. Press, 1969, 214쪽.
104) "교육사업 분야에서 새로운 법령들은 우리를 속수무책의 궁지로 몰아
넣는다. 새로운 법령의 제정 이유이며 근거는, 교육으로부터 종교의 분
리를 명백하게 표명한 信條이다. 일본인 입법자는 절대로 양보할 수 없
는 선으로서 교육으로부터 종교의 분리를 원하였다. 그들은 원하는 바
를 강력히 주장한다"(C-R-Taikou, 1916).

스에서 실시하고 있는 종교와 교육의 분리주의를 모델로 채택하였다며 입법 취지를 밝혔다. 미국의 사례를 설명한 후 프랑스의 사례를 예로 들었는데, 이는 프랑스를 모국으로 하는 프랑스인 천주교 선교사들에 대한 경고였다. 프랑스는 1904년 7월 7일 종교단체의 교육사업 금지에 관한 법률을 공포하고, 1905년 12월 9일 정교분리에 관한 법률을 공포하였는데 그 목적은 종교를 배척하는 것이 아니라 신교(信敎)의 자유를 인정하는 데 있었다는 것이다.

따라서 총독부에서 정교분리정책을 수행해 나가는데 프랑스와 같이 대개혁을 단행하여 불편을 초래하는 일은 없겠지만, 총독부와 종교학교 경영자도 프랑스의 사례에 비추어 시세에 따르는 신중한 태도를 취해야 한다는 내용이었다.[105] 교원의 자격을 자국인으로 한정한 것도 프랑스의 사례를 모델로 하였으니, 그것은 교원의 인격·사상에 학생이 영향을 받기 때문이라고 하였다. 프랑스의 사례에 비추어 보더라도 외국인이 한국인을 교육하는 것은 불가능하다는 논리였다.

1905년 제정된 프랑스의 정교분리법은 오랜 동안 국교로서 존재한 천주교회의 특권을 박탈하고, 국가의 재정 보조를 철회하였으며, 국·공립학교에서의 종교교육을 금지하였다.[106] 따라서 프랑스를 모델로 교육과 종교의 분리를 주장하는 총독부의 설명은 한국 천주교회를 관할하고 있던 프랑스인 선교사들에 대한 명백한 경고였다. 10년의 유예 기간이 주어졌지만 어떠한 대응도 하지 않았던 데에는 일제의 이러한 경고에도 원인이 있었다. 선교사들은 10년의 유예 기간 동안에는 종교교육을 계속하고, 기한이 지나면 다른 방법을 찾겠다는 태도를 취하였다.[107]

---

105) 小松綠, 1915.4, 「敎育宗敎分離主義お論し朝鮮の敎育制度に及ぶ」『朝鮮彙報』, 14~22쪽.
106) 이에 교황 비오 10세는 1906년 2월 11일 회칙 '베헤멘테르 노스'(Vehementer Nos)를 발표하고 정교분리법의 철회를 요구하였다.
107) "종교 교육에 관해 중립을 요구하는 일본의 법령이 한국에서도 선포되어

　선교사들은 선교를 위한 한 방편으로 학교를 설립, 운영하였다.
그리고 시대적인 요구에 따라 일반 교육에도 관심을 두기 시작하
였다. 그러나 일제의 규제와 위협은 교회로 하여금 학교를 설립한
원래의 목적으로 돌아가게 하였다. 뿐만 아니라 재정적인 기반이
취약했던 천주교학교들이 재단법인을 요구하는[108] 일제로부터 인
가를 받는다는 것은 너무나도 어려운 일이었다. 재정이 취약하였기
때문에 자격을 구비한 교사를 구하기도 어려웠다.[109] 무리하여 인
가를 받는다면 그것은 학교 운영에 일제의 간섭을 받아들인다는
의미였다. 선교사들은 일제의 간섭이 수반되는 학교 인가를 굳이
받으려 하지 않았다. 물론 인가를 받지 않았기 때문에 천주교학교
에 다니던 많은 학생들이 관립학교로 옮겨가는 현상이 일어나기도
하였다.[110]

　개신교측에서는 총독부의 종교교육 금지 명령에 감리교와 장로
교가 다른 입장을 취하였다. 감리교는 종교교육이나 종교의식을 못

　　학교에서의 수업시간에, 또한 수업시간 외에 학교에서 종교를 가르치는
　　것을 금지하게 되었다. 비록 이 법이 5년 전에 선포되었을지라도 그 엄
　　격한 시행에는 10년의 유예가 주어졌기 때문에 우리는 아직 5년의 유예
　　기간을 이용하여 계속 학교에서 기도문과 문답을 가르치고 있다. 그러나
　　이 기한이 지나면 다른 방법을 찾아야 할 것이다"(C-R-Seoul, 1919).
108)　"전문교육을 하는 사립학교의 설립자는 그 학교를 설립·유지하기에
　　족한 재산이 있는 재단법인이 되어야 한다"(개정사립학교규칙 제3조 2
　　항).
109)　"보통교육, 실업교육, 또는 전문교육을 하는 사립학교의 교원은 국어
　　(일본어)에 통달하고 또 해당학교의 정도에 응할 학력을 가진 자이어
　　야 한다. 단 초등의 보통교육을 하는 사립학교의 교원은 따로 정한 시
　　험에 합격한 자, 교원 면허장이 있는 자 또는 조선총독이 지정한 학교
　　를 졸업한 자에 한한다"(개정사립학교규칙 제10조 2항).
110)　"가장 어렵고 성과없는 일이 학교 일이다. 물질적인 면에서나 정신적인
　　면에서나 걱정거리밖에 없다. 재령에서는 선생들 월급부터 온갖 비용들
　　을 내가 부담해야 한다. 그런데 천주교에 관해 기껏 공부시켜 놓으면
　　학부형들은 아무런 이야기도 없이 아이들을 관립학교로 보내버린
　　다"(〈MUTEL문서〉 1917-재령 지방의 연말보고서, 멜리장 신부가 황
　　해도 재령에서 뮈텔 주교에게 보낸 1917년 5월 18일 서한).

하더라도 간접 선교를 위해서는 학교를 유지해야 한다는 입장이었다. 장로교도 총독부의 정책을 수용해갔다.[111]

그러나 기독교 교육을 할 수 없다면 학교를 계속할 의의가 없다는 입장이었다. 장로교 학교는 성경과목과 기도회를 정규 과목에 포함시키기 위해 고등보통학교로의 교명 변경을 거부하고 잡종학교 및 각종학교로 전환하였다.[112] 이렇게 장로교와 감리교가 다른 입장을 취한 것은 선교 원칙의 차이 및 '교회의 자유'에 대한 관심의 차이 때문이었다.[113]

총독부는 교육시설 완비 기간으로 10년의 유예 기간을 설정하였다. 그러나 그 요지는 교육사업을 계속할 것인지를 결정하라는 기독교에 대한 통첩이었다.[114] 유예 기간 10년은 계산된 수치였다. 당시 중추원 서기관장 고마쓰는 개정사립학교규칙이 교회학교가 아니라 한국인이 설립, 운영하는 사립학교의 감독 개선을 목적으로 한다고 주장하였다. 그러면서도 강점부터 1914년까지 4년 동안 교회학교가 746개교에서 473개교로 감소하여 연평균 68개교씩 감소하였으니, 한국에서의 기독교학교는 총독부의 일반 교육 시설이 완성되면 격감할 것이며, 6-7년 사이에 한국에서는 기독교학교가 완전히 사라지게 될 것이라고 장담하였다.[115]

---

111) 개정사립학교규칙이 공포된 후 종교와 교육의 관계에 대해 당시 총독부의 외사국장 고마쓰와 장로회 선교본부 해외전도국 총무 브라운(A. J. Brown) 사이에 오고간 서한들을 살펴보면 알 수 있다(A. J. Brown Material, 'Minute, July 21, 1915', 'Letter of A. J. Brown to C. E. Sharp, Arp. 10, 1916', 'Letter of E. Koons to A. J. Brown, Feb. 22, 1916', 'Letter of O. R. Avision to A. J. Brown, Jul. 23, 1917', Report of the Joint Committee of the Legal and Executive Committee of the Federal Council of the Protestant Evangelical Missions of Chosen).
112) 孫仁銖, 『韓國近代敎育史』, 118쪽.
113) 이진구, 「종교자유에 대한 한국 개신교의 이해에 관한 연구-일제시대를 중심으로-」, 74~75쪽.
114) 閔庚培, 1993, 『韓國基督敎會史』(신개정판), 연세대출판부, 326쪽.
115) 小松綠, 1916.1, 「宗敎に於ける敎育と宗敎」 『朝鮮彙報』, 11~15쪽.

10년의 유예 기간이 있었지만 일본인 장학관들이 매월 학교를
방문함으로써 교회 학교에는 공포감이 조성되었다.116) 그러므로
천주교 선교사들은 머지 않아 교회 학교에서의 종교교육을 단념하
거나 폐교해야 하리라 예상하였다.117)

한국의 교육계를 장악하려 하였던 일제의 의도가 종교계 학교에
만 영향을 미친 것은 아니었다. 1911년 778개교에서 1919년 312개
교로 감소하여 비율상 40.1%로 감소한 종교계 학교는, 1911년
1,307개교에서 1919년 468개교로 감소하여118) 비율상 35.81%로 감
소한 한국인 설립·경영 일반 학교보다는 상황이 나았다고 할 수
있다. 그러나 일반 학교 중에는 일제의 사립학교 통제와 강력한 권
유에 일제가 제시한 학교 형태로 전환하는 경우가 많았다.

개정사립학교규칙이 천주교학교에 많은 타격을 입혔음은 학교
수나 인가율에서 알 수 있다. 1910년 2월 46개교를 학부 인가받은
천주교학교 수는 아래의 〈표 1-1〉에서 알 수 있듯이 1917년 21개
교, 1919년 19개교로 총독부의 자료에 기록되어 있다.

---

116) "매월 학교에 순시를 나오는 방문객들(일본인 장학관들)에 대해 정말
   고민스럽게 생각하지 않을 수 없다. 그들은 위선과 교활함의 극치를 보
   여주고 있다. 그러므로 이제는 아무도 교장 자리에 있으려 하지 않는
   다"(〈MUTEL문서〉 1917-35, 멜리장 신부가 황해도 재령에서 뮈텔 주
   교에게 보낸 1917년 2월 11일 서한).
117) "총독부에서 2개의 법령이 나왔는데, 이것들은 우리 사업을 돕기 위해
   만들어진 것이 아니다. 그중 하나는 모든 종류의 학교에 해당되는 것으
   로서 절대적인 종교적 중립을 명하고 있다. 교내에서는 수업시간뿐 아
   니라 수업시간 외에도 종교교육을 금지하고 있다. 기존의 학교에 대해
   이 법령을 실시하기까지 10년의 유예가 주어지고 있으나, 지방관청에서
   는 즉시 이 법령에 응하도록 강요하고 있다. 이것은 천주교 학생들에게
   학교에 다니는 동안 종교 교육을 시키려는 목적에서 우리가 막대한 비
   용으로 운영하는 학교들 대부분이 곧 문을 닫게 된다는 것을 뜻한
   다"(C-R-Seoul, 1915).
118) 주 99) 참조.

〈표 1-1〉 1910년대 조선총독부 자료에 수록된 천주교학교

연도	경기	충북	충남	전북	전남	경북	경남	황해	평남	평북	강원	함남	함북	계
1910														46
1917	4	1	1	3		1	1	3	5		2			21
1918	4	1	1	3		1	1	2	6		2			21
1919	4	1	1	3		1		2	5		2			19

출전 : 俵孫一, 1910, 『韓國敎育の現狀』, 學部, 55~56쪽 : 『朝鮮彙報』, 1918년 5
월호, 88~89쪽 : 같은 책, 1919년 5월호, 56~57쪽 : 같은 책, 1920년 5월
호, 49~50쪽.
비고 : 1910년 통계는 2월 기준이며 학부 인가를 받은 학교 수이다. 1917~1919
년의 통계는 5월 기준이다.

그런데 다음의 〈표 1-2〉에 제시한 바와 같이 천주교 자료에는
1910년 124개교, 1917년 93개교, 1918년에는 96개교, 1919년에는 101
개교의 학교를 운영하고 있는 것으로 되어 있다. 교회자료 대비 일
제자료의 천주교학교는 수적인 면에서 뿐 아니라 인가율에서도
37%에서 1917년 22.6%, 1919년 24.5%로 감소하였다.

천주교 자료에 의하더라도 개정사립학교규칙이 천주교학교 설립
에 영향을 끼쳤음을 알 수 있다. 천주교학교는 1904년 75개교에서
1909년 135개교로, 학생 수는 693명에서 3,540명으로 증가하였다.[119]
그러나 사립학교규칙, 개정사립학교규칙 등 종교교육 규제법령이
공포되면서 학교 수와 학생 수 모두가 감소하였다.

다음 〈표 1-2〉를 보면 학교 수는 1910년 124개교에서 1919년 101
개교로 감소하였고, 학생 수는 3,048명에서 3,078명으로 거의 제자
리걸음을 하였다. 학교 수 감소로 학교당 학생 수는 24.6명에서
30.5명으로 증가하였다.

---

119) 『조선교구 교세보고서』 1904~1909년. 『교세보고서』는 각 지방에서 선
교 활동 중인 선교사들이 보고한 것을 교구장이 종합하여 파리외방전
교회 파리본부에 보낸 것으로 C-R-Chosen에 실려 있다.

〈표 1-2〉 1910년대 교회 자료에 수록된 천주교학교

연도	남학교 및 학생수						여학교 및 학생수						계		학교당 학생수
	서울교구		대구교구		계		서울교구		대구교구		계				
	학교	학생	학교	학생	학교	학생	학교	학생	학교	학생	학교	학생	학교	학생	
1910													124	3,048	24.6
1911					107	2,221					11	709	118	2,930	24.8
1912	64	1,518					13	541					102	2,599	25.5
1913	60	1,157	19	467	79	1,624	13	583	6	189	19	772	98	2,396	24.4
1914	68	1,771	24	478	92	2,249	13	641	5	265	18	906	110	3,155	28.7
1915	59	1,336	21	349	80	1,685	12	621	4	202	16	823	96	2,508	26.1
1916	52	1,276	11	338	63	1,614	14	624	3	213	17	837	80	2,451	30.6
1917	57	1,318	21	520	78	1,838	13	637	2	146	15	783	93	2,621	28.2
1918	61	1,620	20	541	81	2,161	11	679	4	210	15	889	96	3,050	31.8
1919	53	1,473	30	596	83	2,069	12	728	6	281	18	1,009	101	3,078	30.5
1920	38	1,194	24	493	62	1,687	11	903	5	259	16	1,162	78	2,849	36.5

출전 : C-R-Chosen, 1910~1911 : C-R-Seoul, 1912~1920 : C-R-Taikou, 1912~
1920 :『경향잡지』, 1911~1920.

남학교의 경우는 1911년 107개교에서 1919년 83개교로, 학생 수는 2,221명에서 2,069명으로 감소하였다. 반면 여학교는 1911년 11개교에서 1919년 18개교로, 학생 수는 709명에서 1,009명으로 증가하였다. 여학생에 비해 남학생은 상급학교 진학 및 취직을 고려하지 않을 수 없었기 때문이라 여겨진다.

Ⅳ. 「포교규칙」과 천주교회의 동향

개정사립학교규칙이 공포된 지 5개월만인 1915년 8월 16일, 총독부령 제83호로 「포교규칙」이 공포되었다.[120] 총독부는 종교 자유

보장, 포교 행위 공인, 종교에 대한 평등한 대우를 위해서 포교규칙을 제정하였다고 발표하였다.[121] 그러나 이 법령의 핵심은 종교 자유의 원칙에 위배되지 않으면서 종교를 통제할 수 있는 일종의 '종교 공인' 정책이었다. 그렇지만 종교 자유 원칙과 종교 공인 정책은 상호 모순되므로 이 법령은 종교 자유를 제약할 가능성을 처음부터 지니고 있었다. "본령(本令)에서 종교라 함은 신도(神道), 불도(佛道) 및 기독교를 일컫는다"(제1조)라고 하여 세 종교 이외의 종교들은 '유사종교' 혹은 '비종교'로 분류되어 종교라는 보호구역에서 배제한 것이다.

포교규칙의 모델은 1898년 일본의회에 상정된 종교법이었다. 종교단체에 국가의 감독과 통제를 목표로 한 이 법안은 종교계의 반대로 제정되지 못하였다. 그러다가 1899년 2월 11일 「명치헌법」(明治憲法) 제28조에서 천황제를 전제한 하위 개념으로서 신교(信敎)의 자유가 보장되었다.[122] 천황제의 절대성이란 기독교의 신성성(神聖性)과 같은 의미를 갖는 것이므로,[123] 기독교와 일제가 신봉하는 천황제와는 병립될 수 없다.[124] 그런데 일본에서는 종교계의

---

120) 『朝鮮總督府官報』, 1915.8.16.
121) "本令은 決코 信敎의 자유에 何等의 制限을 加하려는 것이 아니다. 但只 布敎上의 手續을 規定하려는 데 지나지 않는다 … 本令을 施行한 結果 事實上 宗敎宣布에 從事해 온 朝鮮人 및 外國人도 이에 처음으로 그 宣敎行爲를 公認받고 … 布敎者 一般에게 平等한 待遇를 함을 歡迎하고 이것을 기회로 더욱 布敎의 效果가 顯著해지도록 努力하는 傾向이 나타나고 있다"(1915, 『朝鮮總督府施政年報』, 66~67쪽).
122) 朝鮮總督府 編, 1922, 『朝鮮法令集覽』 上卷, 京城帝國地方行政學會 朝鮮本部, 15쪽 ; 吉井蒼生夫, 1978, 「舊刑法の制定と皇室ニ對スル罪」 『神奈川法學』 13-3, 125쪽.
123) 藏田雅彦, 1989, 「일제하 한국기독교와 일본의 천황제와의 갈등관계에 대한 역사적 고찰」, 연세대학교 신학 석사학위논문, 60~62쪽.
124) 土肥昭夫, 1980, 『日本プロテスタント・キリスド敎史』, 東京 : 新敎出版社 ; 김수진 옮김, 1991, 『일본기독교사』, 기독교문사, 108쪽 ; 石洪旭, 1977, 「政敎分離原則에 관한 考察」, 연세대학교 행정학 석사학위논문, 43쪽 ; 윤경로, 「통감부시기 일제의 기독교정책과 성격」, 156쪽.

반대로 제정되지 못한 종교법의 내용이 식민지 한국에서 포교규칙
으로 공포된 것이다. 「종교단체법」(법률 제77호)이 일본에서 공포
된 것은 1939년 4월이었다.[125] 부칙 4개조를 포함하여 19개조로 이
루어진 포교규칙은 37개조로 구성된 종교단체법보다 간략하였던
만큼 자의적 해석이 가능하였다.

선교에 관한 법규 제정이 언급된 것은 조선총독부에서 발간한
『조선총독부시정연보』(朝鮮總督府施政年報) 1911년판에서였다. 치
안 부문에서 종교취체항을 설정하여, 종교단체의 활동과 선교 현황
을 조사 정리하면서 법규에 의한 종교 통제 방침을 거론하였다.[126]
그리고 그 해에 불교를 규제하기 위한 사찰령, 유교를 규제하기 위
한 경학원규정을 공포하였으며 사립학교규칙으로 기독교 규제에도
포문을 열었다.

포교규칙이 공포된 것은 일본이 독일에 선전포고를 하고 제1차
세계대전에 참전한 지 1년이 되는 때였다. 일제는 제1차 세계대전
의 발발로 서구열강의 관심이 유럽 문제에 집중되자 영일동맹의
구실 아래 독일의 조차지인 중국의 산동(山東)반도와 그 식민지였
던 태평양상의 적도 이북 제도(諸島)에 대한 권익을 장악하였다.

---

125) 일본에서는 1899년 「神佛道 以外의 宗敎의 宣布, 堂宇 會堂 등에 관한
    規定」(내무부령 제41호)이 나온 이후에야 기독교가 공인 종교가 되었
    다. 1898년 제14회 제국의회에 상정된 이후 '종교법안'은 제정이 저지되
    다가 전시체제로 접어든 1939년 제74회 제국의회에서 통과되었다(戶村
    政博, 1976, 『神社問題とキリスト敎』, 新敎出版社, 403~404쪽 ; 金田隆
    一, 1985, 『戰時下キリスト敎の抵抗と挫折』, 新敎出版社, 304쪽).

126) "宗敎取締에 關해서는 明治 39年 統監部令 第45號로 內地人의 宗敎宣布
    手續節次를 定한 바 있다. 하지만 朝鮮人 및 外國人의 宗敎에 關한 것
    은 何等의 法規도 없어서 그로 因해 布敎所가 함부로 設置되고 있어 그
    弊害가 크다. 특히 조선인의 조직과 관계되는 것으로는 天道敎・侍天
    敎・大倧敎・大同敎・太極敎・圓宗宗務院・孔子敎・敬天敎・大成宗敎
    등 여러 종이 있는데, 그 종류가 너무 많고 잡다할 뿐 아니라, 그 움직
    임도 정치와 종교를 서로 혼동하여 순연히 종교라 인정하기 어려운 것
    이 많아 그 취체가 불가피하다"(1911, 『朝鮮總督府施政年報』, 77쪽).

일본은 참전하기 이전 독일로부터 교주만(膠州灣) 조차지를 중국
에 되돌리기 위한 교섭을 제의받았으나 거절하였다.[127] 당시 유럽
은 전쟁 중이었기에 일본을 상대할 수 없었을 뿐만 아니라 일본은
프랑스·미국과 함께 연합국의 일원으로 동맹국과 전쟁 중이었다.
따라서 당시로서는 누구도 일제의 한국 지배에 제재를 가할 수 없
었다.[128] 일제는 자신들의 한국 지배에 누구도 관여하기 어려웠던
시기에 서구 세력을 배제하고 완전한 한국 지배를 실현하기 위한
법령들을 공포하였던 것이다.

포교규칙은 사찰령 및 경학원규정과 비교해 볼 때 보다 강력한
종교규제법령이었다. 포교규칙은 총독부령으로, 사찰령은 제령(制
令)으로, 그리고 경학원규정은 훈령(訓令)으로 공포되었다. 「조선
에 시행할 법령에 관한 법률」(1911년 3월 24일, 법률 제30호)에 의
하면 일본에서 제정된 법령은 특수한 경우를 제외하고는 한국에는
시행되지 않는다는 것이었다. 이 법률에 의하면 일본 법령 가운데
그대로 한국에 적용할 부분은 칙령(勅令)으로서 시행할 수 있었다.
일본의 법률을 그대로 적용할 수 없다고 판단된 부분에 대해서는
총독의 명령으로 대신할 수 있었는데 이것이 제령이었다. 조선총독
부령은 조선총독이 발하는 명령으로 일본의 칙령에 해당되었다.[129]
즉 제령은 일본에서의 법률에, 총독부령은 칙령에 해당한다. 그런
데 칙령이란 제국의회의 권한 밖에 있는 것으로 긴급성과 강제성
에 있어서 제령보다 신속하고 강력하였다. 훈령은 제령이나 총독부
령보다 하위 법률이었으므로 기독교 규제법령은 불교나 유교 규제
법령보다 신속하고 높은 강도로 제정되었음을 알 수 있다.

---

127) 李愚振, 1986, 「臨政의 파리講和會議外交」『韓佛外交史(1886-1986)』, 평
    민사, 128쪽.
128) 具汰列, 1985, 「英國의 對韓政策」『韓國獨立運動과 列强關係』, 평민사,
    216쪽.
129) 김낙년, 1994, 「일본제국주의 식민지지배의 특질」『韓國史』13, 한길사,
    77~78쪽.

포교규칙이 공포되던 날, 「신사사원규칙」(神社寺院規則, 1915년 8월 16일, 총독부령 제82호)도 공포되었다. 신사사원규칙이 포교규칙과 같은 날 공포되었다는 것은 신도(神道)로서 타종교를 규제하겠다는 일제의 의도를 뜻하는 것이었다. 일제는 천주교학교와 신자들에게도 신도를 강요하였다.130) 천주교 선교사들은 총독부에서 신도를 강력 권장하고 있기 때문에 선교에 어려움이 있다고 보고하였다.131) 포교규칙으로 기독교에 규제를 가하는 동시에 신사사원규칙으로 일제의 통치 이념을 표방하는 신도를 장려한 것이다.

포교규칙이 공포되자 한국 천주교회의 관할권자였던 뮈텔 주교와 드망즈 주교는 선교사들에게 회람장을 발송하였다.132) 그런데 두 주교가 관심을 둔 것은 총독에게 주교를 폐위시킬 수 있는 권한을 부여한 조항이었다.133) 이 조항만을 심각하게 이해한 주교들은 총독부에 항의하였다.134) 그리고 이 조항이 천주교회에는 해당되지 않는다는 총독부의 답변에 안심하였다.

"또 다른 법령은 포교에 관계되는 것으로서 이후 선교사, 신부, 회장들은

---

130) "(총독부) 당국자들 대부분이 神道를 믿고 있다는 사실을 파악하기는 어렵지 않다. 그들은 신도로 그들의 皇室에 대한 충성을 설명한 신도를 신봉하지 않는다면 그들의 눈에는 선량한 애국자로 보이지 않는다. 또한 그들은 모든 사람들에게, 우리들과 우리 학교와 신자들에게 무슨 사건이 있을 때마다 전부터 내려오는 儀式 문제의 어려움을 거듭 환기시키면서 우리에게 신도를 믿도록 강요한다"(C-R-TaiKou, 1916).
131) C-R-Seoul, 1917.
132) 『DEMANGE주교일기』, 1915.9.18.
133) "조선총독은 포교의 방법, 포교관리자의 권한 및 포교자 감독의 방법 또는 포교관리자를 부적당하다고 인정할 때는 그 변경을 명령할 수 있다"(포교규칙 제4조).
134) "주교 직책을 무시하고 선교사와 총독부 사이에서 일을 처리하려는 포교규칙 문제로 서울의 총독과 뮈텔 주교와 서신 교환을 계속하고 있다. 제4조는 총독에게 주교들을 폐위시킬 권한을 주고 있다. 전자의 오류에 대해서는 두고 보겠지만, 후자는 그 적용이 시급해졌으므로 즉시 항의를 해야 한다"(『DEMANGE주교일기』, 1915.10.12).

사목 활동을 하려면 총독부의 허락을 얻어야 한다. 뿐만 아니라 사제관, 성당, 공소를 설립하기 전에 사전 허락을 신청해야 하고, 그 허락은 설립 이유가 타당하고 생활 수단이 충분하다고 인정될 때만 주어진다. 그런데 우리의 새로운 설립은 한 번에 이루어지는 것이 아니고, 여러 상황에 의해 이루어지게 된다. 그러므로 경우에 따라서는 당국에서 요구하는 상세한 자료를 어떻게 제공할 것이며, 또 당국으로부터 어떻게 허가를 기다릴 것인가가 문제이다. 법령의 제4조는 총독의 뜻에 맞지 않을 때 사람이나 포교 방법을 바꾸도록 총독에게 재량권을 인정하는 것까지 규정하고 있다. 이 조항에 대해 본인은 의견서를 제출하지 않을 수 없었는데 이 조항은 우리와 전연 관계가 없고, 다만 신도나 불교에 해당되는 것이라고 대답하였다. 그렇다고 믿고 싶지만 그같은 조항이 전혀 없었더라면 우리는 더 안심할 수 있었을 것이다."[135]

천주교회는 포교규칙도 기관지인 『경향잡지』에 3회 게재하였다.[136] 그러나 개정사립학교규칙과 마찬가지로 내용만 수록하였을 뿐 해석은 곁들이지 않았다. 이 법령은 포교자에게 자격증을 요구하였는데,[137] 포교자는 천주교회의 경우 성직자만 해당된 것 같다.[138] 교회의 설립과 변경에도 총독의 허가를 필요로 하였고,[139]

---

135) C-R-Seoul, 1915.
136) 1915.1.3, 11.15, 11.30, 『京鄕雜誌』.
137) "종교선포에 종사하고자 하는 자는 다음의 사항을 구비하여 포교자가 될 자격을 증명할 문서 및 이력서를 첨부하여 조선총독에게 신고해야 한다. 단 포교관리자를 둔 교파·종파 또는 조선 사찰에 속한 자에게는 제2호의 사실을 생략할 수 있다. 1. 종교 및 교파·종파의 명칭, 2. 교의의 요령, 3. 포교의 방법. 전항 각호에 든 사항을 변경할 때는 10일 내로 조선총독에게 신고해야 한다"(포교규칙 제2조).
138) 조선총독부에서 발간한 『朝鮮總督府統計年報』를 살펴보면 1914년까지는 '韓國人 助事'에 관한 항목이 있으나 1916년부터는 '종교선포자'에 대한 숫자만 기록되어 있는데 그것은 성직자 수에 해당한다.
139) "종교의 용도로 사용하기 위하여 교회당, 설교소 또는 강의소의 류를 설립하고자 하는 자는 다음의 사항을 구비하여 조선총독의 허가를 받아야 한다. 1. 설립의 필요한 사유, 2. 명칭 및 소재지, 3. 부지의 면적 및 건물의 평수, 그 소유자의 이름 및 도면, 4. 종교 및 그 교파·종파의 명칭, 5. 포교담임자의 자격 및 선정 방법, 6. 설립비 및 그 支辦의 방법, 7. 관리 및 유지 방법. 전항 5호에 의하여 포교담임자를 선정할 때는 설립자 또는 포교관리자는 이름 및 거주지를 구비하고 이력서를

더욱이 이듬해에는 교회에의 기부에도 허가를 요구하였다.140) 교
회 건립에 한국인의 기부 행위를 단절시키고, 선교에 한국인의 역
할을 규제하겠다는 의미였다. 포교규칙이 공포된 후 천주교회 건물
은 일본 군인들의 숙소로 징발당하기도 하였다.141) 교회건물이 종
교 목적이 아닌 다른 용도로 사용되었다는 것, 그리고 그것이 강압
에 의해 이루어졌다는 것은 포교규칙이 공포된 이후 교회들이 얼
마나 어려운 처지에 놓여 있었는지를 잘 말해준다.

경찰들은 포교규칙을 조사하고 감시한다는 구실하에 수시로 교
회에 출입하며 신자들을 괴롭혔다. 경찰들의 예고없는 잦은 성당
방문과 위협은 신자들에게 두려움을 안겨주기에 충분하였고, 교회
에서 멀어져가게 하였다.142) 경찰들은 외국인 선교사들을 의심하
였고, 천주교에 대한 적의를 드러내기도 하였다.143) 선교사들은 포

<hr>

첨부하여 10일 내로 조선총독에게 신고해야 한다. 이를 변경할 때도 같
다"(포교규칙 제9조).
140) 「朝鮮警務總監部 訓令」甲 제2호, 1916.1.12.
141) "오늘 군청에서 일본인이 와서 말하기를, 군인들이 사리원에 와서 며칠
머무르게 되었으니 집을 빌려 달라고 하였습니다. 제 마음대로 빌려 줄
수 없다고 하니 강제로라도 빌려야겠다며 강당의 통과 戶數를 적어갔습
니다. 2,000여 명의 일본 군인들이 사리원에 온다고 합니다"(〈MUTEL
문서〉 이기준 신부가 사리원에서 뮈텔 주교에게 보낸 1916년 9월 17일
서한).
142) 〈MUTEL문서〉 라리보 신부가 뮈텔 주교에게 보낸 1916년 合德 지방의
연말보고서.
143) "나는 작년에 얼마나 엉뚱한 문서가 우리의 포교활동을 규제하게 되었
는지를 얘기하였다. 이 법령은 그로 인한 계속적인 조사가 없다면 아무
것도 아닐 것이다. 법의 정신이 어떻든간에 거의가 그 시행은 호의적이
지 못한 법이다. 이 시행을 감시할 책임을 진 경찰들은 때때로 종교에
대한 그들의 악의나 개인적인 증오심을 드러낸다. 그들은 그들의 이교
적인 좁은 생각에서 선교사들이 포교를 위해, 그리고 희생정신에서 조
국을 떠났다는 것을 이해하지 못하고 다른 동기를 찾다가 아무것도 발
견해내지 못하자 우리에 대해 의심하고 시기하게 되는 것이다. 책임당
국에서 의식한 것이건 안한 것이건 이 사소한 박해들이 개종함으로 인
해 사람들이 싫어할 것을 두려워하는 겁많은 신자들까지도 우리에게서
멀어지게 하지는 못하였다"(C-R-Seoul, 1916).

교규칙으로 인하여 신자들이 위험 인물로 보일 수 있다고 생각하였다. 경찰들은 천주교신자들을 위협적인 태도로 대하였고, 외국인의 편을 드는 불충한 국민으로 취급하였다.

"사람들은 당국이 신도 외에도 민족종교와 불교의 편을 들고 있으며, 기독교에 대해서는 외국인과 분리된 그리고 한국인의 교육을 전담하고 있는 인적 자원을 가진 개신교를 편들고 있음을 쉽게 알 수 있다. 한편 새로운 법령은 때로 한국인의 눈에 우리를 위험한 인물로 보이게 한다. 다른 곳보다 심한 것은 아니지만 한국에서는 사람들이 경찰의 조사가 부쩍 심해진 집에는 자주 드나들려 하지 않는다. 대부분의 관리들이 예의바르고 프랑스 선교사들에게 호의적이지만 하급 경찰들은 우리의 회장들이나 신자들과의 관계에 있어서 때로 위협적인 태도를 취하였고, 선교사 편을 드는 불충한 국민으로 취급하여 저절로 공포를 일으키게 하는 불손한 태도를 보였다."144)

신자들은 공포감 때문에 일제당국으로부터 허가를 받지 못한 강당에서는 공소예절(公所禮節)도 거부하였다.145)

---

144) C-R-TaiKou, 1916.
145) 公所에는 신부가 상주하지 않기 때문에 주일이나 축일에 그 지역 신자들이 모여 공소회장을 중심으로 미사 대신 전례를 거행한다. 이를 공소예절이라 한다. "지금 中和나 瑞興 등에서는 布敎所 허가 문제로 경찰들이 신자들을 협박하고 괴롭히는 일이 많습니다. 서흥군 寶村洞 공소에서는 경찰이 찾아와 회장에게 '보촌동은 포교소 허가를 받지 않아 교회 활동을 할 수 없으니 다른 곳으로 가서 모임을 가지라'고 말했다 합니다. 또 서흥군 大栗洞 공소에서는 경찰이 신자들을 모아 놓고 '대율동 공소는 허가를 받지 않았으니 허가있는 어느 공소에 속해 있느냐? 아직 어느 공소에도 속하지 않았으면 며칠 시간을 줄 것이니 어느 공소에 속하게 되었는지 통지하라. 그렇지 않으면 큰 벌을 받을 것이다'라고 하였답니다. 무지한 시골 신자들은 경찰들의 협박에 어찌 할 바를 모릅니다. 경찰들이 서면으로 이러한 협박을 한다면 제가 그것을 보고 조치를 취하겠는데 경찰들은 말로만 신자들을 괴롭힙니다. 그런데 경찰들의 이러한 행동은 상관의 명령없이 제멋대로 하는 것 같습니다. 어떻든 허가없는 강당에서는 공소예절을 할 수 없다고 이곳저곳에서 신자들이 통지해 옵니다. 저도 어떻게 해야 할지 모르겠습니다"(〈MUTEL 문서〉 이기준 신부가 황해도 사리원에서 뮈텔 주교에게 보낸 1916년 8

포교규칙의 공포로 천주교회는 교회 설립에 지장을 받았다. 교회를 신설하려면 총독부의 허가를 얻어야 했고, 허가를 얻으려면 설립 이유와 유지 방법이 충분하다고 인정되어야 했다. 포교규칙상 계출(屆出)에 따른 서류의 번거로움으로 서울교구의 경우만도 포교규칙이 공포된 지 5개월만인 1916년 1월 말 현재 서명하여 발송한 서류가 1,332건에 달하였다.146) 일선 선교사들의 고충은 한층 더하였다. 서류 작성에 대한 인식도 정확하지 못하였고, 서류 제출 절차도 자세히 알지 못하였기 때문이었다.147) 천주교회는 총독부로부터 천주당, 강당, 공소, 포교소, 강의소, 수녀원 등의 명의로 교회를 인가받았다. 『조선총독부관보』에 의하면 1919년 12월까지 인가받은 천주교 교회는 224개였다. 그중 124개는 천주당으로, 15개는 공소로, 1개는 포교소[聖芬道修士院布教所]로, 1개는 강의소로, 1개는 수녀원으로, 나머지는 강당으로 기록되어 있다.

교회를 인가 받기가 쉽지 않았음은 다음의 〈표 1-3〉에 제시한 바와 같이 교회측의 『교세보고서』와 총독부의 통계를 비교해보면 알 수 있다.

교회 통계의 공소 수와 총독부의 인가를 받은 교회 수를 비교해보면 차이가 보인다. 첫째 이유는 당시 대부분의 공소가 독립된 교회건물을 갖지 못하고 공소회장의 집에 개설되는 예가 많았기 때문이다. 한편 1914년까지 증가세를 나타내던 공소 수가 1915년과 1916년 계속 감소된 것은 포교규칙의 영향 때문이었다고 여겨진다.

월 15일 서한).

146) *Bulletin*, 1916, 262~263쪽.

147) "종교국에서 신고 건에 관해 회람을 산더미같이 보내왔습니다. 주교께 貢稅里본당 계획서를 보내드림으로써 모든 절차가 다 끝난 줄 알았는데 제가 잘못 안 것일까요? 신고는 원칙적으로 포교지 책임자에게만 상관되는 줄로 생각하였습니다. 주교께 회람의 견본을 하나 보내드립니다. 만일 선교사들에게 또다른 절차가 요구된다면 법에 걸리지 않도록 저에게 알려주시기 바랍니다"(〈MUTEL문서〉 1915-164, 드비즈 신부가 뮈텔 주교에게 충청도 공세리에서 보낸 1915년 11월 29일 서한).

1920년에도 1914년의 공소 수에 미치지 못하였다. 본당 설립도 어려웠다. 서울교구의 경우 포교규칙이 공포되기 전인 1914년과 1919년을 비교해보면 본당은 3개가 감소하였다. 대구교구 역시 4개 본당이 감소하였다. 공소는 서울교구에서는 22개, 대구교구에서는 35개가 감소하였다. 반면 성당은 서울교구가 53개, 대구교구가 41개 증가하였다.

<표 1-3> 1910년대 한국 천주교회의 교회 현황

연도	서울교구			대구교구			계			조선총독 부자료
	본당	공소	성당	본당	공소	성당	본당	공소	성당	
1910							54			149
1911				18	390		59	1,037		275
1912	40	621	129							290
1913	42	679	130	19	392		61	1,071		261
1914	41	684	120	20	409		61	1,093		209
1915	38	652	119	18	399	29	56	1,051	148	
1916	40	643	174	18	396	45	58	1,039	232	210
1917	40	663	178	16	384	55	56	1,047	233	216
1918	42	669	170		399	66		1,068	236	222
1919	39	662	172	16	396	70	55	1,058	242	224
1920	40	683	173	18	398	67	58	1,081	240	233

출전 : C-R-Chosen, 1910~1911 ; C-R-Seoul, 1912~1920 ; C-R-Taikou, 1912~
1920 : 『경향잡지』, 1911~1920 : 『朝鮮彙報』, 1916~1920 : 『朝鮮總督府
統計年報』, 1910~1920.

비고 :
· 본당은 신부가 상주하는 곳. 성당은 교회건물이 있는 곳. 공소는 신부가 상주하지 않는 곳으로 교회건물이 있는 곳도 있지만, 이 시기에는 대부분 공소회장 집에 개설되었다.
· 본당 수는 성당 수에 포함되었다고 여겨진다. 신부가 상주하려면 포교계를 내야 하고, 포교계를 내면서 거주지로는 당연히 포교소가 거론될 것이기 때문이다.
· '조선총독부 자료'는 『조선총독부관보』, 『朝鮮彙報』, 『朝鮮總督府統計年報』에 기록되어 있는 자료를 이용한 것이다.

포교규칙에 의한 의무적인 보고148)가 시작된 1916년부터 1919년
까지의 천주교회 통계와 조선총독부의 자료를 비교해보면 앞의 〈표
1-3〉에서 알 수 있듯이 차이가 있다. 1916년 22개, 1917년 17개, 1918
년 14개, 1919년 18개의 교회가 조선총독부의 기록보다 교회 통계에
많은 것으로 나타난다. 아마도 이들은 총독부의 허가를 받기에는
미흡하였던 성당이었으리라 여겨진다.

한편 성당 수와 공소 수를 비교해 볼 때, 1915년에는 성당 수가
공소 수의 약 1/7이었는데 1916년에는 1/4.5로 증가하였다. 성당은
포교규칙에서 규정한 허가를 받은 교회건물이었다고 여겨진다. 교
회자료에 나타난 성당 수와 조선총독부의 자료에 나타난 천주교회
의 건물 수가 비슷한 점으로 보아 이러한 설명이 가능할 것이다.
그런데 1916년 232개로 집계된 성당은 1920년 240개로 8개만이 증
가하였다. 그만큼 교회건물로 인가를 받기가 어려웠다는 것이다.
포교규칙에서 요구하는 교회, 인가를 받을 수 있는 교회는 소폭으
로 증가하였을 뿐이다. 〈표 1-3〉에서 알 수 있듯이 조선총독부의
자료에 의하면 1916년부터 1919년까지 12개의 교회가 증가하여 연
평균 4개의 교회가 증가한 것으로 파악된다. 본당과 공소를 합하여
인가를 받은 교회의 비율은 1916년 20%, 1917년 20%, 1919년 21%
였다. 공소만을 본다면 인가율은 1916년 14%, 1917년 15%, 1919년
16%로 소폭 증가하였다. 그러나 이는 공소 수의 감소와 비교해 볼
때 진정한 증가라 할 수 없다.

포교규칙 공포 이후 천주교신자증가율도 감소하였다. 1900-1910
년에는 5.65%, 1910부터 3·1운동까지는 2.10%로 하강곡선을 그렸

---

148) "포교관리자 및 조선 사찰의 본사 주지는 각 그 소속 사원·교회당·
설교소 또는 강의소별로 매년 12월 31일 현재에 의하여 그 신도 수 및
그 해의 신도의 증감 수를 이듬해 1월 31일까지 조선총독에게 신고해
야 한다. 전항의 신고는 포교관리자를 두지 않는 교파·종파 및 조선의
사찰에 속하지 않는 교회당·설교소 또한 강의소에서는 각 그 포교담
임자로부터 신고해야 한다"(포교규칙 제12조).

다.149) 그런데 2.10%라는 증가율은 인구의 자연증가율에도 못미치는 것이었다.

〈표 1-4〉 1910년대 한국 천주교회의 신자 수

연도	서울교구			대구교구			합 계		
	신자수	영세자수	신자증가수	신자수	영세자수	신자증가수	신자수	영세자수	신자증가수
1910	73,517	7,839					73,517	7,839	
1911	76,843	7,444	3,226				76,843	7,444	3,326
1912	52,109	4,598	-24,734	26,741	1,649		78,850	6,247	2,007
1913	53,618	4,201	1,509	26,949	1,661	208	80,567	5,862	1,717
1914	55,602	4,151	1,984	27,382	2,575	433	82,984	6,726	2,417
1915	57,026	3,706	1,424	27,843	2,489	461	84,869	6,195	1,885
1916	57,442	3,406	416	28,963	2,222	1,120	86,405	5,628	1,756
1917	57,914	2,886	472	29,374	1,987	411	87,288	4,873	883
1918	58,838	3,008	924	29,703	2,122	329	88,541	5,130	1,253
1919	58,945	2,620	107	29,608	1,879	-95	88,553	4,499	12
1920	59,331	?	386	30,002	1,880	394	89,333	?	780

출전 : C-R-Chosen, 1910~1911 ; C-R-Seoul, 1912~1920 ; C-R-Taikou, 1912~1920.

비고 :
· 1911년 4월 8일 조선교구에서 경상도와 전라도를 선교관할구역으로 대구교구가 분리, 설립되었다. 조선교구는 서울교구로 명칭이 변경되었다. 따라서 1910년과 1911년의 신자 수는 조선교구의 신자 수이다.
· 1912년 서울교구의 신자 수가 크게 감소한 것은 1911년 대구교구가 분리, 설립되었기 때문이다. 약 26,000명의 신자들이 대구교구로 분리되었다.

〈표 1-4〉를 보면 영세자 수가 해마다 감소하였고 따라서 신자 수는 제자리걸음이었다. 강제 합병 이후 매년 감소하던 당해년 영세자 수가 1914년 증가세를 보이다가 감소하였고, 1918년 회복하였으나 이듬해 다시 감소하였다. 서울교구는 더 심하여 1914년부터 1917년까지 계속 감소하였다. 신자 수도 1910년 73,517명에서 1919년 88,553명으로 9년 동안 15,036명이 증가하였을 뿐이다. 연평균

---

149) 趙珖, 『韓國 天主敎 200年』, 60쪽.

1,670명의 신자 수가 증가한 셈이다. 매년 6,700여 명의 영세자가 배출되었고 사망자보다 출생자가 많았으므로 신자 수는 더 증가하는 것이 자연스럽게 생각된다. 그러나 〈표 1-4〉에서 확인할 수 있듯이 신자 수는 거의 답보상태였다. 이는 신자증가율이 감소하였다는 것을 말한다.

선교사들은 신자 수의 제자리걸음을 간도 이주로 설명하였다. 일제에 강점된 후 일제의 압박을 피하고 생계를 개척하려고 간도로 이주하는 이민자들이 급증하였다. 일제의 식민정책이 진전될수록 한국인의 경제적 궁핍은 더 심해졌기 때문이다.[150] 이민대열에는 천주교신자들도 다수 포함되어 있었다. 선교사들은 일제의 식민통치법 중 삼림 관계 법령이 천주교신자들에게 타격을 주었다고 생각하였다. 삼림 관련 법령들이 신자들의 생계에 타격을 입혔고, 그로 인해 신자들의 간도 이주가 급증하였다고 이해한 것이다.

당시 많은 천주교신자들이 산간 지역에 살고 있었다. 그리고 그들은 화전 개간과 연초 재배, 옹기업을 주요 경제 수단으로 하고 있었다. 물론 「삼림령」(1911년 6월 20일, 제령 제10호)과 「국유삼림산야보호규칙」(國有森林山野保護規則 : 1912년 5월), 「화전지과세」(1912년 12월 9일, 관통첩 제162호 : 1914년 8월 2일, 관통첩 제248호) 등의 법령이 천주교신자들만의 생계를 위협한 것은 아니었다. 그러나 간도로 이주하는 신자들 대부분이 이러한 법령으로 생계에 타격을 입어 이주하는 경우가 많았다.[151] 신자들의 대거 이민으로 간도의 천주교신자 수는 1910년 2,723명에서 1914년 5,418명으로 증가하였다.[152]

한국내 신자 수 증가의 부진 이유를 간도 이주에서 찾으려 하였

---

150) 高承濟, 1968, 「間島移民史의 社會經濟的分析」『白山學報』5, 白山學會, 229쪽.
151) 尹善子, 「間島 天主教會 設立과 朝鮮人 天主教信者들의 間島 移住」, 84~87쪽.
152) * 간도의 천주교신자 수

던 선교사들의 견해는 일정 부분 인정할 수 있다. 그러나 앞의 〈표
1-4〉에서 확인할 수 있듯이 1915년 포교규칙이 공포된 이후 1920년
개정될 때까지 5년 동안의 신자 증가 수와, 1910년부터 포교규칙이
공포되기 이전 5년 동안의 신자 증가 수를 보면 각 4,684명과 11,352
명으로 1:2.4의 비율로 나타나 선교사들의 설명에 한계가 있음을
알 수 있다. 같은 시기 간도의 천주교신자 증가 수를 비교해보면
1,747명과 2,297명으로[153] 1:1.3의 비율이다. 선교사들의 주장처럼
포교규칙 공포 이후 한국내 천주교신자 수의 담보 원인이 간도 이
주에 있었다면, 1915년 이후 5년 동안 간도의 신자 증가 수는 1915
년 이전 5년 동안의 신자 증가 수보다 훨씬 증가되어야 한다. 그러
나 실제로는 오히려 감소하였다.

천주교신자의 증가율이 감소하는 반면 같은 시기 개신교 신자
수는 다음의 〈표 1-5〉를 보면 증가율을 기록하였다. 〈표 1-5〉에서
장로교 신자 수를 보면 1910년부터는 전체 신자 중 세례신자의 비
율이 높아져 1910년부터 1919년까지는 평균 41.55%이다. 그리고
1910년부터 1919년까지 세례신자의 연평균 증가율은 7.60%로 천주
교세례신자 증가율의 3.6배이다. 포교규칙이 공포된 1915년부터
1919년까지의 5년 기간만을 보더라도 장로교 세례신자의 연평균
증가율은 2.72%로 1.29%인 천주교 세례신자 증가율의 2.1배이다.

개신교신자 수의 증가는 교육·의료면에서의 활발한 활동과 사
회 사업 등 간접 선교에서 첫번째 이유를 찾아야 할 것이다. 그것
은 그들이 한국인 종교지도자 양성에 큰 관심을 기울인 결과이기
도 하였다.

연 도	1900	1904	1908	1909	1910	1912	1914	1918	1921
신자수(명)	462	1,070	1,750	2,382	2,723	3,788	5,418	6,150	8,087

尹善子,「間島 天主敎會 設立과 朝鮮人 天主敎信者들의 間島 移住」, 75·
81·91쪽.

153) 尹善子,「間島 天主敎會 設立과 天主敎信者들의 間島 移住」, 91쪽의
〈표 5〉 참조.

〈표 1-5〉 1910년대 한국 기독교회의 신자 수 및 신자증가율

연도	장 로 교					천 주 교		
	신자수	세례신자 비율(%)	세례 신자수	세례신자 증가수	세례신 자증가 율(%)	세례 신자수	세례신자 증가수	세례신 자증가 율(%)
1910	140,470	28.04	39,394	9,017	22.89	73,517	2,265	3.18
1911	144,261	32.53	46,934	7,540	16.07	76,843	3,326	4.33
1912	127,228	41.66	53,003	6,069	11.45	78,850	2,007	2.55
1913	144,261	38.51	55,557	2,554	4.60	80,567	1,717	2.13
1914	121,108	49.58	60,047	4,490	7.40	82,984	2,417	2.91
1915	145,616	42.63	62,083	2,036	3.28	84,869	1,885	2.22
1916	146,413	43.17	63,202	1,119	1.77	86,405	1,756	1.78
1917	149,526	45.63	68,230	5,028	7.37	87,288	883	1.01
1918	160,909	42.57	68,506	276	0.40	88,541	1,253	1.42
1919	144,062	47.93	69,047	541	0.78	88,553	12	0.01

출전 : 천주교신자 수는 C-R-Chosen, 1910~1911과 C-R-Seoul, 1912~1919 및
C-R-Taikou, 1912~1919 ;『경향잡지』1911~1920년의 자료를, 개신교
신자 수는 한국기독교 사회문제연구원 편, 1982,『한국교회 100년 종합
조사연구-보고서-』를 이용하였다.
비고 : 천주교신자 수는 세례신자 수이다. 따라서 개신교신자 수와 천주교신자
수를 비교하려면 개신교 역시 세례신자 수로 계산해야 할 것이다.

천주교측에서도 한국인 성직자 및 평신도 지도자 양성에 관심을
기울였으나, 개신교측에 비하면 미약하였다. 둘째로, 개신교회는 선
교사와 선교자금 면에서 천주교회보다 우세하였다. 천주교 선교사
들의 보고서는 개신교에 비해 열등한 천주교의 선교사 수와 선교
자금을 한탄하고 있었다.

V. 제1차 세계대전과 천주교 선교의 정체

1910년대 천주교신자 수의 증가율이 둔화된 것은 종교열의 감소

및 종교 활동에 대한 일제의 규제, 민족의 장래에 대한 희망 상실, 현실에 안주하려 하였던 교회 당국자의 태도에 그 원인이 있었다. 그리고 또 하나의 중요한 요인은 제1차 세계대전에서 찾을 수 있다. 당시 한국 천주교회를 관할하고 있던 파리외방전교회와 베네딕도회의 모국인 프랑스와 독일은 제1차 세계대전 중이었다. 1914년 7월 말 유럽에서 시작된 전쟁은 세계대전으로 확대되었다. 세계 분할을 위한 제국주의 전쟁, 식민지와 금융자본의 세력권을 분할·재편하기 위한 전쟁이 된 것이다.[154] 1914년 8월 3일 독일이 프랑스에 선전포고를 하고 침범하자,[155] 프랑스는 동원령을 내렸다. 한국 주재 프랑스영사는 서울교구장 뮈텔 주교에게 소집에 해당되는 선교사들을 서울에 집합시키라고 통고하였다. 뮈텔과 대구교구장 드망즈는 이 지시를 선교사들에게 전달하였고,[156] 한국인 신자들에게는 선교사들이 징집되어 유럽으로 떠난 사실을 알리며 이들을 위한 기도를 명하는 공동교서를 발표하였다.[157]

서울교구에서는 30명의 선교사 중 1/3이 넘는 12명이 징집되었다.[158] 선교사가 징집된 본당들은 이웃 본당의 신부들에게 위임되

---

154) Lenin, V.I.(남상일 옮김), *Imperialism, the Highest Stage of Capitalism -A Popular Outline*, 1917, 31~32쪽.
155) Philip Bell(이혜영 옮김), 1995, 「1914년 전쟁의 기원」『유럽 현대사의 제문제 1890-1945』, 명경, 144~145·148쪽.
156) 『DEMANGE주교일기』, 1914.8.4.
157) "신공반포 : 즉금 셔양에 큰 란리가 난 연고로 셩교회 쥬교와 신부들도 불가불 젼쟝에 나가기 위호야 셔양에로 드러가게 되니 셩교회의 큰 지앙이라. 모든 교우들은 인즈호신 텬쥬ᄭᅴ 근졀히 긔구호야 이런 환난을 면호야 주시기를 ᄇᆞ라며 ᄯᅩᄒᆞᆫ 신부들리 수만리 히륙험로에 무ᄉᆞ히 던녀오며 젼쟝에셔도 각가지 위험을 면호야 주시며 ᄯᅩᄒᆞᆫ 속속히 회졍케 ᄒᆞ야 주시기를 쥬셩모ᄭᅴ 근졀히 긔구홀지어다. 이러므로 경셩 대구 량위 쥬교는 모든 신즈들의게 명호노니 쥬일과 쳠례날에 셩모덕셔도문과 셰츅문을 외올 것이오 ᄆᆡ일 만과에도 우혜 말ᄒᆞᆫ 뜻을 두고 셩모덕셔도문과 셰츅문을 넘홀지어다. 텬쥬강성 일쳔구빅십ᄉᆞ년팔월뉴일 경셩 쥬교 민아ᄂᆞ스딩. 대구쥬교 안필노랴노"(1914.8.15, 『京鄕雜誌』, 337쪽).
158) C-R-Seoul, 1919.

었다. 선교사가 부족하였으므로 간도에서 활동 중이던 라리보
(Larribeau, Adrien : 1883~1974) 신부도 소환되어 선교사가 징집
된 지역에서 활동하게 되었다.159) 때문에 교세는 현저히 감소하였
다.160) 1개 본당에서 평균 18개 이상의 공소를 담당해야 했는데 선
교사들의 징집으로 남아 있는 성직자들은 평균 27개 이상의 공소
들을 담당해야 했다. 1918년에도 42개 본당 중 34개 본당밖에는 신
부를 파견할 수 없었다.161)

　이러한 사정은 대구교구에서도 마찬가지였다. 4명의 선교사가
징집되어 이웃 본당의 신부들에게 책임이 배가되었다. 3명의 교수
신부 중 2명이 징집된 용산(龍山) 예수성심신학교는 더 큰 타격을
받았다. 1914년의 신학생 모집은 중단되었고, 교장신부 혼자서 모
든 수업을 감당해야 하였으며, 1917년에야 68명의 신입생을 입학시
킬 수 있었다.162)

　많은 선교사들이 징집됨으로써 한국 천주교회는 선교인력의 기
근 상태에 빠져들었다. 그 동안 배출된 한국인 성직자들이 많지 않
았으므로 징집된 선교사들의 공백을 메울 수 없었다. 1898년부터
1910년까지 배출된 한국인 성직자는 21명이었고, 당시까지 생존자
는 18명이었다. 1913년에 3명, 1914년에 1명의 한국인 성직자가 배
출되었지만 15명의 선교사가 징집되었으므로163) 그 공백을 메울
수는 없었다.164)

---

159) 라리보 신부는 간도 삼원봉에서 활동 중이었는데 징집된 크렘프
　　　(Krempff) 신부와 포리(Faurie) 신부가 담당하였던 합덕과 수곡 지역
　　　을 담당하기 위해 소환되었다.(C-R-Seoul, 1915)
160) 전년에 비해 성인영세자 수에 있어서 서울교구에서는 654명, 대구교구
　　　에서는 134명이 각각 감소하였다(C-R-Seoul, 1915 : C-R-TaiKou,
　　　1915).
161) C-R-Seoul, 1918.
162) C-R-Seoul, 1917 : 盧基南, 1978,『당신의 뜻대로』, 徽文出版社, 77 · 90쪽.
163) 제1차 세계대전 중 서울교구에서 징집된 선교사는 모두 12명이다. 1914
　　　년 1차로 11명이 징집되었고, 1916년에 2명의 선교사가 징집되었다가 1
　　　명은 징집을 유예받았다.(C-R- Seoul, 1916)

〈표 1-6〉 1910년대 한국 천주교회의 성직자와 회장

연도	성 직 자									회 장					
	서울교구			대구교구			계			전교회장			공소회장		
	선교사	한국인	계	선교사	한국인	계	선교사	한국인	계	서울교구	대구교구	계	서울교구	대구교구	계
1910							47	15	62						
1911							50	15	65				647	390	1,037
1912	32	10	42	20	5	25	52	15	67				621		
1913	35	12	46	16	5	21	51	17	68				679	392	1,071
1914	33	13	46	19	5	24	52	18	70	2			684	409	1,093
1915	20	13	33	14	5	19	34	18	52	2	8	10	652	399	1,051
1916	18	14	32	13	4	17	31	18	49	1	8	9	643	396	1,039
1917	17	14	31	17	4	21	34	18	52	2	7	9	663	384	1,047
1918	16	19	35	17	4	21	33	23	56	15	7	22	669	399	1,068
1919	24	18	42	17	5	22	41	23	64	15	9	24	662	396	1,058
1920	26	23	49	17	7	24	43	30	73	15	7	22	683	398	1,081

출전 : C-R-Chosen, 1910 ; C-R-Seoul, 1911~1920 ; C-R-Taikou, 1911~1920 ;
　　　『경향잡지』, 1912~1920 ;『朝鮮總督府統計年報』, 1916~1919.
비고 : 선교사 수에 베네딕도회 선교사 수는 포함하지 않았다. 교육활동에만 전
　　　념했으므로 일반인을 대상으로 한 성직자들의 활동을 파악하는데는 포
　　　함시키지 않는 것이 타당하리라 여겨졌기 때문이다.『朝鮮總督府統計年
　　　報』에 의하면 1916년부터 1919년까지 베네딕도회 선교사는 8명이었다.

위의 〈표 1-6〉에서 알 수 있듯이 1914년을 기준으로 할 때 1915
년에는 18명의 성직자 수가 감소하였다.[165] 그리고 1917년에 4명,

---

164) 당시 개신교는 한국인 성직자 양성에 괄목할 만한 성과를 내고 있었다.
　　　장로교의 경우 1907년 7명의 한국인 목사가 배출된 이래 1912년에는 외
　　　국인 성직자 44명, 한국인 성직자 52명, 한국인 장로 125명을 기록하였다.
165) 3이라는 수치의 차이는 사망선교사에서 그 이유를 찾을 수 있을 것 같
　　　다. 1914년에서 1915년 사이에 한국 천주교회에서는 4명의 선교사가 사
　　　망하였다. 그들의 사망일은 1914년 5월 26일(Le Gac), 1914년 12월 25
　　　일(Rouquette), 1915년 4월 23일(Boulo), 1915년 5월 27일(Baudounet)
　　　이다. 아마도 마지막 선교사의 사망은 1915년의 『교세보고서』에 계산되
　　　지 않은 듯하다. C-R에 수록된 한국 교회의 교세보고는 대개 전년 6월
　　　부터 당해년 5월까지의 교세보고이다. 한국의 교회에서는 그 해의 교세
　　　보고를 늦어도 10월 중순에는 파리외방전교회 파리본부에 발송해야 하
　　　였고, 그러기 위해서는 국내의 각 본당으로부터의 보고를 5월 말로 마

1918년에 2명의 한국인 성직자가 배출되었지만 그 동안 1명이 사망함으로써 전쟁 전보다 6명의 선교인력이 감소하였다.

1918년 11월 11일 제1차 세계대전의 휴전협정이 성립되었다. 그리고 1919년 6월 강화조약의 조인으로 출전하였던 선교사들이 한국 선교지로 돌아왔다. 그러나 서울교구에서는 징집되었던 12명의 선교사 중 3명이 전사하고, 1명은 악화된 건강으로 요양을 떠나고 8명만이 돌아왔다.[166] 대구교구에서도 1명의 선교사가 전사하고 2명만이 돌아왔다.[167] 4년간의 전쟁은 인력에서, 재정에서 한국 교회를 크게 위협하였다. 숫자상으로 보더라도 전쟁으로 4명의 선교인력이 감소하였다. 뿐만 아니라 전쟁으로 인한 파리외방전교회와 베네딕도회의 갈등은 교회 발전에 장애 요인으로 작용하였다. 파리외방전교회 선교사들은 많은 선교사들의 징집으로 인력난을 겪고 있었지만, 결코 베네딕도회에 도움을 요청하지 않았다.[168]

재정적인 곤란도 심하였다. 당시 한국 천주교회의 운영 자금은 대부분 선교회의 지원에 의해서였다.[169] 그런데 전쟁으로 프랑스

감해야 하였기 때문이다. 즉 1915년의 교세보고란 1914년 6월부터 1915년 5월까지의 교세보고로 보아야 한다.

166) C-R-Seoul, 1919.

167) 대구교구에서는 4명의 선교사가 징집되었다. 이중 1명은 1915년에 전역하였고 1명은 1918년 6월에 전사하였다(『대구교구통신문』80, 1915년 2월 20일 : 94, 1915년 10월 20일 ; C-R-TaiKou, 1919). 『대구교구통신문』은 대구교구에서 활동하고 있던 프랑스인 선교사들이 정보교환을 위해 1911년 6월부터 1920년 12월까지 간행한 등사판 잡지이다. 실질적으로 고유한 명칭은 없으나 뉴스 전달을 위한 것이므로 '통신문'이라 불리운다. 현재 파리외방전교회 한국지부와 천주교대구대교구에 소장되어 있다.

168) 파리외방전교회와 베네딕도회의 갈등은 이후에도 종종 계속되었다. 이에 대해서는 尹善子, 1996, 「日帝下 朝鮮天主敎會의 宣敎政策」『北岳論叢』14, 참조.

169) 장로교의 경우 1895년 自進傳道(Self-Propagation), 自力運營(Self-Support), 自主治理(Self-Government)를 지향하는 네비우스 선교방법을 채택하면서 재정적으로도 일찍부터 자립의 길을 걸었다(Gifford, D. L., 'Annual

와 독일 등으로부터 오는 선교후원금이 대폭 감소하였다. 프랑스는 최대 투자국인 러시아가 혁명[1917]으로 자본주의권에서 이탈하여, 제1차 세계대전 기간 중 보유하던 외국 증권의 가치가 격감하는 손실을 입었다. 그리고 그에 따라 해외투자수익 등으로 무역수지 적자를 메우던 기존의 국제수지 구조가 후퇴하였다.[170] 전쟁 발발 이듬해에 벌써 보조금이 1/3로 축소되었다.[171] 보조금의 감소는 교회 활동에 타격을 주었다. 교회 조직의 재정적인 기반이 흔들리게 되면 교회 조직 자체의 유지에 급급하게 되어 선교뿐 아니라 사회적 활동이 위축될 수밖에 없다.[172]

베네딕도회도 제1차 세계대전으로 어려움을 겪었다. 전쟁 동안 독일이 프랑스와 일본의 적성국(敵性國)이었기 때문이다. 베네딕도회는 전쟁이 발발하면서 모든 활동을 금지당하였다. 게다가 파리 외방전교회 선교사들은 독일인들이 '황제와 조국의 이름으로' 범죄와 약탈을 일삼는다고 비난하였다.[173] 베네딕도회는 전쟁 동안 모국으로부터 전혀 원조를 기대할 수 없었다. 전쟁이 끝난 후에도 독일이 패전국이 됨으로써 재정적인 후원을 바랄 수 없었다. 베르사이유 조약에서 언급된 사항은 패전국인 독일, 오스트리아, 불가리아, 터키가 소유하였던 영토 및 식민지에만 적용되었을 뿐, 전승국의 영토와 식민지에는 적용되지 않는 불공평한 것이었다. 이 조약으로 독일은 본토의 1/8을 빼앗기고 해외 식민지 전부를 박탈당하였다.[174] 베네딕도회가 겪는 어려움은 숭공학교의 운영에도 영향

Meeting of the Persbyterian Mission North', *The Korean Repository*, Vol.2, 1895, 444쪽 : 한국기독교역사연구소 편, 1989, 『한국기독교의 역사』 I, 기독교문사, 222쪽).

170) 김낙년, 「일본제국주의 식민지지배의 특질」, 93쪽.
171) 『DEMANGE주교일기』, 1915.5.22.
172) 노치준, 『일제하 한국기독교 민족운동 연구』, 95쪽.
173) 〈MUTEL문서〉 1914-244, 멜리장(Melizan) 신부가 황해도 안악군 매화동에서 뮈텔 주교에게 보낸 1914년 12월 30일 서한.
174) 프랑스에 알사스 로렌 지방을, 벨기에에 국경지대의 일부분, 폴란드에

을 미쳤다. 전쟁이 시작되던 1914년 70명을 헤아리던 학생 수가 매
년 감소하여 1918년에는 26명을 기록하였다. 5명의 수사들이 징집
되어 재학생을 가르치기에도 벅찼고,[175] 본국에서의 재정 지원까
지 중단되었기 때문이었다.[176]

이처럼 천주교회는 제1차 세계대전으로 선교인력면에서, 선교자
금면에서 압박을 받고 있었다. 천주교 선교사들은 전쟁으로 천주교
회의 활동이 극히 감소되었는데 개신교회는 선교인원·재정에서
천주교회를 10배 이상 능가하게 되었다고 불평하였다.[177] 장로교와
만 비교해 보아도 천주교 선교사들의 말이 과장된 것이 아님을 확
인할 수 있다.

다음의 〈표 1-7〉에서 확인할 수 있듯이 천주교 성직자 수가 1914
년부터 1916년까지 계속 감소하였고, 전쟁이 끝난 1919년에도 전체
적으로는 감소하였다. 그러나 장로교는 계속 증가하였다. 전쟁이 발
발한 1914년 장로교의 성직자 수는 천주교 성직자 수의 2.7배를 기록
하였고 1915년에는 3.8배를 기록하였으며 그 수치는 계속 증가하였
다. 특히 한국인 성직자 수를 비교해보면, 1914~1917년 천주교 성직
자 수는 변함이 없으나 장로교 성직자 수는 매년 증가하였다. 1914
년 천주교 성직자 수에 비해 5.4배이던 장로교 성직자 수가 1915년에
는 6.4배, 1916년에는 7.0배, 그리고 1917년에는 9.1배로 증가하였다.
선교사 수에 있어서도 1914년 1.6배였던 장로교 선교사 수는 1915년

서 프러시아의 포젠과 실리지엔의 일부, 체코에 실레지엔의 일부, 리투
아니아에 메멜을 할양하기로 하였고, 덴마크에게는 실레스비히 북부를
국민투표로서 할양하기로 하였다. 이로 인해 체코슬로바키아가 형성되
었고 폴란드가 독립되었으며 오스트리아, 헝가리가 분할되고, 세르비아
크로아트 스로벤느(후에 유고슬라비아)가 형성되었다(李愚振,「臨政의
파리講和會議外交」『韓佛外交史(1886-1986)』, 140~141쪽).
175) *HWAN GAP*(還甲:60 *Jahre Benediktinermission in Korea und der
Mandschurei*, Munsterschwaryach, 1973, 80~111쪽.
176) C-R-Seoul, 1918.
177) C-R-Seoul, 1917.

부터 2배 이상을 기록하였고 1920년에야 1.7배가 되었다.

〈표 1-7〉 1910년대 한국 기독교회의 성직자 현황

성직자 \ 연도		1914	1915	1916	1917	1918	1919	1920
천주교 성직자	외국인신부	52	34	31	34	33	41	43
	한국인신부	18	18	18	18	23	23	30
	계	70	52	49	52	56	64	73
장로교 성직자	외국인목사	82	84	77	75	85	87	73
	한국인목사	98	115	126	163	169	192	180
	계	180	199	203	238	254	280	253
천주교성직자 수 대비 장로교성직자 수(배수)	외국인성직자	1.6	2.5	2.5	2.2	2.6	2.1	1.7
	한국인성직자	5.4	6.4	7.0	9.1	7.3	8.3	6.0
	계	2.7	3.8	4.1	4.6	4.5	4.4	3.5

출전 : C-R-Seoul, 1914~1920 ; C-R-Taikou, 1914~1920 ;『경향잡지』1914~
    1920 : 노치준, 1992,「일제하 한국장로교회 총회 통계에 관한 연구」『한
    국사회사연구회 논문집』35, 문학과 지성사.

명백한 종교규제법령인 포교규칙이 공포되었지만 천주교회는 거
의 대응할 수 없었다. 그것은 제1차 세계대전으로 많은 선교사들이
징집됨으로써 선교인력이 부족하였고, 선교자금이 감소되었기 때
문이었다. 제1차 세계대전이 발발하였을 때 한국인 성직자 수는 18
명이었고, 1918년에야 23명으로 증가하였다. 게다가 선교자금의 대
부분을 프랑스 등 유럽의 천주교회에 의존하고 있었으므로 제1차
세계대전으로 선교후원금이 축소 내지 중단되자 현상 유지에도 어
려운 처지에 놓이게 되었다. 따라서 포교규칙에서 규정한 교회 설
립 인가에 관심을 기울일 수 없었다. 단지 천주교회의 조직을 무시
하고 조선총독이 주교를 해임할 수도 있다는 내용에만 깊은 관심
을 나타냈다. 그것은 그들이 지니고 있던 기득권에 대한 위협이었
기 때문이다.

1910년대 일제의 종교규제정책은 3·1운동을 계기로 전환되었다.

1920년 3월 1일 사립학교규칙을 다시 개정하여(총독부령 제21호) 기독교학교에서 성서 과목의 교수를 허용하였다. 종교·교육의 절 대분리주의를 다소 완화함으로써 학교 내에서의 예배의식과 종교 적 행사를 허용하였다. 1920년 4월에는 포교규칙을 개정하여(총독 부령 제59호) 교회의 설립을 허가제에서 신고제로 바꾸고, 제반 복 잡한 수속을 생략하거나 삭제하고 벌금제도를 폐지하였다. 총독부 학무국 내에 종교과를 신설하여 종교문제를 전담하게 하고, 선교사 와의 연락을 맡게 하였다. 그리고 외국인이 소유한 부동산일지라도 종교단체의 재산은 내국법인으로 허가해 줌으로써 재산관리상의 편의를 제공하였다. 이러한 조치들은 분명 외국인 선교사에 대한 회유, 기독교에 대한 회유의 성격을 띠는 것들이었다

그러나 "종교용으로 사용되던 교회당·설교소·강의소 등에서 안녕질서를 문란하게 할 우려가 있는 행위라고 인정될 때에는 설립 자 또는 관리자에게 대하여 사용을 금지할 수도 있다"는 조선총독 의 권한을 새로이 첨부함으로써 기독교 규제 기본방침은 바꾸지 않 았다. 오히려 1920년대에는 보다 교활한 기독교정책이 수행되었다.

한편 제1차 세계대전이 끝나면서 한국 천주교회는 교회행정적으 로도 일본 천주교회의 관할이 되어버렸다.[178] 1919년 일본에 교황 사절이 파견되면서 한국 천주교회까지 관리할 수 있게 되었기 때 문이다. 교회 행정도 일제의 권한 아래 놓이게 된 것이다. 게다가 교황청에서는 1922년 4월 조선총독 사이토와 정무총감 미즈노(水 野錬太郎), 총독부인 마쓰미야(松宮) 등에게 한국 천주교회의 주교 들과 우호적인 관계를 유지한데 감사하며 교황 실베스텔 훈장을 수여하였다.

1910년대 한국 천주교회는 일제가 공포한 기독교규제법령에, 일 제를 합법적인 정부로 인정한다는 기본 전제와 제1차 세계대전으 로 인하여 효과적인 대응을 하지 못하였다. 그리고 그 결과 현저히

---

178) 제2장 III절 및 제5장 III절 참조.

감소된 교세증가율을 기록해야 했다. 교회행적적으로도 일제의 관할하에 놓이는 상황이 초래되면서 한국 천주교회는 1910년대를 마감하였다.

제2장

일제의 정교분리정책과 3·1운동기 천주교회의 동향

1910년대 말 한국은 전민족적으로 일제에 항거하였다. 그 항거는 일제의 한국 통치 방법을 표면적이기는 하지만 변화시키는 힘이 되었다. 3·1운동에 천주교신자들이 참여함으로써 선교사들이 표방하였던 체제옹호적인 정교분리정책에 많은 문제점이 내포되어 있음이 드러났다. 개신교나 천도교에 비교해서는 소수이지만 천주교신자들도 3·1운동에 참여하였다. 그들의 참여는 한국 천주교회를 관할하고 있던 선교사들이 적극 만류하는 상황에서 이루어진 것이었기에 더 큰 의미가 있다. 신자들의 3·1운동 참여는 선교사들이 이끄는 한국 천주교회가 아니라 한국인이 중심이 되는 한국 천주교회가, 미미한 힘이지만 움직이고 있었다는 면에서 긍정적으로 평가되어야 할 부분이다.

3·1운동이 시작되었을 때 한국 천주교회는 파리외방전교회 출신의 프랑스인 주교들이 관리하고 있었다. 그들은 일제의 식민지가 되어버린 한국에서 선교권을 보장받기 위해 정교분리원칙을 내세우며 한국인 천주교신자들이 독립운동에 참여하는 것을 금하였다. 선교 일선에서 활동하고 있던 프랑스인 선교사들 또한 주교와 마찬가지로 한국인 신자들이 독립운동에 참여하는 것을 금지하였다.[1] 일제하 제도교회로서 한국 천주교회가 취한 공식적인 지침은 독립운동을 포함하여 정치적인 문제에 관여하지 않는 것이었다. 천주교회가 제도교회로서 독립운동에 참여한 사례는 발견할 수 없다.

그러나 천주교회는 제도교회로서만 규정할 때 아쉬움이 남는다. 교회란 성직자들만의 교회가 아니고 신자들의 교회이기도 하므로,[2] 신자들의 행동도 천주교회의 행동으로 보아야 할 것이다. 주

---

1) 이에 대해서는 윤선자, 1996, 「'한일합병' 전후 황해도 천주교회와 빌렘 신부」『한국근현대사연구』 4, 참조.

교와 선교사들이 관리하는 제도교회뿐 아니라, 신자들이 개인적으로 취하였던 행동들도 교회의 활동으로 함께 고찰해야 할 것이다. 천주교의 교계제도상 주교의 사목방침이 중요한 것은 사실이다. 그렇지만 주교의 태도가 곧 천주교회의 입장은 아니다. 주교가 외국인일 경우에는 주교와 현지인 신자들의 인식에는 많은 차이점이 있게 된다. 한국 천주교회는 한국인 신자들을 중심으로 전개되었다. 따라서 제도교회의 활동도 중요하지만 한국 천주교회사는 한국인 신자들을 중심으로 서술해야 할 것이다. 한국인 신자들이 배제된 채, 외국인 주교 및 선교사들만으로 한국 천주교회사는 이루어질 수 없기 때문이다. 선교를 최우선으로 내세웠던 외국인 주교 및 선교사들과 한국인 신자들이 한국의 민족문제에 같은 인식을 가질 수는 없었을 것이다. 일제하 한국 천주교회의 공식적인 방침이 독립운동에 참여하는 것을 금지하는 것이었지만 한국인 신자들은 한국의 민족문제를 외면하지 않았다. 한국 독립은 한국인 신자들에게 신앙 못지 않게 중요하고 간절한 문제였다.

본 장에서는 3·1운동기 한국 천주교회의 동향을 한국인 신자들을 중심으로 살펴보고자 한다. 먼저 한국 독립운동에 대한 제도교회의 입장을 살핀 다음, 한국인 신자들의 신앙과 행동 양식에 영향을 끼친 성직자들의 3·1운동에 대한 인식을 외국인 주교와 선교사 및 한국인 성직자로 나누어 논의할 것이다. 성직자들의 인식과 행동에 어떠한 특징이 있으며, 선교사와 한국인 성직자의 인식에는 어떠한 차별성이 있는지, 또 성직자들의 인식이 신자들에게 어떠한

---

2) 교회란 하느님의 백성을 뜻한다고 한다. 교회는 교황을 단장으로 하는 세계 주교단에 의하여 사목되고, 주교단은 하느님의 말씀을 가르치는 교도권과 성사로서 신자들을 성화하는 神品權과 신자들을 다스리는 통치권으로서 교회를 사목한다. 한편 주교·신부·부제의 신품을 받지 않은 모든 평신자들은 세속 가운데서 세속사물을 관리하면서 세상의 복음화를 위하여 신앙생활을 영위한다. 그러므로 성직자와 평신자의 구분은 교회 직무상의 구분일 뿐이다(鄭夏權, 1979, 『敎會論』 II, 분도출판사).

영향을 미쳤는지도 밝혀보고자 한다. 이어 3·1운동에 참여한 신자들이 전개한 운동 양상을 구체적으로 살펴보고, 그들의 운동 참여 지역과 참여 규모, 그리고 민족의식과 독립운동 사이의 관련성도 언급할 것이다. 이러한 고찰을 통하여 3·1운동기 천주교회 운동의 한계를 교회 내적·외적인 면에서 찾아보고자 한다.

I. 독립운동에 대한 제도교회의 입장

1919년 3월 8일 서울교구의 뮈텔 주교와 대구교구의 드망즈 주교는 주일과 축일에 평화를 구하는 기도를 바치도록 하는 사목교서(司牧敎書)를 반포하였다.[3] 제1차 세계대전이 종결된 데 감사하고 전후 유럽이 당면한 여러 난제들을 평화적으로 해결하고자 교황이 부탁한 것이었다. 그런데 당시 한국은 전후의 유럽보다 더 어려운 상황에 놓여 있었다. 대한제국을 강제로 병합한 일제의 탄압은 시간이 흐르면서 더욱 강화되었고, 한국인들의 삶은 나날이 비참해져갔다. 그런데도 한국 천주교회의 선교를 담당하고 있었던 주

---

3) "분도데十五위 교황폐하의옵셔 거년 十二월 一일 보텬하 모든 주교들의게 교서를 느려 대략 닐ㅇ시디, '짐이 보텬하 모든 신ㅈ들노 더브러 날마다 구ㅎ고 바라던 바를 텬쥬 | 허락ㅎ샤 혹독한 란리가 긋치기는 ㅎ엿스나 완젼한 평화가 아직 일우지 못ㅎ지라. 이럼으로 모든 쥬교들의게 명ㅎ노니 각기 그 교구 모든 교우들의게 명ㅎ야 ㅎ여곰 평화의 왕이신 텬쥬의 ㄴ졀히 긔구ㅎ야 보텬하에 완젼한 평화가 회복되게 ㅎ라 ㅎ신지라.' 본 쥬교는 교황폐하의 셩지를 톄밧아 모든 신ㅈ들의게 명ㅎ노니 란리 시작홀 때에 명한 경문을 지금은 평화를 구ㅎ는 뜻으로 념홀지니 곳 쥬일과 쳠례날에 셩모덕셔도문과 그 셰축문을 념ㅎ야 텬쥬의 평화를 구홀 것이오, 미일 만과홀 때에도 평화를 구ㅎ는 뜻으로 념홈이 됴ㅎ니라. 텬쥬강싱 一千九百十九년 三월 八일 경성쥬교 민아오스딩 / 대구쥬교 안필노랴노"(1919.3.15, 『京鄕雜誌』, 119쪽).

교들은 전후 유럽의 평화를 구하는 기도를 명하는 사목교서는 반
포하면서도, 자신들이 활동하고 있던 한국의 평화를 위해서는 소극
적이었다.

　3·1운동 당시 한국 천주교회를 이끌고 있던 두 명의 주교는 프
랑스인이었다. 그들은 신자들이 만세운동에 참가하지 않은 것을 다
행스럽게, 그리고 자랑스럽게 여겼다. 서울교구장 뮈텔 주교는 한
국인들이 전개한 3·1운동을 이해하지 못하였다. 그는 한국의 독립
이 절대로 불가능하다고 생각하였으므로,4) 천주교회가 만세운동에
가담하지 않음으로써 일제에 좋은 모범을 보였다고 생각하였다.5)
대구교구장 드망즈 주교는 한국인 신자들에게 만세운동에 참여하
면 대죄를 범하는 것이라고 경고하였다.6) 당시 신자들은 대죄를
범하면 구원을 받지 못하는 것으로 인식하고 있었다. 그러므로 대
죄를 범한다는 것은 신자들에게 신앙인으로서 최종 목적인 구원으
로부터 영원히 멀어지는 것으로 여겨졌다. 드망즈 주교는 일본 정
부는 합법적인 정부이므로 천주교회는 "카이사르의 것은 카이사르
에게 돌려주라"는 말씀7)을 지켜 신자들이 만세운동에 참여하지 않
았다고 파리외방전교회 본부에 보고하였다.8) 이와 같이 한국 천주

---

4) "이 나라 백성들은 독립이 절대 불가능하다는 사실을 이해하지 못하고
　　독립을 희망하고 있다"(『MUTEL주교일기』, 1919.3.1).
5) "올 봄에 '독립운동'이 전국적으로 일어났는데 대중적인 운동이었으므로
　　종교에 몰두한 사람에게 그 운동을 못하게 하는데는 거의 기여하지 못
　　하였다. 그러나 나는 천주교가 이 운동에 가담하지 않음으로써 정부에
　　대한 충성의 좋은 모범을 보였다고 말할 수 있다 … 용산신학교에서는
　　독립운동 때문에 온갖 주의를 기울였음에도 불구하고 몇몇 학생들이 거
　　기에 가담함으로써 좀 어려웠다. 철학과 및 신학과 학생들은 이 때문에
　　그들의 성소를 잃은 것 같았고, 신학교를 떠났다. 그래서 징계처분으로
　　올해는 서품식을 거행하지 않았다"(C-R-Seoul, 1919).
6) 金眞召, 1996, 「일제하 한국 천주교회의 선교방침과 민족의식」, 『敎會史
　　硏究』 11, 28쪽.
7) 마태오복음 22장 21절.
8) "일본정부는 합법적인 정부이므로 우리 천주교는 '카이사르의 것은 카이
　　사르에게 돌려주라'는 말씀을 지켰다. 그래서 우리 신자들은 이 운동에

교회를 관할하고 있던 외국인 주교들은 일제의 한국 식민지배를 인정하였고, 따라서 일제에 항거하는 한국인들의 행동을 이해하지 못하였다.

프랑스인 주교들은 천주교신자로 만세운동에 참여한 이들이 보도되면 그들과 천주교회와의 관련성을 배제하고자 노력하였다. 대구에서의 만세운동과 관련하여 체포된 이들 중 천주교 신학생 한 명이 포함되어 있다고 『경성일보』(京城日報)가 보도하자, 드망즈 주교는 대구 성유스티노신학교의 교장 샤르즈뵈프(Chargeboeuf, 1867~1920) 신부를 통해 경성일보사에 항의하였다. 만세운동 관련자는 이미 신학교를 그만 두고 결혼한 사람이며, 또한 만세운동에 참여한 것이 아니라 만세군중이 도착하는 도로에 있다가 체포된 것이라고 하였다.[9] 그런데 3·1운동에 대한 뮈텔과 드망즈의 태도에는 약간의 차이가 있었다. 드망즈는 천주교신자 수가 소수이므로 3·1운동에 참가하는 것을 우려하였으나, 뮈텔은 한국의 박해시대를 잘 알고 있었으므로 한국인의 동향에 예민하였다.[10]

참여하지 않았다. 그러나 그로 인해 곤란한 일이 생겼다. 왜냐하면 개신교측에서는 이 운동의 선두에 섰으며, 천주교의 이런 입장을 애국심의 결여라고 폭로하기를 서슴지 않았기 때문이다"(C-R-TaiKou, 1919).

9) 『DEMANGE주교일기』, 1919.3.13.

10) "두 주교 모두 3·1운동 때 극히 용의주도하게 대처하려는 입장을 취하였으나 거기에는 약간의 차이가 있었다. 보다 젊은 드망즈 주교는 1898년에야 한국에 도착하였으므로 그는 박해를 모르고 자유의 시기밖에 모른다. 그는 소수파인 천주교회가 3·1운동에 참가하지 않기를 바랐다. 그러나 뮈텔 주교의 경우는 다르다. 그는 한국에서 박해를 겪었고 그래서 박해시대를 잘 알고 있었다. 그래서 그는 한국인의 움직임에 대단히 예민하였다. 그는 일기에서 3·1운동에 관해 자세히 기록하였다. 두 주교의 신중성은 같은 것이지만, 그러나 서로 다른 마음에서 나온 것이다. 신중하려는 결심, 그것은 참여하지 않으려는 이방으로서 말하자면 연루되고 싶지 않다는 것이다. 왜냐하면 정치적으로 성공이 불가능함을 알고 있었기 때문이다"(Verinaud, J., Le premier mouvement d; Independance en Coree 1919, In ; *Echos de la Rue de Bac*, 171, Mars, 1983, 480~481쪽).

서구제국의 국민인 선교사들에게 운명을 맡기고 있었던 한국 천주교회는 그들의 의사 범주 내에 머물 수밖에 없었다. 민족보다 교회를 먼저 생각해야 하는 교회 중심주의, 선교를 우선으로 하는 선교 우선주의, 선교지의 특성을 고려하지 않는 보수적인 선교정책은 민족문제를 외면하게 하였다. 정교분리원칙을 채택한 한국 천주교회는 일제의 정책과 같은 궤도를 달렸으니, 동조에서 협동으로, 봉사로 그리고 충성으로 치달았다.[11]

3·1운동에 선교사들은 부정적이었다. 대부분의 선교사들은 일제의 한국 지배를 인정하였고, 한국인 신자들의 만세운동 참여를 금지하였다. 예외적이었던 인물로 공베르(Gombert, Antonio, 1875~1950)[12] 신부를 들 수 있다. 당시 공베르 신부는 경기도 안성본당(安城本堂)에서 활동 중이었는데 사람들이 만세운동을 어떻게 전개할지 문의하자 낮에는 국기를 들고, 밤에는 등불을 들고 만세를 부르라고 하였다. 그리고 "일본인을 죽이지 마시오. 당신들은 지금 맨주먹이니 일본인을 한 명이라도 죽이면 당신들은 수백 명이 죽을 것이오. 건물도 부수지 마시오. 독립을 해도 당신들이 짓게 되고, 못해도 당신들이 짓게 되니 아예 건물도 부수지 마시오"라고 충고하였다. 또한 만세운동을 질서있게 전개하려면 지휘자가 있어야 한다며 천주교신자 김중묵을 추천하였다. 그리고 일본군에 쫓긴 만세군중이 안성성당으로 몰려오자 성당 마당에 프랑스 국기를 게양하고, 국제분쟁의 위협을 들어 엄포함으로써 성당으로 피신한 한국인들을 보호하였다.[13]

---

11) 김진소, 「일제하 한국 천주교회의 선교방침과 민족의식」, 25쪽.
12) 한국명 孔安國. 파리외방전교회 선교사로 1900년 8월 1일 사제로 서품되었으며 그해 10월 9일 한국에 입국하였다. 1900년부터 31년 동안 경기도 安城本堂에서 선교 활동을 하면서 1909년 安法학교, 1912년 안법학교 여자부를 설립하였고, 1922년 로마네스크식 벽돌 성당을 신축하였다. 1950년 7월 11일경 인천의 샬트르 성바오로 수녀원에서 공산군에게 체포되어 소위 '죽음의 행진' 도중 11월 11일 옥사하였다(윤선자, '공베르', 1994, 『한국가톨릭대사전』 1, 한국교회사연구소, 475~476쪽).

물론 공베르 신부의 행동도 한국인들의 독립운동을 이해한 데서 나온 것은 아니었다. 그것은 어디까지나 인도적인 차원에서의 행동이었다. 그렇지만 이러한 이해의 사례도 드물었다. 함경도 안변본당(安邊本堂)에서 활동 중이던 포와요(Poyaud, 1877~1950) 신부는 한국의 독립을 소망하는 것은 헛된 기다림이고, 신자들이 만세운동에 참여하지 않은 것은 모든 것을 신의 뜻에 맡겼기 때문이라고 설명하였다. 다음의 자료에서 볼 수 있듯이 그가 염려한 것은 신자들이 만세운동에 참여함으로써 자결권에 대한 인식을 갖게 되는 것이었고, 그리하여 천주교회에서 멀어지는 것이었다.

"대도시의 신자들은 그 정신이나 주의가, 현재의 정치적인 운동으로 흥분되어 있기 때문에, 모두 말없이 조용히 있습니다. 그러나 결국 이 문제에 대해 말하고 생각하고 꿈꾸지 않을 수 없습니다. 본당신부가 이 열기를 진정시키기 위해 말할 수 있는 것은 타오르는 불에 물방울을 던지는 것에 불과합니다. 그러나 멀리서 무슨 사건의 소식이 오기를 바라며, 그렇게 되면 신자들의 마음에 불을 지르게 될 것입니다. 그러나 이 유일한 소망 내지 애국심이 헛된 기다림으로 실망되었을 때 이로 인해 하느님의 뜻에 완전히 맡기게 된 신자들이 천주교와 개신교 사이의 차이를 보인 사실을 잊어서는 안될 것입니다. 거기에 현재의 위험이 있음은 의심할 여지가 없습니다. 그것은 이 나라에 번지는 의기소침이 아니고, 삶에 대한 애착에서의 물질적인 근심에 억눌린 정신적인 무기력 상태입니다. 이상의 모든 사실에서 초래된 결과는 실질적으로 신자들의 본분이 모두 상실되었다고는 할 수 없을지라도 최소한으로 감소되었고, 또 자결권을 요구한 이 운동의 영향을 받음으로써 그것이 그들의 본분을 지키는 방법에까지 영향을 미치지 않을까 하는 것입니다."14)

강원도 내평본당(內坪本堂)에서 활동 중이던 뤼카(Lucas, 1887~1964) 신부는 한국인 신자들에게 정교분리원칙을 내세우며 만세운동에 참여하지 말라고 권고하였다.15) 경상북도에서 활동 중이던

---

13) 윤정중, 1965.8, 「안성천주교회사」(2) 『가톨릭靑年』, 76~77쪽.
14) 〈MUTEL문서〉1920-원산본당 연말보고서. 포와요 신부가 원산에서 뮈텔 주교에게 보낸 1920년도 원산본당 연말보고서.
15) "선교사들은 시종 자중하는 태도를 취하고 신도의 경거 망동을 훈계하

로베르(Robert, 1853~1922) 신부, 충청도에서 활동 중이던 드비즈
(Devise, 1871~1933) 신부도 천주교신자들의 만세운동을 금지하였
다.16) 부산과 마산 등 경상남도에서 활동 중이던 선교사들도 정교
분리원칙을 내세우며 신자들이 만세운동에 참여하는 것을 만류하
였고,17) 전라도에서 활동 중이던 선교사들 역시 신자들의 만세운
동을 금지하였다.18)

기술학교인 숭공학교를 경영하고 있던 베네딕도회 선교사들도
파리외방전교회 선교사들과 같은 태도를 취하였다. 한국인 만세군
중들로부터 숭공학교를 휴교하지 말 것을 요구받았지만, 베네딕도
회 선교사들은 학생들이 만세운동에 참여하는 것을 금지하고자 방
학을 결정하였다.19) 베네딕도회 선교사들은 모국인 독일이 제1차

였는데, 이를 위해 諭告를 내놓아 政敎가 원래 다른 것임을 諭示하고 미
연 방지에 노력한 흔적을 얼마쯤 볼 수 있었다"(「朝鮮騷擾事件狀況」,
1919년 6월 : 독립운동사편찬위원회 편, 1973, 『獨立運動史資料集』 6,
3·1運動史資料集, 729쪽).
"한국에서 10년 동안 체류하면서 1910년 이래 현 질서에 대해 한 마디도
비난한 적이 없습니다 … 독립운동에 대한 영동 신자들의 태도도 저의
단언을 확증해줍니다. 즉 그들은 저의 권고에 복종하여 제가 아는 한,
그들 중 한 사람도 그 소요에 가담하지 않았습니다"(〈MUTEL문서〉
1919-내평본당 연말보고서, 뤼카 신부가 내평에서 뮈텔 주교에게 보낸
1919년 6월 6일 서한).

16) 「朝鮮騷擾事件狀況」, 1919.6, 『獨立運動史資料集』 6, 729쪽 : "[경상북도]
동파 선교사는 日·佛 양국의 국교에 비추어 대체로 신중한 태도를 견
지하였으며, 일반 신도에 대해 '우리 신도는 절대로 정치운동에 참가하
면 안된다'고 훈계한 사례가 있다"(「鮮騷擾事件狀況」, 1919.6, 『獨立運動
史資料集』 6, 712·703~704쪽).

17) "관내에 불란서 천주교의 선교사가 거주한 곳은 부산 및 마산으로서 이
들 선교사 및 교도는 이번의 소요에 관계한 자가 한 사람도 없다. 이는
이 선교사가 소요 발발에 즈음하여 교도에 대해 '종교와 정치와는 구별
이 있다. 우리 교도는 이번의 소요와 같은 政事에 관한 행동에는 일체
관여해서는 안된다'고 훈유하였기 때문인 것 같다"(「朝鮮騷擾事件狀況」,
1919.6, 『獨立運動史資料集』 6, 716쪽).

18) 「朝鮮騷擾事件狀況」, 1919.6, 『獨立運動史資料集』 6, 704·706쪽.

19) 『MUTEL주교일기』, 1919.3.30.

세계대전 동안 일본과 프랑스의 적성국이었기에 선교 활동에 많은
제약을 받았었다. 때문에 그들은 숭공학교 학생들이 만세운동에 참
여함으로써 야기될 수 있는 일제와의 불편한 관계를 예방하고자
방학을 결정하였던 것이다.

외국인 선교사들은 한국인 신자들이 만세운동에 참여하는 것을
용납하지 않았다. 선교사들은 신자들의 3·1운동 참여가 정교분리
원칙에 위배된다며 금지하였다. 그런데 만세운동에 참여하는 것을
금지하며 선교사들이 주장하였던 정교분리에는 많은 문제점이 있
었다. 정교분리란 정치와 종교가 서로의 영역을 침해하지 않고, 침
해당하지 않는다는 것이다. 그러나 선교사들이 강력히 주장하였던
정교분리원칙은 일제의 식민정책에 동조하는 것이었다.

식민지하 한국독립운동은 한민족의 의무이자 권리였다. 그런데
선교사들은 한국인 천주교신자들의 독립운동 참여를 정교분리원칙
에 어긋나는 행위로 판단하였고, 그래서 3·1운동에 참여하는 것을
금지하였다. 그러나 민족성원의 일원으로서 한국인 천주교신자들
에게도 한민족의 독립을 목표로 하는 민족운동 참여는 요구되는
것이었다. 당시 외국인 주교들은 교회의 입장에서보다는 자기들 본
국의 입장에서 한국의 민족문제를 인식하였고 신앙문제에 직접 관
련되지 않은 민족운동에 금지 명령을 내렸다. 일제의 한국 침략은
불법적이고 부당하며 한국 식민통치는 비인도적이고 불의였다. 그
러므로 일제를 합법적인 정부와 통치기구로 인정한 것은 잘못된
처사였으며 한국인 천주교신자의 입장은 전혀 고려하지 않은 것이
었다. 일제를 합법적 정부로 인정하고 한국인 신자들의 민족운동을
단죄한 것은 결국 일제의 불법적 침략에 동조한 행위가 되는 것이
었다. 당시 민족운동은 한국인에게 사회정의이며 자기생존권을 쟁
취·보전하기 위한 정당한 행위였다.

주교를 비롯하여 외국인 선교사들의 3·1운동에 대한 인식과 태
도는 부정적이었다. 그렇다면 한국인 성직자들의 민족의식과 독립

운동에 대한 태도는 어떠했을까? 3·1운동 당시 한국인 성직자는 23명이었다. 그 중에는 한국의 독립이 불가능하다고 인식하고, 신자들이 만세운동에 참여하지 않은 것을 다행으로 생각하거나,[20] 3·1운동이 천주교 선교에 도움이 안된다고 생각하는 이들도 있었다.[21] 1919년 말부터 상해 임시정부에 협력하여 활동하였던 윤예원(尹禮源 : 1886~1969) 신부도 3·1운동 당시에는 신자들이 만세운동에 참여하는 것을 금지하였었다.[22]

한국 독립에 대한 한국인 천주교 성직자들의 부정적인 의식은 사회와 유리되어 10여 년 이상을 신학만을 공부한 후 신부가 되었던 데에서 그 첫 번째 원인을 찾을 수 있다. 사회와 격리된 곳에서, 극히 한정된 몇 명의 프랑스인 신부들로부터 전달받은 신학 지식은 민족 현실에 대한 의식을 마비시켰다.[23] 그들은 프랑스인 주교와 선교사들의 가르침에 충실하였고, 한국의 독립을 불가능하다고 인식하였다. 또한 한국인 신자들의 3·1운동 참여를 불필요할 뿐만 아니라 교회의 발전에 해가 된다고 여겨 금지하였다. 당시 의주(義州) 지역에서 활동하였던 서병익(徐丙翼 : 1881~1948) 신부는 신자들의 만세운동 참여를 금지하는[24] 한편 신자가 만세운동으로 체

---

20) "지방마다 소요가 있었습니다. 그러나 신자들은 거의가 소요를 일으키지 않았습니다. 하느님께 감사합니다"(〈MUTEL문서〉 1919-17, 이종순 신부가 충청도 비룡에서 뮈텔 주교에게 보낸 1919년 4월 8일 서한).

21) 〈MUTEL문서〉 1919-16, 서병익 신부가 의주에서 뮈텔 주교에게 보낸 1919년 4월 4일 서한.

22) 〈MUTEL문서〉 1919-67, 윤예원 신부가 은율에서 뮈텔 주교에게 보낸 1919년 11월 15일 서한.

23) 1887년 설립된 이후 3·1운동이 발발한 1919년까지 용산 예수성심신학교에서 근무한 교수신부는 약 20명에 불과하다. 게다가 그들은 교수로 교육을 받은 이들이 아니었다. 따라서 신학교에 필요한 지적인 소양을 소유한 이들이었다고 보기는 어렵다. 그들 대부분은 5년 이내에 신학교를 떠났고, 한국인 교수신부는 단 2명이었다. 신학교의 교과과정은 신학을 중심으로 편성되었는데, 신학 교육을 이수하기 위해서는 먼저 라틴어의 충분한 활용이 전제되었다. 일제하 신학교 교육에서 민족적인 요소를 기대한다는 것은 매우 어렵다.

포되면 엄하게 처벌해야 한다고까지 생각하였다.[25]

3·1운동 당시 23명의 한국인 천주교 성직자들 대부분은 오랜 동안 지방에서 활동하고 있었다.[26] 따라서 그들이 민족문제나 독립운동에 대한 의식을 지니고 있었다면, 활동 지역에서의 만세운동에 중심 역할을 할 수 있는 위치에 있었다. 그러나 성속(聖俗) 분리의 이원적 신학교육과 정교분리론에 기초한 경직된 사고방식은

---

24) "시골에는 만세운동이 대단합니다. 개신교신자들과 천도교신자들이 태극기를 손에 들고 동네나 장거리에서 연설을 하며 백성들을 괴롭힙니다 … 천주교신자들에게도 운동에 가담하라고 강요합니다. 아직은 선동자들의 수가 적지만 점점 커지면 신자들이 많이 시달릴 것입니다. 나는 신자들에게 가담하지 말라고 타일렀으나 운동이 점점 극렬해지면 어떻게 될지 모르겠습니다 … 나는 신자들에게 이 소동에 휩쓸리지 말라고 명령하였으며 신자들은 아직 평온합니다"(〈MUTEL문서〉 1919-12, 서병익 신부가 의주에서 뮈텔 주교에게 보낸 1919년 3월 9일 서한).

25) "금년 들어 일본인들이 천주교신자에게 매우 관대합니다. 그래서 잡혀가도 천주교신자라고 하면 석방된 경우가 많습니다 … '지금까지 천주교신자로서 잡혀간 사람은 한 명도 없소. 그러나 이후 신자가 잡히면 더욱 엄하게 다스리시오' 하였습니다"(〈MUTEL문서〉 1919-33, 서병익 신부가 의주에서 뮈텔 주교에게 보낸 1919년 7월 29일 서한).

26) * 3·1운동 당시 한국인 성직자 현황

이름	사제 서품일	3·1운동 당시 활동지와 부임시기	이름	사제 서품일	3·1운동 당시 활동지와 부임시기
姜道永 鄭圭夏	1896. 4	미리내본당 / 1896- 풍수원본당 / 1896-	徐丙翼 崔文植	1910.9	의주본당 / 1911- 조양하본당 / 1910-
金聖學 韓基根	1897.12	용산신학교 / 1916- 경향신문사 / 1914-	李起俊 李鍾順	1913.5	사리원본당 / 1913- 옥천비룡본당 / 1913-
金元永	1899. 3	갓등이본당 / 1915-	鄭圭良		압고지본당 / 1913-
金紋玉 金承淵 金洋洪	1900. 9	문경본당 / 1911- 유스티노신학교 / 1918- 문산본당 / 1916-	尹禮源	1914.3	은율본당 / 1912-
孫聖載	1905	양평본당 / 1912-	朴遇哲 白南熙 安學滿	1917.9	합덕본당 / 1917- 공주본당 / 1917- 금학리본당 / 1917-
金命濟 李尙華 金允根	1909	장연본당 / 1916- 안대동본당 / 1911- 망답본당 / 1915-	朱在用 黃貞秀	1918.2 1918.3	함양본당 / 1918-

민족문제를 인식하는데 장애가 되었다.

이와 같이 외국인 선교사, 한국인 성직자 모두가 3·1운동에 부정적이었고, 나아가 신자들이 만세운동에 참여하는 것을 금지하였다. 그렇지만 한국인 신자들은 개인의 자격으로 만세운동에 참여하였다. 교회는 하느님 백성 모두를 포함한다고 한다. 그러므로 성직자뿐 아니라 신자들도 교회의 구성원이고, 신자들의 활동도 성직자들의 활동과 마찬가지로 교회의 활동으로 보아야 할 것이다. 3·1운동 당시 88,000여 명이었던 신자들의 활동이 67명(선교사 45명, 한국인 성직자 23명)에 지나지 않았던 성직자들의 활동보다 소홀하게 취급되어서는 안될 것이다. 3·1운동기 한국 천주교회는 67명의 성직자가 아닌 88,000여 명 한국인 신자들을 중심으로 서술되어야 한국인 신자들이 주인공이 되는 역사를 구성할 수 있다.

Ⅱ. 천주교신자들의 만세운동

선교사들과 한국인 성직자들, 즉 제도교회가 금지하였지만 한국인 천주교신자들이 3·1만세운동에 참여한 사례들은 적지 않게 발견된다. 이것은 한민족의 독립운동에 성직자와 신자들간에 괴리감이 있었다는 것을 말한다. 선교사들과 한국인 신자들의 이해가 한국독립운동에 있어서는 일치할 수 없었기 때문이다. 한국인 신자들은 자신들 옆에서 동족들이 전개하는 만세운동에 초연할 수 없었다.

천주교에서는 신자집단이며 학생집단인 대구의 성유스티노신학교가 3·1운동과 관련하여 가장 먼저 관심을 집중시켰다. 외부와 거의 격리된 채 생활하는 형편이었지만 신학생들도 한국인으로서의 민족의식을 지니고 있었다. 3월 5일 저녁 약 60명의 신학생들은[27] 신학교 운동장에 모여 독립만세를 외쳤다.[28] 그리고 교사 홍순일(洪淳一)을 통하여 대구에서 진행될 만세운동에 대한 소식을 듣고 김구정(金九鼎)·서정도(徐廷道)가 중심이 되어 3월 9일 약전골목[南城路]에서의 만세행렬에 합류하기로 약속하였다. 김구정은 홍순일 교사로부터 받은 독립선언문과 유인물 복사를, 서정도는 태극기 제작을 분담하여 준비하였다. 그러나 이 사실이 교장인 샤르즈뵈프 신부에게 알려져 준비한 유인물과 태극기를 모두 압수당하였고, 두 사람은 교장실로 불려가 만세운동에의 참가 계획을 추궁받았다.[29]

성유스티노신학교의 상황을 보고받은 대구교구장 드망즈 주교는 신학교를 방문하여 신학생들을 체육실로 집합시킨 후 만세운동 참가를 금지하였다. 만약 만세운동에 참가한다면 신학교를 폐쇄하겠다고 위협하였다. 신학생들은 주교에 대한 복종을 약속하였고, 만세운동 참가는 무산되었다.[30] 그렇다고 해서 신학교 담장 밖에서 전민족적으로 진행되는 만세운동으로부터 신학생들을 격리시킬 수는 없었다. 신학생들은 수업에 거의 참가하지 않음으로써 학교 당국에 불만을 표시하였다. 4월 3일 성유스티노신학교의 학생들은 다시 한 번 만세운동에 참가하고자 계획하였으나 실행에 옮기지는 못하였다.[31] 수업을 계속할 경우 신학생들의 만세운동 참여를 막을 수 없다고 우려하였는지 드망즈 주교는 5월 1일 조기 방학을 시작하였다.[32] 그리고 교사 홍순일을 파면하였다.[33]

---

27) 성유스티노신학교의 학생 수는 1918년 4월 62명에서 1919년 4월 20일(부활 주일) 58명을 기록하였다(1918.9.15, 『京鄕雜誌』, 390쪽 ; 1919.12.15, 523쪽).
28) 『DEMANGE주교일기』, 1919.3.7.
29) 尹光宣, 1984.1, 「三·一運動과 大邱信者들」『교회와 역사』103, 15쪽 ; 金九鼎, 1985.8, 「3·1運動과 대구 유스티노 신학생」『교회와 역사』122, 9쪽.
30) 『DEMANGE주교일기』, 1919.3.9.
31) 『DEMANGE주교일기』, 1919.4.3.

서울의 용산 예수성심신학교 신학생들도 만세운동에 참여하였
다.[34] 3월 23일 일요일 밤, 신학생들은 신학교 문을 나와 만세군중
에 합류하였다.[35] 이튿날 이 사실을 보고받은 서울교구장 뮈텔 주
교는 신학교로 달려갔다. 신학생들은 주교의 훈계가 끝나자 일본인
들에게 짓밟히고 있는 조국을 외면할 수 없다고, 만세운동에 참여
하겠다고 눈물로 호소하였다. 그러나 뮈텔은 '신의 이름'으로 신학
생들이 만세운동에 참여하는 것을 금지하였다. 만세운동에 참여하
려면 신학교를 나가라고 명령하였다.[36] 뮈텔은 만세운동에 참가한
용산 예수성심신학교에 대한 징계조치의 일환으로 그 해의 서품식
을 연기하였고,[37] 만세를 주도한 신학생들을 퇴학시켰다.[38]

이와 같이 천주교 신학교들의 만세운동은 제대로 시작도 해보지
못한 채 막을 내렸다. 프랑스인 주교들은 신학생들이 만세운동에
참여한다면 퇴학시키겠다고, 학교를 폐쇄하겠다고 위협하였다. 그

---

32) 『DEMANGE주교일기』, 1919.5.1.
33) 윤광선, 앞의 글, 16쪽 : 『DEMANGE주교일기』, 1919.5.1.
34) 1919년 4월 20일(부활 주일) 기준, 용산 예수성심신학교의 학생 수는 96
    명이었다(1919.12.15, 『京鄕雜誌』, 521쪽).
35) 『MUTEL주교일기』, 1919.3.23 : 『DEMANGE주교일기』, 1919.3.26.
36) 『MUTEL주교일기』, 1919.3.24.
37) 1919년 사제서품 예정이었던 金裕龍(1878~1938), 申聖雨(1893~1978), 申
    仁植(1894~1968), 尹義炳(1889~1950?), 崔宗哲(1890~1945) 등은 1920년
    9월 18일 사제서품을 받았다.
38) 최석우, 1996, 「일제하 한국 천주교회의 독립운동」『敎會史硏究』11, 44
    쪽의 주 25). 『서울교구 연말보고서』(C-R-Seoul)를 살펴보면 3·1운동
    에 참여한 이유로 신학생들이 자퇴 내지는 퇴학당하였음을 알 수 있다.
    1918년 용산 예수성심신학교의 신학생 수는 93명이었고, 1919년에는 88
    명, 1920년에는 96명이었다. 3년마다 신입생을 모집하였으므로 1920년 신
    입생을 모집하였다. 또 신입생을 모집하였던 1923년과 1926년의 신학생
    수는 전년에 비하여 크게 증가한 수치를 보인다. 그런데 1920년의 신학
    생 수는 1918년에 비하여 겨우 3명이 증가한 것이므로 이는 많은 학생
    들이 퇴학당한 것으로 보아야 할 것이다. 만세운동이 직접적인 원인이
    되어 퇴학당한 숫자는 정확히 알 수 없으나 1919년과 1920년을 중심으
    로 신학생 수를 비교해보면 이러한 추론이 가능할 것 같다.

러므로 신학생들은 성직자가 되는 길을 계속하려면 만세운동을 포
기해야 하였고, 만세운동에 참여하려면 신학생의 신분을 포기해야
하였다. 대부분의 신학생은 주교의 명령에 순종하였고, 소수의 신
학생만이 신학생의 신분을 포기하였다.

　시간이 흐르면서 3·1운동은 민족적 공감대를 형성하여 갔고, 그
에 따라 전국적으로 확산되었다. 또한 만세운동 준비 단계에서 배
제되었던 천주교와 타종교와의 연합도 이루어졌다. 3월 10일 황해
도 해주(海州)에서 일어난 만세운동은 천도교와 개신교, 불교, 그
리고 천주교신자들이 협력하여 이끈 것이었다.39) 각 종교인들은
한민족이라는 민족적 공감대를 형성함으로써 종교색을 떠나 민족
의 요구에 부응할 수 있었다.

　천주교신자들이 참가·주도한 만세운동을 지역별, 날짜별로 나
누어 살펴보면 다음과 같다. 먼저 경기도 지역에서 천주교신자들이
만세운동을 주도한 사례를 보면, 광주군 동부면 망월리(廣州郡 東
部面 望月里)의 3월 27일 만세운동이었다. 이 날의 만세운동은 천
주교신자인 구장 김교영(區長 金敎永)이 이끌었다.40) 김교영은 전
국적으로 만세운동이 전개되고 있는 상황을 전해듣고 한국 독립을
목적으로 만세운동을 계획하였다. 그리하여 3월 27일 주민 9명을
지휘하여 동부면 사무소 앞에서 한국 독립만세를 불렀다. 이때 모
인 9명 중 5~6명은 천주교신자였는데 모두가 태형을 받고 풀려났
다.41) 당시 62세였던 김교영은 1919년 4월 29일 경성 지방법원에서

---

39) 독립운동사편찬위원회 편, 1971, 『독립운동사』 2, 226~227쪽.
40) 독립운동사편찬위원회 편, 1972, 『獨立運動史資料集』 4, 289~290쪽.
41) "한국 독립운동은 개종운동에 도움이 되지 않는다 … 이 만세가 폭동으
　　로 판단되어 중대한 결과를 초래한 것은 구산공소의 5~6명의 청년에
　　불과하다. 그들은 이 때문에 매를 맞았다. 그중 한 명은 아직 서울 감옥
　　에 있다고 한다. 그는 10여 년 전부터 냉담하고 있기 때문에 이 시련이
　　좋은 숙고의 기회가 되었으면 싶다. 그리고 또 다른 '애국자', 즉 故
　　남 마두 회장의 아들에 대해서도 같은 기원을 하고 싶다. 그는 이미 오
　　래 전부터 성당에 나오지 않고 있는데 독립선전 삐라 사건에 연루되어

징역 1년 6월을 선고받았으며, 경성 복심법원에 공소하였으나 1919 년 6월 2일 기각당하였다.[42]

경기도 용인에서의 3월 29일 만세운동도 천주교신자들이 이끌었다. 용인군 내사면 남곡리(龍仁郡 內四面 南谷里)에 거주하던 천주교신자 한영규(韓榮圭)와 김운식(金云植)은 마을 사람 100여 명을 모아 한영규가 소유하고 있던 구한국 국기를 들고 내사면 양지리(陽智里)를 향해 행진하며 독립만세를 외쳤다. 1919년 5월 13일 경성 지방법원에서 보안법 위반으로 각각 징역 10월을 선고받은 이들은 경성 복심법원에 공소하였으나 1919년 7월 5일 기각당하였고, 고등법원에 상고하였으나 1919년 8월 21일 기각당하였다.[43]

평화적으로 진행되어가던 3·1운동은 시간이 흐르면서 대중화하였고, 과격한 양상을 띠기 시작하였다. 천주교신자들의 만세운동에서도 폭력적인 사례를 발견할 수 있다. 경기도 수원군 장안면(水原郡 長安面) 및 우정면(雨汀面)의 4월 3일 만세운동도 천주교신자가 선두에 섰다. 신자 이순모(李淳模, 혹은 順模)는 이 날의 만세운동을 계획하였던 차희식(車喜植) 등으로부터 몽둥이를 가지고 장안면 사무소로 집합하라는 연락을 받은 즉시 면사무소로 달려가 200여 명 군중의 선두에서 투석과 몽둥이로 면사무소를 파괴하고 공문서를 파기하였다. 이어 군중이 2,000여 명으로 증가하자 이들을 이끌고 우정면 사무소로 달려가 앞장서서 유리창을 부수고 집기류를 파괴하였다. 그리고 우정면 화수리(花樹里)의 경찰관 주재소로 달려가 투석하고 주재소에 방화하였다. 이때 일본인 순사가 총을 쏘면서 뛰어나오자 차희식, 차인범 등과 함께 붙잡아 격살하는 등 격렬하게 만세운동을 전개하였다.[44] 이순모 외에도 이 날의

징역 10월을 선고받았다"(〈MUTEL문서〉 1919-05, 비에모 신부가 약현에서 뮈텔 주교에게 보낸 1919년 5월 20일 서한).

42) 1972, 「대정 8년 형공합 제354호」『獨立運動史資料集』5, 289~290쪽.

43) 「대정 8년 형공 제454호」; 「대정 8년 형상 제662호」『獨立運動史資料集』5, 402~403쪽.

만세운동과 관련하여 김선문(金善文, 45세)·안경덕(安敬德, 36세)·김여춘(金汝春, 52세)·김광옥(金光玉, 26세)·최주팔(崔周八, 45세) 등 5명의 천주교신자들이 체포되었다가 방면되었다. 당시 이 지역의 선교를 맡고 있었던 갓등이본당(현 경기도 旺林본당, 화성군 봉담면 왕림리 소재)45)의 김원영(金元永 : 1869~1936) 신부는 그들이 만세운동과 아무런 관련이 없다고 보고하였다.46) 그러나 만세운동의 주도자 중 한 사람이 천주교신자였다는 것을 고려할 때 천주교신자들의 참여도 적지 않았음을 짐작할 수 있다. 이 날의 만세운동은 천주교신자가 이끈 만세운동 중 가장 격렬한 것이었다.

경기도 고양(高陽)에서는 천주교신자들이 군내 면장들의 만세운동 참여를 요구하였다. 한국인으로서 한국 독립운동에 참여하지 않는 것은 부당한 일이라는 것이었다.

　　"3월 27일, 고양에서는 천주교인이 군내 면장들에게 협박장을 발송하였는데 그 문의의 개요는 '우리는 한국 독립에 관하여 이렇게 활동한다. 그런데 면 직원들은 가만히 앉아 사무를 집행함은 한국인으로서 부당하다. 속히 일을 폐하고 우리에게 가담하여라'였다."47)

이외에도 천주교신자들이 참가하였던 경기도 지역의 만세운동 사례를 보면, 경기도 강화의 3월 18일 만세운동을 들 수 있다. 그 날은 장날이었는데 강화군 부내면 읍내시장에서 만여 명이 모여 독립만세를 외쳤다. 이 날의 만세운동과 관련하여 천주교신자 신태

---

44) 1920년 8월 9일 경성지방법원을 거쳐 1920년 12월 9일 경성복심법원에서 소요, 살인, 방화와 보안법 위반 혐의로 10년형을 선고받았다(『獨立運動史資料集』 5, 349·351·359~361·363·367·370·373·375).
45) 旺林本堂史編纂委員會·韓國敎會史硏究所 編, 1990, 『천주교 왕림(갓등이)교회 본당 설립 100주년 기념집』 I, 가톨릭출판사, 31쪽.
46) 〈MUTEL문서〉 1919~25, 김원영 신부가 갓등이에서 뮈텔 주교에게 보낸 1919년 6월 22일 서한.
47) 秘170호, 1919년 3월 27일 경기도장관이 정무총감에게 보내는 「소요에 관한 건」『한국독립운동사』 2, 668~669쪽.

윤(申泰允)·신태몽(申泰蒙)·이윤문(李允文)이 체포되었다가 공소 사실 무효로 풀려났다.[48] 인천에서도 인천본당(현 인천 답동본당)의 천주교학생 2명이 인천의 만세운동[49]과 관련하여 체포되었다.[50]

다음으로 황해도 지역에서의 천주교신자들의 만세운동 참가 사례를 살펴보면, 신천군 용문면 사창리(信川郡 龍文面 司倉里)의 4월 7일 만세운동이 있었다. 이 날의 만세운동을 주도하였던 천주교신자 김경두(金慶斗)는[51] 200여 명의 만세군중과 함께 사창리의 헌병분견소 앞에서 만세를 외치다 체포되었다. 그는 자기 나라를 보존하는 것은 국민으로서의 의무이니 한국인으로서 한국의 독립을 희망하는 것은 당연한 일이고, 한국 독립만세운동에 참여하는 것도 한국인으로서 당연한 의무이므로 죄가 안된다고 주장하였다.[52] 또한 국권이 상실당한 때부터 하루도 독립에 대한 큰 희망을 소홀히 한 적이 없었다고 하였다. 천주교신자이지만 동시에 한국인

---

48) 1919년 12월 18일 경성지방법원의 판결에 의하여 방면되었으나 이윤문은 태 90을 받아야 했다(『獨立運動史資料集』 5, 335~343쪽).
49) 3·1운동 당시 인천에서는 8회의 집회에 9천여 명이 참가하여 15명이 체포되었다(『인천시사』 상, 448쪽).
50) 〈MUTEL문서〉 1920-제물포본당의 연말보고서, 드뇌 신부가 제물포에서 뮈텔 주교에게 보낸 1920년 4월 26일 서한.
51) 해주 지방법원을 거쳐 1919년 7월 19일 평양 복심법원에서 보안법 위반으로 2년 6월의 형을 선고받았다. 1919년 9월 27일 상고는 기각되었다.
52) "대정 8년 4월 7일 조선독립만세를 군중이 高唱할 때 피고도 조선血族으로서 합방 이래 독립하고자 하는 큰 희망이 있어서 매일매일 생각하고 있었던 바 신천군 용문면 사창리 헌병주재소 부근에서 조선독립만세를 합창한 것이다. 본인은 4월 11일 신천군 헌병분견소에 붙잡혀 해주지방법원에 압송되고 제1심 및 제2심에서 보안법 위반이라고 징역 2년 6월에 처해졌는데 이와 같은 처벌은 천만부당하다. 국민의 의무는 자기 나라를 保有하고 혈족을 지배하는 데 있다. 피고는 당연한 의무를 성취하고자 하는 것으로서 그 무슨 죄가 있으랴. 이 문명시대에 즈음하여 義人을 죄인으로 인정하는 이같은 야심적 법률를 갖고서 판단하는 일 없이 세계적 공명정대한 법률로서 판단해 주실 것을 바라고 이에 상고함"(『獨立運動史資料集』 5, 748·749쪽).

이고, 따라서 한국 독립운동에 참여하는 것이 당연한 의무라고 인식하였던 한국인 천주교신자들의 의식구조를 볼 수 있다. 만세운동에 참여하였던 천주교신자들은 신자들의 3·1운동 참여를 단죄한 교회의 방침을 알고 있었지만 한국인이므로 식민지로 전락한 한국의 독립을 위해 당연히 노력해야 한다고 인식하였던 것이다.

사전에 발각됨으로써 실현하지는 못하였지만 황해도 은율(殷栗)읍의 만세운동 계획에도 천주교신자학생 홍석종(洪錫宗)이53) 주도자로 참여하였다.54)

경북에서의 천주교신자 만세운동 참가 사례를 살펴보면 대구 지방의 만세운동이 대표적이었다. 대구의 3·1운동은 3월 8일 서문(西門)시장에서 시작되었는데 이 날은 장날이었다. 대구의 3·1운동과 대구 천주교회와는 3·1운동 경상북도 조직부장이었던 김하정(金夏鼎)과 대구 천주교회의 신자 김찬수(金燦洙)를 매개로 이루어졌다. 김하정은 당시 천주교학교인 해성학교(海星學校)의 교사였는데, 서울과 연락하여 독립선언서와 유인물을 대구로 가져와 해성학교의 교주(校主) 김찬수의 집에서 배포하였다. 3월 8일 대구의 만세군중은 천여 명을 헤아렸고, 체포된 숫자도 많았다. 대구 지역의 3·1운동은 이후에도 계속되었는데 만세운동과 관련하여 체포된 천주교신자는 약 20명이었고,55) 해성학교의 학생들도 체포되었다.56) 대구 지역의 3·1운동과 관련하여 5명의 신자들이 사법처분을 받았는데,57) 해성학교의 졸업생 이남숙(李南淑)은 1919년

---

53) 洪錫宗은 당시 12세로 은율본당에서 윤예원 신부를 주례로 영세한 천주교신자였다(殷栗郡民會 郡誌發刊委員會, 1975, 『殷栗郡誌』, 195~197쪽 ; 黃海道天主教會史編纂委員會 編, 1984, 『黃海道天主教會史』, 289쪽).

54) 은율읍내의 보통학교 학생들은 4월 15일 장날을 기하여 만세운동을 전개하기로 계획하였다. 그런데 태극기를 만드는 등 준비하다가 학생들 중 친일파 가정의 학생이 밀고를 함으로써 4월 14일 밤 경찰의 습격을 받아 무산되고 말았다(『독립운동사』2, 307쪽).

55) 尹光宣, 1984.1, 「三一運動과 大邱信者들」『교회와 역사』103, 15~16쪽.

56) 『DEMANGE주교일기』, 1919.3.8.

4월 18일 대구 지방법원을 거쳐 10월 30일 경성 복심법원에서 징역 6월을 선고받았다.[58] 또한 이덕주(李德周)는 1919년 4월 18일 대구 지방법원에서 징역 8월을 선고받았고, 5월 31일 대구 복심법원에서 6월로 감형되어 대구형무소에 수감되었다.[59]

이상 천주교신자들이 참가하였던 만세운동을 지역별·날짜별로 도표화해 보면 다음과 같다.

<표 2-1> 천주교신자의 3·1운동 참가 현황(지역별·날짜별)

지 역		날짜	만세운동 전체 규모	참가 주도	참가 신자 수	주도 신자	체포된 신자 수
경북	대구	3. 5	약 60	주도	약 60명	성유스티노신학교 신학생	
	대구	3. 8	약 2,000	주도	?	김하정과 김찬수	20여 명
황해도	해주	3.10		참가	?		
	신천	4. 7	약 200	주도	?	김경두	1명
서울		3.23		참가	?	용산예수성심신학교 신학생	
경기도	강화	3.18	약 10,000	참가	?		3명
	인천			참가			2명
	광주	3.27	9	주도	6명	김교영	6명
	용인	3.27	약 100	주도	?	한영규와 김운식	2명
	수원	4. 3	약 2,000	주도	?	이순모	6명
	안성			주도	?	김중묵	

출전 : 『DEMANGE주교일기』 1919년 3월 7·8·26일 : 『MUTEL주교일기』 1919년 3월 23일 : 〈MUTEL문서〉 1919~05, 비에모 신부가 약현본당에서 뮈텔 주교에게 보낸 1919년 5월 20일 서한 ; 1919~25, 김원영 신부가 갓등이본당에서 뮈텔 주교에게 보낸 1919년 5월 22일 서한 ; 1920-제물포본당의 연말보고서, 드뇌 신부가 제물포본당에서 뮈텔 주교에게 보낸 1920년 4월 26일 서한 ; 독립운동사편찬위원회 편, 1971, 『독립운동사』 2, 226~227쪽, 289쪽 ; 독립운동사편찬위원회 편, 1972, 『獨立運動史資料集』 4, 289~290쪽 ; 1972, 『獨立運動史資料集』 5, 289~290·403~403·

---

57) 「朝鮮騷擾事件狀況」, 1919년 6월, 『獨立運動史資料集』 6, 605쪽.
58) 『獨立運動史資料集』 5, 1266~1274쪽 ; 『한국독립운동사』 2, 1059~1061쪽.
59) 『獨立運動史資料集』 5, 1267~1269쪽 ; 『독립운동사』 3, 355쪽 ; 『독립운동사』 9, 272쪽.

335~343·349·351·359~361·363·367·370·373·375·748·749·12
66~1274·1267~1269쪽 :『獨立運動史資料集』6, 605쪽 : 윤정중,「안성
천주교회사,『가톨릭青年』1965년 8월호, 76~77쪽.

비고 :
· 체포된 신자들 중 광주의 김교영, 수원의 이순모, 용인의 한영규와 김운식,
 신천의 김경두, 대구의 이남숙·이덕주 등 10명이 실형을 선고받았다.
· 용산 예수성심신학교의 신학생 수는 1919년 4월 현재 96명이었다.

천주교신자가 주도하였던 만세운동은 경기도 광주와 용인, 황해
도 신천, 경북 대구였다. 참가자 중 천주교신자로 밝혀진 이들이
많지 않은데 주도자가 신자였던 만세운동에서는 앞의 〈표 2-1〉에
나타난 숫자 외에도 많은 신자들이 참여하였으리라 여겨진다. 김하
정과 김찬수가 주도하였던 대구의 만세운동과 이순모가 주도하였
던 경기도 수원의 만세운동은 2,000여 명이라는 운동 참가 인원으
로 볼 때 체포된 사람들 중 천주교신자도 일제자료에 20여 명과 6
명으로 기록되어 있지만 보다 많았으리라 여겨진다.

각지에서 만세운동을 전개하다 체포된 천주교신자는 5월 말까지
53명으로 집계되었다.[60] 물론 이 숫자는 구금된 이들을 말하는 것
으로 만세운동에 참여하였으나 체포되지 않았거나 체포되었더라도
풀려난 사람들은 포함되어 있지 않다.[61]

---

60) 그런데 1921년에 간행된 한 자료에 의하면 3·1운동으로 수감된 천주교
 신자의 숫자는 57명이었다(吉川文太郎, 1921,『朝鮮の宗敎』, 朝鮮印刷株
 式會社, 389~390쪽). *Korean Situation*에도 3·1운동으로 체포된 천주교
 신자 수를 57명으로 기록하고 있다(*Korean Situation*, 5쪽).
61) 강원도에서는 만세운동으로 검거된 천주교신자 8명이 즉결 판결을 받았
 으나(「朝鮮騷擾事件狀況」, 1919년 6월,『獨立運動史資料集』6, 621쪽), 이
 들이 수감되었던 춘천에는 천주교신자가 1명도 수감되어 있지 않았다.

〈표 2-2〉 3·1운동 관련 수감자의 종교별 현황

구 분		수감자수(명)			비율(%)	
		남 자	여 자	계		
천도교		1,361	2	1,363	15.0	15.06
시천교		5	-	5	0.06	
불 교		105	1	106	1.2	1.2
유 교		55	-	55	0.6	0.6
기독교	감리교	401	37	438	4.8	22.44
	장로교	1,322	119	1,441	15.9	
	조합교회	7	-	7	0.08	
	기 타	81	16	97	1.07	
	천주교	45	8	53	0.59	
기 타		7	-	7	0.1	0.1
무종교		5,455	31	5,486	60.6	60.6
미 상		1	-	1	0.01	0.01
합 계		8,845	214	9,059	100	100

출전 : 『每日申報』 1919년 6월 17일 ; 국사편찬위원회, 『日帝侵略下 韓國三十六
年史』 4, 981~984쪽.

수감된 이들 중 종교인의 비율은 위의 〈표 2-2〉에서 알 수 있듯
이 40%였고, 그 중에 천도교신자가 15.06%, 기독교신자가 22.44%
였다. 그런데 수감된 기독교신자 중 개신교신자와 천주교신자를 비
교해보면 흥미로운 사실을 알 수 있다. 개신교 중 가장 신자 수가
많았던 장로교와 천주교를 비교해보면 수감장로교신자 수는 15.9%
였고, 수감천주교신자 수는 0.59%였다. 수감천주교신자 수는 수감
장로교신자 수의 3.7%에 지나지 않았다. 당시 인구에 대한 천주교
세례신자 비율은 약 0.5%였고,62) 장로교 세례신자의 비율은 약
0.4%였다. 인구대비 신자비율은 작은 숫자이지만 천주교가 장로교
보다 높은데, 수감자 비율은 천주교신자 수가 장로교신자 수의
3.7%에 지나지 않은 것이다. 물론 53명이라는 작은 수치로 이러한
설명을 하기에는 무리가 따른다. 그러나 수감자는 만세운동에 주동

62) 제3장 Ⅰ절의 〈표 3-1〉 참조.

자 역할을 하였던 이들이었다. 그러므로 당시 한국 인구의 0.05%
에 지나지 않았지만 9,059명이라는 수감자 수는 그 의미를 낮출 수
없는 수치이다. 0.59%에 불과하였지만 천주교신자 수감자 53명도
충분한 의미 부여가 가능하다고 여겨진다

53명의 천주교신자 수감자들은 아래의 〈표 2-3〉에서 알 수 있듯
이 서대문감옥을 비롯하여 7개 감옥에 수감되어 있었다. 그런데 체
포된 지역의 감옥에 수감되었으므로 감옥별 수감자 수를 살펴보면
지역별 운동 양상을 짐작할 수 있다. 3·1운동 수감자의 지역별 분
포를 살펴보면 경기도(서대문·인천 감옥 : 22.5%), 평안남도(평
양·진남포 감옥 : 14.3%), 경상북도(대구 감옥 : 12.6%), 황해도
(해주 감옥 : 11.0%) 순이었다.63) 천주교신자 수감자의 지역별 분
포 상황은 경기도(47.2%), 경상북도(20.8%), 평안남도(13.2%), 그
리고 황해도(7.5%)와 함경남도(7.5%) 순이었다. 그러므로 수감자
수의 지역별 분포 순서에는 전체 수감자나 천주교신자 수감자나
거의 차이가 없다. 그러나 천주교신자 수감자는 경기도·평안남
도·경상북도의 세 지역에서 만세운동에 참여한 이들이 81.2%로,
같은 지역에서 49.4%를 기록한 전체 수감자에 비해 두 배에 가까
운 수치를 보이고 있다.

천주교신자들의 도별 분포도를 살펴보면 전라도와 충청도의 신
자 수도 경기도와 경상도의 신자 수 못지 않게 많았다.64) 그런데도
충청도와 전라도에서는 신자들의 만세운동 참여 사례를 찾아보기

---

63) 1964, 『萬歲騷擾事件』1, 223~227쪽 : 이지원, 1994, 「3·1운동」『韓國
史』15, 한길사, 111쪽.
64) 1909년의 도별 천주교신자 수는 다음과 같았다(C-R-Chosen, 1909).

도	경기	전라	충청	경상	강원	황해	평안	함경	계
신자수	15,978	14,046	11,868	10,081	6,472	6,393	3,340	3,074	71,252
비율	22.42	19.71	16.66	14.15	9.08	8.97	4.69	4.31	100

*경기도 신자 수는 서울 신자 수 포함, 함경도 신자 수는 간도 신자 수
포함.

어렵다. 이는 신자 수가 많다고 만세운동에 많은 숫자가 참여한 것은 아니었다는 것을 의미한다.

<표 2-3> 3·1운동 관계 천주교신자의 수감 현황(1919년 5월 말)

감 옥	피고인수 (남/여)	피고인비율(%)	감 옥	피고인수 (남/여)	피고인비율(%)
서대문감옥	25(18/7)	47.2(34.0/13.2)	원산분감	4(4/0)	7.5(7.5/0)
대구감옥	11(10/1)	20.8(18.9/1.9)	군산분감	1(1/0)	1.9(1.9/0)
평양감옥	7(7/0)	13.2(13.2/0)	공주감옥	1(1/0)	1.9(1.9/0)
해주감옥	4(4/0)	7.5(7.5/0)	합 계	53(45/8)	100(84.9/15.1)

출전 : 『日帝侵略下 韓國三十六年史』 4, 981~984쪽 ; 『朝鮮近代史料』 ; 1972, 『獨立運動史 資料集』 4, 978~981쪽.

만세운동 내용을 알 수 있는 사례들만을 볼 때 3·1운동에 참여한 천주교신자들은 대부분이 공소신자들이다. 김경두가 만세운동을 주도하였던 황해도 신천군의 경우 신천본당이 설립된 것은 1930년 5월이었고, 용문면에는 만세운동 당시 은율본당 관할 공소가 있었다.[65] 김교영이 이끌었던 경기도 광주군의 경우 1958년 경안본당이 설립되었으며 만세운동 당시 동부면은 약현본당(藥峴本堂, 현 서울 중림동본당) 관할 구산공소(龜產公所)가 있었다.[66] 한규영과 김운식이 이끌었던 용인군 내사면 남곡리에는 1927년 남곡리본당이 설립되었으며, 3·1운동 당시에는 경기도 안성군 미리내본당[美山里本堂] 관할 공소 지역이었다.[67] 이순모가 주도하였던 수원군 장안면 및 우정면의 경우는 1888년 7월 설립된 갓등이본당의 관할 공소 지역이었다. 3월 18일 만세운동이 전개되었던 강화군은 1958년 본당으로 설립되었고, 만세운동 당시는 인천본당 관할

65) 『黃海道天主敎會史』, 439~448쪽.
66) 천주교서울대교구, 1984, 『서울大敎區 敎區總覽』, 가톨릭출판사, 781쪽.
67) 위의 책, 781~782·785쪽.

공소였다.[68]

　이상은 신자들에 대한 선교사나 한국인 성직자들의 제재의 빈도나 강도가 본당보다 약한 공소에서 생활하는 신자들이 만세운동에 많이 참여하였다는 사실을 보여준다. 또한 천주교 선교사나 성직자가 상주하는 지역에서는 신자들의 만세운동 참여가 어려웠고, 만세운동에 성직자들의 제재가 강하였다는 것을 의미한다.

Ⅲ. 3·1운동기 천주교회 민족운동의 한계

　3·1운동에서 종교계, 특히 개신교와 천도교의 역할은 높이 평가되고 있다. 그러나 천주교회는 3·1운동에 거의 참여하지 않은 것으로 이해되고 있다. 3·1운동에 천주교회의 참여율이 저조하였던 것은 사실이다. 저조한 참여율은 3·1운동기 천주교회가 보여준 민족적 한계였다. 당시 한국 천주교회는 일제 식민하라는 민족적 모순, 그리고 일본 제국주의의 한국 침략을 묵인한 제도교회의 교회적 모순이라는 이중적인 모순 아래 놓여 있었다. 식민지 구조의 모순으로 한국이 겪고 있었던 고통에, 신앙과 연결된 또 다른 모순을 천주교회는 겪고 있었던 것이다.

　3·1운동 당시 한국 천주교회가 겪었던 모순의 원인을 보다 구체적으로 살펴보면 첫째는 주교를 정점으로 조직된 천주교회의 구조 때문이었다. 천주교회는 교리의 통일성, 전례(典禮)의 균일성, 전통[聖傳]과 성예전(聖禮典)에 대한 강조, 엄격한 중앙집권적 구조·성직자의 위계질서·성직자와 평신자의 분명한 구분을 중심으

---

68)　인천교구사편찬위원회·한국교회사연구소 편, 1990, 『인천교구사』, 가톨릭출판사, 628~629쪽.

로 하는 교계제도(hierarchy) 등을 특성으로 하고 있다.[69] 그런데
당시 한국 천주교회는 프랑스인 주교들이 관할하고 있었다. 일제하
외국인 선교사들은 식민통치로 한국에 기독교가 더 발전할 것을
기대하였다. 한국인들은 자주독립의 능력이 없으니 일제의 통치를
받는 것이 다행스럽다고 인식하였다. 그리고 한국인 신자들에게 일
제에 항거하는 정치투쟁을 피하도록 권고하였다. 만일 한국인 신자
들이 정치적으로 반일 경향성을 나타내면 교회의 책임있는 자리에
서 멀어지게 하였다. 드망즈 주교는 대구교구 설립 초기 교구에 크
게 공헌하였던 대구의 유력한 천주교신자인 서상돈(徐相燉 : ?~
1913)이 교회 활동에 참여하려 하자 교구를 지배하려 한다고 비난
하며 철저히 배제하였다.[70] 상황이 이와 같았으므로 한국인이 주
도하는 천도교나 불교 및 개신교처럼 천주교를 대표하여 만세운동
에 협력할 한국인 지도자를 천주교회 내에서 찾는다는 것은 쉽지
않다.

3·1운동 당시 23명의 한국인 성직자가 있었지만 그들 역시 교
계제도상 주교의 명령에 절대 복종해야 하였다. 그렇지 않을 경우
성직자의 신분에 위협을 당할 위험이 있었다.[71] 주교의 명령을 거
역하고 안중근에게 성사를 주었다 하여 성무정지(聖務停止) 처분
을 받았던 빌렘 신부의 전례는 한국인 성직자들에게 충분한 경고
였다. 경술국치 이전이고 같은 파리외방전교회원이지만 주교의 명

69) Niesei, Wilheim, *The Gospel and the Churches : A Comparison of Catholicism, Orthodoxy, and Protestantism*, 이종성·김항안 역, 1988, 『비교 교회론』, 대한기독교출판사, 47~102쪽.

70) 『DEMANGE주교일기』, 1911.9.8, 1913.6.30.

71) 개신교의 경우 많은 목사들이 3·1운동과 관련하여 체포, 감금당하였다. 그러나 그 때문에 교단으로부터 목사직을 위협받거나, 박탈당한 경우는 없었다. 만약 교단으로부터 탈퇴당한다면 그 목사는 독자적으로 새로운 교회를 개척할 수 있었다. 그러나 천주교 성직자들은 성무집행권을 정지당할 경우 그것은 성직자로서의 모든 권한을 상실한다는 의미였다. 결국 이러한 교회 구조가 한국인 성직자들을 비롯하여 한국 천주교회의 모든 성직자들을 주교의 명령 아래 복종시키는 이유가 되었다.

을 거역하였다 하여 성무정지를 당하였으니, 시기적으로 한국에 대한 일제의 완전 지배가 확립되어 있고 게다가 한국인 성직자이니 그가 주교의 명을 거역하였을 경우 초래할 결과는 너무나 명확한 것이었다.[72] 이와 같이 한국 천주교회 내에는 한국인이 주도하는 천도교나 불교 및 개신교와 같이 천주교를 대표하여 행동할 한국인 지도자가 없었다.

한국인 신자들은 선교사나 한국인 성직자들보다 더욱 어려운 처지에 놓여 있었다. 신자들 또한 교회의 구성원이므로 성직자들과 마찬가지로 천주교회의 교계제도를 벗어날 수 없었다. 더구나 당시는 교계제도가 교황을 정점으로 주교 → 신부 → 평신자의 수직적인 관계로 이해되었다.[73] 그러므로 한국인 신자들이 외국인 주교나 선교사 또는 한국인 성직자의 뜻을 거스른다는 것은 행동은 커녕 생각하기도 어려운 것이었다. 신자들은 제도교회나 성직자들의 선언 및 가르침에 이의를 제기하려는 생각도 거의 하지 않았다. 제도교회는 한국인 신자들의 어떠한 이의도 용납하지 않았다. 제도교회와 성직자들은 신자들의 사고와 행동양식을 규정하였고, 신자들은 제도교회와 성직자들에게 맹목적이다시피 순종하였다.

성직자가 상주하는 본당보다 훨씬 많았던 공소에는[74] 대부분 공소회장이 있었다. 그리고 공소회장은 해당 공소의 신자들에게 영향력을 미칠 수 있었다. 성직자들은 많아야 연 1~2회 방문하였으므

---

72) 이에 대해서는 윤선자, 「'한일합병' 전후 황해도 천주교회와 빌렘 신부」 참조.

73) 평신자들의 위치와 그 역할이 부각된 것은 제2차 바티칸 공의회(1962.10~1965.10)에서였다. 제2차 바티칸 공의회는 수직적인 것으로 이해되던 성직자와 평신자의 관계를 각각의 고유한 직무와 관련하여 수평적으로 규정하였다.

74) 1910년대의 경우를 보면 본당과 공소의 비율은 약 1 : 17이었다.

연도	1911	1912	1913	1914	1915	1916	1917	1918	1919	1920
본당	59		61	61	56	58	56		55	58
공소	1,037		1,071	1,093	1,051	1,039	1,047	1,068	1,058	1,081

로, 공소는 공소회장을 중심으로 운영되었다. 당시 신자들의 행동
에 영향을 미칠 수 있는 이들은 성직자를 제외하고는 공소회장들
이었다. 그러나 공소회장이 중심이 되어 만세운동을 전개한 사례는
드물다. 그것은 공소회장이 성직자들에 의해 임명되었고, 따라서
성직자들의 사고방식과 괴리되는 이들이 공소회장으로 임명되었을
리 없기 때문이다.

한국 천주교회가 3·1운동에 참여가 저조하였던 또 다른 이유는
이원론적인 신앙 구조 때문이었다. 당시 천주교회의 선교사나 성직
자들은 현세와 내세, 영과 육, 성과 속을 엄격하게 구분하는 이원
론적인 신앙구조를 갖고 있었다. 그러므로 인간의 전체적인 실존
상황이나 전인적(全人的) 구원에는 무관심하였고, 그러한 문제에
교회가 관심을 갖는 것은 교회의 활동 영역을 넘는 것으로 간주하
였다. 오직 초월주의적이고 경건주의적인 신앙에만 충실하였고, 교
회가 현실 문제에 참여하는 것은 영성(靈性) 생활을 저해시키는
위험한 것으로 판단하였다.[75]

이러한 성직자들의 가르침은 신자들의 신앙 형성에 영향을 미쳤
다. 그리고 그렇게 이루어진 신앙은 신자들이 3·1운동에 소극적이
었던 또 다른 이유가 되었다. 성속이원론적인 신앙에 함몰되어 있
던 성직자들은 신자들에게 현실에 대한 무관심과 현실로부터의 초
월을 가르쳤다.[76] 신자들은 현실을 삼구(三仇)전쟁[77]터로 인식하

---

75) 盧吉明, 1988, 『가톨릭과 朝鮮後期 社會變動』, 高麗大學校 民族文化硏究
   所, 143쪽.
76) 노길명, 위의 책, 143쪽.
77) 三仇란 영혼의 세 가지 원수로서 마귀와 세속, 육신을 말한다. 마귀란
   성서에서 인간을 죄로 유인하는 자로 나타나므로 영혼 구원의 원수이다.
   그리고 세속은 허망함이, 육신은 邪慾偏情이 원수이다. 죄로 상처받은
   인간은 육체의 반항을 체험하고, 세상의 허망함에 이끌리며, 마귀의 유
   혹에 빠지는 수가 많다. 그러므로 삼구전쟁의 진정한 의미는 삼구를 대
   적하고 죄악을 거슬러 싸워야 한다는 의미이다(한국교회사연구소 편,
   1984, 『한국가톨릭대사전』, 568~569쪽).

였고, 내세의 구원을 위한 종말론적 신앙에 몰두하였다. 삼구의 참된 의미는 사라지고 세속에 대한 경멸, 사회에 무관심한 개인주의, 내세지향적 신앙만 남겼다. 결국 현실에 대한 무관심을 강조하였던 이러한 신앙은 식민지하라는 한민족의 현실을 인식하지 못하게 하였다.[78]

일제의 민족분열정책을 깨닫지 못한 것도 3·1운동 당시 천주교회의 한계로 지적되어야 할 것이다. 제도교회의 견고한 금지책으로, 한국인 지도자가 없었기 때문에 개신교와 천도교에 비해 상대적으로 참여율이 저조하였던 천주교회에 일제는 회유의 손길을 보냈다. 대구의 일본 신문은 3·1운동 당시 드망즈 주교의 태도, 그리고 천주교가 정치와 아무런 상관이 없다고 한 드망즈의 발언을 찬양하는 기사를 실었다.[79] 또한 『서울 프레스』는 개신교신자들의 태도와 대조시키면서 천주교회의 태도를 논평하였다.[80] 조선총독부의 학무국장 세키야는 뮈텔 주교를 방문하여 천주교신자들이 3·1운동에 참여하지 않은 데 대한 의견을 듣고자 하였다.[81] 일본인 육군중장은 만세운동에 참여하지 않은 천주교신자들의 태도를 칭찬하였다.[82]

천주교 성직자 중에는 신자들이 만세군중들로부터 어려움을 당하였지만, 일본인들로부터는 어려움을 겪지 않았다고 생각하는 이들도 있었다.[83] 일본인 식민지배자들보다 만세운동에 참여한 한국

---

78) 김진소, 「일제하 한국 천주교회의 선교방침과 민족의식」, 15쪽.
79) 『DEMANGE주교일기』, 1919.3.31.
80) 『DEMANGE주교일기』, 1919.4.3.
81) 『MUTEL주교일기』, 1919.5.29.
82) 『MUTEL주교일기』, 1919.6.4.
83) "사방에서 천주교신자들은 반역자라고 욕합니다. 천주교신자는 한 사람도 만세운동에 가담하지 않았습니다. 그래서 신자들은 일본인들에게서는 아무런 어려움도 없으나 만세 군중들로부터는 항상 어려움이 뒤따르고 있습니다"(〈MUTEL문서〉 1919-14, 서병익 신부가 의주에서 뮈텔 주교에게 보낸 1919년 3월 17일 서한).

인들을 불편하게 생각하였던 한국인 성직자의 태도는 개인의 문제
로 끝나지 않았을 것이다. 그들의 사고방식과 태도는 신자들에게
영향을 미쳤고, 선교사들보다 만세운동에 대해서는 한국인 신자들
의 의식과 행동에 더 많은 영향을 주었다고 여겨진다. 한국인이라
는 공통점으로 한국인 성직자들의 사고방식과 태도가 선교사들보
다 한국인 신자들에게 더 많은 설득력을 지닐 수 있기 때문이다.

　3·1운동에 천주교신자들의 참여가 저조하였던 이상의 이유들
외에 교회 외적인 조건도 요인으로 작용하였다. 그것은 천주교와
개신교, 천주교와 천도교의 불편한 관계였다. 3·1운동은 준비 단
계에 천도교와 개신교가 주도하고, 불교가 이에 합류함으로써 거족
적일 뿐 아니라 범종교적인 독립운동으로 계획되었다. 각기 다른
종교대표가 한민족의 독립이라는 공통 분모 위에서 하나가 될 수
있었던 것은 종교적 민족주의가 강한 대개의 다른 나라에서는 기
대하기 어려운 일이었다.[84] 최린(崔麟)·손병희(孫秉熙)와 이승훈
(李昇薰)을 통해 천도교와 개신교의 연합, 최린과 한용운(韓龍雲)
및 백용성을 통한 불교와의 연합이 이루어졌다. 그러나 천주교와의
연합 노력은 발견되지 않는다. 그 이유는 천주교와 개신교, 천주교
와 천도교의 불편하였던 관계 때문이었다. 개신교가 본격적인 선교
활동을 전개하면서 시작된 천주교와 개신교의 갈등은 시간이 흐르
면서 심화되었고,[85] 동학과 천주교의 불편하였던 관계는 동학이

---

84) 조동걸, 1989,「3·1운동의 이념과 사상」『3·1운동 70주년 기념 학술발
　　표문』, 東亞日報社, 16·17쪽 : 趙東杰, 1989,『韓國民族主義의 成立과 獨
　　立運動史硏究』, 지식산업사, 408쪽에 재수록.

85) 한국 천주교와 개신교의 갈등을 다룬 논문으로는 다음과 같은 것들이 있
　　다. 尹慶老, 1982,「初期 韓國改新教側의 天主教觀-改新教宣教師들의 見
　　解를 中心으로-」『崔奭祐神父華甲紀念 韓國教會史論叢』, 韓國教會史硏
　　究所 : 오경환, 1983,「개항기 천주교와 개신교의 관계」『가톨릭대학신
　　학부 논문집』 9 : 윤경로, 1985,「초기 한국 新舊教 관계의 사적 고찰-
　　'海西教案'과 '문서논쟁'을 중심으로-」『한국성서와 겨레문화』, 기독교문
　　사 : 윤경로, 1992,『한국근대사의 기독교사적 이해』, 역민사에 재수록 :
　　신광철, 1994,「한말 한국 천주교와 개신교의 상호인식-'예수진교ᄉ패'와

천도교로 개칭된 이후에도 개선되지 못하였다.[86] 이와 같이 한국
인 지도자가 없을 뿐 아니라 외국인 주교가 관리하고 그 동안 계속
되었던 불편한 관계 때문에 개신교측에서도, 천도교측에서도 천주
교와의 연합에 관심을 기울이지 않았다. 그리하여 천주교신자들이
개인적으로 3·1운동에 참여한 데에는 처음부터 한계점이 내포되
어 있었다.

제도교회나 신자들 개개인으로나 한국 천주교회는 여러 가지 복
합적인 이유들이 상호 작용함으로써 만세운동에 적극 참여하지 못
하였다. 그러나 일제는 천주교회가 만세운동에 참여하지 않은 것이
일본의 한국 통치를 인정한 때문이라고는 생각하지 않았다. 그들은
천주교 선교사가 미국인 선교사들의 행동을 비웃고,[87] 만세운동에
적극 참여한 개신교와 비교하여 3·1운동을 교세 확장의 기회로
여기고 있다고 분석하였다.[88] 또한 일제는 프랑스인 천주교 선교
사들이 한국인들의 만세운동을 금지한 것은 일불(日佛)간의 국교
때문이라고도 생각하였다.[89] 일제의 한국 지배를 탐탁하게 여기지

'예수텬쥬량교변론'을 중심으로-」『종교다원주의와 종교윤리』, 집문당 :
신광철. 1995. 「개항기 한국천주교와 개신교의 관계-海西教案을 중심으
로-」『종교연구』 11 : 申光澈. 1996. 「초기 한국 가톨릭과 개신교의 상
호 관계 및 이해에 대한 연구」, 서울대학교 철학 박사학위논문.

86) 동학 및 천도교와 천주교와의 관계를 다룬 논문으로는 崔奭祐. 1977. 「西
學에서 본 東學」『教會史研究』 1 : 崔奭祐. 1982. 「죠조 신부의 순직」
『韓國 天主教會의 歷史』, 韓國教會史研究所 : 盧榮澤. 1987. 「일제하 천주
교와 천도교의 사회사상 비교논고」『한국전통문화연구』 3 : 具良根.
1994. 「동학과 西學에 관한 문제 고찰」『한국 근대사에 있어서 동학과
동학농민운동』, 한국정신문화연구원 등이 있다.

87) 「朝鮮騷擾事件狀況」, 1919년 6월,『獨立運動史資料集』 6, 729쪽.

88) "[경상북도]동파 선교사는 日·佛 양국의 국교에 비추어 대체로 신중한
태도를 견지하였으며, 일반 신도에 대해 '우리 신도는 절대로 정치운동
에 참가하면 안된다'고 훈계한 사례가 있다. 그리고 미국 北老(북장로
파)의 根柢가 뒤엎어지려 하는 기회를 틈타 교세의 확장에 노력하고 있
었다"(「朝鮮騷擾事件狀況」, 1919년 6월,『獨立運動史資料集』 6, 712쪽).

89) "[경상북도]동파 선교사는 日·佛 양국의 국교에 비추어 대체로 신중한

않았던 선교사들도 제1차 세계대전 이후 사이온지(西園寺) 후작 (侯爵)이 도불(渡佛)한 후 태도를 바꾸었다고 분석하였다.[90]

한국인들은 3·1운동에 천주교신자들의 태도가 소극적이라고 분개하였다. 그들은 "천주교신자들은 한국인이 아니고 프랑스인인가"라며 책망하였으며,[91] 천주교신자들을 반역자라고 비난하였다.[92] 만세를 부르지 않으면 천주교신자들을 몰살시킬 것이며, 성당도 파괴하겠다는 쪽지를 천주교신자들의 집에 돌리기도 하였다.

"나와 신자들이 아직은 무사합니다. 그러나 4월 1일은 큰 혼란이 예상됩니다. 이 날 서간도의 독립군들이 무기를 가지고 들어온다고 합니다. 사람들이 피난을 갔습니다. 나도 안동으로 피신 갈 채비를 하고 있습니다. 만세 군중들은 늘 '천주교신자들은 반역자들이다. 만일 이번에 만세를 안부르면 몰살시키겠다. 성당도 파괴하겠다'고 하며 또 그러한 쪽지를 써서 밤에 신자 집마다 돌리고 있습니다. 나는 만일 위협적으로 강요하면 만세를 부르라고 신자들에게 말하였습니다. 군중은 두렵지 않으나 나를 거슬러 고소와 소송을 하였던 냉담신자들이 이런 기회에 나를 해치려 하지 않을까 두렵습니다."[93]

비(非)천주교신자들은 천주교신자들이 한국인으로서의 의무를 망각하고 있다고 생각하였을 뿐 아니라 천주교신자들이 한국인으

태도를 견지하였으며, 일반 신도에 대해 '우리 신도는 절대로 정치운동에 참가하면 안된다'고 훈계한 사례가 있다"(「朝鮮騷擾事件狀況」, 1919년 6월, 『獨立運動史資料集』 6, 712쪽).

90) "[충청남도]牙山郡에 불란서 선교사 1명이 있으나 그 태도는 지극히 온건하다. 다만 이전에는 다소 수상한 언동이 있어 시찰을 해 온 바 있으나 이번 대전 이래 특히 西園寺 侯爵이 渡佛한 후로는 그 태도에 변화를 가져온 것 같은 느낌이 있다"(「朝鮮騷擾事件狀況」, 1919년 6월, 『獨立運動史資料集』 6, 703~704쪽).

91) 〈MUTEL문서〉 1920-제물포본당의 연말보고서, 드뇌 신부가 제물포에서 뮈텔 주교에게 보낸 1920년 4월 26일 서한.

92) 〈MUTEL문서〉 1919-14, 서병익 신부가 의주에서 뮈텔 주교에게 보낸 1919년 3월 17일 서한.

93) 〈MUTEL문서〉 1919-15, 서병익 신부가 의주에서 뮈텔 주교에게 보낸 1919년 3월 30일 서한.

로서가 아니라 프랑스인인 것처럼 행동하고 있다고 인식하였다. 프랑스인 주교들의 명령에 순종하여 만세운동에 참여하지 않는 천주교신자들의 행동은 비천주교신자 한국인들의 분노를 자아내기에 충분하였다.

천주교신자들의 3·1운동에 대한 소극적인 태도에 가장 관심을 기울인 것은 개신교신자들이었다. 개신교신자들은 성당에 찾아와 왜 천주교신자들은 만세운동에 함께 하지 않느냐고 책망하고,94) 죽인다고까지 위협하였다.95) 등교를 거부하며 일제에 항거하였던 개신교학교의 학생들은 3·1운동에 소극적인 태도를 보인 천주교 학교인 인천 박문(博文)학교 운동장에 게양된 일장기를 두 번이나 떼어가버림으로써 그 학생들과 천주교신자들을 비난하였다.96)

---

94) 〈MUTEL문서〉 1919-12. 서병익 신부가 의주에서 뮈텔 주교에게 보낸 1919년 3월 9일 서한.

95) "신의주에 독립 소동이 다시 일어나고 있습니다. 어제 저녁 예배당 청년 3명이 성당에 와서 '천주교신자들은 왜 만세를 부르지 않느냐? 한국은 완전히 독립되었다. 우리는 일본 군인들에게 붙잡혀 감옥살이를 하였지만 너희들은 우리들에게 죽어 보아라'고 성당 마당에서 소리를 지르다가 쫓겨 달아났습니다"(〈MUTEL문서〉 1919-39. 서병익 신부가 의주에서 뮈텔 주교에게 보낸 1919년 8월 20일 서한).

96) "박문학교의 학생들로 말하면 그들은 만세운동에 전연 관계하지 않았습니다. 대다수가 어린이들에 불과하긴 하지만 그래도 그들에게 實例가 보여지고, 그리고 권고까지도 없지 않았음을 솔직히 말하지 않을 수 없습니다. 공립학교와 상업학교 학생들은 파괴행위를 자행하여 집기를 부수고, 전화선을 끊고, 교장을 비난하는 불법벽보를 학교에 게시하는 등 이로 인해 수많은 학생들이 투옥되고(그중 2명은 영세자) 수백명의 학생들은 여름의 대부분을 학업에 열중하지 못하였습니다. 개신교신자들은 한창 준비하고 있을 때 경찰에 의해 중단당하였고(그래서 천주교회도 수색할 생각을 갖게 되었다). 또 그들의 학생들도 국가적인 슬픔의 표시를 하는 것이 당연하고 유익하다고 생각된 날에는 학교에 가지 않았습니다. 그러나 '유익하다면 무엇이든 하는' 큰 용기를 가진 애국자들은 몰래 국경일에 박문학교 운동장에 게양된 기를 내려 가져가 버렸습니다 … 이러한 상황은 우리와 우리 학생들에게 상당히 곤란한 일이었고 칭찬도 있었는데(질서의 유지로 당연한 것) 물론 그것은 1920년에는 다른 의도로 해석되었습니다. 질서유지를 위해 대부분의 직원들이 순전히 교

3·1운동에 천주교신자들이 어떠한 생각을 지니고 있었는지는 선교사의 보고서를 통해 알 수 있다. 당시 인천본당에서 활동 중이던 드뇌(Deneux, Eugene, 1873~1947) 신부는 많은 천주교신자들이 3·1운동에 동조하였다고 보고하였다. 그는 3·1운동을 바라보는 천주교신자들의 유형을 셋으로 분류하였다. 첫째 부류는 한국의 독립을 믿고 독립을 이루기 위해 당장에 필요한 일을 해야 한다는 사람들인데, 그렇지만 그들은 영향력이 없고 숫자도 많지 않다고 하였다. 둘째 유형은 사람들이 3·1운동에 참여하는 것을 기뻐하고 천주교의 명예를 위해서는 천주교신자들도 어느 정도는 참여하는 것이 좋으리라 생각하는 사람들로, 믿음이나 열성은 적지만 다수라고 이해하고 있었다. 세 번째 유형은 3·1운동에 참여하는 것을 비난하는 이들이었는데, 그것은 모든 가능성을 체념하였기 때문이라고 하였다.

"1919년 봄 사건의 결과에서 이 지역의 신자들은 이 운동과 관련하여 세 부류로 나뉘어지는 듯 합니다. 우선 수가 적고 영향력이 없는 사람들인데 그들은 베르사이유나 워싱턴이 한국의 독립을 도울 것으로 설득되어 바라던 정체(政體)를 일으켜 세우기 위해 당장에 필요한 일을 해야 한다고 확신하고 있습니다. 다음은 신뢰나 열성은 덜하지만 수는 분명히 가장 많은데 그들은 다른 사람들의 움직임을 기뻐하고, 언젠가 본당 문에 붙여진 '당신들은 모두가 프랑스인이고 한국인이 아닌가? 기다려보자. 우리가 승리하는 날 사람들은 당신들이 회피하였음을 상기시킬 것이다'라는 선전에 대비하는 데 지나지 않는다 할지라도 본당의 명예를 위해 우리 중 몇 명이 이 운동에 참여하는 것이 좋을 것이라고 판단하고 있습니다. 끝으로 여러 가지 동기에서 만세운동을 비난하는 현명한 사람 또 무관심한 사람들인데, 전자는 기정 사실 앞에서 그들에게 맡겨진 어떤 진지한 일을 해야 하는데 그것을 할 수 없다는 그들의 무능력을 확신하는 사람들이고, 후자는 조용히 기다리기로 작정하고 또 우발적으로 발생할 수 있는 모든 가능성을 미리 체념한 사람들입니다. 본

장에 대한 복종에서 본심을 숨겼던 만큼 그들이 거북해 보였습니다"(〈MUTEL문서〉 1920-제물포본당의 연말보고서, 드뇌 신부가 제물포에서 뮈텔 주교에게 보낸 1920년 4월 26일 서한).

인은 이유가 있어 이 운동에 가담한 사람들만 만났고 또 현 정치체제에 진심으로 찬동하는 사람은 한 명도 만나지 못하였음을 고백하지 않을 수 없습니다."[97]

드뇌 신부의 분석은 3·1운동 당시 많은 천주교신자들이 직접 만세시위에는 참여하지 않았으나 3·1운동을 지지하였다는 것을 말해 준다. 이러한 현상은 인천본당뿐 아니라 한국 천주교회의 전반적인 상황이었다고 보아야 할 것이다.

만세운동에 참여하였던 한국인 신자들은 제도교회가 취하였던 행동에 불만스러워 하였다. 1920년 10월 한국 천주교회를 방문하였던 주일교황사절 비온디(Biondi, Fumasoni)[98] 대주교에게 한국인 신자들은 불만을 토로하였다.[99] 3·1운동과 관련한 드망즈 주교의 언행, 프랑스인 신부들의 한국인 신자들에 대한 억압과 멸시, 얀세니즘(Jansenism)[100]적인 사목방침 등에 대한 시정을 요구한 것이었다. 이는 당시 외국인 주교 및 선교사들과 한국인 신자들의 3·1운동에 대한 인식이 달랐다는 것을 말해준다. 천주교신자들도 한국인으로서 만세운동에 함께 해야 한다는 것을 인식하고 있었지만,

---

97) 〈MUTEL문서〉 1920-인천본당 연말보고서, 드뇌 신부가 인천에서 뮈텔 주교에게 보낸 1920년 4월 26일 서한.

98) Joseph L. Van Hecken C.I.C.M., *The Catholic Church in Japan Since 1859*, Tyoko : Herder Agency Enderle Bookstore, 1963, 270쪽.

99) 1920.11.15, 『京鄕雜誌』, 482~483쪽 ; 1920.11.13, 525쪽.

100) 루뱅 대학의 교수였던 얀센이 『아우구스티누스』(1640년)를 저술하면서 나타나기 시작한 신학사상. 내용 중 5개조가 교항 인노첸시오 10세(Innocentius X, 1644~1655 재위)에 의해 1653년 이단설로 선고받았다. 그것은 ① 그리스도가 전 인류를 위해 죽었다는 점, ② 하느님은 모든 義人들에게 계명을 주고 그것을 수행할 충분한 은총을 주었다는 점, ③ 신을 등진 인간은 내적인 은총에 반항할 가능성을 가지고 있다는 점, ④ 善惡에 대한 내적 요청은 필연적인 것이라는 점을 부정하였다(『한국 가톨릭 대사전』, 792쪽). 얀세니즘의 특성은 엄격주의, 경건주의, 정적주의이다(노길명, 『가톨릭과 조선후기 사회변동』, 145쪽). 얀세니즘에 대해 자세한 내용은 구본식, 1990, 「얀세니즘(Jansenism)에 대한 이해」『가톨릭교육연구』 5 및 김학렬, 1992, 「Jansenism」『이성과 신앙』 4 참조.

외국인 교구장과 선교사들의 강압적인 태도와 금지 명령에 큰 영
향을 받았다는 것이다. 주일교황사절은 한국인 신자들을 위로하면
서 프랑스인의 민족성, 한때 파리외방전교회 신학교를 휩쓸었던 얀
세니즘 사상을 지닌 선교사들이 많아서 이런 일이 있을 것이라며
유럽을 방문 중인 드망즈 주교가 귀국하면 상의해서 시정하도록
하겠다고 하였다.[101]

  그러나 한국인 신자들의 요구는 받아들여지지 못한 것 같다. 그
것은 우선 교황사절이지만 그의 처지가 일본에 주재한다는 한계성
때문이었을 것이다. 제1차 세계대전이 종전되고 교황청은 많은 나
라들과 외교관계를 수립하였는데 일본과 교황청의 외교관계는
1919년 9월 체결되었다.[102] 당시 인도주재교황사절이었던 비온디
주교가 1919년 11월 주일교황사절로 임명되었다.[103] 비온디 대주교
에게는 한국보다도 일본이 우선 순위였고, 일본의 한국 지배를 간
섭하기 어려웠다. 그러므로 한국인 신자들의 기대는 헛된 것이었
다. 한국 천주교회는 천주교회의 교계제도상 교황사절에게 호소하
였고, 교황사절을 통하여 천주교회 최고의 통치권자인 교황에게 탄
원하려 하였지만 그것은 실현될 수 없는 것이었다. 교황사절로서
도, 교황으로서도 한국보다는 한국을 식민지배하고 있는 일본과의
우호 관계 유지가 우선 순위였기 때문이다.

---

101) 1978년 9월 김진소와 김구정의 회고 대화, 1985.8, 『교회와 역사』 122,
    9~11쪽 ; 김진소, 「일제하 한국 천주교회의 선교방침과 민족의식」, 28
    쪽. 1997년 5월 25일 김진소 신부는 필자와의 전화 통화에서, 1978년 김
    구정과의 대화 때에 김구정이 친필로 써준 관계 자료를 지니고 있다고
    하였다.
102) 1919.11.30, 『京鄕雜誌』, 527~528쪽.
103) 1920.2.15, 『京鄕雜誌』, 70~71쪽.

Ⅳ. 3·1운동 직후 천주교신자들의 민족운동
-상해 임시정부와 천주교회-

3·1운동은 일제의 잔학한 탄압, 고문, 학살로 많은 희생을 내고 4월 말부터는 점차 약화되었다. 그러나 3·1운동은 한민족의 독립 염원을 모아 임시정부를 수립하는 원동력이 되었다. 1919년 4월 수립된 임시정부는 천주교회와의 연계를 위해 노력하였다. 그것은 우선 천주교회의 국제적인 규모에 주목하였기 때문이었다. 임시정부의 파리위원부가 교황으로부터 한국의 자유와 행복을 기원한다는 위로 서한을 얻어낸 것은[104] 국제적으로 거대한 집단인 천주교회를 인식한 때문이었다. 임시정부가 상해에서 정착한 곳이 프랑스 조계였다는 것도 임정이 천주교회에 주목한 또 하나의 이유였다. 프랑스의 이해와 협조가 있었으므로 상해의 프랑스조계 내에 정착할 수 있었던 임시정부는 프랑스인 선교사들이 관할하고 있는 천주교회에 주목하였다. 그리고 한국 천주교회를 관할하고 있는 선교사들이 프랑스에 본부를 두고 있는 파리외방전교회 회원이고, 파리강화회의에 한국독립청원서를 제출하는 데[105] 동(同) 회원인 빌렘 신부가 도움을 주었다는 점[106]도 인식하였다. 이와 같은 이유로 천

---

104) 국사편찬위원회, 『한국독립운동사자료』 2, 366쪽.
105) 1919년 4월 5일 김규식이 조선청년회 명의로 파리강화회의에 독립청원서와 부속 각서를 제출하였다. 대한민국 임시정부의 대 파리강화회의(Conference de la paix) 관계 외교문서 : 1. 한국대표단 제출 청원서 =Petition presente par la Delegation Coreenne, Paris, avril 1919. 2. 한국대표단 제출 청원서 부속(appendices) 각서 Memoire presente par la Del. Cor. 3. 한국대표단 발행 통신철 (1~22호) 1919 Circulaire de Bureau d'Information Coreen(국사편찬위원회, 『한민족독립운동사 자료』 5, 470~543쪽).

주교회에 주목한 상해 임정의 천주교회와의 연계에는 안정근(安定根)이 중요한 역할을 담당하였다. 안정근은 1919년 7월 1일 조직된 상해 대한적십자회(大韓赤十字會)의 사검(査檢)으로,[107] 그해 11월에는 황해도 신천군(黃海道 信川郡)의 조사원(調査員)으로 임명되어 활동하였다.[108]

상해 임정과 관련되어 언급되는 한국인 천주교 성직자는 윤예원 신부이다. 독립운동과 관련하여 그가 취한 행동은 일제하 한국인 천주교 성직자들과 독립운동과의 관계를 파악할 수 있는 사례이다. 1914년 5월 7일 사제서품을 받은 윤예원은 그해 6월부터 황해도 은율본당에서 성직자로서의 활동을 시작하였다. 그가 독립운동에 관여하게 된 것은 상해 임정의 한국내 활동에 참여하였던 천주교신자의 권유에 의해서였다. 윤예원 신부 역시 3·1운동이 한창일 때는 신자들에게 만세운동에 참여하는 것을 금지하였었다. 그리고 1919년 9월 평양에서 온 2명의 천주교신자들로부터 상해 임정의 활동에 참여하도록 권고받았으나 성직자의 신분이고 또 교회와 정부 사이에 아무런 관계도 없으므로 참여할 수 없다고 그들을 책망하였다.[109]

그후 10월 25일경 샤보(Chabot, 1886~1953) 신부를 환영하기 위해[110] 황해도 매화동본당에 갔다가 평양에서 온 임 비리버라는 청년을 만났다. 임 비리버는 권고서 500여 장을 윤예원 신부에게 주

---

106) "(보니파시오) 원장신부가 은밀한 문제로 나를 방문하였다. 그는 비밀리에 이런 소식을 알았다고 했다. 즉 빌렘 신부가 파리에 있고 또 그의 도움으로 소위 한국 대표단이 그들의 진정서를 고위층에 전달하는데 성공하였다는 것이다"(『MUTEL주교일기』, 1919.4.18).

107) 『獨立運動史資料集』 7, 1180쪽.

108) 위의 책, 1202쪽.

109) 〈MUTEL문서〉 1919-67. 윤예원 신부가 은율에서 뮈텔 주교에게 보낸 1919년 11월 15일 서한.

110) 1913년 12월부터 황해도 매화동본당에서 활동하였던 샤보 신부는 제1차 세계대전으로 징집되었다가 전쟁이 끝나고 1919년 10월 매화동본당으로 돌아왔다.

며 권고서에 이름을 기입하고 상해 임정의 활동에 참여하기를 권
유하였다. 윤예원은 성직자는 만세를 부르면 안된다고 임 비리버를
책망하고, 권고서를 불태워버렸다. 그러자 임 비리버는 적십자운동
에 유능한 사람을 모을 수 있는지 물었다. 이 말을 듣고 윤예원 신
부는 임 비리버의 권유를 받아 들였다. 적십자운동을 자선심에서
사상자를 돌보는 사업으로 생각하였기 때문이었다. 만약의 한일전
쟁에 대비해 전사자들을 구할 수 있도록 신자들을 준비시킬 수 있
을 것이라고 생각하였다.[111] 그러나 당시 적십자운동은 독립운동
자금을 모금하는 것이었다.

　상해 임정은 1919년 10월 15일 「천주교 동포여!」라는 제목의 포
고를 발하였는데(通論 제1호)[112] 윤예원 신부가 받았다는 임정의
권고서는 이 포고문이었던 것 같다. 이 문서들은 11월 4일 평북 의
주본당 서병익 신부에게 평양으로부터 「천주교 동포에게」란 제목
으로 우송된 문서와도 동일한 것 같다.

　　"천주교 동포에게,
　　제군은 대한민족이 아닌가. 천주는 여러분의 선조를 우리 대한반도에 파
견, 이 땅을 세우고 거기에서 자유와 복락을 향유케 하셨다. 제군의 선조도
이 은혜깊은 한국 땅의 우로 중에서 생장하지 않았는가. 그런데 다수의 동포
가 유혈로써 자유를 획득하려고 급급하고 있는 이 때를 당하여 30만에 가까
운 천주교 동포는 왜 가만히 소리없이 있는가. 제군은 자진하여 한족이 아니
기를 바라고 있는가 아니면 천주의 명을 무시하는 저 민족의 노예가 되고자
하는가. 만일 제군이 참으로 천주의 명을 받들고자 한다면 불의의 압박에 시
달리는 자들을 위해 솔선 일어나야 할 것이다. 뿐더러 정의와 자유를 위해
죽는 자는 먼저 신의 도움을 받을 것이다. 다른 민족간에서도 그렇다면 하물
며 우리 동포 민족간에서이랴. 듣건대 주교의 명이 없기 때문에 일어나지 않
는다고. 그러나 주교는 불국인이다. 가령 제군이 불국인이라면 이미 우리의
운동의 필요함을 인정하였을 것이고 또한 주교인 불국인에게 있어서도 그렇

---

111) 〈MUTEL문서〉1919-67, 윤예원 신부가 은율에서 뮈텔 주교에게 보낸
　　 1919년 11월 15일 서한.
112) 1932, 『朝鮮民族運動年鑑』, 1932 : 『獨立運動史資料集』7, 1167쪽.

게 하였을 것이다. 그런데도 하등의 도움도 안주고 침묵을 지키고 있는 것은 다름이 아니라 외국인인 우리 사업에 간여, 누를 사랑하는 본국에 끼칠까 두려워하고 있기 때문이다. 종교의 관점에서 주교는 제군의 두목일지라도 민족의 관점에서 보면 제군은 일인에 의해 학살당한 한민족 남녀의 형제자매가 아닌가. 만일 천주교도 동포 가운데 그런 사람이 없다고 한다면 2천만 한민족은 제군을 일인 이상으로 증오해야 할 원수로 간주할 것이다. 그럴 때 제군 자신은 물론 천주교도 전체에 대해 온갖 원한과 압박의 손이 내릴 것이다. 오호, 30만 천주교 동포여, 아직 늦지 않았으니 일어날지어다. 민족의 자유를 획득하고 자유의 국가를 건설하여 거기서 2천만 동포는 소리를 같이하여 신의 영광을 찬송하게 될 것이다."[113]

천주교신자들도 한민족이고 아직 늦지 않았으니 민족의 자유를 획득하기 위해 2천만 동포와 행동을 같이 해 주기를 호소하는 내용이었다. 신의 뜻을 받든다면 불의의 압박에 시달리는 이들을 위해 천주교신자들이 먼저 일어나야 하고, 정의와 자유를 위해 죽을 수 있어야 한다는 것이었다. 주교의 명이 없어서 할 수 없다고 하는데 주교는 프랑스인으로서 한국인의 일에 간여하면 그 화가 모국인 프랑스에 미칠 것을 염려하여 침묵한다고 하였다. 또한 한국인 신자들은 프랑스인 주교를 종교적 지도자로 인식하지만, 민족적인 면에서는 한국인들에 대해 한민족의 형제자매라는 의식을 해야 한다고 하였다. 이 포고문에 의하면 임정에서는 당시 한국의 천주교신자 수를 30만명으로 파악하고 있었다. 그러나 천주교회 자료인 『교세보고서』에 의하면 1919년 한국의 천주교신자 수는 88,000여명이었다. 약 3.5배 확대되어 신자 수가 거론되었는데 잘못된 자료나 정보 때문이었다고 여겨진다.

임 비리버의 권유를 받아들인 후 윤예원 신부는 임정에 적십자운동 참여자 명단을 보내기 위해 한국인 신부들과 신자들에게 적십자

---

113) 「천주교도에 대한 불온문서-1919년 11월 20일, 高警 제32899호, 地方民政彙報, 평안북도지사 보고」, 姜德相 編, 『現代史資料』 25, 「朝鮮」 1, 3·1운동 1, 583쪽 ; 金正明 編, 『朝鮮獨立運動』 I, 民族主義運動 編, 189~190쪽.

운동의 취지를 설명하고 권고서에 서명할 것을 권유하였다.[114] 경북 문경본당(聞慶本堂)에서 활동 중이던 김문옥(金文玉 : 1873~1941) 신부는 임정에 협력할 것을 권유한 윤예원 신부의 편지를 받았다고 보고하였다. 그리고 그동안 서신왕래가 없었는데 자신에게 그러한 편지를 보낸 것으로 보아 모든 한국인 신부들에게 같은 내용의 편지를 보냈으리라 생각하였다.

"오늘 은율의 윤 신부로부터 편지를 받았습니다. 매화동에서 보냈는데, 거기서 4명이 모여 3일간 즐겁게 지냈으며 샤보 신부도 도착하였다고 합니다. 이상한 것은 저에게는 그동안 소식을 주지 않고 있었기 때문입니다. 윤 신부는 이렇게 말합니다. '상해 임정에 이름을 올렸고 또 신자들도 이름을 올리도록 힘을 다해 그들을 권고하겠다. 이 목적을 위해 평양의 임 비리버라는 사람이 왔는데 믿을만한 사람이다.' 그런데 그렇게 행동할 수 있는 세상이 되었습니까? 10월 29일에 편지를 보냈습니다 … 임 비리버라는 사람은 보지는 못하였습니다. 그러나 편지는 우편으로 왔습니다. 내게 편지를 보냈으므로 매화동에 온 사람들 외에 그의 모든 친구들에게 편지를 보냈을 것으로 생각됩니다. 그러니 한국 교회가 어떻게 되겠습니까?"[115]

대구교구장 드망즈 주교로부터 김문옥 신부의 편지를 전해받은 서울교구장 뮈텔 주교는[116] 즉시 윤예원 신부의 행동에 제재를 가하였고, 윤예원은 자신의 주교인 뮈텔의 제재 명령에 복종하였다.[117]

---

114) 〈MUTEL문서〉 1919-67, 윤예원 신부가 은율에서 뮈텔 주교에게 보낸 1919년 11월 15일 서한.
115) 〈MUTEL문서〉 1919-126, 김문옥 신부가 문경에서 드망즈 주교에게 보낸 1919년 11월 5일 서한.
116) 『DEMANGE주교일기』, 1919.1.8.
117) "주교님 편지 받았습니다. 제 잘못으로 주교님의 마음을 크게 상해드린 것 같습니다. 선교사들만이 아니고 한국인 사제들 중에서도 자기의 사제직을 등한시하고 한국정부에 충실할 만큼 성소를 상실한 사람은 아무도 없을 것입니다 … 신부들이 일본인에게 잡혀 투옥됨으로써 한국 교회가 큰 위험에 처하고 결과적으로 사제직에 큰 모욕을 끼칠 수 있는 그런 일에 한국정부를 위해 충실할 수 없음을 우리 신부들은 잘 알

한편 황해도 장연본당(長淵本堂)에서 활동 중이던 김명제(金命濟 : 1874~1961)[118] 신부는 윤예원 신부가 자신의 관할구역, 즉 장연본당의 관할구역을 돌면서 청년신자들에게 독립사상을 심어주고 독립운동에 적극 협력할 것을 권유하고 있다고 불평하였다.[119] 이러한 보고를 받은 뮈텔 주교가 계속 불신하는 태도를 보이자 윤예원 신부는 거듭 사과하고 정치적 생활을 완전히 청산하였다고 변명하였다.[120] 그리고 뮈텔 주교의 불신이 계속되자 직접 만나 자

고 있습니다 … 주교님의 모든 지시에 순종하겠습니다. 확실히 저는 사제성소를 잃지 않았고 또 루터처럼 고집하지도 않을 것입니다. 저는 한번도 한국 독립을 위해 미사를 지낸 일이 없습니다만 한국 독립을 위해 미사를 드릴 수 있습니까?"(〈MUTEL문서〉 1919-67, 윤예원 신부가 은율에서 뮈텔 주교에게 보낸 1919년 11월 15일 서한).

118) 1873년 충청남도 서산군 소길리(현 忠南 瑞山郡 八峰面 金鶴里)에서 태어났으며, 일찍 부모를 여의고 남의 집 머슴살이를 하던 중 합덕에서 선교하던 퀴를리에 신부에게 발탁되어 용산 예수성심신학교에 입학하였다. 1908년 6월 17일 사제서품을 받고 간도에 파견되어 1년간 선교하고 1909년 6월 경남 문산본당, 1916년 6월 황해도 장연본당을 거쳐 1928년 1월 황해도 감목대리구의 감목대리로 임명되었다. 1936년 5월 사리원본당으로 전임되었고, 태평양전쟁 발발 이튿날인 1941년 12월 9일 사리원 경찰서 유치장에 구금되었다가 약 15일만에 석방되었다. 1942년 1월 盧基南 신임 서울교구장이 교구 행정을 개편하면서 황해도 감목대리구 제도를 폐지하자 황해도 감목대리직에서 자동 해임되었다. 이 인사에 불복하고 서울교구를 떠나 전주교구로 이적, 전주 殿洞본당·익산군 華山본당·石洞본당에서 선교하였다.

119) "윤 신부는 벌써 오래 전부터 한국 독립에 대해 위태롭게 행동을 합니다. 그로 인해 제 본당에서도 젊은이들 사이에 매우 곤란한 문제가 발생합니다 …"(〈MUTEL문서〉 1919-79, 김명제 신부가 장연에서 뮈텔 주교에게 보낸 1919년 12월 29일 서한).

120) "주교님 편지 받았습니다. 모든 훈계에 감사합니다. 용서하십시오. 전번에 주교님께 크게 꾸중과 훈계를 들은 후로는 정치적 생활을 완전히 청산하였고, 한번도 독립에 대해 이야기하지 않았습니다. 그러므로 제가 독립운동과는 아무 관련이 없다는 것을 양심적으로 말할 수 있으니 주교님께서는 완전히 염려 놓으시기 바랍니다. 그럼에도 불구하고 여러 신부들이 저를 거슬러 말하고 또 자기 신자들에게 '윤 신부는 독립운동을 한다더라'고 소문을 퍼뜨리면 그런 소문이 결국 일본인들의 귀에까

신의 행동을 해명하였다.[121] 그런데도 김명제 신부는 계속하여 윤예원 신부의 행동을 불평하였다. 장연본당학교[敬愛學校]의 선생들이 윤예원 신부의 영향을 받아 만세운동을 하려 하며, 자신에게도 만세운동에 참여하기를 강권한다는 것이었다.

　　"나는 요사이 많은 번민 중에 있사오니 우리 학교 선생들이 시국(만세·독립운동)을 위해 학교를 버리고 나가려고 하기 때문입니다. 저들이 그런 행동을 하는 것은 적어도 간접적으로 윤 토마 신부에게서 영향을 받은 것이 분명합니다. 왜냐하면 윤 신부가 저에게 그런 일에 가담하기를 강권하면서 말하기를 '당신도 나와 같이 적극적으로 독립운동에 참여해야 하며, 당신 학교 선생들과 학생들에게도 그런 사상을 주입시켜 주어야 한다. 만일 당신이 적극 행동을 못하겠거든 적어도 다른 사람들의 행동을 제지하지는 말아야 한다'고 말하였습니다. 그후에 윤 신부 지방 신자인 박정걸(朴廷傑)이라는 사람이 제게 와서 시국에 대한 이야기를 하기에 저는 '당신이 신자로서 교회에 누를 끼치는 행동은 삼가야 하겠으니 적어도 내 지방 관할 내에서 절대로 다니지 마시오'라고 충고하였습니다. 그러나 그는 내 말을 받아들이지 않고 저의 지방 공소인 해주까지 가서 많은 신자들을 선동하였으니 그 중에 장 바오로라는 학교 선생도 있었고, 해주 김영석(金永錫)의 동생 김 베난시오도 있었습니다. 저의 지방도 이렇게 되었거늘 하물며 은율 지방이야 어떻게 되었겠습니까? 왜냐하면 윤 신부는 공소마다 돌아다니면서 신자들을 선동할 뿐 아니라 군자금까지 모금하면서 '나는 은율성당을 짓느라고 많은 빚까지 짊어졌지만 40원을 독립운동비로 내놓았으니 신자들도 가급적 돈을 많이 내놓으라'고 하였답니다. 그러니 이제는 그런 일에 가담한다고 만류할 수도 없고 더구나 벌을 줄 수도 없게 되었습니다. 그래서 학교와 신자들 때문에 걱정입니다."[122]

___

지 들어갈 것이고 그렇게 되면 저는 일본경찰의 수색에 의해서가 아니라 신부들과 교우들의 입에서 흘러나온 소문 때문에 붙잡히게 되어 저의 숨은 비밀까지 악화될 것입니다. 이 편지를 받으시고도 저를 못믿으신다면 건강이 회복되는대로 상경, 자세히 말씀드리겠습니다"(〈MUTEL 문서〉 1920−9, 윤예원 신부가 은율에서 뮈텔 주교에게 보낸 1920년 1월 23일 서한).

121) 『MUTEL주교일기』, 1920.2.13.
122) 〈MUTEL문서〉 1920−15, 김명제 신부가 장연에서 뮈텔 주교에게 보낸 1920년 2월 17일 서한.

결국 윤예원 신부는 첫 임지인 은율본당을 크게 발전시킨 공로
에도 불구하고 문책성 인사에 의해 1920년 6월 경기도 하우현본당
(下牛峴本堂)으로 이임되었다. 상해 임정의 독립자금 모금에 협력
한 윤예원 신부의 행동은 당시 한국 천주교회가 표방하였던 정교
분리정책과 괴리되는 것이었다. 따라서 교구장 뮈텔은 그의 행위를
문책하였고, 윤예원 신부는 교구장의 명령에 순명하였다. 윤예원
신부의 행동은 한국인으로서 당연하였다고 할 수 있다. 그러나 프
랑스인이었던 뮈텔 주교는 윤예원 신부의 독립운동을 이해하려 하
지 않았다. 그것은 이미 일제의 식민지가 되어버린 한국에서 선교
권을 보장받기 위해서였다. 경술국치 이전에도 뮈텔은 한국인 신자
들의 민족운동 참여를 탐탁치 않게 생각하였다. 안중근이 이토오
히로부미를 처단한 사건이 공표되자 처음에는 천주교신자가 아니
라고 부정하기에 급급하였다. 그리고 천주교신자로서 당연한 권리
인 성사(聖事) 요청에 조건을 제시하였고, 안중근이 그 조건을 받
아들이지 않자 성사 요청을 거절하였다. 그리고 안중근에게 성사를
주었던 빌렘 신부에게는 교구장의 명령을 어겼다며 성무정지를 명
령하였다. 빌렘 신부는 안중근에게 성사를 주었던 일로 인하여 강
제 귀국하였다.123)

1914년 5월 7일 사제서품을 받았던 윤예원 신부는 빌렘 신부가
겪은 일들을 알고 있었을 것이다. 같은 프랑스인 선교사에게도 자
신의 명을 거역하였다며 성무정지처분을 내린 뮈텔이 한국인 신부
가 명령을 어겼을 경우 취할 태도는 너무나도 명확한 것이었다. 한
국인으로서 독립운동에 관심을 갖고 그 관심을 표명하고자 한다면
그것은 신부로서의 신분을 포기한다는 의미였다. 교구장에게 독립
운동에 관여하지 않겠다고 약속하였지만 이후에도 윤예원 신부는
일제의 감시망 안에 있었다.124)

———————————

123) 윤선자, 「'한일합병' 전후 황해도 천주교회와 빌렘 신부」, 123~129쪽.
124) 1926년 11월 일제는 안성과 이천에서의 독립운동 움직임에 윤예원 신

　윤예원 신부를 제외하고는 독립운동에 적극적으로 참여하였던 한국인 성직자를 찾기 어렵다. 오히려 독립운동을 권유하는 신자를 성당에서 쫓아낸 한국인 성직자를 찾을 수 있다. 우리나라의 북방 관문에 위치하여 일찍부터 신문명을 받아들였던 의주는 상해에 임정이 수립된 이후 임정과 국내와의 연락 요충지가 되었다. 임정은 국내와의 연락을 위하여 1919년 5월 교통부 산하에 교통국을 설치하였는데, 안동(安東) 교통지부 관할로 1919년 9월 의주 교통국이 설치되었다.[125] 게다가 의주는 천주교 서적 및 천주교 선교사들이 의주 관문을 통하여 한국에 입국함으로써 천주교회사에 중요한 위치를 차지하였다. 그러므로 이 지역의 천주교회는 임정의 관심이 될 수밖에 없었다.

　그런데 대한독립군에 가입한 임 세바스티아노가 북간도로부터 와서 의주 지역의 천주교신자들에게 독립운동에 참여할 것을 권하자 의주본당의 서병익 신부는 그를 성당에서 내쫓았다. 당시 의주 지역에는 만세운동에 참여하지 않은 천주교신자들은 몰살시킨다는 소문이 돌아 신자들이 성당에도 잘 나오지 않은 상황이었다.[126] 또한 만세운동에 참여하지 않은 한국인 신부들을 암살하라는 지령이 임정으로부터 내렸다는 소문도 나돌고 있었다.[127] 서병익 신부의

　　부가 관련된 것으로 생각하였다. 그리하여 한 공소에서 성탄 준비를 하고 있던 윤예원 신부를 소환하여 하우현본당의 애경강습소와 독립군들에 관한 심문을 하였다. 무혐의로 풀려나기는 하였지만 그의 편지뿐 아니라 영세대장과 혼인대장까지도 압수하였던 점으로 보아 그의 행동은 독립운동과 연계되어 일제의 감시대상이었다고 여겨진다(『MUTEL주교일기』, 1926.11.17 및 12.14).

125) 이연복, 1981, 「대한민국임시정부의 교통국과 연통제」『韓國史論』 10.

126) "요새 의주에서는 압록강만 얼면 일본인과 만세를 부르지 않은 천주교 신자들을 몰살시킨다는 소문이 나돌고 있어서 신자들이 전전긍긍하며 성당에도 잘 나오지 않습니다. 반박 변론을 하지만 제 말을 듣지 않습니다"(〈MUTEL문서〉 1919-68, 서병익 신부가 의주에서 뮈텔 주교에게 보낸 1919년 11월 24일 서한).

127) "안동현의 믿을만한 신자가 몰래 와서 '만세를 부르지 않은 한국인 신부

거절에 임 세바스티아노는 서병익 신부가 신자들에게 독립사상을 고취시키고 있다고 일본 경찰에 고발하였다.[128] 천주교 신부들이 겉으로는 한국 독립에 아무런 관여도 하지 않는 것 같지만 사실은 라틴어로 서로 연락하며 신자들을 시켜 비밀리에 상해 임정과 연락을 취하고 있다는 것이었다. 또한 그러한 비밀을 감추기 위해 신자들이 독립에 대한 말을 하면 책망·책벌하고 교회에서 내쫓기도 하지만 사실은 은밀하게 독립운동을 하고 있으니 신부들을 철저히 조사해보라는 것이었다.

"나를 고발하였는데 그 내용은 이러합니다. '천주교신부들이 겉으로는 한국 독립에 대해 아무 상관도 안하는 것 같으나 비밀리에 서로 라틴어로 연락하며 신자를 시켜 비밀리에 상해와 연락케 하고 있으니 거기에는 역시 프랑스신부들이 있습니다. 신부들이 그 비밀을 감추기 위해 신자들이 독립에 대해 무슨 말을 하면 책망하고 책벌하고 교회에서 축출하기도 하나 내막으로는 은밀히 독립운동을 하니 신부들을 철저히 조사해보기를 요망합니다.' 이미 4주 전부터 신자들에게 '신자들은 모두 민족반역자로 몰살당할 것이니 이후로는 성당에 가지도 말고 신부의 말도 듣지 마시오' 하고 선동하였고, 겁장이 신자들은 성당에 잘 나오지 않습니다. 나는 주일 강론에서 참된 신앙심을 강조하였습니다. 그랬더니 그 청년이 와서 '신부의 오늘 강론은 신자들의 정

들을 모두 암살하라는 지령을 임정에서 내렸다'고 말하였습니다. 과연 어느날 밤 괴청년 3명이 와서 저를 깨웠습니다. 대답도 안하고 문도 열어주지 않았습니다. 그들은 다시 오겠다며 떠나갔습니다. 소문이라고 모두 믿을 수는 없으나 이 소문들은 끔직합니다"(〈MUTEL문서〉 1920-22, 서병익 신부가 의주에서 뮈텔 주교에게 보낸 1920년 3월 24일 서한).

128) "대한독립단에 가입한 임 세바스티아노라는 청년이 북간도에서 와서 의주 신자들을 선동하므로 신자들에게 속아 넘어가지 말라고 권하고, 그 청년에게는 순한 말로 타일렀으나 효과가 없어 지난 주 최[종철] 신부와 상의, 그 청년을 성당에서 축출하였습니다. 그 청년은 도리어 제게 반감을 품고 독립사상을 신자들에게 고취시키고 있다고 저를 경찰에 고발하였습니다. 그 청년은 금년 3월 6일과 4월 5일에 독립단을 시켜 밤중에 저를 암살하려 하였습니다 … 그를 고발하여 투옥시킬 마음이 있으니 주교님의 의향은 어떠하신지요?"(〈MUTEL문서〉 1920-48, 서병익 신부가 의주에서 뮈텔 주교에게 보낸 1920년 12월 9일 서한).

신을 썩히는 강론입니다. 나는 오늘부터 천주교를 믿지 않겠습니다'라고 하기에 '마음대로 하라' 하고 내쫓았습니다"[129].

1920년 2월 7일에는 임 비리버가 뮈텔 주교를 방문하였다. 임 비리버는 1919년 10월 9일 '상해에 거주하는 조선 대통령' 안(C.H. Ahn)[130]이 쓴 편지를 전달하였는데 뮈텔 주교는 그 편지를 무시하였다. 그러자 임 비리버는 뮈텔 주교가 주교의 권한을 오용하여 독립군들의 독립운동을 방해한다고 비난하였다. 임 비리버는 용산 예수성심신학교의 신학생들과도 접촉하려 하였는데 기낭(Gunind, 1872~1944) 교장신부의 방해로 뜻을 이루지 못하였다.[131]

드망즈 주교에게도 임정으로부터의 접근이 있었다. 1919년 11월 12월 평양의 한이라는 천주교신자로부터 한 통의 편지를 받았는데, 상해에서 1919년 1월 21일 안 치릴로(안정근)가 쓴 것으로 정 비리버를 보낸다는 내용이었다.[132] 그러나 드망즈 주교는 프랑스에서 개최되는 파리외방전교회의 회의에 참석하기 위해 1919년 11월 24일 대구를 떠났다.[133] 따라서 드망즈 주교와 접촉하려던 임정의 계획은 무산되어버렸다.

주교들이 임정의 권유를 무시하고, 독립운동에 관여하였던 한국인 신부도 활동을 중단하였지만 한국인 신자들은 독립운동을 계속

---

129) 〈MUTEL문서〉 1920-49, 서병익 신부가 의주에서 뮈텔 주교에게 보낸 1920년 12월 15일 서한.
130) 1919년 8월 24일 제6회 의정원회의에서 상해 임시정부의 (임시) 대통령으로 李承晩이 선출되었으나 그는 당시 미국에 체류 중이었다. C.H. Ahan은 安昌浩라 여겨지는데 그는 임정의 내무총장이었다(『朝鮮民族運動年鑑』, 1919년 4월 10일 및 9월 11일, 9월 25일 기록). 대통령인 이승만이 상해에 없었으므로 대통령 유고시 대통령대리를 의정원에서 안창호를 선임하였다(김창수·김승일 지음, 1999, 『대한민국 임시의정원 의장, 해석 손정도의 생애와 사상 연구』, 넥서스, 173쪽).
131) 『MUTEL주교일기』, 1920.2.10.
132) 『DEMANGE주교일기』, 1919.11.12.
133) 『DEMANGE주교일기』, 1919.11.12.

하였다. 황해도 장연본당의 신자였던 장규섭(張奎燮)은 1919년 11월 25일 장연에서 조직된 해서국민회(海西國民會)의 서무로[134] 적십자회비 모집운동에 주력하였다. 1920년 7월 임정 지원을 목적으로 의용단(義勇團)을 조직하고 『독립신문』(獨立新聞) 배포, 독립공채 모집 등의 활동을 전개하다 1921년 5월 체포되었다.[135] 이때 체포된 의용단원 90명 중에는 많은 천주교신자들이 포함되어 있었다.[136] 황해도 지역의 의용단은 천주교신자들이 중심이 되어 조직된 것이라 할 수 있다. 장규섭은 5년 3월의 징역을 선고받고 해주형무소에서 수감 중 3년 3월만에 가출옥하였다.[137]

한도영(韓道英)도 임정의 군자금을 모집하다 체포되었는데 황해도 사리원본당 송림공소(松林公所)의 초기 회장이었다.[138] 1920년 10월 16일 황해도 황주군 겸이포(黃州郡 兼二浦)에서 체포되었는데 공소회장이었던 점으로 미루어보아 그의 군자금 모금에는 천주교신자들도 협력하였으리라 짐작된다. 그런데 한도영은 단순히 군자금만 모금한 것이 아니라 상해 임정 독립단 황해도 제3연단 제5소단 제1분단장의 직임을 맡아 무장투쟁에도 참여하였다.[139] 안명근 사건으로 복역하였던 최익형(崔益馨)도 안정근으로부터 임정의 군자금 모금을 의뢰받고 안악의 천주교신자인 나태섭(羅泰燮) 등과 함께 군자금을 모금하던 중 1921년 8월에 체포되어 평양에서 3년을 복역하고 출옥하였다.[140]

1921년에는 평양 출신의 곽연성(郭然盛, 또는 宇明)이 국민대표회의(國民代表會議) 천주교 대표로 임명되었다.[141] 이와 같이 신

134) 『獨立運動史資料集』 7, 1189쪽.
135) 『東亞日報』, 1921.5.14.
136) 『독립운동사』 4, 461쪽.
137) 『朝鮮民族運動年鑑』, 50쪽 ; 『독립운동사』 2, 339쪽 ; 『독립운동사』 4, 461쪽 ; 『獨立運動史資料集』 14, 492·493·503·504·957쪽.
138) 『黃海道天主教會史』, 541쪽.
139) 『每日申報』, 1920.11.4 ; 『日帝侵略下 韓國三十六年史』 5, 688쪽.
140) 『安岳郡誌』, 181쪽 ; 문일민, 『한국독립운동사』, 74·483쪽.

자들이 임정을 위해 활동하고 있었으므로 천주교회도 일제의 감시
대상이 될 수밖에 없었다. 한국인 신부들도 상해 임정과 관련, 몸
수색을 당하곤 하였다.[142]

　3·1운동과 상해 임시정부의 활동에 참여한 한국인 신자들은 정
교분리원칙을 내세우며 독립운동에 참여하는 것을 금지한 제도교
회의 지침을 따르지 않았다. 그들은 신앙인이면서 동시에 한민족이
라는 의식을 지니고 있었다. 따라서 신자들은 대죄의 위협을 받으
면서도, 한국인 성직자들은 성직 박탈의 위협을 감수하면서도 한민
족의 독립운동에 참여하였다. 그러나 그들은 천주교의 교계제도상
고위 성직자의 의견을 무시할 수 없는 조직상의 문제, 성속이원론
의 가르침에 충실하고 외국인 성직자들의 의견을 충실히 따랐던
신자집단의 호응을 불러일으키지 못하였다. 따라서 한국 천주교회
는 독립운동선상에서 멀어지게 되었다.

---

141) 국사편찬위원회, 『한국독립운동사』, 78쪽 : 『韓國獨立運動史資料』 3,
　　 347쪽.
142) "이달 7일 심천 정거장에서 경찰에게 몸 수색을 당하였습니다. 수색은
　　 낮 12부터 저녁 6시까지 계속되었고, 영동 경찰서에까지 끌려가 거기서
　　 그날 석방되었습니다. 검문 이유는 모든 행인과 같은 것이었습니다(아
　　 마 임시정부 때문이었을 것입니다). 성명, 직업, 소지금 등에 대해 심문
　　 받았습니다. 신분보증서는 아무 소용이 없었습니다. 조사는 그 정도였
　　 습니다. 이런 수색은 이미 세 번이나 당하였습니다. 한 번은 작년 가을
　　 공소 때 추풍령에서 당하였고, 심천에서 당하였으며, 이번에 또 심천에
　　 서 당하였습니다. 그밖에 다른 데서도 여러 번 당하였습니다. 그러나
　　 다행히 옥에 갇힌 일은 없습니다. 수색은 아주 심해 바지를 빼놓고는
　　 옷을 다 벗어야 했습니다. 이런 몸수색은 다른 곳의 신부들도 다 당할
　　 것으로 생각됩니다"(〈MUTEL문서〉 1920-27, 이종순 신부가 대전에서
　　 뮈텔 주교에게 보낸 1921년 4월 10일 서한).

제3장

일제의 간도 침략과 간도 천주교회의 한국독립운동

1897년 한국인 천주교신자들로 교회가 설립되면서 간도는 영토상으로는 중국에 속해 있었지만, 교회 영역으로는 한국에 속하게 되었다. 간도 천주교회는 간도에 거주하는 한국인의 열망과 노력으로 시작되었다. 여기에 자연재해로 인한 기근, 일제 식민지 수탈에 의한 기아로 많은 한국인 신자들이 이주하면서 간도 천주교회는 한국인 신자 이주자들과 깊은 관련을 갖게 되었다. 그리고 이러한 이주는 간도 천주교회의 성향을 결정하는데 영향을 끼쳤다.

경술국치 이후 간도에는 많은 독립운동단체가 조직되어 활동하였는데 그 중에는 천주교신자들이 참여한 단체뿐 아니라 신자들을 주요 구성원으로 조직된 무장독립운동단체도 있었다. 한국 내에서는 독립운동에 천주교신자들이 참여한 사례가 드물다. 그런데 간도 지역에서는 천주교신자들도 독립운동에 참여한 사례가 많다. 이에 일제의 식민통치와 간도 천주교회 독립운동을 살펴보고자 한다. 먼저 독립운동의 인적·물적 기반이 되었던 간도 천주교회의 설립을 간도 거주 한국인 및 한국내 천주교회와 관련하여 고찰할 것이다. 이어 간도 천주교회의 교육운동, 대한의민단(大韓義民團)·신민단(新民團)·대한독립단(大韓獨立團) 등에 참여하여 전개한 신자들의 독립운동 양상을 구체적으로 추적하고자 한다.

I. 간도 천주교회의 설립

간도 지역에 한국인 천주교회가 설립된 것은 1897년이었다. 1896

년 5월 16일 간도 호천개[湖泉浦]1)에 거주하던 김영렬(金英烈 : ?~1931)이 함경도 원산본당을 찾아가 베르모렐(Vermorel, Joseph : 1860~1937) 신부로부터 세례를 받았다.2) 김영렬이 천주교에 대해 알게 된 것은 스승 김이기(金以器 : 1858~1895)를 통해서였다.3)

1897년 봄 김영렬의 지도를 받은 최규여(崔規汝)와 유패용(劉覇龍)이 역시 원산에서 베르모렐 신부로부터 세례를 받았다. 두 사람은 김영렬과 친지 관계였다.4) 원산본당으로 이들을 이끌었던 김영렬은 이들이 세례를 받자 다시 호천포로 돌아가 친지 30여 명에게 천주교 교리를 가르쳤다.5) 이들 중 12명이 그해 5월 원산을 방문하여 브레(Bret, Aloysius : 1882~1908) 신부6)로부터 세례를 받았다.7) 그중 9명은 간도로 돌아갔고, 그들을 원산본당으로 안내하였

---

1) 함북 鍾城과 上三峰 사이의 두만강변 서쪽에 위치(韓允勝, 1936.10, 「間島天主敎傳來史 延吉敎區의 嚆導 金以器와 그 弟子」 『가톨릭靑年』 41, 25쪽). 현 중국 吉林省 龍井市에 속한다.

2) 〈MUTEL문서〉 1896-55, 베르모렐 신부가 원산에서 뮈텔 주교에게 보낸 1896년 5월 30일 서한 : 1896-69, 베르모렐 신부가 원산에서 뮈텔 주교에게 보낸 1897년 4월 19일 서한 : C-R-Chosen, 1897.

3) 개화파에 참여하였다가 甲申政變이 실패한 후 간도로 이주한 김이기는 湖泉浦와 알미대[樓鶴臺 또는 학서골]에서 처음에는 東學을, 뒤에는 천주교를 敎授하였다. 그리고 1895년 3월 25일 東學徒라는 죄목으로 체포되어 회령 감옥에서 사형당하였다(韓允承, 「間島天主敎傳來史 延吉敎區의 嚆導 金以器와 그 弟子」, 24~28쪽).

4) 〈MUTEL문서〉 1897-69, 베르모렐 신부가 원산에서 뮈텔 주교에게 보낸 1897년 4월 19일 서한 : 韓興烈, 1936.10, 「延吉敎區 天主敎會略史」 『가톨릭靑年』 41, 4쪽. 최규여의 한자 표기가 '崔奎汝'라고 기록되어 있는 자료도 있다(1936.10, '北間島最初敎友諸氏芳名生死別', 『가톨릭靑年』 41, 29쪽).

5) 〈MUTEL문서〉 1896-69, 베르모렐 신부가 원산에서 뮈텔 주교에게 보낸 1897년 4월 19일 서한.

6) 브레 신부는 1896년 1월 원산본당에서 용산 예수성심신학교로 전임되었고, 그후 베르모렐 신부가 활동하였다. 1897년 5월 8일 베르모렐 신부가 전라도 강경 지방으로 인사이동되었고, 브레 신부가 다시 원산 지역의 책임지로 부임한 것이었다(『MUTEL주교일기』, 1897.5.8 참조).

7) '北關 12종도'라 불리운 이들의 명단은 다음과 같다. 朴連三·金眞五·金

던 김영렬을 비롯한 4명은 원산에 머물렀다.[8] 그러나 곧 간도로 돌아가 간도 지역에 천주교를 전파하는데 주력하였다.

이렇게 시작된 간도 천주교회는 1897년 9월 110여 명의 예비자 수를 기록하였다.[9] 간도에 천주교회가 설립되자 당시 원산에서 활동 중이던 브레 신부는 만주교구(滿洲敎區)의 귀용(Guillon) 주교 로부터 "만주교구의 신부가 파견되는 날까지만 조선교구의 신부들 이 사목한다"는 조건으로 승낙을 받아 간도 천주교회를 관할하였 다.[10] 그리고 1898년 5월 만주교구가 남만교구(南滿敎區)와 북만 교구(北滿敎區)로 분할되자[11] 간도 지방이 속한 북만교구의 랄루 이에(Lalouyer) 주교에게서도 같은 내용의 요청을 받아 간도 지역 의 한국인 신자들을 계속 사목하였다.[12] 영토적인 면에서 간도 지 역은 중국에 속하므로 교회 행정상으로 만주교구 관할이었다. 그런 데 이러한 양해가 이루어질 수 있었던 것은 간도의 신자들이 한국 인이기 때문이었다. 또한 만주 지역을 관할하였던 선교회 역시 조 선교구를 관할하고 있던 선교회와 동일한 파리외방전교회였으므로 이러한 조치가 가능하였다고 여겨진다.

1902년 대한제국은 간도에 시찰원(視察員)을 파견하는 등 간도

仲烈·李挑先·崔益世·趙汝天·崔文化·池有鉉·韓在興·金成俊·金秀 烈·金昌燮(韓興烈, 「延吉敎區 天主敎會略史」, 4~5쪽).

8) 〈MUTEL문서〉 1897-69, 브레 신부가 원산에서 뮈텔 주교에게 보낸 1897 년 6월 10일 서한 ; 백 브레트(임충신 옮김), 1970, 『원산에서 북간도까 지』, 한국천주교중앙협의회, 9쪽. 그런데 한흥렬의 글을 살펴보면 당시 영세자는 12명 이상이었던 것 같다. 즉 그날 영세자 중 남자의 수가 12 명이었다고 하였다. 그러므로 여자와 아이들도 있었으리라 생각된다(韓 興烈, 위의 글, 4쪽).

9) 〈MUTEL문서〉 1897-132, 브레 신부가 원산에서 뮈텔 주교에게 보낸 1897년 9월 9일 서한.

10) 위 서한 및 C-R-Chosen, 1898.

11) C-R-Chosen, 1901 ; 田口芳五郎, 1935, 『滿洲帝國のカトリック敎』, 東京 : カトリック中央出版部, 61~62쪽.

12) 〈MUTEL문서〉 1900-25, 브레 신부가 원산에서 뮈텔 주교에게 보낸 1900 년 3월 27일 서한.

의 영유권에 본격적인 관심을 표명하였다. 이에 간도 천주교회를
사목하고 있던 브레 신부는 간도 천주교회에 대한 관할권을 획득
하고자 조선교구장 뮈텔 주교에게 북만교구로부터 간도 교회를 다
스리는 권한, 즉 재치권(裁治權)13)을 얻어내도록 건의하였다. 그
결과 '북만교구의 선교사가 파견될 때까지'라는 제한 조건으로 조
선교구의 선교사가 파견되어 간도 지역에 재치권을 행사할 수 있
게 되었다.14) 1907년 9월 3일, 뮈텔 주교는 "최소한 1년간은 가 있
으라"며 브레 신부의 간도 파견을 명령하였다.15) 그해 11월, 브레
신부는 함경도 원산에서 간도 용정(龍井)으로 거처를 옮겼다. 이듬
해 간도의 재치권 문제는 조선교구에 유리하게 전개되었다.16) 북

---

13) 재치권은 직무에 주어지는 상례적 재치권과, 직무와 관계없이 개인이나
  법인에게 주어지는 受任 재치권으로 나누어진다. 전자는 그 직무를 맡은
  자가 당연히 가지는 권한이며, 후자는 법률이나 교회 長上[책임자]의 의
  사표시에 의하여 주어지는 권한이다. 재치권자는 자기 구역에 상주하는
  자에게 뿐 아니라 그 구역 안에 여행, 기타의 이유로 잠시 들어온 자에
  게도 행사할 수 있으며, 재치권에 복종하는 자가 다른 구역에 가 있어도
  그 자에게 행사할 수 있다(1985, 『한국가톨릭대사전』, 한국교회사연구소,
  1009쪽). 그러므로 브레 신부는 간도 지역을 방문할 때면 자신의 장상인
  조선교구장 뮈텔 주교로부터 재치권을 받아야 했고, 아울러 간도 지역의
  재치권자인 북만교구장의 재치권도 받아야 했다.
14) "[연기강의 당신들 신자촌을 위해] 본인은 한국의 선교사들에게도 같은
  권한을 부여할 것이고, 그들의 주교에게 그 선교사들을 완전히 다스리
  고, 또 그들을 언제나 방문할 수 있도록 할 것이므로 그들이 정착하는데
  재치권이 문제가 될 수 없다 … 뮈텔 주교로 하여금 적어도 2명의 선교
  사를 파견함으로써 그들의 불쌍한 신자들을 돕게 하기를 바란다. 당신
  즉 브레 신부가 그곳에 파견되었으면 한다. 지방당국자들로부터 핍박을
  받게 될지도 모를 당신 신자들의 권리를 보호하기 위해 당신이 본인의
  도움을 필요로 할 때 도움을 드릴 것이니 안심하라"(〈MUTEL문서〉
  1903-42, 랄루이에 주교가 길림에서 브레 신부에게 보낸 1903년 4월 26
  일 서한).
15) "할 수 있다면 최소한 1년간 간도로 가시오. 내년에는 동료 한 사람을
  보내드릴 것입니다 …"(〈MUTEL문서〉 1907-? , 뮈텔 주교가 서울에서
  브레 신부에게 보낸 1907년 9월 3일 서한).
16) 〈MUTEL문서〉 1908-43, 브레 신부가 원산에서 뮈텔 주교에게 보낸 1908

만교구의 랄루이에 주교도 북만교구의 신부를 간도에 파견하여 상
황을 파악함으로써 간도 지역에 한국 천주교회의 성직자가 필요함
을 인정한 것이다.[17] 그리하여 간도 지역의 재치권 문제는 한국 천
주교회에서 원하는 대로 진행되었다.[18]

1909년 5월 1일, 조선교구에서 2명의 선교사가 간도에 파견되었
다.[19] 라리보 신부는 삼원봉(三元峰)에 본당을 설립하고 연길(延
吉)과 훈춘(琿春) 등 동쪽 지역을 맡았다. 퀴를리에(Curlier, 1889~
1935) 신부는 용정에 본당을 설립하고 화룡(和龍)과 연길 등 서쪽
지역을 담당하였다.[20] 당시 간도 지역의 천주교신자 수는 2,362명이
었다.[21]

이와 같이 간도 천주교회는 한국 천주교회의 도움을 받아 신자
공동체를 형성하고, 본당을 설립하고, 신자 수를 확대해 나갔다. 그
런데 간도 천주교회의 신자들은 간도 지역에서 세례를 받은 이들
도 많았지만, 한국에서 이주한 신자들도 적지 않았다. 간도 천주교
회는 간도에서 세례를 받은 신자들과 한국에서 이주한 신자들로
구성된 것이다.

한국인 천주교신자들의 간도 이주는 간도 천주교회의 설립과 거
의 같이 시작되었다. 천주교신자들도 가난 때문에 고통당하였고,
간도에서는 싼 값으로 비옥한 땅을 매입할 수 있었기 때문이다.[22]

년 6월 14일 서한.

17) 〈MUTEL문서〉 1907-103, 브레 신부가 원산에서 뮈텔 주교에게 보낸
1907년 8월 29일 서한.

18) 〈MUTEL문서〉 1908-56, 브레 신부가 원산에서 두세(Doucet) 부주교에
게 보낸 1908년 8월 30일 서한. 당시 뮈텔 주교는 천주교신자교사 양성
을 목적으로 사범학교를 설립, 운영할 수도회를 물색하기 위해 유럽을
순방 중이었다.

19) 브레 신부는 질병에 걸려 1908년 초 원산으로 되돌아갔고, 그해 10월 24
일 사망하였다.

20) 『MUTEL주교일기』, 1909.5.1.

21) C-R-Chosen, 1909.

22) "… 국경지대의 한국 쪽에서의 생활은 매우 힘듭니다. 반면 강 건너 중

함경도 등 간도와 인접한 지역에 거주하고 있던 이들이 국경을 넘었던 것과 마찬가지로 천주교신자들도 간도와 가까운 거리에 있었던 원산본당의 신자들 중에 간도로 향하는 발걸음이 많았다.[23] 그런데 간도로 이주한 신자들의 신앙 생활은 한국에 있을 때와 큰 변화가 없었다. 간도로 거처를 옮겼지만, 여전히 원산본당을 관할하는 조선교구의 성직자가 간도 천주교회의 신자들을 돌보았기 때문이다.

　신자들의 간도 이주가 계속되었지만, 한국 천주교회의 선교사들이 이러한 현상을 우려하기 시작한 것은 경술국치 이후부터였다. 이때부터 한국 천주교회의 신자 수 증가율을 정체시킬 만큼 많은 숫자가 이민대열에 합류하였기 때문이다. 1910년 대한제국은 일제에 강제 병합되었다. 한국인들은 많은 변화를 겪어야 하였고, 이러한 변화는 천주교회에도 많은 영향을 끼쳤다. 신자들은 갈피를 잡지 못하였고, 교회 당국은 기대한 만큼의 신자 수 증가를 기록할 수 없었다. 점점 심해지는 경제적인 곤란은 이러한 현상을 부채질하였다. 경술국치 이후 경제적 빈곤은 식민지적 수탈에 기인하는 바가 컸다.[24] 따라서 경술국치 이후 경제적 빈곤에 의한 간도 이주

국 쪽에서는 아주 쉽습니다. 싼 값으로 구입할 수 있는 매우 비옥한 땅은 한국에 남아 있으라는 단호한 명령이 없는 한(그런 명령은 그들에게 내릴 수 없다고 생각합니다) 누구도 그 유혹을 물리치기는 어렵습니다. 우리 포교지의 관점에서는 신입 교우들이 여러 가지 이유에서 우리의 관할 지역에 남아 있는 것이 바람직스러운 일일 것입니다. 그러나 만주로 이주하겠다고 고집하면 할 수 없지 않습니까? 주교님께서 지도를 보시면 얼마 전에 없어진 호천포공소가 더 내륙 쪽에 있는 다른 두 공소와 합치될 수 있었음을 확인하실 수 있으실 것입니다. 이런 추세는 증가 일로에 있으며 그들 가운데 어느 누구도 두만강 쪽으로 돌아와 살려는 사람은 없을 것입니다 …"(〈MUTEL문서〉 1899-226, 브레 신부가 원산에서 뮈텔 주교에게 보낸 1899년 9월 13일 서한).

23) 〈MUTEL문서〉 1899-원산본당 연말보고서, 브레 신부가 원산에서 뮈텔 주교에게 보낸 1899년 10월 4일 서한.

24) 高承濟, 1968, 「間島移民史의 社會經濟的分析」『白山學報』 5, 229쪽.

도 궁극적으로는 식민지적 수탈을 피하기 위해서였다고 해야 할
것이다. 토지조사사업으로 일본인 거대지주들의 한국 농지점유율
이 증가하였고, 소생산자인 한국인 자작농들은 몰락하였다.[25] 그리
고 소작농 호수가 급증함으로써 소작농이 소작지(小作地)로부터
이탈하는 결과가 초래되었다.[26] 이와 같이 몰락한 농민들이 간도
로 이주하였다.[27]

경술국치 이후 한국인의 간도 이주는 일제 식민통치와 깊은 관
련이 있었다. 강제 병합이 이루어진 1910년, 토지조사가 완료된
1918년,[28] 그리고 3·1운동이 일어난 1919년과 그 이듬해가 최고를
기록하였다. 천주교신자들의 이민 행렬도 이러한 시기에 고조되었
음을 선교사들의 서한을 통해 알 수 있다. 신자들의 간도 이민으로
영향을 받은 대표적인 지역은 원산과 내평, 그리고 안변이었다.[29]

일제의 식민통치법 중 천주교신자들의 간도 이주에 영향을 미친
것은 삼림 관계 법령이었다. 일제는 통감부를 설치한 후 「압록강·
두만강 삼림경영에 관한 한일합동약관」(1906)을 강요하고 삼림 약
탈을 시작하였으며, 「삼림법」(1908, 법률 제11호)을 제정하여 식민
지 삼림정책을 추진하였다. 그리고 삼림법 제19조의 '지적신고'(地

---

25) 이형찬, 1988, 「1920-1930년대 한국인의 만주이민 연구」『일제하 한국의
    사회계급과 사회변동』, 문학과 지성사.
26) 1910년 19.7%였던 자작농은 1930년 17.6%로 감소하였고, 자작겸 소작농
    은 39.3%에서 31%로 감소하였는데, 소작농은 37.6%에서 46.5%로 증가
    하였다(全錫淡·李基洙·金漢周, 1947, 『日帝下의 朝鮮社會經濟史』, 朝鮮
    金融組合聯合會, 99~100쪽).
27) 박창욱, 1993, 「조선족 중국이민사 연구」『間島史新論』, 도서출판 우리들
    의 편지사, 274쪽.
28) 1910년 명목상 2,399,842정보이던 토지는 토지조사가 마무리된 후
    4,377,104정보로 증가하였다. 그러나 이것은 동일 면적, 동일 수확에서
    세금만 늘어난 것이었다(愼鏞廈, 1982, 『朝鮮土地調査事業 硏究』, 지식산
    업사, 99쪽).
29) 尹善子, 1996, 「間島 天主教會 設立과 朝鮮人 天主教信者들의 間島 移住」
    『全南史學』 10, 83~84쪽.

籍申告)를 확정하기 위한 '임적조사사업'(林籍調査事業)을 1910년 3월에 실시한 후 이것을 전제로 삼림령을 공포하였다.

1911년 6월 20일 공포된 삼림령과 1912년 5월에 공포된 「국유삼림산야보호규칙」은 천주교신자들의 생계에 큰 타격을 주었다.[30] 당시 산간 지역에 살고 있던 신자들은 화전 개간과 연초 재배, 그리고 옹기업을 주요 경제수단으로 하고 있었다. 신자들의 화전 개간은 박해를 피해 깊은 산골로 피난한데서 비롯하였다.

오랜 동안 계속된 박해로 당시 신자들은 한 곳에서 안정된 생활을 할 수 없었다. 그리하여 강원도나 경상도, 충청도의 산악 지대로 피해 신자마을을 형성하면서 화전을 개간하였다.[31] 논농사를 할 수 없는 상황에서 화전에서는 주로 담배를 재배하였다. 그런데 삼림령은 "조선총독은 국토의 보안이 필요하다고 인정될 때에는 삼림을 보안림(保安林)으로 편입시킬 수 있다"(제1조)라고 하여 일반 임야의 소유권을 일방적으로 제한하였다. 그리고 "국유삼림의 매각 등 그 산물의 매물(賣物)에 관한 방법은 조선총독이 이를 정한다"(제14조)라고 하여 국유삼림자원의 처분을 총독의 재량으로 하였다. 또한 「삼림특별형벌규정」을 정하여 "보안림에 있어서는 허가를 받지 못하면 낙엽, 잔디, 토석(土石), 나무뿌리, 풀뿌리의 채취 등을 금지하고"(제2조), 이를 위반한 때는 "200원 이하의 벌금에 처한다"(제22조 1호), "삼림에서 불을 냈거나 함부로 모닥불을 피운 자"(제22조 4호)도 마찬가지로 처벌한다고 규정하였다.

일제의 식민지 삼림정책이 강화되는 상황 속에서 화전민(非천주교인)까지 격증하였다. 토지조사사업에 의한 토지 약탈로 경작자인 많은 농민이 영세소작농으로 전락하였고, 생활이 곤란해진 농민들이 화전민이 되었기 때문이다. 1916년 245,626명이었던 화전민 수는

---

30) 鈴木敬夫, 1988, 「法을 通한 朝鮮植民地 支配-植民地統治法에 의한 民族敎育과 獨立思想의 彈壓-」, 高麗大學校 박사학위논문, 118~119쪽.

31) 金玉姬, 1983, 「崔良業 神父와 敎友村」, 學文社 : 金玉姬, 1984, 『迫害時代의 敎友村』, 한국가톨릭문화연구소 참고.

10여 년만인 1927년 697,088명으로 증가하였다.[32] 화전의 수확은 감소하였고, 화전 경작과 깊은 관련이 있는 담배값은 하락하였다. 게다가 화전민에게 세금을 부과하는 「화전지과세」(火田地課稅, 1912년 12월 19일, 통첩 제162호)가 실시됨으로써[33] 화전과 담배농사를 하던 천주교신자들은 새로운 생계를 찾아야 하였다. 공주 지역에서 활동 중이던 루블레(Rouvelet, 1876~1928) 신부는 화전과 담배농사에 대한 각종 제약으로 많은 한국인들이 간도로 향한다고 하였다.[34]

옹기업을 하던 신자들도 삼림령으로 타격을 입었다. 박해 시대에 산간벽지로 숨어들었던 신자들은 화전 개간과 함께 많은 자본을 필요로 하지 않는 옹기업을 중요한 생활 수단으로 삼았다.[35] 그리고 박해 시대가 지났지만 여전히 그 때의 삶의 모습을 계속하였다. 옹기업은 장작이 없이는 불가능하다. 따라서 벌목을 금지한다는 법령은 옹기업자들에게 타격이 아닐 수 없었다. 산에서의 벌목뿐 아니라 사유림에서의 벌목과 매매도 금지하였기 때문이다. 이제 그들이 바라볼 수 있는 곳은 그러한 규제가 없는 곳, 국경 밖이었다.

그런데 천주교신자들의 간도 이주 상황을 살펴보면 흥미로운 사

---

32) 千敬化, 1994, 『한국인 민족교육운동사연구─일제하 만주·노령·중국본토·미주지역을 중심으로─』, 白山出版社, 30쪽.

33) 姜萬吉, 1981, 「日帝時代의 火田民生活」, 上·下, 『東方學志』 27·28 ; 文正昌, 『軍國日本 朝鮮强占 三十六年史』 上, 123~124쪽.

34) "화전의 수확 감소, 담배 값의 하락, 돈이나 부역으로 지불해야 하는 온갖 세금, 화전민과 지주들과의 어려움, 몇 푼의 돈도 빌릴 수 없는 상태 등이 한국인들로 하여금 생계를 찾기 위해 환경을 바꾸고 다른 곳으로 이주하게 하는 이유들입니다. 서간도가 그들에게 매력적이고 그래서 그들은 이 일을 하려 합니다"(〈MUTEL문서〉 1913-공주본당 연말보고서, 루블레 신부가 공주에서 뮈텔 주교에게 보낸 1913년 4월 10일 서한).

35) 프랑스 선교사들은 신자들에게 옹기 기술의 습득을 권장하고 그 기술을 가르쳤다. 옹기 제조에 사용되는 유약인 光明丹(Pb鉛丹)은 선교사들이 신자들에 대한 기술 지도의 한 방법으로 프랑스에서 들여온 것으로 추측되고 있다(金英文, 1980.9, 「옹기문양에 끼진 천주교의 영향」 『교회와 역사』 61, 3쪽).

실을 발견할 수 있다. 천주교신자로 간도에 이주한 이들의 출생지
는 강원도, 황해도, 함경남도, 충청도였다. 그런데 당시 간도 이주
한국인들의 출신도별을 분석한 자료에 의하면 북간도 이주자는 함
경남도 → 강원도 → 함경북도 → 황해도 → 강원도 순이었고, 서
간도 이주자는 평안남도 → 경상북도 → 함경남도 → 평안북도 →
강원도 순이었다.36) 경술국치 이후 서간도나 북간도 이주자 중에
는 함경남도 출신이 가장 많았다. 그런데 천주교신자들은 경술국치
이후 함경남도보다도 강원도에서 더 많은 이들이 간도로 향하였다.
이주신자에 대한 통계가 없으므로 함경남도와 강원도 출신 이주신
자들에 대한 정확한 비교는 할 수 없지만, 각각의 지역을 담당하고
있었던 선교사들의 보고서에 의하면 강원도에서 간도 이주가 가장
많았다. 이처럼 일반적으로는 함경남도 출신자들이 가장 많이 이주
한 것으로 나타난데 반하여 천주교신자들은 강원도 지역에서 이주
자들이 많은 것으로 나타나는 것은 삼림과 관련하여 생계를 유지
하였던 신자들이 많았기 때문이다.

간도에 이주한 한국인 중 천주교신자의 비율은 높지 않다. 그러
나 당시 한국 천주교회의 신자비율과 비교해보면 많은 차이가 난
다. 다음의 〈표 3-1〉에 의하면 간도 거주 한국인에 대한 한국인 신
자의 비율은 1910년에 2.49%, 1912년에 1.85%, 1916년에 2.90%,
1921년에 2.50%, 1928년에 3.15%로 평균 2.58%였다. 그런데 같은
시기 한국내 천주교회의 신자비율은 1910년에 0.55%, 1912년과
1916년 및 1921년에는 0.53%였다. 간도 천주교회의 주민에 대한 신

---

36) 1910년 9월부터 1932년까지 재만 한인의 숫자를 출신도별로 분류한 日本
外務省 亞細亞局 編. 1933. 『在滿朝鮮人槪況』에 의한 통계이다.

지역	경기	충북	충남	전북	전남	경북	경남	황해	평북	평남	강원	함북	함남	계
북간도	8,546	2,136	760	161	1,886	5,716	1,217	10,120	9,405	4,087	18,566	14,578	100,966	178,144
서간도	765	716	352	62	126	4,164	4,179	2,416	7,573	41,944	5,848	5,124	17,776	131,045

천경화. 『한국인 민족교육운동사 연구-일제하·만주·노령·중국본토·
미주지역을 중심으로-』. 25쪽의 주 20)에서 재인용.

자비율은 한국 천주교회의 그것에 비해 5배에 가까운 것이다. 그 원인은 매년 많은 영세자를 배출하였기 때문이다.[37] 그리고 매년 300여 명의 영세자를 탄생시킬 수 있었던 것은 탄탄한 경제기반에서 그 이유를 찾아야 하리라 생각한다. 또한 당해년 영세자 수를 합한 것보다 더 많은 신자 수가 계산되는 것은 이주자들에게서 그 이유를 찾아야 할 것 같다.

〈표 3-1〉 간도와 한국내 천주교회의 신자 수 및 신자비율(1910~1928)

연　　도		1910	1912	1916	1921	1928
간도	한국인 총수(명)	109,500	163,000	203,426	395,858	382,405
	천주교신자(명)	2,723	3,768	5,891	8,087	12,257
	천주교신자 비율(%)	2.49	1.85	2.90	2.50	3.21
한국	한국인 총수(명)	13,303,017	14,827,101	16,309,179	17,059,358	19,189,699
	천주교신자(명)	73,517	78,850	86,405	90,433	104,941
	천주교신자 비율(%)	0.55	0.53	0.53	0.53	0.55

출전 : 간도 거주 한국인 수는 日本外務省 亞細亞局 編, 1993,『在滿朝鮮人槪況』, 87~89쪽에서, 간도의 천주교신자 수는 尹善子,「間島 天主敎會 設立과 朝鮮人 天主敎信者들의 間島 移住」, 91쪽의 〈표 3-1〉에서, 한국의 인구 수는 『朝鮮總督府統計年報』 1910~1928에서, 한국 천주교회의 신자 수는 C-R-Chosen, 1910 ; C-R-Seoul, 1912・1916・1921・1928 ; C-R-TaiKou, 1912・1916・1921・1928 ; 1927,『경향잡지』, 425쪽에 의한 것이다.

비고 : 1928년 한국 천주교회의 신자 수는 서울교구, 대구교구, 평양교구, 원산교구의 신자 수를 합한 것인데, 원산교구의 1928년 통계가 없으므로 1927년의 신자 수로 계산하였다.

한편 간도 지역에서는 개신교회보다 천주교회의 교세가 우세하였다. 1915년 간도지방을 조사한 일제자료에 의하면 천주교는 268호, 1,340명의 신자 수로 기록되어 있다. 천주교회의 통계자료인 『교세보고서』와 비교해 볼 때 많은 차이가 나는데 그것은 공소가

---

37) 간도 천주교회의 영세자 현황에 대해서는 尹善子,「間島 天主敎會 設立과 朝鮮人 天主敎信者들의 間島 移住」, 81・91쪽 참조.

포함되지 않았기 때문이라 여겨진다. 총독부가 주시한 것은 간도의 중심지에 살고 있는 이들이었다. 당시 장로교는 429호 2,145명, 대종교(大倧敎)는 165호 825명, 천도교는 108호 540명로 조사되었다.[38] 1914년의 숫자로 비교하더라도 간도 천주교회의 신자 수는 장로교의 2.5배 이상이었다. 뿐만 아니라 천주교신자 수는 세례 신자 수이고, 장로교신자 수는 세례 신자 수를 포함한 전체 신자 수이므로 세례신자만으로 계산한다면 더욱 차이가 벌어질 것이다. 1928년에도 이러한 상황은 계속되었다. 천주교신자는 12,257명으로 같은 지역에서 선교하는 장로교[동만노회]의 전체 신자 수 6,094명[39]과 비교할 때 두 배에 가까운 수치였다. 세례 신자 수로 비교한다면 그 차이는 5배 이상으로 벌어진다. 이와 같이 간도 천주교회는 간도 지역의 개신교와 비교할 때에도 한국 천주교회의 상황과는 달리 신자 수에 있어서 우위를 점하고 있었다.[40]

한국 천주교회의 선교사들은 신자들의 간도 이주에 부정적이었다. 그들은 경제적인 빈곤과 정치적인 압박 때문에 국내에서의 삶이 어려워 국경을 넘는 한국인들을 이해하려 하지 않았다. 주권을 잃은 나라의 국민으로 일제의 압박을 피해, 그리고 생계를 찾아 고국을 떠나는 한국인들의 행동을 경솔하다고 비난하였다. 간도 이주는 무모하고 허황된 것이며, 대부분은 가지고 있던 것마저도 모두 잃고 다시 돌아오게 된다고 말하였다. 선교사들은 한국인들의 이주가 일본의 압제로부터 도피하려는 마음 때문이기도 하지만, 그보다는 '유랑하는 정신상태'에 대부분의 원인이 있다고 분석하였다. 자기 고장에서 어려움을 만나면 용기를 잃고 다른 곳으로 돈벌이를 떠난다고도 하였다.[41] 그들은 한국인 신자들의 이주를 반대하고,

---

38) 朝鮮總督府, 1915.4, 「國境地方視察復命書」; 1970, 『白山學報』 9.
39) 1928, 「죠선예수교장로회 총회 회록」.
40) 한국 천주교회는 장로교의 전체 신자 수를 기준으로 비교할 때, 이미 1907년에 열세를 보였다.
41) C-R-Seoul. 1912·1913·1914·1938 ; C-R-TaiKou. 1919.

정착에 실패하고 귀환한 이들의 경험담을 예로 들며 간도 이주를 만류하였다.[42]

한국 천주교회의 선교사들이 한국인 신자들의 간도 이주에 부정적이었던 것은 그들이 소속된 파리외방전교회의 창립 정신[43]과도 관련이 있었다. 파리외방전교회는 한국인들의 정신적인 면에만 관심을 두었을 뿐, 경제적인 난관을 타개하기 위한 방안을 모색한다거나 당시 한국이 처한 정치적인 상황에는 그다지 관심을 두지 않았다. 그것은 그들이 프랑스혁명 동안 국가로부터 받은 경제적인 타격에 연유한 바가 적지 않았을 것이다. 그들은 물질적인 부가 정신적인 빈곤을 초래한다고 여겼다.[44]

그런데 파리외방전교회 선교사들이 신자들의 간도 이주에 부정적이었던 보다 근원적인 이유는 다른 데서 찾아야 할 것 같다. 조선교구장 뮈텔 주교는 간도 지역을 한국 천주교회로 생각하지 않았다. 북만교구로부터 재치권을 위임받았다고는 하지만 그곳은 자기의 선교 관할지역이 아니었기 때문이다.

선교사들은 신자들의 간도 이주로 한국 천주교회의 신자 수가 감소하여 본당을 폐쇄하게 되지 않을까 염려하였고, 그러므로 이주를 억제하는 것이 현명하리라 생각하였다.[45] 해마다 많은 영세자, 그리고 사망자 수를 능가하는 신자 자녀의 출생율에도 불구하고 신자 수가 증가되기는 커녕 간신히 현상을 유지할 정도였기 때문

---

42) 『DEMANGE주교일기』, 1919.2.21.

43) 이에 대해서는 이병호, 1987, 「프랑스 선교사들의 영성과 한국교회」 『敎會史硏究』 5, 389~393쪽 참조.

44) 반면에 베네딕도회 선교사들은 시기적으로 후의 기록이기는 하지만, 빈곤 타개를 위한 신자들의 이주에 긍정적인 시각을 갖고 있었다. 그들은 만주로 향하는 한국인 신자들의 이민으로 관할 구역의 신자 수는 증가하지 않겠지만 결국에는 이주자들로 인하여 새로운 곳에 천주교가 전해지는 효과가 있으리라 판단하였다(Chronik 1934, Nr.5, 9~12쪽 ; 한국교회사연구소 편, 1991, 『원산교구 연대기』, 250쪽).

45) 〈MUTEL문서〉 1911-29, 뤼카 신부가 내평에서 뮈텔 주교에게 보낸 1911년 1월 [날자 미상] 서한.

이었다.[46]

경술국치 이후 선교사들은 신자 수의 소폭 증가 원인을 신자들의 국외 이주로 돌렸다. 국외란 대개가 간도 지역이었다. 1912년에는 예상보다 전체 신자 수가 약 2,000명이 적게 집계되었고,[47] 이러한 현상은 계속되어 1923년에도 1,000명 가량 감소한 것으로 파악되었다. 선교사들은 이러한 현상의 원인을 간도 이주 때문이라고 분석하였다.[48]

간도에 이주한 한국인들의 생활은 한국에서보다는 어렵지 않았다. 황무지를 매입하지 않고 개간할 경우 개간 후 3년 동안은 수확량 모두를 가질 수 있었다. 4년째부터 소작료가 징수되기 시작되었고 반작(半作)까지 매년 소작료가 증가하였다. 1918년 용정촌과 두도구(頭道溝)에서는 경지의 1/2, 백초구(白草溝)의 오지에서는 1/3이 한국인 소유였다.[49]

---

46) * 1910년대 한국 천주교회의 신자 수

연도	서울교구			대구교구			합 계		
	신자수	영세자수	신자증가수	신자수	영세자수	신자증가수	신자수	영세자수	신자증가수
1910	73,517	7,839					73,517	7,839	
1911	76,843	7,444	3,226				76,843	7,444	3,326
1912	52,109	4,598	-24,734	26,741	1,649		78,850	6,247	2,007
1913	53,618	4,201	1,509	26,949	1,661	208	80,567	5,862	1,717
1914	55,602	4,151	1,984	27,382	2,575	433	82,984	6,726	2,417
1915	57,026	3,706	1,424	27,843	2,489	461	84,869	6,195	1,885
1916	57,442	3,406	416	28,963	2,222	1,120	86,405	5,628	1,756
1917	57,914	2,886	472	29,374	1,987	411	87,288	4,873	883
1918	58,838	3,008	924	29,703	2,122	329	88,541	5,130	1,253
1919	58,945	2,620	107	29,608	1,879	-95	88,553	4,499	12
1920	59,331	?	386	30,002	1,880	394	89,333	?	780

C-R(Seoul, Taikou), 1910-1920에 의함.

47) C-R-Seoul, 1912.

48) C-R-Seoul, 1923.

49) 朝鮮總督府中樞院, 1918, 「東部間島及咸鏡南北兩道 特別調査報告書」 ; 1978, 『白山學報』 24, 469쪽.

간도 천주교회의 신자들 역시 황무지를 개간함으로써 경제적인 기반을 마련하고, 신자촌을 형성해나갔다. 가장 먼저, 그리고 대규모의 개간이 시작된 곳은 용정이었다. 간도 천주교회가 설립된 지 4년만인 1901년, 첫 신자 중 1명이었던 최문화(崔文化)와 최병학(崔炳學) 등 대교동(大敎洞)의 신자 6명이 용정에 405일경50)의 토지(443헥타르)를 매입하였다. 그리고 20여 호의 신자들이 이주하여 천주교신자촌을 형성하였다.51) 20~50일경을 자작하면 중농(中農)으로 분류되었으니 용정촌을 시작한 이들은 중농 규모였다고 할 수 있다.52)

간도 천주교회의 경제력이 어느 정도였는지는 교회 초기부터 마적(馬賊)들의 표적이 된 데서 짐작할 수 있다. 1901년 삼원봉·부처골·용정공소 등에서는 엽전 1,000냥과 곡식 100가마 이상을 중국 도적들에게 탈취당하였다.53) 이듬해에도 부처골공소는 무장한 중국 포졸들에게 습격당하였고, 신자 2명이 끌려갔고.54) 1919년 7

---

50) 1일경은 지역에 따라 면적이 다르다. 1918년 기록에 의하면, 용정촌·국자가·두도구의 高地는 대개 1,000평, 地方 雜居地는 1,200평. 회령·무산·종성 간도의 1일경 上田은 100원 이상. 中下田은 50~60원 이하. 두도구·국자가의 1일경 上田은 50~60원. 한국인의 自作 분량은 10일경 내외였다. 그것은 당시 한국인의 농업 경영 상황을 보건데 大農은 소 5~6두에 경지 100~300일경(자작은 10일경 내외, 나머지는 소작), 中農은 소 2~3두에 경지 20~50일경(자작은 5~10일경), 小農은 소 1두에 경지는 3-4일경으로, 나머지 경지는 소작이었다(朝鮮總督府中樞院, 「東部間島及咸鏡南北兩道 特別調査報告書」, 165쪽).

51) 한홍렬, 「延吉敎區 天主敎會 略史」, 6~7 ; 尹政熙, 『間島開拓史』 : 『韓國學別集』 3, 인하대학교 한국학연구소, 18쪽.

52) 총독부에서 간도 지역의 농지 현황을 조사할 때 한국인으로 50일경(약 80정보 5푼) 이상을 소유한 사람은 144명이라고 기록하고 있다(朝鮮總督府中樞院, 「東部間島及咸鏡南北兩道 特別調査報告書」, 162쪽). 즉 50일경을 소유한 사람은 총독부의 감시망 안에 있었다는 것이고, 그것은 50일경이라는 토지가 적지 않은 재산으로 여겨졌기 때문일 것이다.

53) 〈MUTEL문서〉 1901-102, 브레 신부가 원산에서 뮈텔 주교에게 보낸 1901년 8월 6일 서한.

54) 〈MUTEL문서〉 1902-15, 브레 신부가 원산에서 뮈텔 주교에게 보낸 1902년

월 18일 조양하 팔도구(朝陽河 八道溝)에서 발생한 천주교신부 납치 사건도 간도 천주교회가 경제적으로 궁핍하지 않았다는 것을 보여주는 사례이다. 함께 끌려갔던 이들 중에서 마지막까지 잡혀 있었던 최문식(崔文植 : 1881~1952) 신부는 많은 돈을 주고서야 6개월만에 풀려나을 수 있었다.[55] 재물 탈취가 목적인 마적들에게 조양하본당이 표적이 된 것은 조양하본당 및 신자들의 경제적인 기반이 넉넉하였기 때문이었을 것이다. 당시 조양하본당은 개간지 80여 일경과[56] 신자가 기증한 4,360평의 밭을 소유하고 있었으며,[57] 신자들 중 190여 명이 『경향잡지』를 구독할 만큼 경제적인 여유가 있었다.[58] 1923년 숭례향 토문자 성동촌공소에서 천주교신자들이 마적에게 잡혀갔다가 돈을 주고 풀려난 사건[59] 역시 신자들의 경제력이 상당하였음을 말해준다.

간도 천주교회는 마적뿐 아니라 일본과 중국의 불편한 관계 때문에도 곤란을 겪었다. 1907년 8월 23일 한국통감부간도파출소(韓國統監府間島派出所)가 용정에 설치된 후 간도 천주교회는 어려운 입장에 놓이게 되었다. 일본인들은 종교 때문이라며 용정의 공소회장 집을 방문하곤 하였다.[60] 이 일은 중국인들로 하여금 한국인 천주교신자들이 일본인들을 간도로 끌어들였다고 비난하게 하였다.[61] 그런데 일본군 장교가 천주교 공소회장의 집을 방문한 것은 간도에 뿌리내린 천주교회의 세력이 상당하였으며, 그러한 천주교

1월 23일 서한.

55) 1920.2.28, 『京鄕雜誌』, 89~90쪽 : 1920.3.15, 113~114쪽 : 1920.5.15, 237~239쪽.
56) 1917.10.31, 『京鄕雜誌』, 460~464쪽.
57) 1917.2.28, 『京鄕雜誌』, 78~79쪽.
58) 1922.12.31, 『京鄕雜誌』, 392쪽.
59) 1923.9.15, 『京鄕雜誌』, 396~398쪽.
60) 〈MUTEL문서〉 1907-103, 브레 신부가 원산에서 뮈텔 주교에게 보낸 1907년 8월 29일 서한.
61) 〈MUTEL문서〉 1907-139, 브레 신부가 원산에서 뮈텔 주교에게 보낸 1907년 9월 29일 서한.

세력을 자신들의 중국 침략에 이용하려 한 의도에서였다고 여겨진
다. 일본군 장교의 주장처럼 단순히 신앙 때문에 방문한 것이었다
면 브레 신부가 그들의 방문을 막을 이유가 없었기 때문이다. 브레
신부는 간도 지역의 상황 변화에 일본인들과 중국인들이 모두 간
도의 한국인들에게 세금을 요구할 경우, 어떻게 대처할 것인지 뮈
텔 주교에게 조언을 청하기도 하였다.[62]

1920년대 후반부터는 간도의 상황이 크게 변하였다. 한국으로부
터의 이민 양상이 변화되었다. 제1차 세계대전 후 총독부는 일본의
식량 문제 해결을 위해 한국 농업을 미곡 단일 경작으로 강화하였
다. 그런데 미작(米作)의 발달은 상품경제의 농촌 침투를 의미하였
고, 농촌사회를 급속히 분화시켰다. 1920~1931년에는 일제의 토지
약탈과 '산미증식계획'으로 인하여 파산하였거나 빈궁에 허덕이던
농민들이 주로 이주하였다.[63] 여기에 1928~1930년의 농업 대공황
으로 남부 한국의 농촌이 파괴되고 유이민화(流移民化)함으로써
1920년대 후반부터는 한국 남부에서의 만주 이주가 크게 증가하였
다. 종래의 이민은 한국 북부와 근접한 지역에서 북간도로의 이주
였지만, 1920년대 후반부터는 미작 기술을 매개로 한국 남부에서
서간도, 중·북부 만주로의 이주가 주류를 이룬 것이다.[64] 이렇게
1920년대 후반부터 전국에서 간도와 만주로의 이민이 급증하고, 간
도의 상황이 악화되자 선(先) 이민자들은 위기감을 느끼지 않을

---

62) 〈MUTEL문서〉 1907-127, 브레 신부가 원산에서 뮈텔 주교에게 보낸
    1907년 9월 18일 서한.
63) 1926년 3월 16일부터 3일 동안 5,100여 명의 농민들이 청량리에서 북간
    도로 출발하였고(『東亞日報』, 1926.11.20), 1927년에는 약 150,000명의 소
    작농이 농촌을 떠났는데 그중 70,000여 명이 간도를 비롯한 만주로 향하
    였다는 기사는(『東亞日報』, 1928.3.29) 당시 농민들이 얼마나 열악한 상
    황에 놓여 있었는가를 말해 준다.
64) 滿洲國 軍政部 顧問部, 1936, 『滿洲共產匪の研究』 1, 519~520쪽 ; 松村
    高夫, 1972, 「滿洲國成立以降における移民勞動政策の形成と展開」 『日本
    帝國主義下の滿洲』, 東京 : 御茶の水書房, 226쪽.

수 없었다.

한국인의 간도 이주가 급증하고 중국인의 압박이 심해지자 간도
의 상황은 1920년대부터 매우 곤란해졌다. 이러한 상황은 교회에도
예외가 아니었다. 황무지를 개간하여 신자마을을 형성하였던 천주
교회로서는 더욱 심각한 문제가 아닐 수 없었다. 개간지는 한정되
어 있는데 신자들의 간도 이주는 계속되었기 때문이다. 신자들의
만주 이민을 만류하는 글이 교회잡지에 게재되기 시작하였다. 생활
난을 해결하기 위해 돌아다니다가는 신앙을 잃게 되고,[65] 인부나
고용인 또는 근로자가 된 신자들은 신앙 생활을 하기 어렵다며 이
민을 만류하였다.[66]

신자들은 경제적인 고통 외에 또 다른 어려움을 겪어야 했다.
1920년대 중반부터 거세진 반종교운동 때문이었다. 간도 천주교회
는 마적의 약탈 외에 1920년대 중반부터는 볼셰비즘(Volshevism),
즉 공산당의 증폭된 침입도 받아야 했다. 성당이 방화되고,[67] 신부
가 살해당하고,[68] 신자들이 잡혀가 돈을 요구받고,[69] 살해당하기
도 하였다.[70] 상황이 급박해지자 간도의 신자들은 논밭을 버리고
관청이나 일본군 수비대가 있는 지역으로 피신하였다. 1932년 간도

---

65) 만주 무순천주교회 전도사 김상욱, 1934.9.15, 「좋은 생활을 꿈꾸며 만주
   로 오려는 교우들게」『京鄕雜誌』, 491~493쪽 ; 1937.3.28, 161~163쪽.
66) C-R-Seoul, 1938.
67) 1930년 대령동본당 학서동공소 방화(1930.8.15,『京鄕雜誌』, 537~538쪽).
   1935년 3월 2일 밤 대령동성당 방화(1935.4.12,『京鄕雜誌』, 218~222 ;
   7.28, 441~444쪽).
68) 1932년 원산교구의 부주교인 랍(Rapp, Konrad : 1896~1932) 신부가 살해
   당하였다(Chronik 1932, Nr.5, 12~18쪽 ;『원산교구 연대기』, 208~209쪽).
69) 1933년 6월 16일, 마적에게 잡혀간 연길현 춘양향 합마당의 전교회장 朱
   仁燮은 수백원을 주고 풀려날 수 있었다(1933.11.15,『京鄕雜誌』493쪽).
70) 1933년 10월 15일, 연길현 차조구의 공소회장은 마적에게 잡혀갔다. 마적
   들은 일본군의 토벌을 받자 공소회장을 살해하였는데 그가 교회의 토지
   를 감독하였기에 큰 재산이 있는 것으로 믿었기 때문이었다(1934.1.12,
   『京鄕雜誌』, 19~20쪽).

천주교회의 147개 공소 중 130개가 폐쇄되었다.[71)

간도의 상황이 악화되자 1920년대 후반부터는 신자들의 한국 귀환이 이루어졌다. 1929년 회령본당의 신자 수는 531명으로 집계되어 전년대비 186명이 증가된 것으로 나타났다. 그러나 그 중에 120명은 경작할 토지를 구하지 못해 간도에서 귀환한 숫자였다.[72) 1931년에도 회령본당의 신자 수가 많이 증가하였는데 공산당으로부터 추방당한 간도의 신자들 때문이었다.[73)

Ⅱ. 간도 천주교회의 교육운동

독립운동을 전개하기 위해서는 물적 자원과 함께 인적 자원도 필요하다. 그리고 인적 자원은 민족정서에 기반을 둔 협동심에서 조성될 수 있다. 간도의 한국인 천주교신자들은 협동조합운동과 교육운동을 통해 자립과 협동심을 키워갔다. 간도의 천주교신자들이 협동조합운동을 전개하였던 것은 영암촌(英岩村)의 연화조합(延和組合), 팔도구(八道溝)의 식산조합(殖産組合)과 협동조합 등을 조직하였다는 데서 확인할 수 있다. 이 조합들의 규모나 구체적인 운영 내용에 대해서는 알 수 없으나 한국인 간도 이주자들의 정착과 자립에 기여하였으리라 여겨진다. 연화조합의 전신인 광식회사(廣植會社)는 김성덕이 1905년에 설립하였는데 이후 간도에 금융기관들이 설립되는 데 많은 영향을 끼쳤다.[74) 빈곤으로 국경을 넘었던 한국인들에게 경제적인 자립을 도와주는 협동조합들이 얼마나 큰

---

71) 1932.8.15, 『京鄕雜誌』, 343쪽 ; 1933.3.15, 108~113쪽.
72) *Chronik*, 1929 Nr.8, 15~18쪽 ; 『원산교구 연대기』, 529쪽.
73) *Chronik*, 1931 Nr.4, 20~23쪽 ; 『원산교구 연대기』, 537쪽.
74) 韓興烈, 1936.10, 「間島天主敎會의 社會的 貢獻」 『가톨릭靑年』, 69~70쪽.

힘이 되었을지는 충분히 짐작할 수 있다.

간도의 천주교신자들은 협동조합운동과 함께 교육운동도 전개하였다. 간도 천주교회는 공소 설립 때부터 교리와 한글을 가르치는 소규모 학교를 신자마을에 설립하였다. 『교세통계표』에 의하면 1899년 싸리밭골, 호천개, 부처골의 천주교신자마을에 교리학교들이 있었다.[75] 간도 천주교회에서 학교라는 명칭을 사용하여 최초로 설립한 교육기관은 1906년 용정에 설립한 삼애학교(三愛學校)였다. 이 학교는 3년 동안 계속되었는데[76] 천주교신자 2~3명이 무보수로 국어·산수·역사·천주교 교리 등을 가르쳤다.[77]

이 학교에서 가르쳤던 교과목을 살펴보면 간도의 천주교학교들이 교리 교육에만 치중하지 않았음을 알 수 있다. 삼애학교는 일반 교육, 그것도 역사 교육을 통하여 민족 교육에도 관심을 기울였다. 삼애학교의 12가지 규칙 중 '충효사상 교육, 민족애 고취'가 포함되어 있었다는 것은[78] 그러한 사실을 확인시켜 준다. 그런데 간도의 천주교학교들이 민족 교육을 하였던 것은 당시 한국에서 활발하게 전개되고 있었던 교육운동과 관계가 있다고 여겨진다. 을사조약이 체결된 이후 신교육에 대한 한국인의 열의는 학교 설립으로 모아졌다. 천주교측에서도 한국인들의 고조된 교육열에 영향받아 학교를 설립하거나 기존의 소규모 학교를 개편·발전시켰다. 신자들 중에서도 학교 설립에 참여하는 이들이 많았다.[79]

일제 강점기의 교육운동은 독립운동의 역량이 되었다. 그러므로 일제는 한국인들이 설립한 학교에 관심을 기울였다. 1915년 4월 조선총독부의 조사자료에 의하면 간도 천주교회에서 경영하는 학교

---

75) 『본당별 교세통계표』 1898~1899, 원산본당의 브레 신부 작성.
76) 金炳燦, 1936.10, 「延吉敎區의 敎育事業槪況」 『가톨릭靑年』, 52쪽.
77) X생, 1936.10, 「延吉敎區 各敎會 沿革과 現勢」 『가톨릭靑年』, 32쪽.
78) 1907.5.3 및 5.21, 『경향신문』.
79) 1905년부터 1909년까지 60여 개의 천주교회 운영 학교가 설립되거나 개편되었다(崔奭祐, 1980, 「韓國 宗敎運動史 -天主敎-」 『韓國現代文化史大系』 IV, 高麗大學校 民族文化硏究所, 215쪽).

는 17개교였고, 학생 수는 339명이었다.[80] 그중 아래의 〈표 3-2〉에 제시한 바와 같이 6개 학교에 일제는 특히 관심을 기울였다. 1~2명의 교사들이 15~70명의 학생들을 가르치고 있었으니 교사 1인당 약 20명의 학생을 담당하였던 셈이다. 관립초등소학교, 그리고 개신교와 천주교가 같이 운영하였던 교향학교(敎鄕學校)를 제외하면 소규모의 학교들이었다. 그러므로 학교 규모에서 이 학교들이 일제의 관심을 끌었다고는 할 수 없다.[81]

〈표 3-2〉 간도 천주교회 운영 학교(1915년 4월 현재)

학 교 명	위 치	교 사 수	학생수
官立初等小學堂	龍井 商埠局前	중국인, 한국인 외 1	70
敎鄕學校	東良下里社 大敎洞	한국인 교장 외 1	50
사립 韓成學校	延吉縣 獐岩社 新明村	한국인 외 1	30
사립 朝陽義塾	延吉縣 九松墟社 八道溝	한국인 1	18
德興義塾	和龍縣 和龍社 新岩村	한국인 1	18
讀興書塾	和龍縣 和龍社 聖敎村	한국인 외 1	15

출전 : 朝鮮總督府, 1915.4, 「國境地方視察復命書」 ; 1970, 『白山學報』 9, 237~
    240쪽.

문제는 〈표 3-2〉에서 알 수 있듯이 이들 학교의 교사가 한국인이라는 것이었다. 그리고 다음의 〈표 3-3〉에 제시한 바와 같이 이 학교들에서 가르치는 교과목 때문이었다. 한국인 교사가 한국독립운동을 고취시킬 수 있는 교과목을 가르친다는 것이 일제의 신경

---

80) 朝鮮總督府, 1915.4, 「國境地方視察復命書」 『白山學報』 9, 237~240쪽.
81) 1916년 12월 朝鮮駐箚憲兵隊司令部에서 조사한 자료에 나타난 학교 규모도 이와 비슷하였다. 학생 수가 명기된 학교는 9개교였는데 덕흥의숙 34명, 광동학교 38명, 광신학교 20명, 신명한성여학교 121명[이상 화룡현 소재], 교향학교 29명, 흥동학교 30명, 신흥학교 46명, 상정여학교 39명, 경애학교 20명[이상 연길현 소재]이었다. 신명한성여학교를 제외하고는 대부분이 소규모였다(「在外朝鮮人經營各學校一覽表」, 1916년 12월 調, 朝鮮駐箚憲兵隊司令部 ; 姜德相 編, 『現代史資料』 27, 「朝鮮」 3, 獨立運動 1, 141~165쪽).

을 곤두서게 하였던 것이다. 학교에서 가르치는 교과목이 한국인들의 민족의식 내지 독립사상 고취에 깊은 관련이 있다고 생각한 것이다.[82] 이들 교회학교에서는 역사·지리·자연과학 등을 가르쳤고, 한국어로 교수하여 한국인들의 문자 보급과 문화 교육 향상에 영향을 미쳤다. 또한 일제를 반대하고 한국 독립사상을 선전하였다.[83]

〈표 3-3〉 간도 천주교회 운영 학교의 교과목별 개설 학교

(1915년 4월 현재)

교과목	초년필독	초등소학	고등소학	개정이과	수 신	초등윤리	산 술
개설 학교	朝陽義塾	교향학교 한성학교	교향학교 한성학교	교향학교 한성학교	한성학교 독흥서숙	교향학교	한성학교 독흥서숙
교과목	동국역사	본국역사	중등 동국사략	20세기 조선론	대한지지	지리	체조
개설 학교	教鄕學校 韓成學校	교향학교 한성학교	조양의숙	조양의숙	교향학교, 한성학교, 조양의숙	교향학교, 한성학교, 독흥서숙	독흥서숙
교과목	국어독본	작문	習字	서한	한	문	
개설 학교	한성학교	한성학교 독흥서숙	한성학교 독흥서숙	한성학교	교향학교, 한성학교, 조양의숙		

출전 : 朝鮮總督府, 1915.4, 「國境地方視察復命書」『白山學報』9, 237~240쪽.

위의 〈표 3-3〉을 보면 교회학교임에도 교과목 중에 성서와 교리가 포함되어 있지 않음을 알 수 있다. 교과목 중 상당 부분이 민족의식 고취와 관련이 있는 것들이었다. 이 점이 일제가 관심을 기울인 이유였다.『초등수학』(初等小學),『이십세기조선론』(二十世紀朝鮮論, 金大熙 저),『중등동국역사』(中等東國史略), 그리고 수신 및

---

82) 1915년 팔도구의 교회학교, 즉 조양의숙에서는 반일사상을 선전하고 반일인사를 양성하였으며, 목총을 들고 군사훈련을 하였다고 한다(리은광, 1995,「천주교의 력사적 역할과 오늘에 보는 천주교」『21세기로 달리는 중국 조선족 ① 당대 중국조선족 연구』, 집문당, 256쪽).

83) 위의 논문, 257쪽.

윤리 교과 등은 일제의 강요로 발매 및 사용이 금지된 교과서를[84] 교재로 하고 있었다.『초등소학』은 충신·열사들의 사적과 애국심을 강조하고 한국의 부강을 위해 노력해야 함을 피력함으로써 1909년 학부 지시로 사용 금지처분을 받았다.[85]

한민족의 역사와 지리를 일깨우는 역사와 지리 교과는 일제가 가장 주의를 기울인 분야였다. 한국역사 교육은 경술국치 이후 금지되었는데[86] 간도에서는 중요한 교과목으로 교수되고 있었다.[87] 역사 교육에는 민족의식의 고취라는 목표가 수반된다.『동국역사』(東國歷史)의 내용을 살펴보면 역사 교육의 목표가 역사지식이 아니라 역사의식을 일깨우는데 있었음을 알 수 있다.[88] 역사 교육은 민족의 자주성과 주체의식을 강조할 뿐만 아니라, 일제의 식민지로 전락한 한국의 독립을 이룩해야 한다는 사실을 한국인들에게 인식시킬 수 있었다.『동국역사』,『중등동국사략』(中等東國史略) 등을 교재로 하는 역사 교육은[89] 간도의 한국인 천주교학생들에게 일제의 식민지로 전락한 한국이 처한 상황을 일러주기에 충분하였다.『동국역사』는 민족의식을 고취한다는 이유 때문에 통감부시기 학부 불인가 교과용 도서로 분류되어 1910년 사용이 금지되었다.『이십세기조선론』은 제목만으로도 한국의 미래를 생각하게 하였을 것

---

84) 1909년 5월 5일 내부고시 제 27호로 발매 및 사용이 금지되기 시작한 교과서는(1909.7,『嶠南敎育會雜誌』4, 부록, 46~47쪽 : 康允浩, 1975,『開化期의 敎科用圖書』, 敎育出版社, 65~66) 융희 4년 12월 1일까지 39종이었다(高橋濱吉, 1930,『朝鮮敎育史攷』, 京城地方行政學會 朝鮮本部, 183~184 : 康允浩,『開化期의 敎科用圖書』, 66~67쪽).

85) 康允浩,『開化期의 敎科用圖書』, 141쪽.

86) 朝鮮敎育會 編, 1927,『朝鮮法則條規大全』, 京城, 74~75쪽.

87) 조동걸, 1977,「1910년대 민족교육과 그 평가상의 문제」『한국학보』6, 116쪽.

88) 서굉일, 1995,「일제하 북간도 한인들의 민족주의 교육운동 연구(1906~1919)」『仁荷史學』3, 295쪽.

89) 이들 역사교과서에 대해서는 趙東杰, 1987,「韓末 史書와 그의 啓蒙主義的 虛實」『한국독립운동사연구』1 및 1988,『韓國學論叢』10 참조.

이다. 한편 지리 교육은 한국의 강역(疆域)에 대한 인식을 일깨움으로써 역사 교육과 함께 간도의 한국인 천주교신자들에게 한국 독립에 대한 인식을 심화시켰다고 여겨진다. 일제의 한국 강점에 대해, 그리고 자신들의 간도 이주에 대해 숙고하는 계기를 마련하였을 것이라 생각된다.

간도 천주교회 학교들의 상황이 이와 같았으므로 일제는 감시의 눈길을 멈추지 않았다. 전교의 한 방법이라지만 천주교회 학교의 교육은 독립사상을 고취시키는데 기여하는 것이라고 분석하였다.[90] 일제의 감시는 시간이 흐를수록 그 폭이 확대되었다. 조선총독부의 1915년 4월 조사가 행해진 1년 8개월 후 조선주차헌병대사령부가 조사한 자료를 살펴보면 이러한 사실을 확인할 수 있다. 교과목이 조사된 천주교회 학교는 1915년 4월 조사에는 4개교였는데 아래의 〈표 3-4〉에서 확인할 수 있듯이 1916년 12월 조사에서는 6개교로 증가하였다. 숫자상으로는 2개교 증가이지만 실제로는 감시의 대상으로 4개교가 추가되었다. 1915년 4월 조사자료에 나타난 독흥서숙과 한성학교가 1916년 12월 조사자료에는 빠져 있는데 한성학교는 1915년 6월 교향학교에 합해졌고[91] 독흥서숙은 폐교된 것이 아닌가 추측된다.

〈표 3-4〉에 제시한 자료는 개정사립학교규칙이 공포된 이후에 조사한 것이다. 1915년 3월 24일 공포된 개정사립학교규칙의 요지는 교회학교에서 교리 및 성서 교육과 종교의식을 금지한 것이다. 기독교학교의 규제를 목표로 한 것이었다.

---

90) "최근 移住鮮人들 속에 유포되어 있는 종교는 侍天·天主·耶蘇·大倧·孔·佛·天道敎 등 諸敎이고 그중에서도 천주·예수·대종 3교는 전도의 한 방편으로 주력을 교육에 경주하여 위험사상을 고취하는데 노력하고 있으므로 치안을 경계할 행동이 적지 않다"(東洋拓殖株式會社 編, 1918, 『間島事情』, 大日本印刷株式會社).

91) 「在外朝鮮人經營學校一覽表」, 1916년 12월 調, 朝鮮駐箚憲兵隊司令部 ; 姜德相 編, 『現代史資料』27, 143쪽.

〈표 3-4〉간도 천주교회 운영 학교의 학교별 개설 교과목
(1916년 12월 현재)

학교명	개설 교과목
德興義塾	지리, 역사, 초등소학, 수신, 한문, 작문, 성경, 습자, 창가, 체조, 요리, 조선어
光東학교	지리, 역사, 소학, 수신, 한문, 작문, 습자, 창가, 체조, 요리, 조선어, 산술, 독본, 도화
廣信학교	한문, 창가, 체조, 산술, 지나어,
敎鄕학교	한문, 역사, 습자, 창가, 체조, 산술, 지지, 도화
興東학교	조선역사, 지지, 지나어, 맹자, 만국지지, 오수불망, 산술, 체조, 창가, 복습, 습자
敬愛학교	조선역사, 국어, 습자, 산술, 지지, 소학, 대학

출전 : 「在外朝鮮人經營各學校一覽表」(1916년 12월 調), 朝鮮駐箚憲兵隊司令部,
姜德相 編, 『現代史資料』27, 141~165쪽.

그런데 1916년 12월의 조사자료에는 개정사립학교규칙이 공포되
기 이전인 1915년 4월의 조사자료에 나타나지 않았던 성경 과목이
천주교회 학교의 교과목으로 개설되어 있다. 조사 대상이었던 6개
교 중 1개교에만 개설되어 있었지만 교회학교에서 성경 과목의 교
수를 금지하였던 일제에 대한 항거로 설명할 수 있을 것이다. 한편
한국어 교과는 역사 교육 및 지리 교육과 함께 민족의식 고취에 기
여하는 방향으로 작용하였다고 이해된다. 광동학교가 '배일(排日)
학교'로 지목된92) 데에는 역사와 지리 과목뿐 아니라 한국어도 교
과목으로 개설되었기 때문이라 여겨진다. 개설 교과목이 광동학교
와 비슷하였던 덕흥의숙뿐 아니라 〈표 3-4〉에 나타난 천주교회 학
교들은 일제에 배일 학교로 인식되었을 것이다. 3·1운동이 일어난
이듬해 조사한 자료에 교향학교93)와 덕흥학교를 '배일 학교'라 규

___

92) 「在外朝鮮人經營各學校一覽表」, 1916년 12월 調, 朝鮮駐箚憲兵隊司令部 ;
姜德相 編, 『現代史資料』27, 145쪽.
93) 이후 王心學校로 개칭되었다가 베네딕도회가 간도 지역의 선교를 담당
하면서 大拉子 海星學校로 개칭되었다(金炳燦, 「延吉敎區의 敎育事業槪
況」, 49쪽)

정한[94]) 것은 이러한 추측을 뒷받침해준다고 하겠다.

이와 같이 천주교학교에서 교수되고 있던 많은 교과목들이 민족의식 고취에 영향을 미치는 것들이었다. 이것은 간도의 천주교학교들이 선교학교로서만 존재한 것이 아니었다는 것을 의미한다. 또한 교향학교는 개신교신자들과 천주교신자들이 함께 설립하였는데 간도 지역 천주교회와 개신교회의 이러한 상호교류와 협력은 상호질시와 교리논쟁에 급급하였던[95]) 한국내 교회의 태도와 상당한 차이를 드러내는 것이었다.

간도 천주교회는 교육 활동을 전개하는 데 중국인들의 협력도 받았다. 3·1운동이 일어난 후 일제는 간도 지역의 각 종교단체들이 학교를 설립하여 어린 아이들에게 배일사상을 고취시키고 있다고 기록하였다. 뿐만 아니라 중국 관헌의 보조금으로 배일 한국인 중 학식이 있는 사람을 교사로 채용하고, 배일 기사를 수록한 서적을 교과서로 사용함으로써 일본인들이 설립한 보통학교 및 보조서당에 대항한다고 하였다.[96]) 간도의 천주교회 학교들이 중국 관헌으로부터 도움을 받고 있었다는 것인데, 이는 한국인과 중국인의 협력으로 보아도 무리가 없을 것이다. 중국 관헌들이 한국인들의 교육비를 보조하였다는 것은 일제의 침략에 한국인과 중국인 모두가 어려움을 겪고 있었던 현실에 대한 인식 때문이었다고 생각된다.

1920년 8월 원산교구가 설립되고 간도 지역의 선교 관할권이 서울교구를 맡고 있던 파리외방전교회로부터 베네딕도회로 이관되었다. 이후 간도 천주교회의 교육운동은 베네딕도회 선교사들의 노력

---

94) 「排日部落及學校調査ノ件」, 在間島總領事館, 秘間情 第三十七號, 1920년 10월 26일 ; 姜德相 編, 『現代史資料』 28, 「朝鮮」 4, 373~375쪽.

95) 이에 대해서는 신광철, 1998, 『천주교와 개신교-만남과 갈등의 역사』, 한국기독교역사연구소, 참조.

96) 「間島に於ける宗教と騷擾事件との關係及ごの對する方策に就いて」, 朝特報 第三號, 1920년 1월 26일, 朝鮮軍參謀部 ; 國會圖書館, 1978, 『日本外務省陸海軍省文書 第四輯, 韓國民族運動史料』(三·一運動篇 其二), 688~693쪽 ; 金正明 編, 1967, 『朝鮮獨立運動』 III, 東京:原書房, 119쪽.

으로 더욱 활발하게 전개되었다. 물론 베네딕도회는 제1차 세계대전에서 독일이 패전한 후 독일로부터의 원조가 감소하여 교회 활동에 타격을 받았다. 그러나 원산교구의 관할권을 맡게 되면서 베네딕도회는 한국에 파견된 원래의 임무를 수행하고자 노력하였다. 베네딕도회가 한국에 진출한 것은 본당 선교가 아니라 교육 선교를 위해서였다. 을사조약 체결을 전후하여 한국인의 교육열은 고조되었고, 이러한 경향은 교회 내에서도 마찬가지였다. 그러나 당시 한국 천주교회를 관할하고 있었던 파리외방전교회는 교육 선교를 담당할 인적 자원이 없었다. 교회학교 교사는 일반지식뿐 아니라 교회지식도 갖추어야 했다. 그런데 당시 상황으로서는 이러한 자격을 갖춘 교사를 구하기가 어려웠다. 베네딕도회는 교회학교에서 필요로 하는 교사 양성의 임무를 띠고 한국 천주교회에 진출하였다. 그러나 베네딕도회는 서울에 설립한 사범학교인 숭신학교를 1회만 배출하고 폐교함으로써 한국 진출의 목적을 이루지 못하였다.[97]

그러던 중 서울교구로부터 분리·설정된 원산교구의 선교를 담당하면서 교육 선교에 주력하게 되었다. 간도 지역은 중국 영토였으므로 일제의 식민지배력이 직접은 영향을 미치지 못하는 지역이었다. 그러므로 한국 내에서보다는 자유롭게 선교 활동을 전개할 수 있었다. 물론 이러한 장점 이면에는 중국 군벌 및 반종교운동이 고개를 들고 있었던 어려운 면도 있었다. 베네딕도회가 간도 지역을 관할한 이후 간도 천주교회는 교육적인 면에서 크게 발전하였다.

베네딕도회가 간도 지역의 선교를 담당하게 된 이후 간도 천주교회는 1923년에 30개교, 1926년에는 41개교의 4년제 초등학교를 운영하였다.[98] 그러나 반종교운동과 공산주의운동이 열기를 더해가던 1925년 이후 간도 천주교회의 교육 활동은 둔화되었다. 간도

---

97) 베네딕도회의 한국 천주교회 진출과 활동에 대해서는 崔奭祐, 1983, 「韓國 芬道會의 初期 修道生活과 敎育事業」『史學研究』36, 참조.
98) 韓興烈, 1936.10, 「延吉敎區 天主敎會 略史」『가톨릭靑年』, 13쪽.

천주교회 설립 40주년 기념호로 간행된 『가톨릭靑年』 1936년 10월
호를 살펴보면 간도 지역의 많은 천주교회들이 비적(匪賊)과 공산
당의 공격으로 폐쇄되었음을 알 수 있다. 교회가 문을 닫는 형편이
었으니 교회학교의 상황이 어떠하였으리라는 것은 충분히 짐작할
수 있다. 1926년 41개교였던 학교 수가 1936년에는 9개교로 감소하
였다.[99]

경술국치 이후 간도에서 활동 중이던 민족운동가들은 신앙 자유
의 합법권을 이용하여 '단결은 종교로, 실력은 교육으로'라는 지도
사상 아래 종교전도를 배일 교육과 결합시켜 반일운동을 전개하였
다.[100] 간도 천주교회의 교육운동도 민족의식 및 독립사상 고취에
기여하였을 것이다.

Ⅲ. 천주교신자들의 독립운동

1915년 일제는 간도 천주교회에 대해, "이면(裏面)에 배일사상을
고취하고 있지만 개신교신자들처럼 과격한 언동을 하는 자는 드물
다"고 분석하였다.[101] 그러나 1918년에는 개신교 및 대종교와 함께

---

99) 金炳燦,「延吉敎區의 敎育事業槪況」, 49~55쪽.

100) 崔峰龍, 1992, 「在滿朝鮮人 反日民族獨立運動에서의 宗敎의 歷史的 地
位에 대하여-1910~1920년대를 중심으로-」『朴永錫敎授華甲紀念 韓民
族獨立運動史論叢』, 227쪽.

101) "지금부터 20여 년 전 원산교회의 한 프랑스 선교회의 한 프랑스인 선
교사가 용정촌에 와서 포교를 시작하였다 … 포교 처음에는 인민에 施
療를 행하고 금품을 주며 또한 중국관헌의 폭정을 배제하며 오로지 보
호 회유에 힘쓴 결과 기초가 더욱 견고하게 되고 이래 점차 신도를 증
가하여 지금은 간도 각지에 교회당을 설치하고 프랑스인 선교사 아래
韓人은 자진하여 목사가 되어 포교사업을 돕고 있다. 신자 수는 처음에

천주교도 경계하고 감시해야 할 종교로 규정하였다. 감시가 없음을
다행으로 여기며 종교단체들이 정치단체를 결성하는데 그들 배후
에 있는 종교적 세력을 의지한다고 하였다.[102] 이는 간도의 독립운
동단체들이 종교단체들을 기반으로 조직되고 있었다는 것을 말해
준다. 1920년 10월 일본군의 '만주한인항일독립운동기지초토작전'
(滿洲韓人抗日獨立運動基地焦土作戰), '간도지방불령선인초토작전'
(間島地方不逞鮮人焦土作戰) 전까지 만주에는 북간도에 57개, 서
간도에 67개 등 124개의 독립운동단체가 조직되어 있었다.[103] 그리
고 3,700명의 단원들 중 67.5%에 해당하는 2,500여 명이 종교계열
의 무장단체에 속해 있었다.[104]

　간도 천주교회와 독립운동과의 관계는 간도의 3·13 만세운동에
서 문이 열렸다. 1919년 2월 18일과 20일 국자가(局子街)의 하장리
연길도윤공서외교과원 박동원(下場里 延吉道尹公署外交科員 朴東
轅)의 집에 모인 간도 지역의 독립운동가 33인은 "간도내 각 교회

최다수였으나 근래 그 수에 있어서 예수교에 밀리게 되었다. 현재 신자
총수는 정확을 기하기 어려우나 간도 총영사관의 조사에 의하면 간도
내에 1,340명, 훈춘 지방에 49명이라 한다. 이 교는 이면에 있어서 그윽
히 배일사상을 고취하고 있다지만 기독교신자(필자 주 : 개신교신자)와
같이 과격한 언동을 감히 하는 자가 드물다. 현재 용정촌에 거주하는
선교사는 쿼를리에이고 이외에 라리보라는 자가 대답자에 주재하였으나
시국 발생과 함께 종군을 위해 귀국하였다"(朝鮮總督府, 1915.4, 「國境地
方視察復命書」 『白山學報』 9, 224쪽).

102) "神經하고 超世俗的이어야 할 종교단체가 엄한 감시가 없음을 다행으
로 여기며 일종의 정치적 비밀결사로 변형하고 그 종교적인 배후에 있
는 세력을 믿고 호시탐탐 기회를 노리고 있다"(東洋拓殖株式會社 編,
1918, 『間島事情』, 大日本印刷株式會社).

103) 吳世昌, 1992, 「在滿 韓國獨立軍의 編成과 活動」 『韓國 獨立運動史의
諸問題-金昌洙教授 華甲紀念史學論叢』, 범우사, 140~141쪽.

104) 民政部急務司調査課 編, 『在滿朝鮮人事情』, 84~85쪽 : 日本外務省·陸
海軍省 編, 1990, 『日本의 韓國侵略史料叢書』 29, 한국출판문화원, 561~
562쪽 : 崔峰龍, 「在滿朝鮮人 反日民族獨立運動에서의 宗教의 歷史的
地位에 대하여-1910~1920년대를 중심으로-」, 226쪽.

와 단체는 서로 단결하고 일치협력하여 한족(韓族) 독립운동에 힘을 다한다"고 결의하였다.[105] 그리고 구체적 실천 방안으로 "야소교·천주교·대종교·공자교의 각 유력자의 연락을 밀접히 하고 동(同) 교도 및 지기(知己)를 권유, 각 단체가 수백 명을 집합하여 독립을 선언한다"고 합의하였다.[106]

용정 장날인 1919년 3월 13일 용정성당의 정오 종소리와 함께 김영학(金永學)이 「독립선언문」을 낭독한 후 간도 지역의 만세운동은 시작되었다.[107] 이 만세운동은 조선독립의사회(朝鮮獨立議事會)[108]가 주관하였는데, 이 단체에는 천주교·개신교·천도교·대종교·공교인 등 북간도 지역의 독립운동지도자들이 모두 참여하였다.[109] 천주교신자촌인 대교동(大敎洞)의 교향학교 학생들도 3만여 명이 함께 한[110] 이 만세운동에 참여하였다.[111] 3월 16일에는 장백현의 천주교신자 30여 명이 압록강 대안의 혜산에 있는 일본경찰서를 습격하였다.[112]

한편 3월 13일의 만세운동에서 중국군의 발포로 17명이 사망하자[113] 그날 밤 조선독립의사회는 독립운동을 보다 적극적으로 전개하고자 조선독립기성회(朝鮮獨立期成會)로 개편하였다.[114] 1919

---

105) 「間島方面　韓國獨立運動ニ關スル起因及經過ノ槪要」『朝特報』第二號, 1919년 3월 13일, 朝鮮軍參謀部 ; 金正明 編,『朝鮮獨立運動』III, 6쪽.
106) 「間島地方ノ獨立運動ニ關スル報告ノ件」, 1919년 3월 18일,『朝憲機』第144號, 間島情報 ; 金正明 編,『朝鮮獨立運動』III, 13쪽.
107) 『獨立新聞』(상해판) 1919.11.11 ; 1968,『독립운동사』3, 569쪽.
108) 「國外韓人의 獨立運動 槪況」, 1919년 4월 26일,『騷密』제968호, 朝鮮總督府警務局 ; 국사편찬위원회 편,『한국독립운동사』3, 584쪽.
109) 국회도서관 편, 1978,『한국민족운동사료』-3·1운동편 2-, 692쪽.
110) 『獨立新聞』(상해판), 1920.1.10.
111) 「龍井村ニ於ケル獨立宣言 發表ノ件」, 1919년 3월 12일,『朝憲機』제134호, 間島情報 ; 金正明 編,『朝鮮獨立運動』III, 3쪽.
112) 崔峰龍,「在滿朝鮮人 反日民族獨立運動에서의 宗敎의 歷史的 地位에 대하여-1910~1920년대를 중심으로-」, 225쪽.
113) 1990,「龍井市 3·13 反日義士陵修繕委員會」『龍井 三一三反日義士陵專輯』, 1쪽.

년 4월, 조선독립기성회는 상해에서 대한민국임시정부가 조직되자 명칭을 대한국민회(大韓國民會)로 다시 변경하였다.[115] 대한국민회는 천주교를 비롯하여 개신교와 천도교 신자들을 중심으로 조직되었으며,[116] 연길·왕청·화룡 등 3개 현에 10개 지방회와 133개 지회를 조직하였는데 회원 수는 약 800명이었다(1920년 8월 기준).[117]

3·13 만세운동 이후 일제는 간도 천주교회에 대한 경계를 강화하였다. 간도 천주교회의 구성원들이 예전의 동학군(東學軍)이었다고 기록하였다.[118] 간도 천주교회를 단순한 신앙인의 집단이 아니라 무력을 행사할 수 있는 힘을 가지고 있는 집단으로 분류한 것이다. 또한 간도의 천주교신자들 중에는 간민회(墾民會)에 가입한 이들도 있는 점으로 보아 배일 성향이 점차 농후해졌다고 분석하였다. 3·13 만세운동에는 자금이 부족하여 비교적 온화한 편이었다고 평가하였다. 따라서 신자들 중 유력인사를 포섭하여 회유한다면 천주교정책은 어렵지 않을 것이라는 결론을 내렸다.

"천주교는 원래 자기주의·개인주의의 단결로서 예수교신자가 중국 관헌의 후원으로 간민회를 조직하자 이와 정을 통하고 교회원(敎會員)으로서 간민회원된 자도 있어서 배일적인 행동은 점차 농후해졌고 이번의 소요에 있어서는 의외로 정은(靜穩)하였지만 이는 운동자금이 없었기 때문이며 음으로 배일기세는 대단하다. 천주교는 예수교의 융성이 날로 더해가는 이때 조

---

114) 『獨立新聞』(상해판), 1920.1.13.
115) 『獨立新聞』(상해판), 1920.1.10.
116) 「間島及通淸方面ニ於ケル抗日運動 狀況報告ノ件」, 1920년 1월 9일, 『朝特報』第一號; 金正明 編, 『朝鮮獨立運動』 III, 111쪽.
117) 「間島ニオケル抗日運動狀況報告ノ件」, 金正明 編, 『朝鮮獨立運動』 III, 142쪽; 朴煊, 1990, 「北間島 大韓國民會의 成立과 活動」『尹炳奭教授華甲紀念韓國近代史論叢』, 지식산업사, 805쪽.
118) 간도 천주교회 설립의 기초를 마련하였던 金以器, 간도 천주교회의 첫 신자들 중에 동학과 관련있는 이들이 많았다. 이에 대해서는 韓允勝, 1936.10, 「金以器와 그 弟子」『가톨릭靑年』 41, 22~29쪽; 尹善子, 「間島 天主敎會 設立과 朝鮮人 天主敎信者들의 間島 移住」, 71~73쪽 참조.

락 상태에 있으며 이번 소요에는 예수교신자는 주동이 되었고 천주교신자는 주의상(主義上) 이에 부화는 하였지만 비교적 온화한 편이었다. 장래에 신자 중 유력 선인을 각성시키고 회유시킨다면 그 순화는 어렵지 않을 것이다. 천주교 신부인 불국인 남일량(南一良) 일행이 간도에 들어와 포교에 종사하자 구동학교도(舊東學敎徒)는 줄을 이어 해교(該敎)로 들어갔다. 이는 실로 해교 선교의 남창(濫昌)으로 동학의 잔당은 간도에서 천주교의 전신임과 동시에 동교(同敎)의 중견세력으로 그 이후 점차 교세를 확장하였으나 예수교가 들어옴에 따라 한때 쇠퇴한 듯하였지만 의연히 간도에서는 큰 세력이다."[119]

그러나 당시 상해에서 발간된 『독립신문』은 28개 공소와 수천 명의 신자 수를 헤아리는 천주교신자들[120] 중에는 안중근과 같은 무명의사가 많을 것이라고 보도하였다.[121]

1920년 2월 4일 삼원봉성당에 일본인을 감금한 사건은 천주교신자들 중에 독립군이 많을 것이라는 『독립신문』의 기사를 뒷받침해 준다. 4명의 한국독립군들이 용정을 경유하여 종성(鍾城)으로 향하던 일본인 대구보진위(大久保鎭衛)를 화룡현 용지사 남양평(龍池社 南陽坪)에서 체포하여 삼원봉성당에 감금하였다.[122] 이는 삼원봉 지역의 천주교신자들이 독립운동에 직접 참여하고 있었거나 최소한 간접적으로는 협력하고 있었다는 것을 말해주는 것이라 여겨진다. 만약 천주교신자들이 독립운동에 협력하지 않았다면 삼원봉성당에 일본인을 감금해둔다는 것은 불가능하였을 것이기 때문이다. 일본인을 체포하였던 4명의 한국독립군은 천주교신자들이거나 천주교와 관련있는 이들이었다고 여겨진다.

---

119) 「間島ニオケル宗教ト騷擾事件トノ關係及ゴノ對スル方策ニ就イテ」, 1920년 1월 26일, 『朝特報』第三號 ; 金正明 編, 『朝鮮獨立運動』 III, 116~121쪽.

120) 1919년 간도의 한국인 천주교신자는 6,556명이었다. 간도의 한국인 천주교신자 수에 대해서는 尹善子, 「間島 天主敎會 設立과 朝鮮人 天主敎信者들의 間島 移住」, 75 · 81 · 91쪽 참조.

121) 『獨立新聞』(상해판), 1920.1.1.

122) 「武裝抗日團ノ日本人迫害等 情報ノ件」, 1920년 5월 5일, 高警 제1324호 ; 金正明 編, 『朝鮮獨立運動』 III, 156쪽.

그런데 일제자료에 나타난 삼원봉성당은 영암촌에 소재하였던 삼원봉본당을 의미한 것은 아닌 것 같다. 일본인을 감금하였을 때 삼원봉본당은 제1차 세계대전으로 인하여 5년의 본당신부 상주 공백 기간을 지나 페랭(Perrin, 1885~1950) 신부가 부임하여 본당신부로 활동하고 있었다.[123] 그런데 다음의 자료에서 보는 바와 같이 그는 한국인 신자들의 독립운동을 이해하는 편이 아니었다.

> "작년에 보고한 독립운동은 그 세력이 많이 약해진 것 같다. 그러나 간도는 예외로 보아야 할 것이다. 이 지방의 선교사 페랭 신부는 다음과 같이 보고하였다. '작년 여름 독립운동가들의 활동이 재연되었다. 젊은이들은 죽음의 위협하에 이 운동에 가담해야 했고, 60~70세의 노인들만이 집에 남아 농사를 짓는다. 부대의 유지비를 주민들로부터 받아내고, 자주 살인을 하며, 독립운동에 열성이 없는 것으로 의심되면 사형에 처하였다. 그들은 이미 독립을 쟁취한 것처럼 생각하고 있었다. 한 달 후면 일본인들은 한국에서 떠날 것이다. 독립군들은 두만강을 건너 회령을 거쳐 서울을 향해 진격할 것이다. 그리고 미국인, 중국인, 러시아 공산당원 등 자유국민들이 모두 합세하여 독립을 위해 싸우고 있는 한국을 도우러 올 것이다. 가을이 되면서 그런 꿈에서 깨어나야 했다. 일본인들은 훈춘 읍내를 약탈한 후 회령과 오촌포의 넓은 계곡을 통해 들어왔다. 독립군 수비대는 북쪽으로 도망갔다. 특수기병부대가 학교들을 불태우고 수상한 자들을 잡아들였다 … 이전에 독립군이었던 자들이 일본군의 통역이 되어 몇 달 전에 반역자들에게 저항하였던 사람들을 무고로써 연루시켰다'."[124]

그러므로 일본인을 삼원봉본당에 감금하였다고는 생각하기 어렵다. 페랭 신부가 작성한 1920년 삼원봉본당의 교세통계표에 의하면 당시 삼원봉본당은 영암촌에 소재한 본당 외에도 호천포·동량리

---

123) 삼원봉은 1909년 5월 1일 본당으로 설립되어 라리보 신부가 파견되었다. 그러나 제1차 세계대전으로 한국 내 천주교회가 성직자 수 부족 현상을 겪게 되자 1914년 한국 내로 불러들여진 후 본당신부 공석 본당으로 남아 있었다. 삼원봉본당에 성직자가 다시 파견된 것은 1919년 9월이었고 파견된 선교사는 페랭이었다(尹善子, 「間島 天主教會 設立과 朝鮮人 天主教信者들의 間島 移住」, 95~96쪽).

124) C-R-Seoul, 1921.

·신포동·시장거리·희망동 등의 공소를 관할하고 있었다.[125] 일
본인을 감금한 곳은 폐랭 신부가 상주하고 있던 영암촌이 아니라
삼원봉본당에 속한 이들 공소 중 하나였다고 생각된다.

간도의 천주교신자들은 왕청현 춘화사 석현(汪淸縣 春華社 石
峴)에 근거를 두고 독립운동을 전개하였던 신민단(新民團)에도 참
여하였다. 신민단의 단원은 300명이었는데[126] 훈춘 지역의 신자들
이 여기에 참여하였다. 당시 훈춘 지역은 교회행정상으로 용정본당
관할이었는데 60여 명의 신자들이 경신향(敬信鄕)의 금당촌(金塘
村)과 대하전(大荷田), 순의향 동포대(純義鄕 東咆臺), 수선향 현
성(首善鄕 縣城) 등에 살고 있었다. 이중 경신향 금당촌의 신자들
이 신민단에 가입하여 독립운동에 참여하였다.[127]

일제의 첩보자료들이 계속 감시·언급하고 있는 점에서 알 수
있듯이 독립운동에 대한 간도 신자들의 인식과 활동은 한국 내 천
주교회와는 사정이 달랐다. 신자들은 독립운동단체에 참여하였을
뿐 아니라 독립운동단체를 조직하여 독립운동을 전개하였다. 같은
시대에 같은 신앙을 소유하였으면서도 한국 내에서와는 달리 간도
의 한국인 신자들은 독립운동에 적극 참여하였다.

간도 천주교신자들의 독립운동은 전체 독립운동선상에서 볼 때
미약하다. 그러나 이들의 독립운동은 당시 교회의 일반적인 상황이
정교분리론에 의해 일제 침략에 무관심하도록 유도되고 있었던 사

---

125) 1920년 삼원봉본당의 신자 수 현황을 살펴보면 영암촌에 437명, 호천포
   에 34명, 희망동에 26명, 동량리에 37명, 시장거리에 30명, 신포동에 57
   명 등 621명이었다(『본당별 교세통계표』 1919~1920, 삼원봉본당 폐랭
   신부 작성, 한국교회사연구소에 소장).
126) 「間島地方韓族獨立運動機關 所在地及幹部名報告ノ件」, 1920년 3월 16일,
   高警 제7594호 : 金正明 編, 『朝鮮獨立運動』 III, 133쪽. 1920년 7월 3일
   보고에 의하면 군인은 500명으로 증가하였다(金正明 編, 『朝鮮獨立運
   動』 II, 259쪽).
127) 「琿春地方ニ於ケルキリスド敎ノ狀況報告ノ件」, 1921년 9월 7일, 『朝特
   報』 제19호 : 金正明 編, 『朝鮮獨立運動』 III, 389쪽.

실을 고려할 때 의미를 가질 수 있다. 신자들의 독립운동은 제도교
회로부터 공식적인 격려나 인정을 받을 수 없었다. 당시 한국 천주
교회를 관할하고 있던 파리외방전교회 선교사들은 성속이원론의
입장에서 정교분리를 주장하였다. 독립운동에의 참여를 정교분리
원칙 위반으로 인식하였던 선교사들은 한국인 신자들이 독립운동
에 참여하는 것을 금지하였다.128) 따라서 천주교 신앙이나 제도교
회의 가르침으로부터 직접적인 영향을 받아 독립운동을 전개하였
다고는 보기 어렵다. 물론 신자들이 독립운동에의 투신을 결심하는
과정에는 천주교 신앙이 일정한 영향을 주었을 것이다. 그러나 독
립운동에 투신한 신자들이 보다 직접 영향을 받은 것은 민족주의
사상이었다. 신자들은 당시 유행하던 민족주의 사상을 수용하여 그
사상과 자신의 천주교 신앙이 상호 충돌되지 않는 것으로 판단하
였다. 자신을 천주교신자이면서 동시에 한민족의 일원으로 생각하
였기에 독립운동에 참여할 수 있었던 것이다.129)

  간도의 천주교신자들이 독립운동에 참여할 수 있었던 첫 번째
이유는 앞에서 설명하였듯이 활발한 교육 활동으로 독립사상을 고
취할 수 있었기 때문이었다. 두 번째 이유는 독립운동을 전개하는
데 인적·물적 기반이 될 천주교회가 설립되어 있었기 때문이었다.
간도 지역이 독립운동의 중심지가 되었던 것은 한국과 거리가 가
까워 국내 진공이 가능하였으며, 독립군 편성에 인적·물적 기반이
될 수 있는 한인사회가 형성되어 있었기 때문이었다.130) 천주교회
도 마찬가지였다. 인적인 면에서 간도 천주교회를 구성한 신자들의
이력도 간도의 천주교신자들이 독립운동에 참여할 수 있는 이유로
작용하였다고 여겨진다. 간도 천주교회 설립에 기초를 닦은 김이
기, 그리고 간도 천주교회의 첫 신자들 중 많은 이들이 동학과 관
련이 있었다.131) 일제자료에도 동학잔당들이 천주교에 입교한 후

---

128) 尹善子, 1996, 「日帝下 朝鮮天主敎會의 宣敎政策」『北岳論叢』14, 51쪽.
129) 조광, 「일제하 무장독립투쟁과 조선 천주교회」, 156~157쪽.
130) 吳世昌, 「滿洲 韓國獨立軍의 編成과 活動」, 133쪽.

천주교의 중견 세력이 되었다고 기록되어 있다.[132] 반제국주의적 성격을 지니고 있었던 동학에 관여하였던 경험이 일본 제국주의의 한국 지배에 저항할 수 있는 요인으로 작용하였던 것이다.

경술국치를 전후하여 국경을 넘었던 한국인 신자들의 이주 원인도 간도의 천주교신자들이 독립운동에 참여할 수 있는 요인으로 작용하였다. 한국인들이 국경을 넘은 제일 원인은 빈곤 때문이었는데, 을사조약 이후 그 빈곤은 일본 제국주의의 한국 침략에 기인한 것이었다. 특히 천주교신자들 중에는 「삼림령」과 「국유삼림산야보호규칙」이 제정되면서 생계에 타격을 입고 이주한 이들이 많았다.[133] 이들이 일제의 식민통치에 불만을 품고 있었을 것은 당연하다. 이와 같이 인적인 면에서 간도의 천주교신자들은 독립운동에 투신할 수 있는 이유를 지니고 있었다. 여기에 비교적 풍부하였던 물적 자원도 간도의 천주교신자들이 독립운동에 참여할 수 있는 이유가 되었다. 간도의 천주교신자들은 간도 지역의 한국인들과 비교하여 생활이 비교적 여유로웠다.[134]

간도의 천주교신자들이 독립운동에 참여하였던 세 번째 이유는 간도에서 전개된 독립운동에 종교인들의 참여가 활발하였던 데에 있었다. 종교인들을 인적 기반으로 독립운동이 전개되고 있던 분위기가 당시 간도에서 상당한 교세를 기록하고 있던 천주교신자들에게도 영향을 끼쳤다고 여겨진다.[135] 특히 개신교신자들의 활발한

---

131) 주 118) 참조.
132) 朝鮮總督府中樞院, 1918, 「東部間島及咸鏡南北兩道 特別調査報告書」『白山學報』 24, 224쪽.
133) 尹善子, 「間島 天主敎會 設立과 朝鮮人 天主敎信者들의 間島 移住」, 84~88쪽.
134) 위의 논문, 98~101쪽.
135) 1920년대까지도 간도 지역에는 천주교신자 수가 개신교신자 수보다 많았다. 1928년 간도 지역의 천주교신자 수는 11,764명으로 개신교신자 수(장로회신자 수) 6,094명(세례신자 수는 2,241명)의 약 2배를 기록하였다(렌너, 1980.5, 「원산교구사」『교회와 역사』 57, 2쪽). 한편 천주교신자 수는 세례신자 수를 말하므로 개신교신자 수도 세례신자 수를 기준으로

독립운동이 천주교신자들에게 많은 영향을 주었다고 생각된다. 간도의 천주교신자들과 개신교신자들은 협동조합운동 및 교육운동을 통하여 협력하고 있었다. 그러므로 독립운동에서도 협력의 공간을 마련하기 쉬웠을 것이다.

이상의 여러 가지 이유가 작용하여 간도의 천주교신자들은 한국 독립운동에 참여하였다. 그런데 한국 천주교회의 선교사들은 한국인들의 독립운동을 이해하지 못하였다. 뿐만 아니라 한국인 신자들이 독립운동에 참여하는 것을 금지하였다. 안중근이 이토오 히로부미를 처단하였을 때도 제도교회로서 천주교회의 공식적인 입장은 안중근의 독립운동행위를 비난하는 것이었다. 여순(旅順) 감옥으로 안중근을 방문하였던 빌렘 신부도 초기에는 한국인들의 독립운동을 이해하지 못하였다.[136] 신자들의 독립운동에 대한 제도교회의 몰이해는 신자들로 하여금 교회의 문을 나서게도 하였다.[137]

간도 천주교회의 선교를 담당하고 있던 프랑스인 선교사들은 한국인들의 독립운동을 비난하였다. 독립군들이 부대의 유지비를 간도의 한국인들에게 강요할 뿐만 아니라, 독립운동에 열성이 없다고 의심되면 동족인 한국인들을 사형에 처한다고 하였다. 경신참변(庚申慘變) 이후에는 예전의 독립군들이 일본군의 통역자가 되어 악행을 일삼는다고 비판하였다.[138] 그러면서도 개신교신자들보다는 천주교신자들이 독립운동의 주동 인물로 주목받지 않음을 다행으로 여겼다.[139] 개신교신자들과 천주교신자들의 분열을 획책하였던

한다면 천주교와 개신교의 신자 수는 약 5:1을 기록하는 것이었다.

136) 윤선자, 「'한일합병' 전후 황해도 천주교회와 빌렘 신부」, 122~129쪽.

137) 105인 사건으로 체포되었던 李基唐은 풀려나자 곧 서간도의 무송현으로 건너가 독립운동을 계속하였다. 廣濟會와 自治會를 조직하고 兵學校를 설립하는 등 활발한 활동을 전개하자 일제의 체포령이 내렸다. 그러자 당시 新義州本堂의 徐丙翼 신부는 이기당을 파문하고 逐教한다는 사실을 일제당국에 통고하였다(〈MUTEL문서〉 1916-85·86 : 崔奭祐, 「韓國宗敎運動史-天主敎」, 230쪽).

138) 주 124) 참조.

일제의 정책에 함몰되어가고 있었던 천주교 선교사들의 의식구조
를 파악할 수 있다. 그러나 한국인 천주교신자들은 한국 독립운동
이 성공할 수 없을 뿐 아니라 불행을 초래할 것이라는 선교사들의
말을 믿지 않았다. 신자들은 한국 독립불가론을 표명하는 선교사들
을 비난하였다.[140)

Ⅳ. 대한의민단(大韓義民團)의 조직과 활동

간도에서 조직되었던 많은 독립운동단체들 중 구성원들의 종교
적 색채가 천주교로 명시된 단체가 있었다. 대한의민단이었다. 대
한의민단이 언제 조직되었는지는 확실하지 않다.[141) 대한의민단을

---

139) "간도 지역의 선교사 퀴를리에 신부는 다음과 같이 보고하였다. '천주
교신자들은 일본인들로부터 독립운동의 주동 인물로 의심받고 있는 개
신교신자들보다 훨씬 고통을 덜 받았다. 6,700명의 개신교신자들이 사
망하였는데 2명은 한국인 목사였다. 개신교학교들도 거의 불타버렸
다'"(C-R-Seoul. 1921).

140) "독립운동의 초기에 우리 청년들 중 많은 이들이 도와주지도 않으면서
독립운동은 성취되지 못할 뿐만 아니라 그들을 불행하게 만들 것이라
는 이야기나 끊임없이 하는 선교사는 믿을 수 없다고, 자신들이 기대하
는 것과는 전혀 부합되지 않는 선교사는 원하지 않는다고 드러내놓고
불만을 토로하였다"(〈MUTEL문서〉 1921년 용정본당의 연말보고서, 퀴
를리에 신부가 간도 용정본당에서 뮈텔 주교에게 보낸 1921년 연말보
고서).

141) 조광 교수는 1920년 6월 2일 이후부터 7월 3일 이전 어느 시점에 의민단
이 창립되었다고 보았다. 그 이유는 1920년 6월 2일 일제 첩보문서(「間
島地方ニオケル抗日六團體代表者協議事項等情報ノ件」, 金正明 編, 『朝鮮
獨立運動』 III. 166쪽)에도 의민단 관련 기록이 나타나지 않았는데, 1920
년 7월 3일 상해 임정 자료에 언급되었기 때문이라고 하였다(조광, 「일
제하 무장독립투쟁과 조선 천주교회」, 164쪽). 그러나 일제자료에 나타나

가장 먼저 언급하고 있는 자료는 왕삼덕(王三德)이 상해 임시정부에 보고한 1920년 7월 3일 서류이다.[142] 상해 임시정부는 1920년 5월 17일 안정근과 임정의 군무위원(軍務委員) 왕삼덕을 간도에 파견,[143] 독립운동단체들의 연합을 추진하였다. 독립운동단체는 독립운동의 목적을 수행하기 위해 군자금을 모금하고, 독립군을 확보하고, 무기를 구비해야 하였다. 그런데 간도에서 조직된 독립운동단체들은 대부분 그 기반이 견고하지 못하였다. 따라서 각 단체가 우선적으로 단세를 확대·강화하기 위해 보다 넓은 지역과 한인사회를 관할하려 함으로써 많은 분쟁들이 발생하였다. 게다가 조직 배경과 지지 기반이 서로 달랐기 때문에 통합을 이루지도 못하였다.

상해 임정의 권유로 국민회[金聲鎬], 군정서[金錫九], 광복단[崔敬昊], 의군단[李昌涉], 신민단[李煥秀], 의민단[鄭任善]이 대표자회의를 계획하였다.[144] 그리고 1920년 7월 1일 왕청현 알하하(汪淸縣 嘎呀河)에서 제3차 연합회의를 개최하였다. 북로군정서가 불참하고 국민회(대표 金奎煥, 대한독립군 대표), 국민회군무위원(대표 安武, 국민회군 대표), 군무도독부(대표 朴英), 의군부(대표 姜尙燮), 의민단(대표 方禹備), 신민단(대표 金準根), 나자구의 국민의사회(대표 朴昌俊), 훈춘의 한민회(대표 李光澤), 광복단(대표 金星極) 등 9개 독립군 단체 대표들이 참석한 연합회의에는 임정과견위원이 배석하였으며, 독립군 단체들의 통합을 결의하였다. 연합통일을 위해 각 단의 명칭을 취소하고, 각 단에 속한 무기는 1개소에 집합시킨다는 것을 가결하였다.[145] 그런데 연합회의에 참석한 9

지 않았다는 이유로 6월 2일 이후를 의민단의 창립 시기로 보는 것은 곤란하다고 생각한다. 6월 2일을 비롯하여 그전에 보고된 일제자료들이 간도의 모든 독립운동단체를 파악하였다고는 보기 어렵기 때문이다.

142) 1932, 『朝鮮民族運動年鑑』, 在上海日本總領事館 警察部, 155쪽.
143) 위의 책, 108쪽 ; 金正明 編, 『朝鮮獨立運動』II, 238쪽.
144) 「通牒 受 國民收 第136號」, 1920년 6월 29일 ; 姜德相 編, 『現代史資料』 27, 85~86쪽.
145) 「不逞鮮人行動狀況報告」, 1920년 7월 6일 ; 姜德相 編, 『現代史資料』

개의 독립군 단체 중 의민단, 국민회, 신민단 등 3개 단체는 천주교 신자들이 참여한 독립운동단체였다. 이는 간도 천주교회가 독립운 동에 적극적이었음을 말해 준다.

왕삼덕은 연합회의에 참석한 의민단에 대해 "200명의 군인과 200정의 군총(軍銃), 간부는 방우룡(方雨龍)·김연군(金演君), 설 립된 지 오래되지 않았으며 국민회(國民會)군과 연합하고 있 다"146)고 보고하였다. 그리고 색채로 "천주교인파"(天主敎人派)라 고 기록하였다. 그런데 왕삼덕의 자료보다 약간 후인 7월 14일 일 제 자료에 의하면 의민단은 의민회(義民會), 대한의민회(大韓義民 會), 대한의민단(大韓義民團)으로 기록되어 있다.147) 공식 명칭은 대한의민단이었으며, 의민단은 약칭으로 보인다. 한편 일제 자료는 의민단의 인적 구성원이 약 300명이며 구폭도파(舊暴徒派)에 속하 고, 노령(露領)의 한국독립운동가들과 밀접한 연락이 있다고 하였 다. 1920년 10월 28일 일제 자료에도 의민단의 규모는 무장병력 300명, 소총은 400정, 권총 50정, 수류탄 480개로 기록되어 있다.148) 왕삼덕의 보고와 일제 자료 사이에 100여 명의 인원 수 차이가 나 는데 이는 독립운동단체들의 통합에 200명만이 참가하였기 때문이 라 생각된다. 일제 자료는 독립운동단체들의 통합에 참여한 숫자뿐 아니라 모든 단원을 계산하였다고 여겨진다. 이러한 추측과 계산은 의민단이 보유한 무기에 대한 기록, 즉 "군총 400정, 권총 약 50정, 탄약 및 수투탄 약간"에도 적용될 수 있을 것이다.149)

27, 354~356쪽.
146) 「民國二年末現在各地二散在スル團體ノ內容」『朝鮮民族運動年鑑』, 157쪽.
147) 「不逞鮮人ノ根據地移動二關スル件」, 1920년 7월 14일, 在間島堺與三吉朝 鮮總督齋藤實宛 ; 姜德相 編, 『現代史資料』 27, 356쪽 ; 1976, 『독립운 동사자료집』 10, 127쪽.
148) 「間島에 있어서의 不逞鮮人團의 狀況」, 高警 제34318호, 1920년 10월 28 일, 『한국독립운동사』 자료편, 631쪽.
149) 최근의 증언에 의하면 의민단에서 구비한 무기는 두만강 근처 세관에 근무하던 韓允化(덕원신학교의 제1회 졸업생인 한윤승 신부의 사촌)가

의민단은 왕청현 춘화향(春華鄉) 알하하에 본부가 있었으며,150) 동서남북 및 중부에 지부가 있었다. 인적 구성을 살펴보면151) 단장은 방우룡(方雨[渭]龍)이었고, 참모장 김종헌(金鍾[宗]憲), 영장 허근(營長 許垠), 재정부장 홍림(洪林)·석해일(石海一), 부단장 김연군(金演君), 선전부장 정준수(鄭駿秀)·정임현(鄭任賢), 외교부장 허영진(許英振), 통신부장 한일준(韓一俊), 경위부장 차일선(車一善), 교육부장 겸 서부지부장(西部支部長)은 현철(玄哲)이 담당하였다.152) 이외에도 현재 이름을 파악할 수 있는 의민단원은 상의사지부 기파구(尙義社之部 箕簸溝)의 회장 장두엔(張斗円), 팔도구(八道溝) 방면의 경호원 남혁우(南爀祐)·방수호(方壽浩), 모연대 유용섭(募捐隊 劉容燮), 전인하(細鱗河)의 회원 한용택(韓龍澤), 지인사지부 삼도위(志仁社之部 三道崴) 방면의 회장 이윤구(李允九)와 통신원 손인호(孫仁鎬), 숭신사지부 다조구(崇禮社之部 茶條溝)의 부회장 장원칠(張元七) 등이다.153) 또한 팔도구 지부회장이었던 김종담, 군의관 김병렬, 통신원 김덕화·방기화 등의

___

회령에서 일본무역상의 돈이 마차에 실려 용정으로 온다는 정보를 입수하여 독립군 친구에게 알려줌으로써 마련된 것이었다. 한윤화는 독립군 친구에게 세관원의 의복과 육혈포를 빌려주었다. 그리고 세관원을 가장한 독립군 친구는 '오랑캐 고개'에 잠복해 있다가 일본 무역상의 마차를 습격, 70~80만환의 돈을 빼앗았는데 쌀 한 말이 30전이었다. 당시 만주에는 레닌혁명군에 패하고 쫓기던 소련·체코 군인들이 몰려들었고, 독립군은 이들로부터 총과 탄약, 기관총을 매입하였다(『평화신문』, 1993.8.15).

150) 「間島에 있어서의 不逞鮮人團의 狀況」, 高警 제34318호, 1920년 10월 28일, 『한국독립운동사』 3, 628쪽 ; 1983, 『독립운동사』 5, 1983, 343쪽.

151) 여기에 이름이 거론된 이들의 약력은 발견하지 못하였다. 그러나 의민단의 색채가 '천주교파'라고 되어 있었던 점으로 미루어보아 천주교신자들이라 여겨진다.

152) 『독립운동사』 5, 343쪽.

153) 「自大正九年十一月十六日 至大正十年一月六日(局子街歸順者取扱委員部取扱) 歸順申告者名簿」, 在間島日本總領事館局子街分館 ; 姜德相 編, 『現代史資料』 28, 651~656쪽.

이름도 확인된다.[154]

의민단은 천주교신자들에게 기반을 두고 있었으므로 재정은 비교적 풍부하였던 것으로 파악되었다.[155] 의민단뿐 아니라 많은 독립군들이 천주교신자들에게 독립운동자금을 요구하였던 것은 신자들의 경제력이 비교적 곤궁하지 않다고 여겨졌기 때문이었다. 물론 모든 천주교신자들이 독립운동에 협조적이었던 것은 아니다. 그러나 다음의 자료에서 알 수 있듯이 신자들은 의민단이 천주교신자들로 구성된 독립운동단체이며, 독립운동에는 인적·물적 자원이 필요하다는 것을 인식하고 있었으며, 독립운동에 협력하였다.

"독립군들은 무기와 군수품을 갖추기 위해 돈이 필요하였으므로 부유하다고 여겨지는 사람들에게 거액을 요구하였고, 마을마다 재력에 따라 돈을 부과하면서 가엾은 주민들을 약탈하기 시작하였다 … 천주교신자들은 애국심이 없다고 비난받고, 의민단을 결성한 사람들과 마찬가지로 그들의 조국을 사랑한다는 것을 보여주기 위해, 그리고 괴로움을 당하지 않기 위해 다른 사람들보다 더 많은 돈을 내라는 요구를 받았다 … 함이라는 신자는 독립군들로부터 500~600원을 요구받았다. 그가 주저하자 독립군들은 그를 산 속으로 데려갔다. 함의 아들들은 당황하여 독립군들을 추격하기 시작한 중국 군인들에게 그 사실을 알렸다. 중국 군인들은 주막에 뒤쳐져 있던 독립군 2명을 잡아 투옥하였다. 화가 난 독립군들은 투옥된 독립군들을 석방시키지 않으면 함을 죽이고, 마을을 불태우겠다고 위협하였다. 함의 아들들은 중국 군인들에게 감금되어 있던 독립군들의 몸 값으로 1,600원을 지불하기 위해 전답을 팔아야 했다."[156]

1920년 7월 26일, 북간도의 독립군 부대들은 재연합하여 동도독군부(東道督軍府)를 창설하였다. 이때 의민단은 대한독립군과 함께 제2대대로 편성되었으며, 방우룡이 대장으로 임명되었다. 주둔

---

154) 리은광, 「천주교의 력사적 역할과 오늘에 보는 천주교」, 256쪽.
155) 蔡根植, 『武裝獨立運動史』, 大韓民國 公報處, 82쪽.
156) 〈MUTEL문서〉 퀴를리에 신부가 간도에서 뮈텔 주교에게 보낸 1921년도 간도 지역의 연말보고서.

지는 연길현 숭례향 명월구(崇禮鄉 明月溝[廟溝])였으며,157) 소명월구에 있던 방우룡의 집과 천주교회 건물이 제1군사령부로 사용되었다.158) 천주교회 건물이 군사령부로 이용되었다는 것은 당시 이 지역의 천주교신자들이 독립운동에 협조적이었으므로 가능하였다고 생각된다. 의민단은 병력을 확보하기 위해 1920년 7월경 대한국민회, 대한독립군과 연합하여 명월구 이청배(二靑背)에 사관양성소를 설립하였다.159) 그러나 그해 9월 1일 일제의 압력을 받은 중국기병 100여 명이 사관양성소를 방화함으로써 폐교하였다.160)

일본 제국주의자들은 중국군을 동원하여 한국독립군을 탄압한 데 이어 '간도지방불영선인초토계획'(間島地方不逞鮮人剿討計劃)에 의거하여 직접 간도에 침입하여 한국독립군을 진압하였다. 1920년 10월에는 경신참변을 자행하였는데 종교를 한국인들의 독립운동 근거지로 인식하고 종교 토벌에도 주력하였다.161) 이때 천주교신자들이 살고 있던 경신향 금당촌과 대하전, 순의향 동포대(順義鄉 東砲臺), 수선향 현성(首善鄉 縣城) 등이 많은 피해를 입었다.162) 천주교신자마을인 대교동에서도 신자들이 학살당하고 부녀자들이 폭행당하였다.163) 신자들은 일종의 자위적 활동으로 무장투쟁을 전개하였고, 이는 한국의 독립을 쟁취하기 위한 독립운동으로 발전하였다.

157) 「間島地方不逞鮮人團東道軍政署同督軍部及東道派遣部等ノ行動ニ關スル件」, 1920년 7월 26일 ; 姜德相 編, 『現代史資料』 27, 361쪽.
158) 姜德相 編, 『現代史資料』 28, 385쪽.
159) 「不逞鮮人의 根據地 移動에 관한 件」, 1920년 7월 14일 在間島 堺與三吉, 『獨立運動史資料集』 10, 127쪽.
160) 姜德相 編, 『現代史資料』 27, 98쪽.
161) 川口忠 編, 1932, 「間島琿春北鮮及東海岸地方行脚記」, 106쪽 ; 崔峰龍, 「在滿朝鮮人 反日民族獨立運動에서의 宗敎의 歷史的 地位에 대하여 -1910~1920년대를 중심으로-」, 229쪽.
162) 「琿春地方ニ於ケルキリスト敎ノ狀況報告ノ件」 ; 金正明 編, 『朝鮮獨立運動』 III, 389쪽.
163) 朴殷植, 1920, 『韓國獨立運動之血史』, 上海 : 維新社, 166쪽.

연길・훈춘・화룡・왕청에 근거지를 두고 있던 독립군부대들은
1920년 8월 하순부터 근거지 이동을 시작하였다.[164] 이때 의민단은
부대가 둘로 나뉘어 일부는 용정에서 서남쪽으로 약 10거리인 수
칠구(水七溝)에 주둔하였고,[165] 비교적 잘 무장되고 전투력이 강
한 모험대는 대한독립군 및 국민회군과 연합하여 이도구(二道溝)
로 이동하였다.[166]

1920년 9월 29일 의민단은 대한의민회의 명칭으로 대한신민단
(大韓新民團), 대한광복단(大韓光復團), 대한국민회(大韓國民會)
등과 연합하여 북로사령부(北路司令部)를 구성하였다.[167] 그리고
10월 21일 이후 홍범도・김좌진이 이끄는 연합군의 일원으로 청산
리전투에 참여하였다.[168] 당시 의민단의 병력은 100명이었다.[169]
의민단원들은 일본군과의 전투 참여 외에도 일본군대 정찰, 일본
군수품 파괴,[170] 군자금 모금[171] 등을 통하여 독립운동에 투신하

---

164) 「間島地方ニ於ケル支那官憲ノ不逞鮮人討伐槪要」; 姜德相 編, 『現代史
  資料』 28, 93~94쪽.
165) 「十月中得タル情報ニ據ル間島地方不逞鮮人槪況」; 姜德相 編, 『現代史
  資料』 28, 402~403쪽.
166) 愼鏞廈, 1985, 「獨立軍의 靑山里獨立戰爭의 硏究」 『韓國民族獨立運動史
  硏究』, 乙酉文化社, 448쪽.
167) 金正明 編, 『朝鮮獨立運動』 II, 260쪽.
168) 編輯委員會, 1984, 『延邊朝鮮族自治州槪況』, 延邊: 延邊人民出版社, 43쪽;
  조광, 「일제하 무장독립투쟁과 조선천주교회」, 166쪽.
169) 연합군은 1,400명이었는데 大韓獨立軍 300명, 國民會軍 250명, 韓民會軍
  200명, 光復團軍 200명, 義民團軍 100명, 新民團軍 200명, 義軍府軍 150
  명 등이었다(「不逞鮮人ノ狀況」 秘間情 第51號, 1920년 11월 1일; 姜德
  相 編, 『現代史資料』 28, 385쪽).
170) 1920년 10월 초 이래 연길현 水北村에 의민단원 6명이 잠복하여 폭탄 2
  개와 총을 지니고 일본군대의 행동을 정찰하고 군수품 파괴 및 일본인
  가옥에 방화를 기도하였다(「十月中得タル情報ニ據ル間島地方不逞鮮人
  行動槪況」, 間情 第59號, 1920.11.10, 在間島日本總領事館; 姜德相 編,
  『現代史資料』 28, 391쪽).
171) 1920년 10월 25일 용정촌 水七溝에 27명의 의민단원이 내습하여 군자금
  을 강요하고 촌민 2명을 납거하였다(「十月中得タル情報ニ據ル間島地方

였다. 신자들 중에는 성당을 근거지로 군자금을 모금하기도 하였
고,[172] 군자금을 모금하다 체포되기도 하였다.[173]

10월 29일 의민단은 대한신민단, 대한광복단, 대한국민회와 함께
상해 임시정부의 지휘를 받는 총판부(總辦府)를 설치하였다. 의민
단 단장 방우룡은 연길·화룡·돈화(敦化)·액목(額穆) 등을 관장
하는 '간북북부총판부'(墾北北部總辦部)의 부총판으로, 김연군은
참사(參事)로 임명되었다.[174] 그런데 총판부를 구성한 4개의 단체
중 신민단, 국민회, 의민단에 천주교신자들이 참여하고 있었다. 따
라서 간북북부사령부에는 천주교신자들이 많이 참여하고 있었다고
생각된다.

의민단은 간도의 독립군들이 일제의 추격을 받아 러시아령 자유
시(自由市)로 집결 피신하였을 때 일부만 이동한 것 같다.

"의민단은 왕청현 춘화향 알하하에 근거를 두고 방위(우)룡이 통솔하는
단체로서 일찌기 홍범도의 일파와 상호 제휴하였던 것이다. 근래 이와 분리
하고 전혀 선내지(鮮內地) 무력침습을 주의로 하며 그 행동이 필히 상해 가
정부(假政府)의 명을 기다리지 않는 것 같다. 본 단체의 주되는 간부를 들면
단장 방위룡, 참모장 김종헌, 영장 허근, 재정부장 홍림(洪林)으로서 대원 약
300, 소총 약 400, 권총 약 50, 수류탄 약 480을 가진 것 같다."[175]

不逞鮮人行動槪況」, 間情 第59號, 1920년 11월 10일, 在間島日本總領事
館 ; 姜德相 編, 『現代史資料』 28, 403~404쪽).

172) 「十月中得タル情報ニ據ル間島地方不逞鮮人行動槪況」, 間情 第59號, 1920.
11.10, 在間島日本總領事館 ; 姜德相 編, 『現代史資料』 28, 394쪽.

173) 1920년 10월 12일 군자금을 모금하던 의민단원이 용정촌 土城에서 체포되
었다(「十月中得タル情報ニ據ル間島地方不逞鮮人行動槪況」, 間情 제59호,
1920.11.10, 在間島日本總領事館 ; 姜德相 編, 『現代史資料』 28, 395쪽).

174) 「梁道憲ノ逸走」 『秘間情』 49, 1920년 10월 30일 ; 姜德相 編, 『現代史資
料』 28, 383쪽 ; 『朝鮮民族運動年鑑』, 151쪽.

175) 「간도에 있어서의 불영선인단의 상황」, 『高警』 제34318호, 1920.10.28,
『한국독립운동사』 자료편, 631쪽. 위의 자료에 근거하여 "러시아령 자
유시로 함께 이동하였다"는 1996년 5월 부산교회사연구소에서 발표
하였던 필자의 원고 내용은 수정한다.

1921년 8월 4일 간도 지역의 무장독립군들이 대한독립군단(大韓獨立軍團)을 조직하여 전열을 재정비하였을 때 현빈(玄斌)과 채창묵(蔡昌默)이 의민단 대표로 열거되어 있는[176] 점으로 보아 이를 짐작할 수 있다. 간도에 남아 있던 의민단원들도 독립운동에서 멀어진 것은 아니었다고 여겨진다. 1921년 6월 29일 발생한 '자유시참변'에 대해 1921년 9월 독립운동단체들이 강력 항의하였을 때 이 항의 대열에 '의민단대표'로 방우룡과 김연군이 참여하고 있기 때문이다.[177]

이후 의민단에 관한 기록은 발견되지 않는데, 독립군들이 자유시로 집결하였을 때 주력 부대가 집결 대열에서 이탈하면서부터였다고 생각된다. 그리고 그 대열에서 이탈하게 된 것은 1920년 8월의 근거지 이동 때 의민단이 분열한 데에서 그 원인을 찾을 수 있을 것 같다. 이미 이때부터 의민단 내부에서 독립운동으로부터 후퇴하는 세력들이 있었다는 것이다. 그런데 독립운동으로부터 물러나는 세력들이 생겨나게 된 것은 당시 각 종교가 직면한 위협적인 상황, 즉 종교탄압에 이유가 있었다. 일제는 재만 한국인 중 종교인들이 독립운동을 격렬하게 전개하자 '신앙자유 불간섭책'으로부터 반일 경향의 종교단체 탄압책으로 종교정책을 전환하였다. 한국인들의 종교를 정치운동의 책원지로 간주하고[178] 교회와 신자들을 탄압한 것이다.[179]

중국 군벌도 한국인들의 항일독립운동을 방해하기 시작하였다. 한국인들의 독립운동을 진압한다는 구실로 일본 군인들이 간도에

---

176) 「間島地方ニオケル獨立趣旨書オヨビ警告文入手ノ件」 ; 金正明 編, 『朝鮮獨立運動』 II, 398쪽 : 조광, 「일제하 무장독립투쟁과 조선천주교회」, 166쪽.
177) 『朝鮮民族運動年監』, 202쪽.
178) 姜德相 編, 『現代史資料』 28, 287~291쪽.
179) 간도 침입으로 두 달 동안 28개 교회, 36개 학교, 3,209채 가옥이 소각·파괴되었고, 3,469명의 한국인이 학살되었는데 그중 종교인이 과반수였다고 여겨진다(川口忠 編, 『間島琿春北鮮及東海岸地方行脚記』, 107쪽).

출병함으로써 일본에 대한 부담이 증가되었기 때문이었다.

공산주의 운동과 함께 일어난 반종교운동도 간도 천주교신자들의 독립운동에 타격을 주었다.[180] 1936년 간도 천주교회 설립 40주년을 기념하여 특집으로 간행한 『가톨릭靑年』을 살펴보면[181] 반종교·반기독교를 내세우며 침입한 공산당과 마적들로 인해 간도 천주교회가 얼마나 황폐화되었는지 알 수 있다.[182] 계속되는 마적들의 침입, 일제의 탄압, 반종교운동 등으로 간도의 상황이 악화되자 간도의 한국인 신자들은 천주교회 자체의 보호와 유지에 주력하였다. 그리고 항일독립운동선상에서 멀어져갔다.

---

180) 천주교에서 운영하는 海星學校에서도 "학교를 종교에서 개방하자"는 구호 아래 반종교운동이 일어났다(『間島に於ける朝鮮人の問題に就いて』, 東京 : みすず書房, 62쪽 ; 崔峰龍, 230, 「在滿朝鮮人 反日民族獨立運動에서의 宗敎의 歷史的 地位에 대하여－1910~1920년대를 중심으로－, 230쪽).

181) X생, 「延吉敎區 各敎會 沿革과 現勢」, 30~44쪽.

182) 공산주의운동과 반종교운동이 격렬해지자 간도 천주교회를 관할하고 있던 베네딕도회 선교사들 중에는 일제에 협력하는 이들도 나타났다고 한다. 1933년 4월 연길본당의 되르플러(Dörfler) 신부는 일본군이 훈춘 지역의 항일독립군들을 토벌하는 기회에 10여 만원의 경비로 교회를 설립하고 학교와 병원을 보수하였으며, 왕청현 합마당 및 화룡현 토산자와 대랍자 등에서 난민을 구제한다는 명목으로 교세를 확장하였다고 한다. 교황청에서도 선교권을 보장받기 위해 1934년 4월 만주국을 승인하였고, 길림주교를 駐滿洲敎皇使節로 임명하였다. 교황사절은 만주 지역의 주교들에게 만주국에의 복종을 명령하였다. 그리하여 연길교구의 독일인 주교 브레허(Breher, Theodor : 1889~1950)도 선교사들에게 교황사절의 지시에 따를 것을 명령하였다. 1937년 1월 16일 교황청은 천주교 지지에 감사한다며 만주국 참의장과 외교부장 등에게 금탑훈장을 수여하였다 (리은광, 「천주교의 력사적 역할과 오늘에 보는 천주교」, 261쪽).

제4장

1920년대 일제의 기독교 회유정책과
천주교회의 조응(照應)

3·1운동 이후 일제는 한국에 대한 식민통치정책을 전환하였다. '문화정책'이라는 미명으로 전개된 1920년대 일제의 한국 통치정책은 그 핵심이 한국인의 민족분열을 획책하는 것이었다. '문화정책'을 표방하였던 1920년대 일제의 식민통치정책은 '무단정책'으로 행해졌던 1910년대의 그것보다 더욱 교활하였고, 그만큼 한국인들에게 깊은 상처를 남겼다. 기독교정책도 회유책과 함께 분열정책이 동시에 추진되었다.

본 장에서는 3·1운동 이후 전개된 일제의 기독교 회유책에 천주교회는 어떠한 태도를 취하였는지 살펴보고자 한다. 먼저 종교교육과 교회 설립에 편의를 제공하였던 일제의 완화된 종교정책에 천주교회는 어떠한 반응을 보였는지 조사할 것이다. 이어 3·1운동 이후 선교사 및 교회가 일제에 협력하게 된 중요한 이유가 되었던 종교법인 문제를 살펴볼 것이다.

1920년대의 한국 기독교회를 연구한 그 동안의 논문들은 기독교 학교에서 종교교육과 종교의식을 허용하고, 교회 설립을 허가제에서 신고제로 허용하였기 때문에 3·1운동 이후 한국의 기독교계가 일제 식민정권에 적극 협조해 갔다고 주장한다. 그러나 당시 한국의 기독교계를 관할하고 있던 선교사들이 종교교육이나 교회 설립만큼 관심을 두었던 것은 종교법인 문제였다. 일제의 식민지가 되어버린 한국에서 한국인들을 선교의 대상으로 활동해야 했던 선교사들에게는 종교단체의 법인화가 곧 선교 활동의 보장이었으며, 한국에서 지속적으로 교권을 장악하기 위한 방법이었다.

3·1운동 이후 전개된 일제의 기독교 회유책은 기독교학교에서의 종교교육 및 종교의식 허락과 더불어 종교법인 문제를 함께 고찰해야 정확히 파악할 수 있다. 따라서 일제와 한국의 기독교계가

표면상 내세웠던 기독교학교에서의 규제 완화 및 교회 설립 기준 완화에 한국 천주교회가 어떠한 대응을 하였는지 살펴볼 것이다. 이어 종교단체 중 가장 먼저 재단법인 설립을 인가받은 '경성구천 주교회유지재단'(京城區天主敎會維持財團)을 포함하여 한국 천주 교회의 재단법인화 과정을 추적하고자 한다.

Ⅰ. 기독교 규제 완화와 천주교회의 반응

3·1운동을 겪은 후 일제는 한국 통치에 새로운 방법을 도입하 였다. 탄압정책을 강화하는 한편 정치선전도 병행하는 것이었다. 정치선전은 대내적으로 반일독립운동의 전멸을 기도하고, 대외적 으로는 서구 제국주의국가들과의 외교관계를 악화시키지 않고 해 외 한국인의 독립운동을 저지하는 방향으로 추진되었다.[1] 그것은 한민족의 3·1운동에 놀란 때문이기도 하였지만 일본 제국주의가 직면한 대내·외적인 모순 때문이기도 하였다. 당시 일본은 국내적 으로는 쌀 소동을 시작으로 농민·노동자의 계급투쟁과 함께 불어 닥친 경제공황, 국제적으로는 영·미 제국주의의 아시아 진출 강화 에 따른 시장의 협소화로 어려움을 겪고 있었다.

제1차 세계대전 후 세계사의 구조는 크게 변하였다. 제국주의 열 강들이 식민지 지배정책의 방법론을 분할통치(Divide and Rule)로 변경한 것이다. 3·1운동 이후 조선총독으로 부임한 사이토(齋藤 實) 역시 당시 세계적으로 전개되고 있던 분할통치에 의한 식민지 통치정책을 채택하였다.[2] 분할통치란 식민지 내부의 종족적·계층

---

1) 姜東鎭, 1980, 『日帝의 韓國侵略政策史―1920年代를 中心으로―』, 한길사, 19쪽.

적·종교적 대립을 이용하여 그 민족의 통일과 민족운동의 발전을 가로막는 분열정책이다.[3] 이는 무단통치보다 식민지인들에게 더 깊고 많은 상처를 남긴다. 식민통치자들에 의한 탄압이 아니라, 피식민지인들 서로간의 분열이므로 공격의 대상이 식민통치자들이 아니라 피식민지인들이 되는 것이다. 이러한 통치 방법은 식민통치가 끝난 이후에도 피식민지인들간의 협력에 방해 요인으로 작용하게 된다. 그러므로 분할통치는 무단통치보다 완화된 방법들이 이용된다 하더라도 식민지인들에게는 결코 무단통치보다 나은 것이 아니다. 더 교묘한 식민통치 방법일 뿐이다.

1920년대 조선총독부의 종교정책도 1910년대와 마찬가지로[4] 한국인이 관할하는 비서구계 종교와 서구인들이 관할하는 서구계 종교로 나누어 추진되었다. 불교에 대해서는 중앙집권화를 도모하고 친일분자나 일본인으로 하여금 관리하게 한다는 방침이 수립되었다.[5] 3·1운동에 중요한 역할을 담당하였던 천도교에 대해서는 천도교의 자체 분열, 일본인에 의한 관리, 그리고 최종 목표는 해산으로 정해졌다. 한국인이 관할하는 종교단체에 대해서는 1910년대보다도 더욱 가혹한 규제 방침이 종교정책으로 정해진 것이다.

그러나 천도교와 더불어 3·1운동 당시 중요한 역할을 하였던 기독교에 대해서는 완화 정책이 취해졌다. 그것은 기독교가 서구세

---

2) 友邦協會, 1970, 『齋藤總督の文化政治』, 170쪽.
3) 姜東鎭, 『日帝의 韓國侵略政策史—1920年代를 中心으로—』, 10~11쪽.
4) 1910년대 일제의 종교정책에 대해서는 제1장 참조.
5) ① 사찰령을 고쳐 서울에 전국 30본산을 통찰하는 총본산을 두고 중앙집권화를 꾀한다. ② 총본산의 관장은 친일주의자로 세운다. ③ 불교 진흥 촉진 단체를 만들어 총본산의 옹호 기관 노릇을 시킨다. ④ 진흥 촉진 단체는 본부를 서울에 두고 회장을 居士 중 친일주의자인 덕망높은 사람으로 채운다. ⑤ 이 단체의 사업을 '일반 인민 교화, 죄인의 감화, 자선 사업, 기타'로 한다. ⑥ 총본산·각본산·불교 단체에 '상담역으로 인격있는 일본인을 둔다'는 등이다(齋藤實文書 742, 「朝鮮獨立運動에 對する對策」, 1920년 8월 27일 : 姜東鎭, 『日帝의 韓國侵略政策史—1920年代를 中心으로—』, 389~390쪽에서 인용).

력과 연계되어 있기 때문이었다. 한국인들의 3·1운동으로 일제는 국제적으로 곤란한 입장에 처하게 되었다. 일제의 한국 통치에 많은 이견들이 제시되고, 일제의 한국인 탄압에 대한 비난도 인도적인 차원에서 쏟아지고 있었기 때문이다. 제1차 세계대전의 승전국들을 위한 베르사이유 회의 때도 일본대표들은 한국의 3·1운동으로 많은 곤욕을 치렀다. 그러므로 사이온지는 특별히 서구 제국주의 국가들과의 관계에 주의를 기울여 차후로는 외국과의 관계로 인하여 일본이 한국을 통치하는 데 의혹이나 비난을 사는 일이 없도록 하라고 당부하였다.[6]

　3·1운동이 일어난 후 일본수상 하라(原敬)는 하세가와(長谷川 好道) 조선총독에게 재한선교사들과의 관계를 개선하라고 충고하였다.[7] 그러나 하세가와는 태도를 바꾸지 않고 후임 조선총독 사이토에게 인계한 「조선시정요강」(朝鮮施政要綱)에서 한국 기독교의 교권을 일본인이 장악해야 한다고 주장하였다.[8] 한국의 기독교계가 일본인들에게 장악당한 것은 제2차 세계대전이 발발한 이후였다. 그러나 그것은 전쟁의 와중에 갑자기 이루어진 것이 아니었다. 한국 기독교계를 장악하려는 일제의 계획은 3·1운동 이후부터 공식 문서에 등장하고 있다. 통감부 시기에도 일제는 한국에서 활동 중이던 외국세력을 불편하게 여겼다. 한국을 강제 병합한 초기

---

6) 朝鮮行政編輯總局 編, 1937, 『朝鮮統治秘話』, 帝國地方行政學會, 289~290쪽.
7) "선교사 중에는 세력 확장을 위해 정치범을 보호, 감춘 선례도 있고, 또 제국의 신시정에 대해 만족해 하는 자도 적지 않으므로 당국자로서는 그들과 서로 만나는 기회를 이용하여 총독 시정 방침을 친절하게 알리고 이를 바탕으로 전도하도록 …"(寺內正毅 關係文書 410-1, 「寺內正毅 가 長谷川好道에게 보낸 서한」 ; 姜東鎭, 『日帝의 韓國侵略政策史-1920 年代를 中心으로-』, 76~77쪽에서 재인용).
8) "종교의 교권을 외국인이 장악하게 하는 것은 심히 위험하니 만약 기독교로서 한국인의 민심에 투합하는 것이 있다면 적어도 그 교권은 일본인 또는 한국인에게 장악하게 할 필요가 있다"(寺內正毅 문서, '1919년 7월 8일로 기록 서명하여 渡瀬에게 건네주었다' : 韓晳曦, 1988, 『日本の 朝鮮支配と宗教政策』, 未來社, 94쪽에서 재인용).

에는 자신들의 행동에 정당성을 부여받기 위해 서구세력과 연계된 기독교 선교사들을 우대하였지만, 재한선교사들의 존재를 달가워 하지는 않았다. 특히 3·1운동에 기독교신자들과 선교사들이 다수 관여한 것으로 판명되자 한국을 완전 지배하기 위해서는 한국의 기독교계도 일제가 장악해야 한다는 생각을 더욱 강하게 하게 되었다.

사이토도 조선총독으로 취임하기 전까지는 재한선교사들을 "한국 통치에서 거추장스러운 존재"로 여기고 있었다. 그러나 그는 3·1운동 이후 한국에 부임하였으며, 1918년 일본의 전국적인 쌀소동을 계기로 출현한 하라 내각하의 '대정(大正) 데모크라시'를 배경으로 조선총독이 되었기 때문에 데라우치와는 다른 방식을 취할 수밖에 없었다.9)

하라 일본수상은 사이토에게 재한 외국인 선교사들에 대한 적극적인 접근을 제의하였다.10) 그는 재한선교사들이 조선총독부에 불만을 갖는 것은 교육과 종교를 분리하였기 때문이 아니라 선교사들과의 교류에 신경을 쓰지 않았기 때문이라고 분석하였다.11) 선교사들이 조선총독부에 불만을 갖는 것은 종교교육과 종교의식을 학교에서 못하게 한 조치 때문이 아니라는 것이었다. 사실 1911년 사립학교규칙과 1915년 개정사립학교규칙이 공포되어 교회학교에서 종교교육과 종교의식을 행할 수 없게 되었지만 선교사들이 관심을 둔 것은 이러한 문제가 아니었다. 한국을 식민지로 전락시키고 한국의 새로운 통치자가 된 일본 제국주의자들로부터 그들의 존재가 잊혀지고, 나아가 추방당하는 것이었다. 일제는 선교사들의 그러한 의도를 너무나 잘 알고 있었다.

---

9) 김삼웅, 1995, 『친일정치 100년사』, 도서출판 동풍, 120쪽.
10) 齋藤實文書, 「阪谷芳郎이 齋藤實에게 보낸 1919년 8월 6일 서한」; 姜東鎭, 『日帝의 韓國侵略政策史-1920年代를 中心으로-』, 85쪽.
11) 『子爵 齋藤實傳』 2, 560쪽; 姜東鎭, 『日帝의 韓國侵略政策史-1920年代를 中心으로-』, 85~86쪽.

1919년 8월 야마나시(山梨半造) 육군차관도 부임 직전의 사이토 총독에게 보낸 의견서에서 "은밀히 한국인 중에 진실로 우리와 같은 이상과 정신을 가지고 신명을 다하려는 중심 인물을 물색하고, 다시 그 인물로 하여금 귀족·양반·유생·부호·실업가·교육가·종교인 등 각 계급 및 사정에 따라 각종 친일단체를 조직하게 하고 이에 상당한 원조와 편의를 주고 충분히 활동하게 할 것"을 건의하였다.12)

사이토는 일본정부의 권유와 한국의 상황을 고려하여 기독교에는 유화정책을 취하였다. 그러나 결코 기독교에 감시의 눈길을 멈추지는 않았다. 선교사들에게 반감을 갖고 있는 한국인들을 이용하여 선교사들의 관할권을 벗어나는 독립교회를 만든다는 목표도 조선총독부는 정해 놓았다. 기독교에 대해서도 일정한 양보와 함께 친일파 육성, 선교사 회유, 그리고 여론 조작과 같은 분할통치의 원칙 아래 회유정책을 진행한 것이다. 3·1운동 이후 일제가 한국 통치정책으로 채택한 민족분열정책이 가장 교묘하게, 그리고 가장 쉽게 침투할 수 있었던 곳이 종교계였다. 한국의 종교계 중에서도 외국인 성직자들이 교권을 장악하고 있던 기독교계였다. 그러므로 당시 기독교신자들은 일제식민통치의 압박을 받고 있었을 뿐 아니라, 종교적으로도 외국인 성직자의 관할권 아래 생활하는 어려움을 겪고 있었다. 더구나 교회 우선주의를 내세우는 외국인 성직자들이 한국인들의 보편적인 민족정서를 무시할 뿐 아니라, 교권을 수호하고자 일제와 협력함으로써 한국인 신자들에게 가했던 압력은 신자들의 반감을 불러일으키기에 충분하였다. 일제는 이러한 상황을 파악한 후 선교사들에게 반감을 갖고 있는 한국인들을 부추겨 선교사들에게 반기를 들게 함으로써 외국세력을 배제하려는 그들의 통치정책에 이용하였다.

어떠한 방식으로 전개되었든 조선총독부가 추구한 기독교정책의

---

12) 김경택, 1994, 「일제의 한국침략정책」『韓國史』 13, 한길사, 147~148쪽.

최종 목적은 기독교가 일제의 식민통치에 기여하도록 만드는 것이었다. 그리고 그러기 위해서는 일본인이 한국 기독교계의 관리자가 되어야 한다고 생각하였다. 그들은 한국에서 기독교가 소멸되기를 바라지는 않았다. 종교를 통한 봉건적 유습(遺習)의 보존은 식민지 지배정책과 모순되지 않을 뿐 아니라 오히려 민중의 민족적·계층적 자각을 마비시킨다는 점에서 장려시켜야 할 것이라고 생각하였다.13) 특히 신자들이 성직자들에게 거의 절대적으로 순종하는 천주교회의 구조는 한국인들의 완전한 복종을 기대하는 일제 식민통치자들의 흥미를 끌기에 충분하였다.14)

1919년 8월 19일 일제는 조선총독부 및 소속 관제를 개정하였다(칙령 제386호). 그리고 그 관제 개정으로 학무국 내에 종교과를 신설하였다. 당시 학무국은 내무부 산하에 있었는데 황민화를 위한 식민통치의 핵심적인 기구로 삼고자 총독부 직속으로 승격시켰다.15) 그러므로 학무국 내에 종교과가 설치되었다는 것은 종교 역시 교육과 마찬가지로 그 목표를 황민화 달성에 두었다는 것을 의미한다.16) 일제는 종교과를 설치한 목적이 종교행정을 중요시하고

---

13) 齋藤實文書 463,「極秘 齋藤總督 諭告案(제10호)」: 姜東鎭,『日帝의 韓國侵略政策史 - 1920年代를 中心으로 - 』, 390쪽.

14) 일제는 3·1운동 당시 한국 천주교회의 선교사나 신자들이 거의 동요하지 않았다며 그 이유를 심각하게 조사해 보아야 한다고 하였다(朝鮮行政編輯總局 編,『朝鮮統治秘話』, 289쪽).

15) "學務局의 독립은 多言을 不俟ᄒ야도 將來 統治의 方針은 敎育과 宗敎 方面에 最히 力을 用ᄒ야 此로 由ᄒ야 徹底的으로 皇化를 狹洽케 ᄒ랴는 趣旨에 出한 것인즉"(『每日申報』, 1919.8.14).

16) "更히 宗敎方面으로 此를 見ᄒ면 李朝中葉 以後의 朝鮮은 儒敎를 極度로 崇禮혼 結果 佛敎를 排擊ᄒ야 衰微에 陷케 홈으로 民族의 宗敎觀念을 痲痺케 ᄒ고 民衆의 大部를 驅ᄒ여 醉生夢死의 今日主義者로 化케 ᄒ얏슴으로 社會全般의 大墮落을 見ᄒ난 所이나 化導의 方法이 其宜를 傳홀진댄 宗敎心의 復活이 難事가 안일이로다. 現에 新舊諸基督敎가 比較的 布敎의 實績을 擧ᄒᄂ 것도 此 缺陷 則 精神的 不安에 對ᄒ여 切實혼 慰安을 與홈으로 基督敎와 鮮人間에 存혼 微妙의 關係는 爲政者의 最히 參考홀 點이니 將來 朝鮮 統治上에 宗敎關係의 所重홈이 決코 敎

종교단체가 사회교화 임무를 수행하는데 원조하는 것이라고 하였다.[17] 종교인들의 교화 업무를 높이 평가하고, 따라서 종교단체들을 총독부에서 후원한다는 것이었다. 그러나 그것은 교묘한 종교통제 장치, 기독교 규제 장치였다.

종교과에는 사무관 1명, 촉탁 1명, 그리고 여러 명의 직원들이 있었으며, 그들은 종교행정 사무를 담당하였다. 영어에 능통한 2명의 기독교신자를 직원으로 둔 것은[18] 종교과를 설치한 총독부의 목적이 무엇이었는가를 말해준다. 그들이 관심을 둔 대상은 기독교 선교사들이었고, 그것도 주로 영어를 사용하는 개신교 선교사들이었다. 당시 한국 천주교회는 프랑스어를 모국어로 하는 파리외방전교회 선교사들과 독일어를 모국어로 하는 베네딕도회 선교사들이 관할하고 있었다. 그러므로 숫자적으로 개신교에 비해 훨씬 적기는 하지만[19] 천주교 선교사들도 고려하였다면 불어나 독어를 사용하는 직원도 채용하였으리라 여겨진다. 그러나 일본인들은 천주교 선교사와 신자들이 일제의 한국 통치에 반항하지 않으며, 따라서 장애가 되지 않는다고 생각하였다.[20] 그들이 주된 관심을 둔 것은 3·1운동에 신자들의 참여율이 높았던 개신교였다. 그들은 개신교 신자들이 3·1운동에 적극적으로 그리고 폭넓게 참여하였던 것은

育의 下에 不在ᄒ리로다. 결국 同化이니 融合이니 ᄒᄂ 것은 形而上 問題에 屬ᄒ 것이요. 政治的으로 此를 統攝ᄒ에는 教育과 宗教의 二方面에 全係ᄒ도다"(『每日申報』, 1919.8.14).

17) 朝鮮行政編輯總局 編,『朝鮮統治秘話』, 292쪽.

18) 朝鮮總督府學務局 編, 1921,『朝鮮統治と基督教』, 15쪽.

19) 개신교 선교사들 중 장로교 선교사와만 비교해도 천주교 선교사 수가 적었다.

20) "如來의 無盡大悲를 믿는 불교신자도 만세를 불렀다. 人乃天을 말하는 천도교신자나 人倫 五常의 도를 가르치는 유교신자도 만세를 불렀다 … 그런데 이 騷然한 物情 속에서 맑은 호수의 물처럼 냉정투명하게 정밀을 지키며 微動조차 않는 기묘한 일단의 군중이 있었다 … 전조선 10만 천주교신자들이 그들이었다"(平山政十, 1930,『萬歲運動とカトリク教』, 長崎 : 藤木博英社, 5~6쪽).

개신교 선교사들의 영향력 때문이라고 생각하였다. 뿐만 아니라
3·1운동을 외국에 알린 이들도 대부분 개신교 선교사들이었으므
로 총독부에서 개신교에 주된 관심을 둔 것은 당연한 일이었다.

신자 수나 선교사 수나 개신교에 비해 적기는 하지만 천주교에
대해서도 총독부는 관심을 두었다. 1921년 5월 1일 사우어(Sauer,
Bonifatius : 1877~1950)[21] 원산교구장과 드브레(Devred, Emile :
1877~1926)[22] 서울교구 보좌주교의 주교 서품식에 사이토 총독과
미즈노(水野錬太郎) 정무총감 등 총독부의 관리들이 참석하였다.
그날 사이토는 한국인들을 위해 헌신하였다며 선교사들을 칭찬하
는 한편, 총독부와 천주교회와의 긴밀한 협력을 바란다는 회유의
손짓을 보였다.[23] 또한 1923년에는 한국인들의 교육에 기여한 공
로를 감사한다며 인천본당에서 활동 중이던 드뇌 신부에게 감사장
과 "한국의 교육사업을 위해 현명한 협조를 해준 데 감사드립니
다"라는 글이 새겨진 은제 화병을 수여하였다.[24]

---

21) 독일에서 태어나 1903년 베네딕도회 수사신부로 사제서품을 받았으며
   1909년 서울에 진출하였다. 1920년 신설 원산교구의 초대 교구장으로 임
   명되었고, 1949년 5월 북한 공산정권에 체포되어 이듬해 2월 7일 평양감
   옥에서 옥사하였다(1985, 『가톨릭대사전』, 544쪽)

22) 한국명 兪世俊. 파리외방전교회 선교사. 1877년 프랑스 루쿠르(Roucourt)
   에서 태어나 1899년 9월 23일 사제서품을 받고 그해 11월 15일 한국을 향
   해 떠났다. 1920년 8월 20일 서울교구 보좌주교로 임명되었고, 그해 12월
   16일 계승권을 지닌 보좌주교이며 동시에 에제봉(Hesebonen)의 명의주교
   로 교황청의 승인을 받았다. 1926년 1월 18일 서울에서 사망하였
   다.('Devred', Societe des Missions Etrangeres de Paris, '선교사약전',
   Compte-Rendu, 1926)

23) "여러분들은 이 나라에서 가장 오래된 선교사들입니다. 수많은 어려움과
   고난에도 당신들의 노력은 점차 성공을 거두었습니다. 그리고 당신들은
   한국의 가장 중요한 그리스도교의 대표자로 인정받게 되었습니다. 당신
   들의 현명한 조언과 당신들이 가르치는 종교는 백성들을 성실하고 정직
   하게 만드는 데 공헌하였습니다. 그래서 본인은 이 백성의 정신적이고
   신체적 행복을 위해 당신들과 우리들 사이에 긴밀한 협력이 항상 유지
   될 수 있기를 진심으로 바랍니다"(C-R-Seoul, 1921).

24) C-R-Seoul, 1923.

종교과를 설치함으로써 조선총독부가 기독교에 회유의 눈길을 던지자 기독교측에서도 반응을 보였다. 1919년 9월 29일 재한개신교 선교사(在韓改新敎宣敎師)들의 모임인 '재한복음주의선교연합회' (在韓福晉主義宣敎聯合會)는 종교교육 및 교회재산에 대한 규제 완화 등을 요구하는 진정서를 사이토 총독에게 제출하였다.[25] 일 제가 한국을 강점한 이후 자신들의 입지에 불안감을 감추지 못하 였던 선교사들은 선교권을 보장받기 위해 일제와 끊임없이 접촉하 였다. 선교사들은 일제의 식민통치를 받고 있는 한국인들을 대상으 로 선교 활동을 해야 했다. 그리고 그들의 선교 활동을 원활하게 전개하기 위해서는 일제 식민통치자들로부터 선교권을 보장받아야 하였다. 그런데 식민통치자인 일제와 피식민통치자인 한국인들의 이해는 정반대되는 것이었다. 일제는 한국인들을 식민통치하는 것 이, 한국인들은 일제의 식민통치에서 벗어나는 것이 목적이었다. 때문에 선교사들은 이해가 상반되는 두 집단을 상대해야 하였다. 어느 한 편도 무시할 수 없었다. 일제 통치자들에게 협력할 경우 한국인들의 선교사들에 대한 신뢰는 반감될 것이었다. 만약 한국인 들의 요구에 응한다면 그것은 일제의 식민통치에 반하는 것으로 작용할 것이었다. 선교사들은 한국 기독교계에서 자신들의 입지를 강화하고자 먼저 조선총독부에 접근하였다. 그리고 그들이 지니고 있던 교회자산에 대한 소유권 인정 및 종교교육에 대한 자유권 보 장 등을 요구하였다.

천주교측에서도 조선총독부에 협조하겠다는 적극적인 의사를 표 명하였다. 교황청에서는 1922년 4월 조선총독 사이토와 정무총감 미즈노, 그리고 총독부인 마쓰미야(松宮) 등에게 성 실베스텔(St. Sylvester) 훈장을 수여하였다. 한국 천주교회의 주교들과 우호적인

---

25) 남·북 감리교회, 미국 남·북 장로교회, 카나다 장로교회, 호주 장로교 회 등 6개 선교부 연합으로 제출되었다(朝鮮總督府學務局 編, 『朝鮮統治 と基督敎』, 53~65쪽).

관계를 유지한데 대한 답례가 포상 이유였다.[26] 그러나 교황훈장
을 수여한 진정한 이유는 한국 천주교회의 선교권 보장이었다. 다
른 나라를 침략한 이들에게 교황훈장을 수여한다는 것은 침략 행
위를 인정할 뿐 아니라 장려하는 것이다. 교황훈장이란 교회, 교황
청, 사회복지의 발전을 위해 헌신하였거나 모범적인 신앙 생활로
선교 활동을 하였다고 인정되는 평신도에게 교황청이 수여하는 명
예의 표지이다.[27] 그러나 사이토나 미즈노는 다른 나라를 침략하
여 식민지로 전락시킨 침략자들로 식민지인들을 수탈한 첨병들이
었다. 그들에게 교황훈장을 수여하였다는 것은 일제의 한국 침략을
인정한 것이나 다름없었다.

교황청과 일본의 외교관계는 1919년 12월 6일 주일교황사절관이
설치된[28] 이후 상당히 우호적이었다. 1920년 3월 11일 초대 주일교
황사절로 비온디가 부임하였는데 "그 관할하는 지역은 일본과 그
소속의 한국과 대만의 성교회"라고 하였다.[29] 당시 교황청은 한국
을 '일본의 식민지'라고 분명히 인정한 것이다.

종교과를 설치한 데 이어 조선총독부는 선교사들의 환심를 살
수 있는 구체적인 정책들을 내놓았다. 1920년 3월 사립학교규칙을
개정하여(조선총독부령 제21호) 기독교학교에서의 성서교과를 인
정하였고, 학교 내에서의 종교의식과 종교행사를 허용하였다. 1920
년 4월에는 포교규칙을 개정하여(조선총독부령 제59호)[30] 교회의

---

26) 『MUTEL주교일기』, 1922.4.23 : C-R-Seoul, 1923. 훈장은 1922년 4월 23
일 라틴어로 된 훈장증서와 함께 도착하였다(『DEMANGE주교일기』,
1922.4.25).
27) 교황훈장에는 남작에서 제후까지 6등급의 작위에 해당하는 훈장과 '교회
와 교황공로장', '일반 공로장' 등의 메달이 있다. 사이토 등에게 수여된
성 실베스텔 훈장은 6등급의 기사훈장이다(한국교회사연구소, 1984, 『한
국가톨릭대사전』, 145쪽).
28) *L'Eglise Catholique dans L'Empire Japonais* 大日本帝國內公敎會, 1935,
Typis Tenshi-in, Sapporo, cura Katholik Chuo Shuppanbu Tokyo, 3쪽.
29) 1920.5.15, 『京鄕雜誌』, 217~222쪽.
30) 『朝鮮總督府官報』, 1920.4.7.

설립을 허가주의에서 신고주의로 바꾸고, 제반 복잡한 수속을 생략
하거나 삭제하였으며, 벌금제도를 폐지하였다.

　　그러나 기독교측에 큰 혜택을 주는 것으로 보여지는 이 두 법령
은 결코 기독교 규제 완화책이 아니었다. 재단법인을 요구함으로써
학교 설립을 제한하였고, 선교사들의 한국인 교육이 일본의 한국
통치를 돕는 것이어야 함을 분명히 하였다. 선교사도 일본 영토에
서 일본 신민의 교육에 종사하는 이상 그 학생의 국적에 유의해야
하며 일본의 국민주의 교육에 따라야 한다는 것이었다. 그리고 만
일 그렇지 못한다면 일본인 2세 교육은 선교사들에게 맡길 수 없
을 것이라고 경고하였다.[31] 일제의 통치에 협력하지 않을 경우 교
육 분야에서 선교사들을 배제시키겠다는 의미였다. 또한 종교용 건
물이 독립운동에 이용될 경우 폐쇄할 수 있다는 규정을 첨가함으
로써[32] 교회건물의 운영을 감시하려 하였다. 특히 이 조항은 선교
사와 한국인 신자, 기독교신자와 비(非)기독교신자, 그리고 기독교
신자들 중에서도 민족운동에 관심을 둔 기독교신자들과 그렇지 않
는 기독교신자들을 분열시키는 결과를 초래하는 것이었다. 조선총
독부에서 채택한 한국인 분열통치를 한국 기독교계에서 실현하고
있는 것이었다.

　　그런데 일제가 기독교 회유책으로 공포한 두 법령 중 사립학교
규칙은 천주교회에 의미를 주었던 것 같다. 한국 천주교회를 관할
하고 있던 선교사들은 정규 교육기관 설립에 그다지 관심을 두지
않았다. 천주교 선교사들은 단지 천주교 교리를 공부시키기 위한
정도의 교육기관을 필요로 하였다. 을사조약 체결을 전후하여 한국

---

31) 정무총감 미즈노가 1920년 12월 평양에서 개신교 선교사들에게 한 연설
　　(朝鮮行政編輯總局 編,『朝鮮統治秘話』, 290쪽).
32) "만일 종교선포의 이름을 빌려 안녕질서를 문란하게 하는 경우에는 필요
　　에 따라 교회당, 설교소의 사용을 정지 또는 금지하는 조항을 신설했다.
　　이것은 종교선포의 이름을 이용하여 불온행동을 강행하는 不逞者를 취체
　　하기 위한 만일의 필요에 대비한 것으로 조선의 현 상황으로부터는 진실
　　로 부득이 한 바이다"(朝鮮總督府學務局 編,『朝鮮統治と基督敎』, 19쪽).

인들의 교육열이 고조되고 교육기관 설립이 열기를 더하자 천주교 회에서도 많은 학교를 설립하였는데,33) 대부분 교리학교 수준이었 다. 1915년 개정사립학교규칙이 공포되자 선교사들은 10년의 유예 기간 동안 교회학교에서 종교교육을 하려 할 뿐 어떠한 대책도 수 립하지 않았다.34) 그들은 일제의 식민지 교육법이 적용되지 않는 교육기관으로 만족할 뿐이었다. 그곳에서는 종교교육 및 종교의식 이 가능하였기 때문이다. 그러나 한국인 성직자들은 외국인 선교사 들과는 생각이 달랐다. 한말 국권회복운동기에도 그랬지만, 한국인 성직자들은 신부가 된 이후 임지에 부임하면 대부분 교육사업에 많은 관심을 쏟았다.

다음의 〈표 4-1〉을 살펴보면 1915년부터 감소하였던 학교 수는 1922년, 학생 수는 1921년을 기점으로 증가하고 있다. 그것은 1918 년 제1차 세계대전이 끝나고 동원되었던 선교사들이 돌아옴으로써 선교인력이 충원되었다는 데에서 첫째 요인을 찾을 수 있다. 선교 인력이 충원됨으로써 본당 선교뿐 아니라 교육 사업에도 관심을 쏟을 수 있었기 때문이다. 그러나 1921년 학생 수가 급증한 것은 일제가 공포한 사립학교규칙 개정에서 그 요인을 찾아야 할 것 같 다. 1920년에 비해 1921년에 학교 수는 단지 5개교가 증가하였을 뿐인데 학생 수는 전년대비 약 50%가 증가하였다. 그것은 교회학 교에서 종교교육 및 종교의식을 허용함으로써 신자학생들이 교회 학교에서 공부하게 되었던 데에 요인이 있다고 여겨진다. 1922년과 1923년에는 학생 수뿐 아니라 학교 수도 크게 증가하였는데 총독 부의 종교교육 허용 방침에 교회 지도자들의 노력이 합해졌기 때 문이었다. 특히 한국인 성직자들의 활동이 고조되었는데 그들은 본

---

33) 제1장 Ⅲ절 참조.

34) 일제가 요구한 조건에 맞추어 한국 천주교회에서 6년제로 인가받은 보 통학교는 경성 啓星보통학교, 경성 加明보통학교, 인천 博文보통학교, 황 해도 장연 敬愛보통학교, 대구 海星보통학교, 대구 曉星여자보통학교, 원 산 海星보통학교뿐이었다. 중등학교는 1924년에야 시작하였다.

당뿐 아니라 공소에도 학교를 설립, 운영하였다.

〈표 4-1〉 1911~1930년 천주교 학교 및 학생 수

연 도	1911	1912	1913	1914	1915	1916	1917	1918	1919	1920
학교수	118	102	99	110	97	80	93	96	101	94
학생수	2,930	2,599	2,773	3,055	2,583	2,451	2,661	3,050	3,082	2,953
연 도	1921	1922	1923	1924	1925	1926	1927	1928	1929	1930
학교수	99	118	168	177		177			200	185
학생수	4,474	6,732	10,689	9,556		9,762			10,156	10,440

출전 : C-R-Seoul, 1911~1930 및 C-R-Taikou, 1911~1930, 『경향잡지』 1916~
1930년.
비고 : 이 학교들의 대부분은 총독부의 통계에 포함되지 않는 교리학교 수준이
었다고 여겨진다.

그런데 〈표 4-1〉에 나타난 천주교학교는 조선총독부의 각종학교
기준에도 미치지 못하는 학교가 대부분이었던 것 같다. 다음의 〈표
4-2〉에서 알 수 있듯이 종교계에서 운영하였던 각종학교는 1920년
사립학교규칙이 개정된 이후에도 계속 감소현상을 보였고, 학생 수
역시 계속 감소하였다. 결국 일제가 사립학교규칙을 개정하여 종교
교육 및 종교의식을 허용해 주었지만 기독교측에서는 학교 설립에
박차를 가하지 않았던 것이다. 그것은 제1차 세계대전 이후 선교후
원금이 축소한 데에 원인이 있었다고 생각된다. 〈표 4-2〉에서 알 수
있듯이 1920년 사립학교규칙이 개정된 이후에도 종교계 학교는 학교
수에서 큰 변화가 없으며, 학생 수도 1920년에만 전년대비 약 2배가
증가하였을 뿐 이후로는 큰 증가가 없으며 1925년부터 계속 하강곡
선을 그리고 있다. 사립학교규칙이 공포되었던 1911년과 '개정령'이
공포된 1920년을 비교해보면 학교 수가 약 1/2로 감소하였다.

〈표 4-2〉 1910~1929년 사립 각종학교

연도	학 교 수					학 생 수				
	종교계 학교		일반 학교		계	종교계 학교		일반 학교		계
	학교수	증감	학교수	증감		학생수	증감	학생수	증감	
1910	778		1,307		2,085					
1911	566	-212	904	-403	1,470	18,992				.
1912	494	-72	829	-75	1,323	19,336	344	36,390		55,726
1913	477	-17	808	-21	1,285	20,897	1,571	39,131	2,741	60,028
1914	462	-15	752	-56	1,214	21,135	238	33,132	-5,999	54,267
1915	422	-40	668	-84	1,090	21,430	295	30,683	-2,449	52,113
1916	386	-36	587	-81	973	20,822	-608	28,258	-2,430	49,080
1917	325	-61	502	-85	827	18,874	-1,948	25,299	-2,959	44,173
1918	312	-13	468	-34	780	16,987	-1,887	18,231	-7,068	35,218
1919	260	-52	438	-30	698	14,896	-2,091	21,503	3,272	36,399
1920	275	15	386	-56	661	28,272	13,376	24,041	2,538	52,313
1921	270	-5	355	-31	625	28,564	292	30,020	5,979	58,584
1922	276	6	377	22	653	32,934	4,370	39,753	9,733	72,687
1923	270	-6	367	-10	637	28,302	-4,632	41,745	1,992	70,047
1924	264	-6	364	-3	628	30,401	2,099	39,940	-1,805	70,341
1925	245	-19	338	-26	583	24,846	-5,555	32,274	-7,666	57,110
1926	231	-14	342	4	573	22,172	-2,674	29,095	-3,179	51,267
1927	223	-8	327	15	550	19,973	-2,199	27,769	-1,326	47,742
1928	214	-9	294	-33	508	21,512	1,539	26,177	-1,592	47,689
1929	216	2	317	23	533	19,592	-1,920	28,316	2,139	47,908

출전 : 『朝鮮總督府統計年報』, 1910~1929년.
비고 : 증감 수는 전년 대비.

한편 교회의 설립을 신고제에서 허가제로 바꾼 포교규칙 개정은 천주교계에 큰 의미가 없었다. 1915년 포교규칙이 공포되어 1920년 개정되기까지의 시기를 기준으로 그 전후를 비교해 보면 큰 차이를 발견할 수 없다. 다음의 〈표 4-3〉에서 알 수 있듯이 교회 설립이 신고제로 바뀌었지만 1920년 이후의 교회 설립이 포교규칙이 적용되던 시기보다 크게 증가한 것으로 보이지는 않는다. 1915년부터 1920년까지 5년간은 포교규칙뿐 아니라 제1차 세계대전과 그

여파로 선교인력이 징집되고 선교후원금이 축소 내지 중단되어 어려웠던 때였다. 그런데 이 기간 24개의 교회가 증가한 것으로 나타난다. 그러나 포교규칙이 개정된 이후 1925년까지 5년간은 17개의 교회가 증가한 것으로 파악된다.

〈표 4-3〉 1910~1930년 기독교 교회 현황

연도	장로교		감리교		천주교		연도	장로교		감리교		천주교	
	교회수	증가수	교회수	증가수	교회수	증가수		교회수	증가수	교회수	증가수	교회수	증가수
1911	1,003		492		275		1921	2,031	115	879	57	237	4
1912	1,093	90	531	39	290	15	1922	2,095	64	896	17	244	7
1913	1,044	-49	533	2	261	-29	1923						
1914	996	-48	573	40	209	-52	1924	2,197	102	987	91	243	-1
1915							1925	2,165	-32	1,036	49	250	7
1916	1,885	889	811	238	210	1	1926	2,155	-10	877	-159	223	-27
1917	1,908	23	837	26	216	6	1927	1,634	-521	788	-89	274	51
1918	1,896	-12	817	-20	223	7	1928	2,374	740	847	59	274	0
1919	1,899	3	808	19	225	2	1929	2,345	-29	876	29	270	-4
1920	1,916	17	822	14	233	8							

출전 : 『朝鮮彙報』, 1911~1929년.
비고 : 교회수는 교회당·포교소·강습소를 합한 것임.

개정된 포교규칙은 천주교측보다는 개신교측에 매력적이었던 것 같다. 위의 〈표 4-3〉에서 알 수 있듯이 1920년 포교규칙이 개정된 이후 장로교와 감리교의 교회 수는 크게 증가하고 있다. 장로교의 경우 1917년부터 1920년까지 연평균 4개의 교회를 설립하였을 뿐인데 1921년에는 115개, 1922년에는 64개, 그리고 1923년부터 1924년에는 102개의 교회를 설립하였다. 이러한 현상은 감리교측에서도 마찬가지였다. 1917년부터 1920년까지 연평균 10개의 교회를 설립하였는데, 1921년에는 57개의 교회를 설립하였으며, 1925년까지 연평균 약 40개의 교회를 설립하였다. 결국 1920년의 포교규칙 개정으로 혜택을 입은 것은 개신교계였다. 위의 〈표 4-3〉에서 확인할 수 있듯이 천주교측에는 포교규칙 개정이 그다지 의미가 없었다.

Ⅱ. 선교사 회유책과 천주교회 자산의 법인화(法人化)

기독교학교와 교회 설립에 포교규칙이나 사립학교규칙의 개정이 큰 영향을 미친 것은 아니었다. 그러나 두 법령의 개정은 선교사와 기독교계를 회유하기 위한 총독부의 의도가 분명히 드러난 것이었다. 그리고 선교사들의 또 다른 제안을 받아들이는 디딤돌이 되었다. 3·1운동 이후 조선총독부가 취하였던 기독교 및 선교사 회유책의 핵심은 교회 재산을 재단법인으로 인정해 준 것이었다. 이 조처는 선교사들을 회유하는 데 결정적인 요소가 되었다. 경제 문제는 정치권력과 밀접한 관련을 갖기 때문이다.[35]

조선총독부는 종교단체 소유의 부동산을 내국인법(內國人法)으로 허가하였다. 선교회 소유의 부동산이 공익법인으로서의 자격을 갖게 함으로써 기본재산의 관리·유지에 편의를 주었던 것이다. 한국의 기독교회는 교회재산이 개인 명의로 등록된 사례가 많아 그 소유 형태가 불안정할 뿐 아니라 명의인(名義人)이 바뀔 때마다 많은 비용을 필요로 하기 때문에 교회재산을 종교법인으로 등록하려 하였다. 그러나 한말부터 외국인 단체의 부동산에는 법인격(法人格)을 인정하지 않는 것이 관례라는 이유로 거절당하였다.[36] 천

---

35) 박찬승, 1992, 『한국 근대 정치사상사 연구-민족주의 우파의 실력양상론』, 역사비평사, 262쪽.
36) "종교단체의 재단법인 설립이 허가된 일. 종래 한국에서 교회 재산은 개인 명의로 등록된 것이 많아 재산이 불안정할 뿐만 아니라 명의인이 갱질, 매번 많은 액수의 돈을 요하는 고로 이들 교회 재산을 기본으로 해

주교측에서는 재단법인 등록을 계속 추진하였고, 개신교측에서도
1919년 종교과를 설치하는 등 총독부에서 회유의 손길을 보내자
교회재산의 법인화를 요구하였다.[37]

제국주의 식민 통치의 본질은 경제적 이득을 취하는 것이다. 일
제의 식민지 수탈은 1910년대 토지조사사업(1910~1918)과 회사령
(1919)으로 골격을 이루었으며,[38] 1920년대에는 산미증식계획으로

서 종교법인을 설립하는 일은 다년간 외국인 선교사가 열심히 희망했는
데, 이번 당국에서도 이들 법인의 설립을 인정하는 방침을 결정하여, 동
년 4월에 프랑스 천주교경성교구유지재단의 설립을 허가하였고, 그후 같
은 종류의 법인 설립을 4~5개 교파에 허가하였다"(朝鮮總督府學務局
編. 『朝鮮統治と基督敎』. 19~20쪽 : 友邦協會. 『齋藤總督の文化政治』,
134~140쪽).

37) "한국인 교회 및 전도단 명의로 재산을 소유하고 등기할 수 있도록 법
인화할 길을 터주기 바란다. 교회를 위해 확고한 소유권을 획득할 수 있
도록 교회 및 전도단을 법인으로 인정받기 위해 우리는 지난 9년 동안
노력해 왔으나 현재로는 우리의 노력이 수포로 돌아가고 말았다. 교회에
속해야 할 많은 가치있는 토지·건물은 부득이 개인 명의로 등기되어
있기 때문에 각종 혼잡과 불평을 면할 수 없고, 또 불필요한 비용이 소
비되고 있다. 이런 점은 정부가 한국 교회의 권리를 인정하지 않는 심한
부정이라 할 수밖에 없다. 현재 이 상태로는 교회에 대해 호의를 갖지
않는 지방 관헌들은 쉽게 교회 재산에 대해 소송을 제기할 우려가 있고,
그 소유권을 둘러싸고 논쟁이 벌어질 때 법률에 의해 보장받지 않는 교
회 재산은 명의자가 혹은 싸움을 좋아하거나 상속자가 비기독교인인 경
우 마음대로 그 재산을 횡령할 수 있을 뿐만 아니라 교회는 법률에 의
해 이에 대한 배상을 요구할 길이 없다. 전도단 역시 법인의 자격을 인
정받지 못하고 있기 때문에, 한국 합방 이래 전도단이 매입한 재산은 대
개 전도사 개인 명의로 등기되어 있기 때문에 해당 전도사가 사망하거
나 사직 또는 귀국하였을 때 각종 분쟁과 곤란한 사태가 일어나 이에
대해 불필요하게 드는 비용도 적지 않다. 우리는 전도단 또는 교회의 재
산으로서 현재 개인 명의하에 있는 것은 등기료없이 정당한 소유자인
단체에 소유권을 이전할 수 있도록 허가해 주기 바란다"(朝鮮總督府學
務局 編.『朝鮮統治と基督敎』, 61~62쪽).

38) 1918년 토지조사사업이 끝났을 때 토지의 명목상 넓이가 크게 증가하여
稅 부담이 가중되었다. 즉 동일 면적, 동일 수확에서 세만 늘어난 것이
다(愼鏞廈, 1982,『朝鮮土地 調査事業 硏究』, 지식산업사, 99쪽).

수탈을 극대화하였다. 대자본가와 대지주 본위로 재무 구조를 편성하고 식민자본의 보호·육성으로 중산층과 자작농을 몰락시켜 갔으며, 수탈자금으로 식민 개발을 촉진하여 한국 농민을 약탈하였다.[39] 그런데 교회재산을 법인화한다는 것은 이러한 일제의 식민지 수탈 구조에서 벗어난다는 것을 의미하였다.

서울교구장 뮈텔 주교는 오랜 동안 종교법인 획득을 구상하였다. 1912년 3월 공포된 「조선부동산 증명령」(제령 제15호, 1912년 3월 22일),[40] 「법인의 설립 및 감독에 관한 규정」(조선총독부령 제71호, 1912년 3월 30일),[41] 그리고 같은 해 4월 소유권 등기료의 현저한 증가가[42] 뮈텔의 마음을 바쁘게 하였다. 1912년 8월 뮈텔은 천주교 서울교구의 재단법인 설립을 총독부에 신청하였으나 거절당하였다.[43] 뮈텔은 1915년에도 재단법인의 설립을 신청하였다.[44] 그런데 당시 한국 기독교계는 사립학교규칙과 포교규칙으로 인하여 어려움에 처해 있었다. 그러므로 뮈텔이 관심을 두어야 했던 것은 종교교육 및 교회 설립에 대한 규제를 극복하는 것이었다. 그런데 그러한 면에는 소홀한 채 교회를 재단법인화하려 했다는 것은 그가 당시 일제의 의도를 인식하였기 때문이라 여겨진다. 뮈텔은 기독교에 정면으로 압력을 가해오는 일제에 대응하는 방법으로 교회재산의 재단법인화를 추진하였다. 미등기 상태이거나 등기가 되어 있더라도 선교사나 신자들의 개인 명의로 등기되어 있고 등기상 잘못된 부분이 많았던 교회재산은 일제의 수탈 대상에 포함될 수 있었다.

그런데 뮈텔만큼은 아니더라도 교회재산이 선교사나 신자들의

---

39) 趙東杰, 1984, 「1920년대의 日帝 收奪體制」 『史學硏究』 38 ; 趙東杰, 1993, 『韓國民族主義의 發展과 獨立運動史硏究』, 지식산업사, 118~119쪽.

40) 「號外」 『朝鮮總督府官報』, 1911.3.22.

41) 「號外」 『朝鮮總督府官報』, 1911.3.30.

42) 『MUTEL주교일기』, 1912.4.12.

43) 『MUTEL주교일기』, 1912.8.25.

44) 『MUTEL주교일기』, 1915.7.5 ; 『DEMANGE주교일기』, 1915.9.30.

명의로 되어 있기 때문에[45] 어려움을 겪고 있었던 대구교구장 드
망즈 주교는 뮈텔과 견해를 달리하였다. 그는 법인 획득에서 일본
인의 차압(差押)이라는 불리한 점을 생각하였고, 또 소유권은 외국
인의 명의로 되어 있을 때 더 안전하다고 생각하였다.[46] 재단법인
은 해산될 경우 법인의 재산이 국고에 속하게 된다는 점을 인식하
였던 것이다.[47]

　종교단체에 법인을 허락하는 것은 종교의 사회적 신용을 높이는
점도 있지만 한편으로는 국가 감독하에 편입된다는 것을 의미한다.
총독부는 1912년 공포한 「법인의 설립 및 감독에 관한 규정」에서
법인에 소유권을 인정함과 동시에 피감독권도 부여한다고 규정하
였다. 그러므로 법인은 재산상의 소유권이 보장되었지만 한편으로
는 매년 활동 상황 및 자산, 그리고 수입과 지출을 총독부에 보고
하고 감독을 받아야 했다. 뿐만 아니라 총독부는 법인의 재산 상황
을 검사할 수도 있었다.[48] 교회의 모든 것을 통제할 수 있었던 것
이다. 드망즈는 일본인들이 프랑스의 학교 중립화를 모방한 것처
럼[49] 교회재산을 법인화하는 것도 모방해 보려는 데 지나지 않을
것이라고 생각하였다. 학교 중립화를 내세우며 교육 분야에서 선교
사들을 도태시킨 것처럼 교회를 법인으로 설립시킨 후 프랑스인
선교사들이 관할하고 있는 천주교회의 재산을 쉽게 약탈할 것이며,
결국에는 법인에서 모든 외국인을 배제하게 될 것이라 예상하였다.
따라서 그는 새로운 사실이 없다면, 그리고 강요당하지 않는 한 교

45) 『MUTEL주교일기』나 〈MUTEL문서〉를 보면 사례를 많이 발견할 수 있다.
46) 『DEMANGE주교일기』, 1915.9.30.
47) 재단법인은 존립 기간의 만료, 목적의 달성 또는 달성 불능, 기타 정관
　에 정한 해산 사유의 발생, 파산 또는 설립 허가의 취소 등으로 해산한
　다. 해산한 법인의 재산은 정관에 지정한 자에게 속하게 되지만, 지정하
　지 않은 경우에는 주무관청의 허락하에 유사한 목적에 처분할 수 있고,
　처분되지 않는 재산은 국고에 속하게 된다.
48) 「법인의 설립 및 감독에 관한 규정」제3·4·5조.
49) 제1장 Ⅲ절 참조.

회재산을 법인화하지 않겠다고 하였다.[50]

1919년에 접어들자 뮈텔은 또다시 재단법인의 설립을 총독부에 요청하였다. 그는 당시의 상황이 재단법인 설립을 총독부에 요구하기에 적절하다고 판단하였다. 베르사이유 회의에서 프랑스가 일본을 도와줄 수도 있다고 생각하였다. 일본이 베르사이유 회의에서 프랑스의 도움을 받고자 한다면 프랑스를 모국으로 하는 자신의 요구를 받아 줄 것이라 여겼기 때문이었다. 또한 외국인들에게 일본내 부동산의 소유권 양도를 제의하는 개혁안이 일본의회에 제출된 것도 자신의 요구를 총독부가 받아들일 수 있는 또 하나의 이유가 될 것이라 생각하였다.[51]

총독부는 종교법인 문제가 한국의 모든 종교단체와 관련되는 것이었으므로 모든 종교단체를 효과적으로 통제하는 방법을 찾아내고자 위원회를 조직하기도 하였다.[52] 총독부가 염려한 것은 외국인 선교사들이 관할하는 종교단체에 재단법인 설립을 허가함으로써, 한국인들을 식민통치하는 데 어려움이 발생할 수도 있다는 것이었다.[53] 한국인들이 일본인들로부터 그들의 재산을 보호하고, 또한 세제 혜택 등 각종 이익을 받고자 그들의 재산을 재단법인으로 설립된 교회의 명의로 등기할 가능성이 있기 때문이었다. 한국인들의 재산을 관리·감독할 수 없다는 것은 한국인들을 통치할 수 없다는 의미이기도 하였다. 그러므로 종교법인 설립 허가문제는 쉽게 결론을 내릴 수 있는 것이 아니었다.

한국의 국법상 외국인의 토지 소유는 불법이었다. 따라서 일본인 지주 자본의 토지매수 및 점유를 합법화하는 조치가 시급히 요구되었다. 일제는 식민지 한국을 경영하는 모델로 프랑스의 튀니지 경영 방식을 채택하였다.[54] 프랑스가 튀니지를 식민지로 경영할

50)『DEMANGE주교일기』, 1917.3.16.
51)『MUTEL주교일기』, 1919.2.21.
52)『MUTEL주교일기』, 1917.11.19.
53)『MUTEL주교일기』, 1919.3.3.

때 외국인의 토지 소유가 인정되면서도 소유권 공증제도가 없었던 것이 문제되었는데, 일제는 이것이 한국의 상황과 유사하다고 판단하였다. 그리하여 일본인의 토지 소유를 보증하고 토지의 집적(集積)을 촉진하기 위해 토지 관련 법규의 제정을 추구하였다. 통감부 시기 일제는 「토지가옥증명규칙」(1906년)과 「토지가옥소유권증명규칙」(1908년) 등을 공포하여 토지에 관한 권리의 변화 및 권리 보존을 증명할 수 있도록 하였다. 특히 토지가옥증명규칙은 그때까지 불법이던 외국인의 토지 소유를 합법화하였다. 그러나 이 법들은 토지에 관한 모든 물권이 망라되지 않았을 뿐 아니라 모든 토지소유자가 증명받을 것을 강제하는 법도 아니었다. 그리하여 일제는 한국을 강제 병합한 후 「조선부동산증명령」과 「조선부동산등기령」을 공포하여 증명 혹은 등기된 토지에 대한 배타적인 소유권을 인정해 줌으로써 토지소유제도를 획기적으로 변화시켰다. 등기되어야만 토지 소유권이 효력을 발휘할 수 있도록 형식주의를 채택한 것이다.

1912년 공포된 「조선민사령」(제령 제7호, 1912년 3월 16일)에 의해 부동산 물권의 취득·상실·변경은 반드시 등기에 의거해야 하였고,[55] 등기의 방법은 조선부동산등기령(제령 제9호, 1912년 3월 18일)에 따라야 하였다.[56] 그러나 부동산 등기제도는 토지조사가 이루어지지 않았고 토지대장이 정비되지 않은 상황이었기 때문에 시행되기 어려웠다. 이에 일제는 조선부동산등기령의 시행을 잠시 연기하고 과도기적 조치로 종래의 증명제도를 확대, 강화하는 방침을 채택하였다. 이러한 방침에 따라 토지가옥증명규칙, 토지가옥소유권증명규칙을 폐지하고 1912년 3월 22일 「조선부동산증명령」(제

---

54) 田中愼一, 1978, 「朝鮮における土地調査事業の世界史的位置」『社會科學硏究』 30-2.
55) 朝鮮總督府, 1940, 『朝鮮法令輯覽』 下-1, 第15輯, 「民事·刑事·監獄」, 1쪽.
56) 조석곤, 1994, 「토지조사사업과 식민지 지주제」『韓國史』 13, 한길사, 209~223쪽.

령 제15호)과 동 시행규칙(부령 제37호)을 공포하여 1912년 4월 1일부터 시행하였다.[57] 그리고 토지조사가 완료되자 1918년 7월 10일 조선부동산등기령을 시행하였다. 조선부동산증명령에서는 증명이 소유권과 전당권으로 한정되어 있었는데 조선부동산등기령에서는 지상권(地上權)·영소작권(永小作權)·지역권(地役權)·선취특권(先取特權)·임차권·전당권 등의 권리에 대해서도 설정·보존·이전·변경·처분의 제한 또는 소멸의 사항을 등기할 수 있었다. 그리하여 모든 사권(私權)이 등기를 통하여 법적 보호를 받게 됨과 동시에 제3자에 대항할 수 있게 되었다.[58]

종교단체들의 계속되는 요구와 종교법인을 통해 종교계를 통제하려는 총독부의 목표는 1920년 합의점을 찾았다. 1920년 5월 8일 경성구천주교회유지재단이 종교단체 중 최초의 재단법인으로 설립되었고, 5월 19일 등기되었다.[59] 설립 목적은 경성구천주교회의 종교교육·자선사업을 위해 직접 필요한 동산·부동산을 소유·유지·공급하는 것이었다. 당시 조선총독부에 보고된 자산 총액은 877,225원이었다.[60] 출자 방법은 경성교구 소속 각 선교사 및 기타 기부 부동산, 매년 프랑스 파리외방전교회에서의 기부금 및 기타 기부 재산, 경성구천주교회유지재단 소유 자산에서 나오는 이자 등이었다. 이사는 프랑스인 신부 뮈텔·포와넬(Poisnel, Victor : 1855~1925)·라리보, 그리고 한국인 신부로 한기근(韓基根 : 1868~1939)과 김성학(金聖學 : 1870~1938)이 선임되었다.[61]

경성구천주교회유지재단은 종교단체 중 최초로 재단법인을 획득하였다. 그것은 3·1운동 이후 총독부의 기독교 회유정책, 천주교

---

57) 鄭然泰, 1994, 「日帝의 韓國 農地政策(1905-1945년)」, 서울대학교 국사학과 박사학위논문, 102쪽.

58) 위의 논문, 105쪽.

59) 부지는 면세되었지만 건물을 등록세가 요구되었다. 그리고 30/1000의 세금은 최고 8,000여 원으로 추산되었다(『MUTEL주교일기』, 1920.4.14).

60) 경성교구를 재단법인으로 등록한 1920년 12월 말 외국인 명의로 등록된 천주교회의 토지 소유 현황은 다음과 같았다.

회의 계속적인 재단법인 설립 요구, 그리고 천주교회가 총독부의 한국 통치에 방해되지 않는다고 여겨졌기 때문이었다. 일본 수상 하라 다카시는 3·1운동 때 천주교 선교사나 신자들이 조금도 관여하지 않았다는데[62] 그렇게 된 데에는 원인이 있을 것이므로 잘 생각해 보아야 한다고 하였다.[63] 한국 천주교회는 그들의 식민통치에 위험스러운 존재로 여겨지지 않았다. 따라서 천주교회의 자산을 재단법인화해 줌으로써 총독부에 대한 천주교회의 적극적인 협력을 요구한 것이다. 또한 천주교회의 자산을 재단법인화해 줌으로써 다른 종교단체들에게도 자산을 보호받으려면 총독부에의 접근과 협력이 필요하다는 것을 보여준 것이다.

경성구천주교회유지재단의 법인 설립에 이어 다른 종교단체들의 재단법인 설립도 추진되었다. 유교측에서는 향교 재산을 향교에 되돌려 유교 진흥에 기여할 수 있도록 해달라고 요구하였다. 총독부는 이 요구를 받아들여 「향교재산관리규정」(학부령 제2호, 1910년 4월)을 폐지하고, 1920년 6월 29일로 「향교재산관리규칙」(총독부령 제91호)을 공포하였다. 이어 「향교재산관리규칙개정에 관한 건」(총

	田	畓	垈	林野	雜種地	社寺地
경기도	26,759	40,050	9,430			3,247
충 북		722				
충 남	36,364	236,591	10,952	6,762		
전 북						
전 남	5,926	1,203	5,425		1,724	
경 남	54,000					
황해도	4,449		39			
평 남	1,854					1,070
강원도						
함 남	9,813	322	4,592		902	
합 계	139,215	278,887	39,036	6,762	2,626	4,317

『朝鮮總督府官報』, 1921.7.29 ; 『日帝侵略下 韓國三十六年史』5, 793~797쪽.

61) 『朝鮮總督府官報』, 1920.6.12.

62) 물론 그런 것은 아니었다. 제2장 Ⅱ절 참조.

63) 朝鮮行政編輯總局 編, 『朝鮮統治秘話』, 289쪽.

독부훈령 제27호, 1920년 6월)을 공포함으로써[64] 향교를 법인화하고 향교 재산을 관유재산화하였다. 향교재산관리규칙이 공포됨으로써 향교재산의 수입과 지출은 여전히 일제의 통제를 받게 되었지만 소유권은 향교에 속하게 되었다. 일제와의 일정한 타협과 협조를 전제로 한 것이었지만 향교재산의 소유권이 보장됨으로써 향교를 통한 유교의 발전에 탄탄한 경제력을 지닐 수 있게 된 셈이었다.

불교 법인 설립도 불교를 총독부의 완전한 규제 아래 두는 측면에서 추진되었다. 일제는 한국의 30개 본산을 하나로 통합하여 1922년 12월 '재단법인 조선불교중앙교무원'을 설립시켰다.[65] 모든 불교를 중앙집권화시키고 그 중심에 친일분자를 앉힘으로써 인적인 규제 장치를 마련하고, 한편으로는 불교재산을 감독하고 관리함으로써 불교를 효율적으로 통제하게 된 것이다. 그리하여 한국인이 관할하는 유교와 불교는 법인으로 설립되었지만 1910년대와 마찬가지로 총독부의 완전한 규제 아래 놓이게 되었다.

Ⅲ. 천주교 재단법인들의 설립

1920년 인가된 경성구천주교회유지재단은 그 구성이 완전하지 못하였다. 당시 서울교구의 관할지역이 대구교구에서 관할하는 경상도와 전라도를 제외한 한국의 전지역이었음에도 종현성당(현 서울 명동성당)과 약현성당, 그리고 용산 예수성심신학교만을 총독부에서 경성구천주교회유지재단의 자산으로 인정하였기 때문이다. 그러므로 서울교구에 속한 많은 본당들의 자산이 등기되지 못하였

---

64) 「鄕校財産管理規則改定에 關한 件」『東亞日報』, 1920.6.20.
65) 朝鮮行政編輯總局 編, 『朝鮮統治秘話』, 290쪽.

을66) 뿐 아니라 이전과 등기에 대한 세금도 명확히 규정되지 않았
다. 1922년에는 선교사 개인 명의로 등록된 재산에 전년대비 25배
의 세금이 부과되었으며, 수녀원에도 세금이 책정되었고,67) 교회
토지가 도로용지로 침식당하기도 하였다.68)

일제는 토지조사사업을 실시하면서 도로의 형상이 명확하고 동
네의 중요한 통로로서 일반교통상 쉽게 개폐하기 어려운 것은 도
로로 사정함으로서 사유도로 소유자들의 분쟁을 야기시켰다. 특히
시가지의 경우 대부분의 도로가 사유지에 혼재되어 있었는데 도로
편입은 사유지의 무상 몰수를 의미하는 것이므로 지주들의 반대가
거셀 수밖에 없었다. 경성교구 관할 교회들은 등기하는 일이 쉽지
않았지만,69) 재단법인 경성구천주교회유지재단 명의로 등기를 계
속해 나갔다.70)

---

66) 교황청 포교성에 보내기 위해 1922년 8월 서울교구에서 교구내 각 본당
    에 보낸 질문서 중에 "교구가 아니라 본당에 속하는 논의 평수, 논의 싯
    가, 논의 연소출, 밭의 평수, 밭의 싯가, 밭의 연소출"에 대한 항목이 있
    다[〈MUTEL문서〉1922년 설문, 뮈텔 주교가 서울에서 부여 金寺里本堂
    의 공베르(Gombert, Antoine : 1875~1950) 신부, 서산 가재본당의 멜리
    장(Melizan, Pierre : 1877~1950) 신부, 논산본당의 루블레(Rouvelet,
    Henri : 1876~1928) 신부에게 보낸 1922년 8월 22일 서한 등]. 이는 곧
    많은 본당들이 교구에 소속된 재산 외에 본당 소속, 또는 선교사나 신자
    들의 개인 명의로 되어 있는 재산을 소유하고 있었음을 의미한다.
67) 『DEMANGE주교일기』, 1922.6.29.
68) 예를 들면 1924년 3월에는 일주일 동안 鎭安, 晋州, 達城 등에서 교회
    소유의 토지를 일본인들에게 탈취당하였다. 대구교구장 드망즈는 "나는
    항의없이 당신들의 부정을 감수할 한국인이 아니다"라고 군수에게 편지
    를 보냈다(『DEMANGE주교일기』, 1924.3.11) 진안에서 도로를 내기 위
    해 성당의 토지를 수용했던 일제는 드망즈의 강력 항의에 도로를 우회
    시켰다(『DEMANGE주교일기』, 1925.10.17).
69) 지방 교회에서 활동 중이던 성직자들은 교회 재산의 등기가 어려움을
    호소하였다[〈MUTEL문서〉1925-150, 鄭圭良(1883~1953) 신부가 부여
    금사리본당에서 뮈텔 주교에게 보낸 1925년 9월 4일 서한].
70) 서울교구에 속하는 충북 부여 금사리본당의 부동산(대지 1,426평, 답 771
    평)이 1923년 3월 11일로 경성구천주교회유지재단 명의로 등기되었다

경성구천주교회유지재단이 설립된 후 개신교측에서는 개신교회
의 자산을 재단법인으로 등록하기 위해 총독부와 긴밀하게 접촉하
였다. 1924년 봄 총독부는 여러 교파의 책임자들을 모이게 하였다.
그리고 모든 교파들에게 교회의 재산과 그때까지 개인 명의로 등
록되었던 교회의 모든 재산을 등록할 수 있는 법인 자격을 허용하
겠다고 하였다. 그리하여 당시 한국에서 활동 중이던 대부분의 기
독교 단체들이 재단법인 설립을 신청하였다.[71] 세금도 결정하였는
데, 재산이 교파의 소유가 된 기한, 재산의 성격에 따라 달랐다. 조
선민사령 시행 이전에 취득한 재산과 이후에 취득한 재산을 구분
한 것이다. 성당건물과 그 대지는 등록비가 면제되었다.

  "뮈텔 주교는 여러 해에 걸친 협상 끝에 1920년, 천주교 서울교구에 대한
법인 자격을 획득하였다. 그러나 당시 일본인들은 주교좌성당 문 밖의 성요
셉성당, 그리고 신학교밖에는 교회재산으로 인정하려 하지 않았다. 게다가
당시에 그들은 이전과 등기권에 대한 세금 부과액도 명확히 정하지 않았다.
금년 총독부는 좀더 넓은 견해를 보였다. 봄에 여러 교파의 장(長)들을 집합
시키고, 이번에는 모든 교파에게 교구의 재산과 그리고 개인 명의로 등록되
었던 교회의 모든 재산을 등록할 수 있는 법인 자격을 허용할 것을 제시하였

(〈MUTEL문서〉 125-140. 정규량 신부가 부여 금사리본당에서 뮈텔 주
   교에게 보낸 1925년 7월 2일 서한).
71) 당시 재단법인을 신청한 기독교단체는 다음과 같다. 재단법인 조선회중
   기독교회 유지재단(이하 '재단법인'과 '유지재단'은 생략)·약초정 일본
   기독교회·조선야소교장로회 경북장로회·경성기독교청년회·미국야소
   교 북장로파 조선선교회·미국야소교 남장로파 조선선교회·조선야소교
   카나다장로회·재조선구세군·미감리교회 조선선전부·남감리교회 조선
   선교부·미감리교회 부인부·야소교동양선교회·대영성서공회 조선지부
   ·조선야소교서회·호주빅토리아단 장로교 조선선교회·재조선야소교
   장로파선교회신학교·피어선기념성경학원·조선중앙기독교청년회·조선
   기독교청년회 국제위원간사·재조선외국전성교회·전주일본기독교전도
   교회·평양구천주교회·원산구천주교회·경성구천주교회. 각 단체의 재
   단법인 신청서류들이 정부기록보존소에 보관되어 있다. 문서번호 및 필
   름번호는 154(27), 5-1(8.4.5.1)·164(28-1)·1-2(10.1.4.2)·165(28-2),
   1-2(10.1.4.2)·166(33), 1-3(10.1.4.3)·32(34), 1-4(10.1.4.4).

다. 세금액도 결정하였는데, 그것은 재산의 성질과 교파의 소유가 된 기한에 따라 다르다. 성당과 그 대지는 등록비가 필요하지 않다. 그래서 우리는 우리의 모든 재산을 등록할 준비를 하고 있는데 매우 까다로운 일이다. 그러나 지금까지 소유권의 견지에서 우리들의 법적 규약이 명확하지 못하였으므로 서둘러 해야 할 일이다.”[72]

뮈텔은 서울교구의 재산을 경성교구와 원산교구, 그리고 평양교구 등 세 교구로 나누어 등록할 준비를 하였다. 당시 평양교구는 교회법적으로 설립된 상황이 아니었지만 설립이 예정되어 있었고 평양교구를 관할할 메리놀회 선교사들이 평양에서 활동 중이었으므로 평양교구의 재단법인 설립도 추진한 것이다. 서울교구를 관할하고 있었던 파리외방전교회 선교사들은 평양교구의 재단법인 설립을 처음에는 고려하지 않았으나 조선총독부의 태도 때문에 평양교구의 재단법인 설립도 진행시킨 것 같다. 1924년 드브레 서울교구 보좌주교는 경성구천주교회유지재단 명의로 등록된 자산이 교구 분할로 생겨날 수도 있는 다른 법인에 새로운 비용없이 양도될 수 있도록 해달라고 조선총독부에 부탁하였다가 거절당하였다.[73] 이에 교구를 설립하기까지는 시간이 필요한데도 경성교구를 관할하고 있던 파리외방전교회 선교사들이 교회법적인 평양교구 설립 전에 평양교구의 재단법인 설립을 추진하였던 것이다.[74]

1920년 교구로 설립된 원산교구의 재단법인 설립도 서울교구장 뮈텔의 명의로 추진되었다. 그것은 원산교구가 서울교구의 관할구역을 분리받아 설립되었기 때문이었다. 당시 ‘재단법인 원산구천주교회유지재단’의 자산은 대부분 서울교구의 파리외방전교회 선교사나 서울교구의 소유로 되어 있었다. 원산교구를 관할하고 있던

---

72) C-R-Seoul, 1923.
73) 『MUTEL주교일기』, 1924.1.31.
74) 평양교구가 교회법적으로 설립된 것은 1927년 3월 17일이었다. 평양교구를 관할하게 된 메리놀회가 한국에 진출하기 시작한 것은 1923년 5월 10일이었다. 그러므로 재단법인을 설립할 수 있는 상황이 아니었다.

베네딕도회 선교사들의 모국이 제1차 세계대전 동안 일본의 적성국인 독일이었던 점도 작용하였다. 재단법인 원산구천주교회유지재단의 5명 이사 중 파리외방전교회 선교사들이 3명이나(〈표 4-4〉참조) 보고된 것은 이러한 데에서 그 원인을 찾아야 할 것이다. 제1차 세계대전 당시 일제가 베네딕도회의 재산을 압류하려 하자[75] 서울교구장 뮈텔 등은 베네딕도회의 모든 재산이 오로지 종교적인 목적과 수도원 운영에 사용되었다고 증언하였다.[76] 그리고 분쟁이 발생할 소지가 있는 베네딕도회의 재산을 파리외방전교회의 소유인 것처럼 등록하였다. 교회법적으로 원산교구는 베네딕도회 선교사들에게 관할권이 있었지만, 일제와의 충돌을 피하고 자산을 보호하기 위해 행정적으로 이러한 방법을 취하였던 것이다.

뮈텔은 1924년 4월 8일, '재단법인 경성구천주교회유지재단'(이하 경성천주교재단으로 약칭)의 1920년 인가 취소와 함께 「조선민사령」에 의한 새로운 재단법인 설립을 신청하였다. 그리고 4월 15일과 4월 16일 '재단법인 원산구천주교회유지재단'(이하 원산천주교재단으로 약칭)과 '재단법인 평양구천주교회유지재단'(이하 평양천주교재단으로 약칭)의 설립을 신청하였다. 1924년 10월 14일 평양천주교재단이 설립되었고,[77] 이튿날인 10월 15일 원산천주교재단이 설립되었다.[78] 그리고 10월 27일 경성천주교재단이 설립되었다.[79] 평양천주교재단은 10월 23일, 원산천주교재단은 10월 28일, 경성천주교재단은 11월 10일 각각 등기되었다. 모두가 10여 일만에 등기를 완료하였다. 설립 목적은 동일하였다.

천주교회에 속한 교회 및 교회에서 경영하는 전도·교육·구료, 기타 자선사업을 위해 필요한 토지·건물 및 설비품을 소유·관리

---

75) 제1장 Ⅴ절 참조.
76) 『MUTEL주교일기』, 1919.9.23.
77) 『朝鮮總督府官報』, 1924.11.17 ; 1924.11.15, 『京鄕雜誌』, 495~496쪽.
78) 『朝鮮總督府官報』, 1924.11.20 ; 1924.11.15, 『京鄕雜誌』, 495~496쪽.
79) 『朝鮮總督府官報』, 1924.11.28.

또는 필요한 자산을 공급하는 것이었다. 이사로는 5명씩이 보고되었는데 다음의 〈표 4-4〉에서 알 수 있듯이 한국인 성직자도 포함되어 있었다.[80] 개신교 재단법인은 대부분 외국인 선교사들로만 이사진이 구성되었다. 경성교구는 파리외방전교회가 관할하였고 평양교구는 메리놀외방전교회 선교사들이, 원산교구는 베네딕도회 선교사들이 관할하게 되었지만 설립 당시의 이사진은 모두가 파리외방전교회 선교사들이 다수를 차지하였다. 평양천주교재단은 번(Byrne, Patrick : 1888~1950) 신부만이 메리놀회 선교사이며, 원산천주교재

---

80) 당시 한국인 신부들 중 나이가 많았던 이들은 용산 예수성심신학교의 1회 졸업생인 姜道永(1863~1929) 신부와 鄭圭夏(1863~1943) 신부였다. 그런데 2회 졸업생인 金聖學(1870~1938) 신부와 韓基根(1868~1939) 신부가 한국인 성직자들을 대표하여 천주교 재단법인의 이사로 선임된 것은 당시 이들이 서울에 거주하고 있었기 때문이었다고 여겨진다. 원산천주교재단에 한국인 성직자가 없는 이유는 당시 원산교구에는 한국인 성직자가 한 명도 소속되어 있지 않았기 때문이었다.
김성학은 1870년 平南 殷山에서 출생하였고, 강원도 利川에서 살 때인 1883년 블랑(Blanc) 주교에게 신학생으로 선발되어 말레이반도의 페낭(Penang)신학교에 유학하였다. 1892년 귀국하여 용산신학교에서 학업을 계속하고 1897년 12월 18일 韓基根, 李迺秀와 함께 용산신학교의 제2회 졸업생으로 사제서품을 받았다. 1898년 6월 경북 가실(洛山, 현 칠곡)본당에 부임하여 선교 활동을 시작하였다. 이후 1901년 金泉본당, 1911년 황해도 長淵본당을 거쳐 1916년 용산신학교 라틴어 교수를 역임하였고, 1922년 파리외방전교회에서 메리놀회로 관할권이 이양될 평안도로 파견되어 平壤본당, 1927년 永柔본당, 1931년 西浦본당에서 선교하여 메리놀회 선교사들의 고문으로 활동하였다. 1936년 7월 서울교구로 돌아와 충청도 貢稅里본당에서 선교하다 1938년 사망하였다(1983.9. 『교회와 역사』 99, 4쪽) 韓基根은 1868년 경기도 양지 秋溪에서 태어났고, 1884년 페낭신학교에 유학하였다가 1886년 귀국하여 용산신학교에서 학업을 계속하고 1897년 12월 18일 사제서품을 받았다. 용산신학교 교수를 거쳐 1902년 황해도 황주군 적은동본당에서 선교하다 1914년 경향신문사로 전근되어 1939년 사망할 때까지 활동하였다. 매달 2회 발행하던 『京鄕雜誌』를 혼자서 편집하는 한편, 성서출판소의 사무를 맡아 성서번역과 편찬 및 교정을 전담하였다. 1910년 한국 천주교회에서 최초로 간행된 『四史聖經』의 번역자이기도 하다.

단은 로머(Romer, Anselm : 1885~1950) 신부와 슈미트(Schumit, Chrysostomus) 신부가 베네딕도회 선교사였다.

〈표 4-4〉 1924년에 설립·인가된 천주교 재단법인의 이사진

법인 명칭	이 사
재단법인 평양구천주교회유지재단	뮈텔·드브레·조세·번·김성학
재단법인 원산구천주교회유지재단	뮈텔·드브레·조세·로머·슈미트
재단법인 경성구천주교회유지재단	뮈텔·드브레·조세·포와넬·한기근

출전 : 정부기록보존소, 문서번호 165(28-2), 필름번호 1-2(10.1.4.2).

1930년대 후반에 접어들자 대구교구도 재단법인 설립을 준비하였다. 1936년부터 토지법이 변경되는데,[81] 외국인은 토지를 매매할 수 없을 뿐만 아니라 이미 획득한 토지의 소유권도 당분간은 인정되지만 언제든지 토지수용령에 따라 당국에서 필요할 때에는 소유권을 박탈할 수 있다는 규정 때문이었다.[82] 당시 일제는 만주를 침공한 후 대륙을 향한 군국주의 침략정책에 총력을 기울이고 있었다. 중국을 향해 나아가는 일본 군국주의자들에게 식민지 한국의 모든 것은 필요에 따라 수용될 수 있었다. 그러므로 이제 대구교구장 드망즈도 더 이상은 버틸 수가 없게 되었다. 조선총독부의 규제를 받더라도, 그리고 자산관리권을 박탈당할 수 있는 상당한 위험성을 감수하고라도 우선 당장은 대구교구의 재산에 대한 소유권을 인정받아야 했기 때문이었다.

대구교구 재단법인이 언제 설립되었는지는 확실히 알 수 없으나,[83] "총독부에서 곧 3개의 재단법인을 설립하여 소유지를 각 교

---

81) 1936년 8월 14일 「國有財産法」이 공포되었고, 시행일은 1937년 4월 1일부터로 정해졌다. 그리고 1937년 1월 15일에는 '외국인 토지법 적용 지정구역'이 발표되었다(『朝鮮總督府官報』, 1937.1.15).

82) 『金永埰日誌』, 1935.11.13. 『金永埰日誌』는 『문산본당사』에 수록된 것을 재인용하였다. 이하 '『문산본당사』에서 재인용'은 생략.

83) 『한국가톨릭대사전 부록』에 의하면 1936년 6월 18일 설립된 것으로 되어

구에 분배할 것이라 하였다"는 1937년 대구교구 보고서[84]로 보아
이때까지도 설립되지 않았던 것 같다. 아마도 대구교구에서 분리ㆍ
설립된 광주교구와 전주교구가 1938년 5월 4일과 6월 22일에 각각
재단법인으로 설립되었으니, 대구교구 재단법인의 설립도 이즈음
이 아닌가 생각된다.[85]

　전주교구와 광주교구는 일제의 대륙침략이 강화되고 있던 당시
의 상황, 그리고 한국 천주교회의 다른 교구 법인들과 대구교구의
사례를 참고로 교구 자산에 대한 소유권을 확보하고자 재단법인
설립을 서둘렀다. 재단법인 광주구천주교회유지재단은 1938년 5월
4일자로,[86] 재단법인 전주구천주교회유지재단은 6월 22일자로 각
각 설립되었다.[87] 그리고 5월 24일과 7월 7일자로 각각 등기되었
다. 뒤의 〈표 4-6〉에서 볼 수 있듯이 자산은 56,326원과 387,581원이
었으며, 이사진은 다른 천주교 재단법인들과 마찬가지로 5명씩이었
는데 한국인 성직자들이 많았다. 광주구천주교회유지재단의 이사
는 멕폴린(McPolin, Owen : 1889~1963)[88] 등 2명의 골롬반회 선

　　있다(한국교회사연구소 편, 1984, 450쪽). 그러나 이 날을 전후하여 몇
　　달 분량의 『朝鮮總督府官報』를 조사해 보았지만 대구교구유지재단 설립
　　에 관한 기사는 발견하지 못하였다.
84) C-R-TaiKou, 1937.
85) 1941년 2월 17일 당시 대구교구장 드망즈의 비서였던 김영은이 경북도경
　　찰부 고등과에 불려가 말한 대구교구의 자산 규모는 1941년 부동산
　　1,364,248원, 토지 과실 수입금 47,276원 96전, 신자 교무금 6,956원(신자
　　27,786명), 로마교황청 원조금 22,910원, 1941년 수입 172,039원 49전, 지
　　출 162,895원 87전이었다(『金永垠日誌』, 1941.2.17). 아마도 이 자산 규모
　　는 재단법인 설립 당시와 많은 차이는 없으리라 여겨진다.
86) 『朝鮮總督府官報』, 1938.7.11.
87) 『朝鮮總督府官報』, 1938.8.6.
88) 골롬반회 선교사. 1933년 10월 한국에 들어와 1937년 4월 13일 광주교구
　　의 초대 교구장으로 임명되었다. 제2차 세계대전의 발발과 함께 교구장
　　직을 사임하였다가 해방 후 제3대 광주교구장으로 다시 취임하여 1948
　　년까지 활동하였다. 이후 미국으로 건너 골롬반 신학교에서 후학들을 가
　　르치다 1963년 사망하였다(천주교광주대교구, 1990, 『광주대교구 50년
　　사』, 빛고을출판사, 124~129쪽 참조).

교사들과 3명의 한국인 성직자였으며, 한국인 교구장 관할교구로
설립된 전주구천주교회유지재단은 5명의 이사 모두가 한국인 성직
자였다.

Ⅳ. 재단법인 천주교회 자산의 구조

재단법인으로 설립된 천주교회의 자산은 평양천주교재단이
74,300원 72전, 원산천주교재단이 97,282원 11전, 경성천주교재단이
1,947,417원 11전이었다. 1922년 7월 말 한국내 노동자의 평균 임금
은 91전이었고,[89] 1926년 조선총독부의 공식 통계에 의하면 하층민
5인 가족 노동자의 1달 생활비는 51원 65전이었다.[90] 경성천주교재
단의 자산이 얼마나 많았는지 알 수 있다. 경성교구가 왜 그토록 재
단법인 설립에 매달렸는지는 이 많은 자산이 말해 준다고 하겠다.
그런데 천주교회가 소유한 부동산은 대부분 신앙 생활을 영위하
는데 직접 필요한 종교용으로 이용된 것이 아니었다. 다음의 〈표
4-5〉를 살펴보면 전체 부동산 중 교회용지로 이용되었을 사사지
(社寺地)는 원산천주교재단이 0.14%, 평양천주교재단이 1.17%, 경
성천주교재단이 0.12%에 지나지 않았다. 또한 대지의 비율도 원산
천주교재단이 11%, 평양천주교재단이 6%, 경성천주교재단이 3%
에 불과하였다. 가장 많은 부분을 차지하는 것이 경작지(논·밭)인
데 전체 부동산 중 경작지 비율이 원산천주교재단은 87%, 평양천
주교재단은 89%, 경성천주교재단은 76%였다. 또한 경작지를 논과

---

89) 1923, 『회사 및 공장에서의 노동자 조사』, 9~10쪽 ; 김인덕, 1995, 「식민
    지시대 서울지역 민족해방운동가 연구-車今奉의 활동을 중심으로-」
    『鄕土서울』 55, 165쪽.
90) 『東亞日報』, 1926.5.16.

밭으로 구분해보면 원산천주교재단은 1.3:1, 평양천주교재단은 38:1, 경성천주교재단은 1.9:1의 비율로 모두가 밭보다 논이 많다. 결국 교회에서 소유하고 있던 부동산은 대부분이 교회용지가 아니라 경작지였다는 것을 알 수 있다. 교회의 운영자금을 마련하기 위해서였다지만 교회가 한국 사회에서 대지주로 존재하고 있었다는 것을 말해 준다.

〈표 4-5〉 천주교 재단법인의 부동산 현황

		田		畓		垈
재단법인 원산구 천주교회 유지재단	토지	53 / 90,935 / 33,538.34		42 / 66,915 / 14,671.27		39/19,272 / 44,482.47
		임야	社寺地		잡종지	합계
		2/3,193 / 283.03	1 / 256 / 512.00		2 /902 / 694.00	139/181,446 / 94,181.11
	건물	5 / 89 / 3,101				
	계	97,282.11원				
재단법인 평양구 천주교회 유지재단	토지	田		畓		垈
		78/153,385 / 15,734.10		4 / 4,004 / 1,610.60		23/11,186 / 11,391.49
		임야	社寺地		잡종지	합계
			2/2,072 / 3,599.40		3/6,268 / 104.13	110/176,915 / 32,430.72
	건물	38 / 1,141 / 41,870.00				
	계	74,300.72원				
재단법인 경성구 천주교회 유지재단	토지	田		畓		垈
		1,074/1,639,422 / 336,569.94		769/842,456 / 68,470.26		276/101,261 / 90,129.77
		임야	社寺地		잡종지	합계
		7/144,411/ 3,150.91	13/40,518/ 850,943.90		23/50,258/ 1,649.63	2163/3,273,324.90/ 1,352,514.4.1
	건물	2274 / 8816 / 594,633				
	계	3,282,140.90평 / 1,947,147.41원				

출전 : 정부기록보존소, 문서번호 165(28-2), 필름번호 1-2(10.1.4.2).
비고 : 토지-필 / 坪 / 評定가격 : 건물-棟 / 坪 / 評定가격.

교회는 소유 토지 중 많은 부분을 소작으로 운영하였다. 교회 토지는 대부분 신자들에게 소작이 주어졌으리라 생각되는데, 소작료는 수확량의 절반이나 되었다. 다음의 자료는 원산교구를 관할하고 있었던 베네딕도회의 1932년 덕원(德源)수도원의 기록인데 1920년대에도 사정은 비슷하였으리라 여겨진다.

"[덕원수도원의] 농장 책임자는 우리가 65헥타르의 산림, 숲, 평지 외에 50헥타르의 경지를 가지고 있다고 하였다. 경작지 중 우리는 채소밭을 제하고 10.5헥타르를 직접 경작하였고, 나머지는 일부가 너무 멀고 또 여기저기 흩어져 있어서 우선은 소작을 주고 있다. 이곳의 법에 따르면 소작인은 매년 수확량의 절반을 지주에게 주어야 한다. 그래서 우리는 올해 4헥타르의 논에서 쌀 18,000파운드, 9헥타르의 밭에서 4,000파운드의 수수, 2,000파운드의 콩, 5,000파운드의 감자를 소작료로 받았다."[91]

재단법인으로 설립된 개신교 단체들과 비교해 보아도 천주교회의 자산 규모는 상당한 것이었다. 다음의 〈표 4-6〉에서 알 수 있듯이 1920년대에 설립된 종교법인 중 천주교경성교구의 자산 규모가 가장 컸다. 개신교 단체 중 신자 수나 선교인력 등이 가장 많았던 장로교 자산의 약 2배를 기록하고 있다.

1924년을 기준으로 살펴볼 때 경성교구의 신자 수는 54,000여 명이었고, 장로교의 신자 수는 83,300여 명이었다.[92] 장로교의 신자 수가 경성교구의 신자 수보다 약 50% 많다. 그런데 재단법인으로 등록된 자산은 경성교구가 장로교의 약 2배를 기록하고 있다. 통감부 시대부터 천주교 선교사들은 개신교에 비교하여 천주교의 선교자금이 빈약하다고 불평하였다. 특히 제1차 세계대전 동안 천주교에는 선교후원금이 거의 중단되다시피 하였는데 개신교 선교사들

---

91) *Chronik*, 1933년 Nr.3, 5~13쪽 ; 1991, 『원산교구 연대기』, 216쪽.
92) 경성교구의 신자 수는 C-R-Seoul, 1924, 장로교 신자 수는 한국기독교사 회문제연구원, 1982, 「한국교회 100년 종합조사연구-보고서-」, 146쪽을 근거로 하였다. 모두가 세례신자 수이다.

은 풍부한 선교자금으로 활동하고 있다고 불평하였다. 그렇지만
1924년 재단법인으로 등록된 자산 규모는 선교사들의 불평이 무슨
이유에서였는지를 돌아보게 한다. 그 동안 개신교측에서는 교육사
업과 의료사업에 선교자금을 사용하였던 데 비해 천주교측에서는
부동산을 매입하는데 선교자금을 사용하였다는 것을 알 수 있다.

〈표 4-6〉 1920~1930년대에 설립·인가된 기독교 재단법인

	재단법인명칭	설립일 / 등기일	자 산(원)
ⓐ	야소교동양선교회 유지재단	1924.6.16 / 11.13	43.835
ⓑ	미국야소교장로파조선선교회 유지재단	1924.6.16 / 11.13	1.097.886
ⓒ	대영성서공회조선지부 유지재단	1924.9.5 / 9.22	86.940
ⓓ	호주국장로교 조선선교회 유지재단	1924.9.30 / 10.20	152.409.46
ⓔ	재조선야소교장로파선교회신학교 유지재단	1924.	53.360
ⓕ	피어선기념성경학원 유지재단	1924.10.8 / 11.2	175.740
ⓖ	조선중앙기독교청년회 유지재단	1924.10.13/ 11.3	144.979.61
ⓗ	미감리교회 유지재단	1926.5.7 / 5.24	464.692
ⓘ	조선기독교미감리회 유지재단	1926.5.7 / 5.24	120.579.
ⓙ	평양구천주교회 유지재단	1924.10.14/ 10.23	74.300.72
ⓚ	원산구천주교회 유지재단	1924.10.15/ 10.28	97.282.11
ⓛ	경성구천주교회 유지재단	1924.10.27/ 11.10	1.947.417.11
ⓜ	광주천주교회 유지재단	1938.5.4 / 5.24	56.326
ⓝ	전주구천주교회 유지재단	1938.6.22 / 7.7	387.581

출전 : 『朝鮮總督府官報』. ⓐ는 1924년 7월 18일, ⓑ는 1924년 7월 18일, ⓒ는
　　　1924년 11월 11일자, ⓓ는 1924년 11월 17일, ⓔ는 1924년 11월 20일, ⓕ
　　　는 1924년 12월 23일, ⓖ는 1924년 11월 28일, ⓗ는 1926년 8월 4일, ⓘ는
　　　1926년 8월 4일, ⓙ는 1924년 11월 17일, ⓚ는 1924년 11월 30일, ⓛ는
　　　1924년 11월 17일, ⓜ는 1938년 7월 11일, ⓝ는 1938년 8월 6일.
비고 : 이들 재단법인의 설립 신청 자료들은 정부기록보존소에 문서번호 164와
　　　165로 정리되어 있다.

　　3개 교구가 재단법인으로 설립되자 수녀회들도 해당 지역의 재
단법인으로 자산을 등록하였다. 당시 한국 천주교회에서 활동하였

던 수녀회는 샬트르성바오로수녀회와 포교성베네딕도수녀회였다.
샬트르성바오로수녀회의 경우 서울교구 수녀원은 경성천주교재단
에 등록하였으나, 대구교구 수녀원은 대구교구가 재단법인으로 설
립되지 않았으므로 법인 등록을 할 수 없었다. 포교성베네딕도수녀
회는 처음부터 베네딕도회와 독립된 조직으로 진출하였으므로93)
재산의 소유 및 관리도 독자적으로 하였다. 당시 수녀원은 재단법
인을 인가받기가 어려웠으므로, 원산천주교재단에 등록하되 수녀
회와 원산교구간에 공증서를 마련하였다.

"면속구 공증서
원산. 문서번호, 45/30

수녀원에서는 아직도 공적인 재단법인의 등록이 안되었기에 별지의 보관용
땅을 재단법인으로 등록된 원산구 천주교회유지재단 이사장의 명의로 등록한
다. 그러나 여기서 별지에 등록하는 토지는 성베네딕도수녀회의 원산 성임마
꿀라따수녀원의 재산이 된다. 이 땅들은 구체적으로 명기하면 다음과 같다.

1) 1928년 전낙풍(全樂豊, 라파엘)으로부터 받은 토지는 약 2,500∼3,000엔에
   해당하는 6,360평의 논인데 이 땅은 배화면(倍花面)의 지경리(地境里)와
   신리(新里)에 있다.
2) 그외 논 15,543평, 밭 14,047평, 대지 421평 등 30,011평.

이상의 땅은 위익면(衛益面) 고산리와 금기리, 문산면(文山面) 통천리에
있다. 이 토지들은 포교성베네딕도수녀회가 4,150엔에 샀다. 상기한 대로 이
토지들은 모두 툿찡 포교 성베네딕도수녀회의 재산으로 원산의 성임마꿀라
따수녀원의 재산이다. 이에 도장과 싸인을 한다.

덕원 1930년 3월 24일 원산의 보니파시오 사우어 주교 싸인."94)

---

93) 1922년 6월 25일 원산교구장 사우어 주교와 툿찡 포교성베네딕도수녀회
   의 총장 멜라니아 폴머 수녀와의 계약서. 계약서의 원본은 1949년 포교
   성베네딕도수녀회 원산수녀원 해산 당시 소각되었고, 사본이 툿찡의 포
   교성베네딕도수녀회 본부에 소장되어 있다(포교성베네딕도수녀회, 1988,
   『포교성베네딕도수녀회 원산수녀원사』, 왜관 : 분도인쇄소, 78∼81쪽).

위와 같은 공증서를 작성함으로써 일제와의 관계에서는 원산천주교재단의 재산으로 등록되었지만, 교회 행정으로는 수녀회에서 독자적인 재산 관리를 하였다.[95]

조선총독부가 인정한 종교단체의 법인 설립은 기독교측에서 큰 호응을 받았다. 1920년 경성구천주교회유지재단의 설립을 시작으로 1931년까지 29개의 종교법인이 설립되었는데 모두가 재단법인이었다. 그리고 29개의 재단법인 중 2개의 불교 재단법인을 제외하면 모두가 기독교 재단법인이었다. 자산을 비교해 보면 설립 당시 불교재단은 평균 130,000원이었는데 기독교재단은 불교재단의 약 2배인 250,000원이었다. 또한 불교재단은 사찰·사원에 직접 관계되는 원조재단인데 비해, 기독교재단은 재산 관리를 주요 목적으로 하는 유지재단이었다.[96] 기독교측에서 교회재산을 재단법인으로 설립·인가받은 것은 그들이 소유하고 있던 재산을 지키기 위해서였으며, 그것은 재산권을 보장받음으로써 한국 교회의 교권을 계속 장악하겠다는 의미였다.

3개의 재단법인을 인가받은 후 한국 천주교회는 신자들에게 경제적인 부담을 요구하였다. 재단법인으로 등록된 자산은 모두 보전되어야 하기 때문에 교회사업에는 신자들의 부담이 가중될 수밖에 없었다. 식민지 치하의 어려운 경제적 여건에서 생존 자체를 위협받는 신자들이 교회라는 하나의 자원적 조직을 운영해 나간다는 것은 매우 어려운 일이었다.[97] 그러나 한국 천주교회를 관할하고

---

94) 퇫찡 포교성베네딕도, 로마 총원 행정체, 문서번호, 원산 45/30 및 14/31, 포교성베네딕도수녀회, 『포교성베네딕도수녀회 원산수녀원사』, 128~129쪽. 원산교구와 포교성베네딕도수녀회와의 사이에 이루어진 2건의 공증서, 同수녀회와 독일인 헤르만 헨켈(Hermann Henkel)간에 체결한 1건의 계약서가 남아 있다.

95) 1930년대 초까지 포교성베네딕도수녀회에서 매입한 토지는 논 71,360평, 밭 15,561평, 대지 1,036평 등 87,957평 규모였다(『포교성베네딕도수녀회 원산수녀원사』, 132쪽).

96) 田中藤次郞, 1931.5, 「宗教及祭祀に關する法人」 『朝鮮』, 127~130쪽.

있던 선교사들은 한국인 신자들의 처지를 고려하기보다는 교회자
산의 보존과 관리에 더 많은 관심을 두었고, 교회사업에 대한 경제
적인 부담을 한국인 신자들에게 요구하였다. 당시 한국 천주교회는
동성상업학교(東星商業學校)98)를 천주교회의 유일한 중등교육기
관으로 운영하고 있었는데 한국인 신자들에게 경제적인 협조를 요
구하였다. 성직자들은 농사도 장사도 할 수 없으니 교회사업은 성
직자와 신자들이 힘을 합해야 성공한다는 것이었다.99)

재단법인으로 설립된 후 자산에 대한 소유권 인정과 함께 총독
부의 감독도 받아야 했던 천주교회는 1930년대에 접어들면서 교회
운영에 신자들의 경제적인 책임을 규정하였다. 1931년 한국 천주교
주교회의에서 교무금(敎務金)100) 의무를 부과함으로써 신자들의
경제적인 책임을 교회 규칙의 하나로 만들었다.

"한국 주교회의에서 제도가 확정되었다. 작년 성직자회의에서 시행에 필
요한 세부 사항이 결정되었고, 그 첫번째 사업은 교무금 제도의 확정이었다.
시작 자체가 고무적이었다. 자세한 보고가 모든 선교사들에게 보내졌으므로,
특별히 자치를 해야 할 지방들은 각 본당의 숫자를 비교함으로써 이 보고서
에서 유용한 결론을 끌어낼 수 있을 것이다. 분담금은 각 가정이 미리 정해
진 공소를 통해서 거두어지지만 각각의 모금액이 얼마인지 알기 위해서는

97) 노치준, 1993, 『일제하 한국 기독교 민족운동 연구』, 한국기독교역사연구
    소, 95쪽.
98) 현 서울 혜화동 소재 동성중・고등학교의 전신. 1907년 9월 개교한 昭義
    學校를 1922년 4월 1일 천주교회에서 인수하여 5년제 갑종 상업학교로
    변경하면서 남대문상업학교로 교명을 변경하였다. 서울 蓬萊洞에 소재하
    고 있다가 1928년 혜화동에 교사를 신축하여 이전하였고, 1931년 4월 동
    성상업학교로 개칭하였다. 학교 내에 乙組를 편성하여 신학교의 중등교
    육도 실시하였다(1984, 『한국가톨릭대사전』, 309쪽).
99) 1924.12.15・12.31, 『京鄕雜誌』 ; 1925.2.15・4.15.
100) 교회 유지를 위해 신자들이 의무적으로 교회에 납부하는 헌금. 기원은
    구약성서의 十一租에서 유래한다(창세 14 : 21, 28 : 22, 신명 14 :
    22-27, 14 : 28-29, 말라 3 : 8-10). 교구장은 교무금 납부 의무를 실행
    하지 않는 신자를 교회법적으로 처벌할 수 있다(1985, 『한국가톨릭대사
    전』, 120~121쪽).

각 본당에서 거두어진 금액을 그 본당 신자 수로 나누어 보아야 한다.....전체 교무금 중에서 5/10는 각 본당의 여러 가지 필요한 일들의 경비로 본당에 남겨지고, 2/10는 선교사들을 위한 수당의 일부로 쓰이도록 교구 경리부로 보내지며, 3/10은 전체 사업을 위해 역시 교구 경리부로 보내진다. 우리는 신자들이 한국 주교회의가 다른 여러 곳과 마찬가지로 교회 계율의 하나로 만들어버린 이 의무의 중요성을 깨닫게 되리라 희망한다. 선교사는 교무금을 관장하고 본당에 할당되는 교무금의 반액을 주교 방문, 선교사 방문, 회장 피정, 예전비(禮典費), 그밖의 본당 사업 등 필요에 따라 이를 분배하는 본당회의를 지도 감독한다."[101]

100여 년 동안 한국 교회의 신자들이 교회를 위해 내놓은 것은 약 45,000원에 불과하다고 하였다.[102] 천주교회는 200여 만원이라는 많은 자산을 보유하고 있었지만, 교회 활동을 위해 그 자산을 사용하기보다는 보전하는 데 관심을 기울였다. 원산교구를 관할하고 있었던 베네딕도회 선교사들은 1932년부터 1인당 20페니히의 교무금 제도를 마련하였다.[103] 아직 재단법인으로 설립되지는 않았지만 대구교구에서도 1933년 8월 31일 교무금 납부에 관한 지침을 발표하였다. 1933년 대구교구의 신자 수가 41,000여 명이니 약 30,000~40,000원의 교무금이 입금되기를 희망하였다.[104] 그러나 이듬해 모아진 교무금은 약 17,000원이었다.[105]

선교사들이 교회자산을 재단법인으로 인가받고자 노력한 이유는

---

101) C-R-TaiKou, 1934.
102) 『金永坦日誌』 1933.8.31.
103) Chronik, 1933년 Nr.3, 5~13 : 한국교회사연구소 편, 1991, 『원산교구연대기』, 214쪽.
104) 『金永坦日誌』, 1933.8.31.
105) "올해는 일본인 신자들이 1인당 평균 78.2전으로 1위를 차지했다. 훗날 대구교구에 그대로 남아 있을 두 道 중에서 북도는 60.2전, 남도는 36.7전을 기록했다. 미래의 한국인 교구는 1인당 30.2전, 미래의 골롬반회 교구는 19.5전을 기록했다. 1원은 현재 4.70프랑의 가치가 있으므로 전 교구의 교무금 총액을 프랑으로 환산하면 79,626.55프랑이고, 42,509명의 신자 수로 나누면 1인당 평균 분담금은 1.87프랑이 된다"(C-R-TaiKou, 1934).

식민지로 전락한 나라에서 교회를 보호하기 위해서였다. 피식민통치자들을 선교의 대상으로 활동하는 선교사들이기에 피식민통치자들과 정반대의 이해 관계에 있는 식민통치자들로부터 어떠한 위협이 닥칠지 알 수 없는 상황이었다. 선교사들의 행동이 식민통치에 위배될 때 식민통치자들은 선교사들에게 압력을 행사할 수 있었다. 따라서 선교사들은 구한말, 대한제국 정부에 요구하였던 것보다 더욱 강력하게 일제 식민당국에 교회의 재단법인 설립을 요청한 것이다. 교회재산을 재단법인으로 등록할 경우, 최소한 기본 자산은 유지될 수 있으며 그 기본 자산은 선교 활동에 힘이 되기 때문이었다.

선교사들이 교회의 재단법인 설립을 추진하였던 또 다른 이유는 계속적인 교권 확보를 위해서였다. 당시 교회는 많은 재산을 소유하고 있었다. 그러므로 인적 구성을 설립의 주요 요건으로 하는 사단법인으로 설립을 추진한 것이 아니라, 자산의 보전을 주요 목적으로 하는 재단법인으로 설립을 추진한 것이다. 게다가 종교법인은 영리가 아닌 공익을 목적으로 하므로 당국의 보호를 받음과 동시에 소득세, 자산이자세, 법인등록세가 면제되었고, 무상 또는 기부에 의해 취득한 부동산의 등록세는 저율로 처리되었다.106) 그러므로 많은 부동산을 소유하고 있던 종교단체들로서는 재단법인에 매력을 느낄 수밖에 없었다.

당시 한국 천주교회는 인적인 면에서 한국인 성직자 수가 선교사 수를 능가하였다.107) 제1차 세계대전의 발발로 파견이 중단되

---

106) 田中藤次郎, 1931.5, 「宗敎及祭祀に關する法人」, 『朝鮮』, 129~130쪽.

107) 재단법인 설립에 주력한 1920년대 한국 천주교회는 원산, 평양, 연길 등 세 교구가 설립됨으로써 교회조직면에서 크게 발전하였다. 1920년 원산교구가 설립되기 전까지 한국 천주교회에는 서울과 대구의 두 교구뿐이었고, 또 이들 교구의 사목을 담당하던 선교사들도 프랑스 출신의 파리외방전교회 선교사들뿐이었다. 그러나 원산과 평양, 그리고 연길 등 세 교구의 사목을 담당하기 위해 독일 상트 오틸리엔의 베네딕도회와 미국의 메리놀회 선교사들이 진출하여 프랑스인 선교사들의 그때까지의 포교상의 독점을 지양하고 동시에 선교와 사목에서 보다 풍

고, 전쟁 후에도 선교사들의 파견이 적었던 반면 한국인 성직자 수
는 매년 새 신부들이 배출됨으로써 증가하였다. 1925년 서울교구의
한국인 성직자 수는 36명이었는데 그 중 22명이 본당을 맡고 있었
고, 선교사는 18명이 본당에서 활동하고 있었다.[108] 선교사 수보다
한국인 성직자 수가 많아진 현상을 선교사들은 우려하였다. 대구교
구장 드망즈는 한국인 성직자들이 한국인들만을 생각한다며 비난
하였다. 그는 기독교적 환경이 1/2도 조성되지 않았는데, 한국인
성직자들이 한국인들만을 생각하여 완전히 본토인만의 교회가 된
다면 형편없는 교회가 된다고 하였다. 한국인 성직자 수가 선교사
수를 능가하여 더욱 그럴 것으로 우려되는데 아직은 한국인 성직
자들이 프랑스인 선교사들에게 복종한다고 하였다.[109]

일반적으로 10명의 외국인 선교사보다 1명의 현지인 성직자가
현지인들에게 그리스도를 더 잘 전할 수 있다. 그것은 현지인 성직
자가 그 지역 사람들의 정서를 잘 이해할 수 있기 때문이다. 현지
인 성직자와 현지인 신자는 외국인 성직자와 현지인 신자의 관계
와는 달리 같은 민족으로서 공감대를 형성하고 있으므로 선교에도
유익하다는 점에서 교황청은 현지인 성직자가 현지인들에게 선교

부하고 다양한 성과를 기할 수 있게 되었다. 그러나 여전히 한국 천주
교회는 외국인 선교사들이 관할권을 지니고 있었다. 1919년 교황청에서
현지인 성직자를 위한 회칙이 발표되었고, 1926년 6명의 중국인 주교가
최초로 서품되었고, 일본인 주교도 1명 서품되었지만 한국 천주교회는
1928년에야 黃海道監牧代理區가 설정되었을 뿐이었다.

108) C-R-Seoul. 1925.
109) "한국인 성직자에 대해 이야기할 경우, 본인은 늘 한국인 신부들이 선교
사 정신을 가질 필요가 있다고 말한다. 만약 그들이 비신자들을 개종시
키는 책임을 선교사들에게 맡겨둔 채, 자신들은 오로지 또는 특별히 신
자들의 사제여야 한다고 생각한다면, 이 모든 조직은 아무런 결실도 없
을 것이며, 또한 오랜 시일이 지나도 그리스도교적인 생활 환경이 반도
조성되지 못한 나라에 세워지는 완전한 本土人들만의 교회는 형편없는
것이 될 것이다. 한국인 성직자 수는 이미 선교사 수를 능가하였으며, 앞
으로 더욱 능가할 것이 분명하므로 반드시 비정상적인 상황이 벌어질 것
같았다. 그러나 다행스럽게도 그렇지는 않았다"(C-R-TaiKou. 1927).

하는 것이 가장 바람직하다고 권유하였다. 그리고 선교사들은 미신자들에게 선교하는 것도 중요하지만 그보다는 현지인 성직자를 양성하여, 그들에게 교회의 관할권을 넘겨주어야 한다고 하였다.

"포교성이 여러분을 주교로서 이 지역에 보내는 주 이유는, 여러분들이 거기에 가서 젊은이들을 잘 교육하여 사제직을 수행하기에 적합할 만큼 준비시킨 다음 그들에게 거룩한 품을 주는 일에 온갖 수단과 방법을 동원해서 노력하도록 하기 위함입니다. 여러분들은 그들을 그 광대한 지역에 배치하여 그들로 하여금 여러분들의 지도 아래 전심전력 그리스도교를 위해 봉사하도록 해야 할 것입니다. 그러므로 여러분은 사제직에 적합한 자질을 가진 젊은이들을 가능한 한 많이 훈련시키고 양성하여 성품(聖品)을 받게 한다는 이 목적을 한 순간도 잊지 마시기 바랍니다. 또 여러분이 사제품에 올린 사람들 가운데 주교직에 적합한 인물이 나타나면 여러분은 명심하여 그들에게 바로 이 높은 지위를 허락하지 말고―이것은 여러분에게 엄격히 금지된 사항입니다―기다리시기 바랍니다. 그런 다음 먼저 그들의 성명, 연령, 자질, 기타 필요한 모든 사항, 예를 들면 어디에서 그들에게 주교품을 주게 될지, 어떤 교구에 배치하게 될지 등 여러 가지를 적어서 보고해 주시기 바랍니다."[110]

그러므로 모든 외방전교회는 현지인 성직자를 양성하여 그들에게 교회의 관할권을 넘긴다는 것을 설립의 제1목적으로 하고 있다. 그런데 당시 한국 천주교회에서 활동하였던 선교사들은 이러한 원칙에 충실하지 못하였다.

개신교의 경우도 마찬가지였다. 1924년 9월 24일 창설된 '조선예수교연합공의회'(Korean National Christian Council)[111]의 결과 한국인 대표자 수가 선교사 대표자 수를 능가하였다. 즉 한국교회의 경우 세례신자 5천명까지는 1천명당 1명씩, 그 이상은 5천명당 1명을 더하여 대표를 선출하고, 선교사들의 경우는 선교사 20명당

---

110) 교황청 포교성의 1658년 훈령, Jean Guennou, *Les Missions Etrangeres*, Paris, 1963, 48~50쪽 ; 이병호, 1987, 「프랑스 선교사들의 영성과 한국교회」『教會史研究』 5, 387~383쪽에서 재인용.

111) 1925, 「조선예수교장로회 총회 제14회 회록」, 43쪽.

1명씩, 기관은 1기관당 1명씩 선출하자 한국교회의 대표자 수가 선교사 수보다 많았다. 이러한 결과가 빚어지자 선교사들은 폐지하기로 하였던 선교사들만의 선교연합공의회를 계속 존속시키며 조선예수교연합공의회와는 별도의 협의체를 유지하였다.[112] 그리고 교권을 계속 장악하기 위해 교회건물을 재단법인화하는 등의 합법화 과정을 통해 기득권을 유지하려 하였다. 특히 개신교 재단법인들의 경우 이사들 대부분이 한국인이 배제된 채 외국인 선교사들로 구성되었다는 것은 이러한 선교사들의 의도를 잘 보여준다고 하겠다.

대부분의 한국인들이 궁핍한 생활을 하는 식민지 현실에서 교회의 거대한 재산 소유는 한국인들에게 교회에 대한 거부감을 갖게할 수도 있는 것이었다. 그러나 교회의 관리자들은 교회재산의 유지에 많은 관심을 두었다. 교회재산을 기반으로 재단법인을 설립한 것은 교회의 대토지 소유를 당연시한 교회 지도자들의 의식 때문이었다.

> "「횡포 막심한 멕시코 정부」 ··· '교회는 광대한 토지를 가졌다' 하니 광대한 토지를 소유한 것이 무슨 죄가 되느뇨. 정부의 토지를 교회에서 빼앗았느뇨. 혹 백성의 토지를 빼앗았느뇨. 정당한 매매 계약과 혹 정당한 증여 계약으로서 토지를 소유하는 것이 무슨 죄가 되느뇨 ··· 아무리 산중이라도 천주를 공경하는 성당을 건축함은 어찌 아름다운 일이 아니뇨. 그 지방 인민을 위하여 성당을 건축할 때에 그 지방 사람들에게 다소간 기부금을 받음은 당연한 일이다 ··· 도둑질과 비리로서 부하지 않았으면 무슨 상관이 있으며 무슨 좋지 아니한 일이뇨 ···"[113]

멕시코의 예를 든 것이었지만, 도둑질과 비리로서 부(富)하지 않았으면 상관없다는 주장은 교회의 대토지 소유를 정당시한 당시 천주교 지도자들의 의식구조를 잘 보여준다. 선교사들이 속해 있던

---

112) Rhodes, H.A., *History of the Korea Mission of the Presbyterian Church U.S.A.*, Vol.1, 1884~1934, 454~455쪽.
113) 1926.8.31, 『京鄕雜誌』.

선교회나 수도회가 유럽에서 대토지를 소유하였던 경험도 교회가 많은 재산을 소유하는 데 거부감을 갖지 않게 하는 요인으로 작용하였다고 여겨진다.

이와 같이 한국 천주교회는 일제의 식민지배가 더욱 교묘해지는 1920년대에 조선총독부로부터 교회자산을 재단법인으로 인정받음으로써 일제의 식민정책에 빠져들었다. 나날이 심해지는 일제의 수탈 구조 속에서 천주교회는 교회의 거대한 자산을 총독부의 힘에 의지하여 보호받고자 하였다. 그러나 그것은 교회가 일제의 식민지배를 인정할 뿐만 아니라 일제의 침략정책에 순응하겠다는 것이었다. 총독부에서 기독교단체들의 재단법인을 인정한 것은 기독교를 그들의 통치체제 안으로 포함시킨다는 의미였기 때문이며, 선교사들이 일제의 그러한 의도를 파악하지 못했을 리 없기 때문이다.

재단법인 설립을 추진한 선교사들은 수탈 구조 속에서 헤매는 한국인들의 처지보다는 교권의 계속적인 장악에 관심을 두었다. 수탈이 극대화하는 속에서 교회재산의 소유권을 보장받는다는 것은 일제의 한민족 분열정책에 편승하는 것이기도 하였다. 재단법인으로 설립받기 위해 교회자산을 등기하였는데 부동산 등기제도는 민사령·토지조사사업과 함께 토지소유권의 안정성과 토지의 상품성을 높인 반면 소작농민의 소작권을 더욱 약화시키는 결과를 초래하였다.[114] 한국인들이 토지를 침탈당하고 재산을 탈취당하는 데 교회만이 재산권을 보장받았다는 것은 한국인들의 분노를 불러일으키기에 충분하였다. 그리고 교회의 이러한 태도는 교회와 한국인들, 신자 한국인들과 비신자 한국인들을 분열시키기는 방면으로 기능하였다.

---

114) 鄭然泰, 「日帝의 韓國農地政策(1905-1945)」, 125쪽.

제5장

1930년대 일제의 종교통제정책 강화와 천주교회의 황국신민화 과정

신도(神道)는 일본인의 '가미'[神] 대한 신앙이 정치권력의 중앙집권화 과정에서 만들어진 일본 국수사상의 핵심이다. 1882년 일본정부는 신사신도(神社神道)를 '국가의 제사'로서 일반 종교로부터 분리시킨다는 제사와 종교의 분리를 선언하였다. 이는 신사신도의 초종교적 절대 우위를 확립하는 것이었다. 이어 1899년에 공포한 「제국헌법」과 1900년에 반포한 「교육칙어」(敎育勅語)를 통하여 천황을 절대화하는 국가신도(State Shinto)를 사상적으로 그리고 법적으로 완성하였다.1) 신사를 종교의 영역에서 분리시킴으로써 신사신도를 국가신도로 만들고 국가신도체제를 확립한 것이다. 그리하여 신도는 신교자유와 정교분리원칙을 위배하지 않으면서도 사실상 모든 종교 위에 군림하는 공법적 지위, 즉 초종교적 특권을 보유하게 되었다.2)

국가신도는 천황제에 근거한 국가주의의 산물이다. 국가신도는 일본인들의 정신적인 지주가 되어 천황 중심의 국가관을 형성케 하였고, 군국주의 일본의 식민지 확장 및 식민지 통치의 정신적 원리로 기능하였다. 일제는 식민지를 획득한 후 신사를 설치하여 식민지인에 대한 동화정책의 전진기지로 삼으려 하였다.3) 그리하여 한국뿐 아니라 만주, 대만, 중국에도 많은 신사를 설치하였다.4) 따

1) 金承台, 1986, 「日本神道의 浸透와 1910·1920年代의 神社問題」, 서울대학교 국사학과 석사학위논문. : 김승태 엮음, 1991, 『한국기독교와 신사참배문제』, 한국기독교역사연구소, 195쪽.
2) 戸村政博, 1982, 「近代 日本의 天皇制國家와 基督敎」 『國家權力과 基督敎』, 민중사, 339쪽.
3) 韓晳曦, 1988, 「神社參拜의 强要와 抵抗」 『日本의 朝鮮支配와 宗敎政策』, 未來社, 161쪽.
4) 岩下傳四郎, 1941, 『大陸神社大觀』, 7쪽 : 李進龜, 1988, 「神社參拜에 대한 朝鮮基督敎界의 對應樣相硏究」, 서울대학교 종교학과 석사학위논문. : 『한

라서 일제하 한국의 '신사 문제'는 종교적 신앙과 관련된 종교의
문제일 뿐 아니라 한국인의 민족문제와도 밀접한 관련을 갖는 정
치·사회·문화·교육·사상의 문제이다.[5]

한국을 강점한 후 일제는 신사 신앙을 보급함으로써 종교적·정
신적 식민지화를 꾀하였다. 따라서 본 장에서는 한국을 강점한 후
진행시킨 일제의 신사정책에 대한 천주교회의 대응 양상을 살필
것이다. 일제의 한국 통치가 민족 분열 및 정신 지배로 집중되었던
3·1운동 이후 신사참배의 의미, 신사문제와 천주교와의 관계를 조
사하고자 한다. 이어 한국 천주교회의 신사참배 결정 과정, 신사참
배를 허용한 교황청의 훈령이 나오기까지의 과정과 한국 천주교회
에 끼친 영향 등을 살펴볼 것이다. 특히 한국 천주교회의 신사참배
가 이루어졌던 시기는 일제가 중국대륙을 침략한 시기이므로 일본
의 군국주의정책선상에서 파악하고자 한다.

I. 일제의 신사정책과 한국 천주교회의
신사참배 거부

경술국치 이전 신사는 일본인 거류민에 의해 개항장을 중심으로
설립되었다. 그러나 한국을 강점한 후 일제는 신사 신앙을 보급함
으로써 종교적·정신적 식민지화를 꾀하였다.[6] 1915년 8월 16일
공포된 「신사사원규칙」(조선총독부령 제82호)[7]은 신사에 관·공

국기독교와 신사참배문제」, 325쪽.

5) 金承台, 「日本神道의 浸透와 1910·1920年代의 神社問題」, 198쪽 : 金南
植, 1990, 『神社參拜와 韓國敎會』, 새순출판사, 108쪽.

6) 金承台, 「日本神道의 浸透와 1910·1920年代의 神社問題」, 204쪽.

7) 『朝鮮總督府官報』, 1915.8.16.

립적 성격을 부여하였다. 그리고 같은 날 공포된 포교규칙(조선총
독부령 제83호)은 기독교·불교·교파신도만을 종교로 인정함으로
써 신도를 종교의 범위에서 벗어나게 하였다. 이어 1917년 3월 22
일 공포된「신사에 관한 규칙」(조선총독부령 제21호)은 신사의 전
국적 설립을 확대·추진하였다.[8]

일제가 아무리 부인하더라도 종교적 성향이 뚜렷한 신도가 한국
인들을 향해 달려오고 있었다. 그렇지만 한국 천주교회의 지도자들
은 일제의 신사정책이 목적하는 바를 정확히 인식하지 못하였고,
어떠한 구체적인 대응도 못하였다. 신사사원규칙이 기독교와 배치
되는 요소를 안고 있는 법령으로 공포되었지만 교회는 직접적인
기독교 규제법령으로 공포된 포교규칙과 개정사립학교규칙에 관심
을 집중시킬 수밖에 없었다. 기독교를 대상으로 한다고 명시하지는
않았지만 포교규칙과 개정사립학교규칙의 목표가 기독교라는 것은
분명하였다. 그런데 당시 천주교회는 제1차 세계대전의 여파로 선
교인력에서, 선교자금에서 어려움에 처해 있었으므로 분명한 기독
교 규제법령인 두 법령에도 적극적인 대응을 할 수 없었다.[9] 그러
므로 종교가 아니라고 주장하며 일제가 공포한 신사 법령에 천주
교회의 적극적인 관심과 대응을 기대하기는 어려웠다.

그렇다고 천주교회에서 일제의 신사정책을 간과한 것은 아니었
다. 신도를 믿지 않으면 비애국자로 낙인찍히고, 천주교신자들도
신도 신앙을 강요당하고 있다는 것을 천주교회의 지도자들은 알고
있었다.[10] 그러나 신도 신앙을 강요하는 일제의 의도를 정확히 깨

---

8) 손정목, 1987,「朝鮮總督府의 神社普及·神社參拜 强要政策 研究」『韓國
史研究』58 ;『한국기독교와 신사참배문제』, 253쪽.
9) 제1장 Ⅴ절 참조.
10) "당국자들 거의 모두가 신도를 믿고 있다는 사실을 인지하기는 어렵지
않다. 그들은 신도로 그들의 황실에 대한 충성을 설명하고 있다. 신도를
믿지 않는다면 그들의 눈에는 선량한 애국자로 보이지 않는다. 또한 그
들은 모든 사람들에게, 우리들과 우리 학교와 신자들에게 무슨 사건이
있을 때마다 전부터 내려오는 의식문제의 어려움을 반복 환기시키면서,

닫지는 못하였다. 그러므로 신사정책이 포교규칙이나 개정사립학
교규칙 이상으로 교회에 어려움을 가져오리라고는 인식하지 못하
였다. 나가사키(長崎)교구의 천주교학생들이 신사참배를 거부하여
문제가 되었던 1917년, 한국의 천주교신자들도 신사 건립 할당금
때문에 어려움을 겪었다.11) 그러나 한국 천주교회의 지도자들은
어떠한 대처도 하지 못하였다. 게다가 신사문제를 조사하기 위
해12) 교황청에서 파견한 교황사절 페트렐리(Petrelli)는 신도와 유
교도 구별하지 못하였고,13) 신사문제를 심각하게 여기지도 않았
다.14)

　1919년 한국인들의 3·1운동을 경험한 후 일제는 한국 통치에
정신적 지배가 긴요함을 깨달았다. 그리하여 신도를 한민족 동화정
책, 황민화정책의 도구로 삼고자 한국인에게 신사참배를 강요하였
다.15) 1919년 7월 18일, 일제는 천조대신(天照大神)·명치천황(明
治天皇)을 제신(祭神)으로 하는 조선신사(朝鮮神社)의 창립을 공
포하였다(내각고시 제12호).16) 그러나 천주교회는 여전히 어떠한
구체적인 대안도 발표하지 않았다.

　신사문제에 한국 천주교회가 공식적인 입장을 표명한 것은 『서
울교구 지도서』(Directorium Missionis de Seoul)에서였다. 1922년
9월 1일 발표되었고, 이듬해 홍콩 나자렛인쇄소에서 간행된 『서울
교구 지도서』에서 천황의 사진에 절하는 것은 가능하지만 신사참
배는 불가능하다고 규정하였다.

우리에게 신도를 믿도록 강요하고 있다"(C-R-TaiKou, 1916).
11) C-R-TaiKou, 1917.
12) 교황청이 일본의 신사 문제에 개입하게 된 것은 마리아니스트회의 제자
　　이며 로마주재 해군무관인 천주교신자 야마모토(山本)가 로마에 양심의
　　문제를 제기하였기 때문이었다(『DEMANGE주교일기』, 1917.9.25).
13) 『DEMANGE주교일기』, 1917.5.31.
14) 『DEMANGE주교일기』, 1917.6.3.
15) 박경식, 1994, 「일제의 皇民化政策」『韓國史』 13, 한길사, 182쪽.
16) 『朝鮮總督府官報』, 1919.7.23.

"일본의 시민적인 예절들은 거의 모든 것이 미신적인 기원을 가지고 있지만. 정부의 공식적인 발표에 의하면 지금은 단지 시민적인 특성만을 지닐 뿐이다 : 정부 인가 학교들이 초대받는 경우에는 참석할 수 있다. 그렇지만 미신적인 행동이 되는 것이라면 천주교신자들은 능동적인 행위로 예절에 가서는 안된다. 천황의 사진에 경례하는 것은 미신적인 행위가 아니다. 신사참배를 하거나 신사에서 행해지는 예식들에 참석하는 것은 그것이 어떤 목적이든간에 금지된다."[17]

교회 지도자들을 대상으로 신사참배는 불가능하다고 공포한 것이다. 그러나 이때부터 이미 신자들에게도 신사참배 불가의 지시가 내렸다고 할 수 있다. 그것은 성직자들을 통하여 신사참배 불가 방침이 전해졌을 것이 분명하기 때문이다. 그러므로 1924년 10월 강경(江景)공립보통학교에서 발생한 신사참배 거부 사건은 천주교회의 공식적인 가르침과 일제의 신사정책이 정면으로 부딪친 사건이라고 할 수 있다.

연례행사로 강경신사 제례일(例祭日)에 교사의 인솔하에 학생들을 신사에 참배시키는데, 참배 당일 기독교신자학생 26명(개신교신자학생 6, 천주교신자학생 20)이 결석하고, 40여 명이 신사참배를 거부하였다.[18] 일본인 교장 미야무레(宮牟禮)는 결석학생과 참배거부학생들을 징계하고, 인솔한 여교사 김복희(金福姬)를 인책 면직하였다.[19] 그런데 천주교신자학생 최 안나는 신사참배를 거절한 이유를 묻는 교장에게 신부와 부모가 하지 말라고 하였다고 대답하였다.[20] 천주교 성직자들은 신자들에게 신사참배 불가를 명하였고, 신자들은 신사참배를 이단으로 인식하고 있었던 것이다.

천주교신자학생들의 징계 소식을 전해들은 나바위본당의 카닥스

17) 『서울교구 지도서』 제22항.
18) 高橋濱吉, 1927, 『朝鮮敎育史攷』, 京城帝國地方行政學會 朝鮮支部, 502쪽.
19) 「江普紛糾」『朝鮮日報』, 1924.10.23 : 「怪言으로 說諭後 당국에 보고한다 威脅」『東亞日報』, 1924.10.28.
20) J. Cadars, 'Petits confesseurs de la foi et cuillerees de riz', Les Mission Catholique 58, 1925, 172 · 452~465쪽.

(Cadars, Joseph : 1878~1950) 신부21)는 학교장에게 신사참배는 일본 헌법에서 인정한 종교 자유의 원칙에 위배된다며 항의하였다.22) 그리고 천주교신자학생들이 신사참배를 안할 수 있도록 해주거나, 신사참배 날은 등교하지 않아도 되게 해달라고 요구하였다.23) 그러나 교장은 "신사참배는 조상숭배이고, 보통학교의 교육목적을 달성하기 위한 한 방법"이라며 거절하였다.24) 연중행사였던 신사참배 때마다 나바위본당에 다니는 천주교신자학생 중 일부가 거부하곤 하였기 때문이었다.25)

신사참배를 거부하였던 20여 명의 천주교신자학생들이 퇴학당하자 카닥스 신부는 학교당국에 퇴학 사유를 서면으로 밝혀 달라고 요구하였지만 거절당하였다.26) 그러나 이러한 사건이 각지에 비일

---

21) 당시 강경은 나바위본당 관할구역이었다.

22) "… 천주교의 엄중한 규칙은 이교 의식에 참여하는 것을 엄금하고 있습니다. 천황의 사진에 절하는 것은 기꺼이 하지만 神佛에 예배하는 신사참배는 결코 할 수 없습니다. 일본 정부는 헌법에서 종교의 자유를 인정하고 있습니다. 이렇게 헌법에서 개인의 종교 자유가 인정되는 만큼 그 규칙 의식이 부인되는 것과 같은 모순은 결코 있을 수 없습니다. 전해들은 바에 의하면 귀하께서는 귀교의 학생 중 천주교신자에게 이같은 敎儀에 위반되는 행위를 강요하는 것 같습니다만, 이러한 불합리하고 무리한 일은 부디 이후로는 그만두기 바랍니다 …"(高橋濱吉, 『朝鮮敎育史攷』, 502~503쪽).

23) J. Cadars, ibid., 466~467쪽.

24) "조상숭배란 옛부터 한국의 아름다운 풍습으로서 지금까지도 성행하고 있습니다. 신사참배는 일종의 조선숭배에 불과합니다. 신사참배는 조선숭배와 함께 보통학교 교육뿐 아니라 국민교육상 중요한 위치를 차지하고 있습니다. 즉 국민도덕의 신성한 정수라고 해야 할 것입니다. 그래서 본교는 연중행사의 하나로 매년 신사참배를 행하고 있습니다. 즉 보통학교 교육의 목적을 달성하기 위한 한 방법으로서 존중하고 있으니 이 일이 귀 교회의 규칙과 저촉된다고 하더라도 어쩔 수 없습니다. 결코 당신의 서한에서처럼 불합리하고도 무리한 것을 강요하지는 않습니다"(高橋濱吉, 『朝鮮敎育史攷』, 503~504쪽).

25) J. Cadars, ibid., 452~454쪽

26) "이곳에서는 학생들에게 (서류로) 퇴학의 참 이유를 밝히지 않습니다. 선생은 구두로만 돌려보냈으므로 학생들은 서면으로 된 결정적인 퇴학

비재할 것이며, 한국 교육계의 문제임과 동시에 보통학교 교육과 기독교 신앙이 관련된 것이라고 언론에서 문제삼고,[27] 카닥스 신부도 총독에게 진정서를 제출하자[28] 사건의 확대를 막기 위해 학무국장 나가노(長野韓)가 강경공립보통학교를 방문하였다. 신사참배를 거부하여 퇴학당한 학생들은 다른 공립학교에 입학할 수도 없었다.[29]

그러나 강경을 방문한 학무국장은 카닥스 신부의 견해는 일개인의 의견일 뿐, 신사참배는 보통학교 교육상 필요하다며 교장의 조처를 지지하였다.[30] 또한 서울교구장 뮈텔 주교와 보좌주교 드브레에게도 신사참배는 숭조(崇祖)의 의미이니 천주교 선교사들이 강경공립보통학교 사건에 대해서는 양보해 주기를 바란다고 요청하였다.[31] 그러나 뮈텔은 총독부에서 종교적 이념이 전혀 없는 시민적 의식이라며 신자들을 신사에 참배시키기 위해 특별히 노력하였지만 신도 의식에 종교적 요소가 분명하므로 천주교회는 참석할 수 없다고 하였다. 당시 천주교회의 주교들은 신사참배가 일제의

을 기다리고 있습니다"(〈MUTE문서〉 1925-ㅇ, 카닥스 신부가 뮈텔에게 보낸 1925년 1월 1일 서한).

27) 「강경공립보통학교의 분규사건」『朝鮮日報』, 1924.10.24 : 「不拜他神은 基督敎誡오 신앙자유는 列國의 公認」『基督申報』, 1924.11.26.

28) 『MUTEL주교일기』, 1924.11.5 ; J. Cadars, ibld., 477쪽.

29) "카닥스 신부는 『가톨릭 포교』(Missions Catholiques)의 독자들에게 공립학교에 다니는 그의 본당 어린아이들에게 닥친 진정한 박해의 형태를 띤 다른 종류의 시련에 대해 이야기하였다 … 문제가 된 학교의 학생들은 일본인 교장으로부터 신사참배에 참여하라는 재촉을 받았다. 그들은 심한 학대를 받았음에도 신사참배를 거부하였으며 그 때문에 학교에서 쫓겨났다. 그런데 법규에 의하면 그와 비슷한 학교에서는 그런 학생들을 받아들이지 못하도록 되어 있다"(C-R-Taikou, 1925).

30) "學務當局으로도 普通學校 생도로 하여금 神社에 참배케 함은 訓育上 필요흔 者로 認흠으로 學校當局의 處置에 對하야 同感하는 바이오 如斯히 宣敎師로부터 異議를 提出하얏슴은 一個人의 意見에 不過한 者로 認하노라"(「誇大妄傳의 江景校 紛糾問題」『每日申報』, 1924.11.2.).

31) 『MUTEL주교일기』, 1924.11.5 ; J. Cadars, ibid., 477쪽.

한국인 동화정책의 일환이라는 것을 파악하고 있었다.[32] 그렇지만
그것이 선교에 장애가 된다고는 생각하지 않았다. 신도를 강조하지
만 그것은 한국인을 황민화(皇民化), 일본인화하기 위한 것이지 선
교를 방해하는 것은 아니라고 여겼던 것이다.

  강경공립보통학교 학생들의 신사참배 거부는 한국에서 신사참배
강요가 최초로 사회문제화한 사건이었다.[33] 당시 『동아일보』는 민
족의 입장에서 강제 참배의 불가성을 논하였다. 민족적인 감정이
다른 한국인에게 일본인과 같은 마음으로 신사에 참배하게 하는
것은 불가능하다는 것이었다.[34] 그런데 일제는 기독교학생들의 신

---

32) "한국인들에게 신사참배를 시키기 위해 올해 조선총독부가 기울인 노력
   에 특별히 유의해야 한다. 총독부는 신자들을 신사참배에 참여시키기 위
   해 각별히 애를 썼다. 즉 종교적 이념이 전혀 없는 시민적 의식이라고
   믿게 하려고 하였다. 이런 목적으로 종교국 관하에 두었던 천황과 군인
   들에게 바쳐진 신사들을 앞으로 내무부 관할로 두게 하였다. 불행히도
   이 변화를 제외하고는 모든 것이 신도 의식의 체제로 계속되고 있다. 그
   러므로 천주교는 그 의식에 참석할 수가 없다. 한국에서 우리는 지금까
   지 이런 종류의 어려움을 겪지 않아도 되었는데 일본인들이 한국인들을
   변질시키려 함에 따라 우리들에게도 그런 시련이 닥쳐오기 시작하였다.
   그래서 일본에서와 같이 공립학교 교장들이 학생들을 신사로 인솔하는
   습관이 생김으로써 곳곳에서 사건들이 발생하였다"(C-R-Seoul. 1925).
33) 金承台, 「日本神道의 浸透와 1910·1920年代의 神社問題」, 234쪽.
34) "경기도 학무과장은 신사는 종교가 아니라 일본의 조상숭배 기관이기
   때문에 부모에게 효도를 가르치는 학교로서는 강제로라도 참배시켜야
   한다고 회답하고, 총독부 히라이(平井) 학무과장도 조선에서도 단군, 기
   자를 숭배하듯이 일본조상 중 위인을 숭배하는 기관으로 참배는 당연하
   다고 답변했다. 그러나 일본인 이외의 민족에게 같은 정도의 감정으로
   신사를 존중하게 하는 것은 무리요, 역사적 이해관계가 다르며 신사에
   대한 이해도 전혀 없는 아동에게 일본인과 같은 숭배 감정을 가지게 하
   는 것은 불가능하다. 일본에서도 헤이(平) 씨나 겐(源) 씨의 자손이 상
   대의 조상에 대한 감정이 동일하지 않은 것처럼 만일 일본인 아동에 대
   하여 조선인 조상의 묘에 신사에 대한 것과 같은 감정으로 참배하라고
   한다면, 상식있는 사람이 조선인 동화정책을 비웃는 이상으로 비웃고 논
   박할 것이다. 위인을 숭배하고 감화를 받기 위해서는 그 시대적 특수 사
   정과 인격 내용의 어떠한 부분이 합치되어 성공과 실패 여부를 명확히

사참배 거부를 단순히 신앙의 문제로 여기지 않았다. 기독교학생들의 신사참배 거부가 동맹휴학으로 연결된다는 것이었다. 그러므로 기독교학생들을 정학 내지 퇴학처분하였다고 주장하였다.[35] 기독교신자들에게는 신앙적인 문제였지만, 총독부로서는 신사참배가 한국 통치의 한 방법이었다. 신사참배를 통해 한국인들을 사상적으로 통제하고자 한 것이다. 그러므로 일제는 기독교신자학생들이 신앙을 이유로 신사참배를 거부하였지만 그 여파가 다른 학생들에게 파급되어 동맹휴학으로 연결되면, 그것은 곧 일제의 통치에 저항하는 것이라 인식하였다. 불과 5년 전에 한국을 들끓게 하였던 3·1운동의 기억이 그들에게는 되살아났을 것이다. 시작 단계에서 기독교신자들이 중심을 이루었고, 전개 단계에서 기독교신자학생들이 중요한 역할을 담당하였으며, 동맹휴학이 투쟁 방법으로 사용되었던 3·1운동을 그들은 기억하였을 것이다. 일제가 두려워한 것은 신앙적인 이유로 기독교학생들이 신사참배를 거부하는 것이 아니라, 신사참배 거부가 3·1운동과 같은 한국인들의 민족적인 저항으로 연결될 수 있다는 것이었다.

강경공립보통학교의 신사참배 거부사건은 교회 지도자들에게 경종을 울렸다. 이제는 적극적인 대응 방법을 강구해야만 한다는 것

하여, 자기의 인격 향상에 도움이 되도록 해야 하는 것으로 시대적 사회적 조건, 개인성을 무시한 비과학적 맹종 숭배는 백해무익하다. 만약 아동의 인격적 완성이 교육의 목표라면 강제 참배는 폭거이다. 이러한 참배 강제가 어떠한 효과가 있고 현재, 장래에 대하여 '조선인의 민족성을 존중한다'라는 교육방침이란 것인가 당국에 묻고 싶다"(『東亞日報』, 1925.3.18, 19, 사설 「강제참배문제」).

35) "충청남도 강경공립보통학교 생도들 중에 야소교신자들이 신사에 참배치 아니하엿다는 문데로 오래동안 분규를 계속하야 오든 사실은 이미 루루히 보도한 바와 갓거니와 이 문데는 의연히 원만한 해질을 짓지 못하고 지난달 팔일에 생도 중 辛在淳, 任孟壹, 李花子, 金順, 金英嬉, 李介童 등에게 돌연히 뎍학을 명하엿다는데 그 리유는 생도를 선동하야 동맹휴학을 계획한 혐의라더라"(「紛糾中의 江景普校生徒 필경덩학처분」 『朝鮮日報』, 1924.11.28 ; 『東亞日報』, 1924.11.28).

254 일제의 종교정책과 천주교회

을 인정하지 않을 수 없었다. 『서울교구 지도서』를 통하여 신사참 배 불가를 규정하고, 성직자들을 통하여 신자들에게도 신사참배 불 가에 대한 천주교회의 입장을 주지시키고자 하였던 서울교구장 뮈 텔 주교는 신자들에게 직접 신사참배 불가를 선언하였다. 성서와 함께 신자들의 신앙 생활에 가장 긴요한 교리서에 신사참배 불가 를 명시하였다. 중국 예절인 조상제사가 이단인 것과 마찬가지로 일본 예절인 신사참배도 이단이므로 금한다고 1925년 서울교구 성 서활판소에서 발간한 『천주교요리』(天主敎要理[大問答] 제1판)에 규정하였다.

"전에 중국과 조선 풍속에 죽은 사람을 공경하는 예와 공자를 유도법대로 공경하는 예절이 순전한 나라 풍속인지 이단인지 교우들끼리 토론한즉 주교 가 그 사정을 교종께 품달하매 교종께서 명백히 정하시기를 이런 예절은 분 명한 이단이라 하셨으니 그때부터 아무 이론없이 모든 교우가 다 이런 예절 을 이단으로 알고 끊어버렸도다. 일본예절노 말ᄒ더라도 신사참배라 ᄒ는 것 은 확실히 이단이니 아조 금ᄒ는 것이고 살아 잇는 님금의 어진(御眞) 압헤 절흠은 이단이 아니오."[36]

당시 한국 천주교회는 파리외방전교회 선교사들이 관할하는 서 울교구와 대구교구, 그리고 베네딕도회 선교사들이 관할하는 원산 교구로 나뉘어져 있었지만 신사참배 불가에 의견을 같이 하였다. 1926년 11월 15일 『천주교요리』를 한국 천주교회의 공식 문답으로 반포함으로써[37] 신사참배 불가를 공식으로 규정한 것이었다.

그런데 한국 천주교회가 신사참배 불가에 의견을 모은 것은 신 사참배 문제로 그동안 겪은 어려움들과 함께 1925년 10월의 조선 신궁(朝鮮神宮) 진좌제가 요인으로 작용하였던 것 같다. 일제는 조 선신궁 진좌제를 위해 메이지(明治) 천황의 사진과 유품이 부산에 서 서울로 옮겨지는 동안 철도 연변과 각 학교에 학생들을 동원하

---

36) 최 루수 편, 민 아오스딩 감준, 1925, 『天主敎要理』 大問答 2권, 서울, 45쪽.
37) 1926.11.15, 『京鄕雜誌』, 481~483쪽.

여 환영할 것을 명령하였다. 그런데 천주교학교인 대구의 해성(海星)학교와 효성(曉星)여학교가 개신교학교와 마찬가지로 출영을 거부하였다. 일제는 천주교신자들과 개신교신자들이 똑같은 이유, 즉 종교의식이라며 신사참배를 거절하는 데 당황하였다.38) 3·1운동 이후 일제는 한민족 분열정책을 이전보다 더욱 강력히 추진하였다. 한국인 개신교신자들과 한국인 천주교신자들간의 분열도 책동하고 있었는데, 신사 문제에 두 종교인들이 이해를 같이 하자 당황한 것이었다. 신사참배 불가를 명시한 『천주교요리』가 한국 천주교회의 공식 문답으로 반포된 후 한국 천주교회는 모두가 신사참배에 대한 태도를 분명히 하였다. 대구교구에서도, 원산교구에서도 일제의 신사참배 요구를 단호히 거절하였다.39)

Ⅱ. 일제의 대륙침략정책과 한국 천주교회의 신사참배 허용

1929년 10월 뉴욕 증권거래소에서 주가가 폭락하면서 자본주의

---

38) "10월 15일, 서울에서는 메이지 천황에게 바치는 神社의 헌당식이 있었다. 성스러운 거울들 및 다른 유품들이 서울까지 기차로 운반되었으며, 학생들은 각 역에 나아가 그 물품들에 대해 경의를 표해야 하였다. 대구에서 우리 학교들은 개신교학교들과 마찬가지로 역에 나가지 않았다"(C-R-TaiKou, 1925).

39) 1927년 2월 8일 일본 천황의 장례식에서 행해지는 신도의식에 참석하러 오라는 일제의 초대에 대구교구장 드망즈는 응하지 않았다(『DEMANGE 주교일기』, 1927.2.8) 원산교구를 관할하고 있던 베네딕도회 선교사들도 천황승배 예식에 참여하라는 일제의 1927년 2월 6일 공문을 받았지만 이교 예식이므로 따를 수 없다고 하였다(Chronik, 1928년 Nr.3, 19~25쪽 ; 한국교회사연구소 편, 1991, 『원산교구 연대기』, 541쪽).

세계체제는 경제공황으로 함몰하였다. 정치경제적인 위기에 처한 제국주의 열강들은 파쇼체제를 수립하고 대외적으로 침략전쟁을 도발하는 가운데 탈출구를 모색하기 시작하였다.[40] 일본 제국주의 도 마찬가지였다. 1930년대에 접어들면서 일본에서는 군국주의자들의 움직임이 활발하였고, 그들은 일본의 정치경제적인 어려움을 대륙침략으로 만회하고자 하였다. 그런데 그들에게 한국인들의 움직임이 심상치 않았다. 일본이 대륙으로 침입하기 위해서는 한국의 안정이 먼저 요구되었는데 1929년 원산 부두 노동자 파업, 광주학생운동 등을 비롯한 한국인들의 맹렬한 저항이 계속되는 것이었다.

1931년 9월 18일 일본 군국주의자들은 만주를 침략함으로써 대륙침략전쟁을 시작하였다. 그러나 한국인들의 저항은 수그러들지 않았다. 1932년 1월 이봉창(李奉昌)에 의한 일천황투탄(日天皇投彈) 사건, 1932년 4월 윤봉길(尹奉吉)에 의한 상해 홍구(虹口)공원 투탄 사건 등 한국인들의 맹렬한 항거는 한국을 디딤돌로 대륙을 침략하려는 일본의 계획에 적신호였다. 일본 군국주의자들에게는 한국의 완전한 복종이 필요하였다. 따라서 그들은 한국인들의 정신지배에 주력하게 되었고, 그것은 신사참배 강요로 나타났다. 독점자본과 관료가 결탁한 군국주의자들은 천황중심주의, 황도(皇道)주의, 국체명징(國體明徵)을 이념으로 내걸고 이를 현재화하는 거점으로서 신사숭경(神社崇敬)을 창도하여 신사를 전면에 내세웠다.[41] 전쟁을 뒷받침해줄 수 있는 사상적 통일을 위하여 신도 의식의 참여와 신사참배를 강요한 것이다. 대륙침략의 인적·물적 자원을 제공받을 수 있는 한국에서 신사참배는 더욱 요구되었다.[42]

일본 군국주의자들이 만주를 침입한 그 시각 한국 천주교회는 조선교구 설정 100주년을 기념하고 있었다. 또한 주일교황사절 무니(Mooney)의 사회로 한국 천주교회 최초의 공의회를 개최하고

---

40) 임경석, 1994, 「조선공산당 재건운동」 『韓國史』 15, 한길사, 198쪽.
41) 韓晳曦, 「神社參拜の 强要と抵抗」 『한국기독교와 신사참배문제』, 56쪽.
42) 김성건, 「한국기독교와 신사참배 1931-1945」, 430쪽.

있었다.43) 그리고 이듬해, 한국 천주교회는 전년도의 공의회를 바탕으로 『한국교회 공동지도서』(Directorium Commune Missionum Coreae, HongKong : Nazareth, 1932)44)를 발간하였다. 선교회마다 신자들을 지도하는데 차이가 있어 한국 천주교회 전체의 협력과 통일성이 요구되었기 때문이었다. 당시 한국 천주교회는 파리외방전교회 선교사들이 관할하는 서울교구와 대구교구, 베네딕도회 선교사들이 관할하는 원산교구와 연길교구, 메리놀회 선교사들이 관할하는 평양교구 등 5개 교구로 나뉘어져 있었다. 파리외방전교회 선교사들은 서울교구과 대구교구에서 각기 고유한 지도서를 발간하여 사용하고 있었으며, 원산교구와 연길교구를 관할하고 있던 독일계 베네딕도회 선교사들과 평양교구를 관할하고 있던 미국계 메리놀회 선교사들은 고유한 지도서를 발간하지는 않았지만 그들 나름대로 교구를 관할하고 신자들을 관리하고 있었다.

신사참배에 대해 『한국교회 공동지도서』는 1923년에 간행된 『서울교구 지도서』와 마찬가지로 반대한다고 명시하였다.45) 1931년 한국 천주교회 공의회의 결정 사항을 정리한 『한국교회 공동지도서』는46) 1932년 3월 15일자로 교황의 승인을 받은 후47) 9월부터

---

43) C-R-Seoul, 1931 ; C-R-Taikou, 1932 ; 1931.9.30, 『京鄕雜誌』.
44) 이 지도서는 "한국의 전 포교지에 공통된 지도서를 발행한다. 그것은 교구장들의 전체 동의없이는 변경될 수 없다"(한국 천주교 공의회 법령 제2조)는 1931년 한국 천주교 공의회의 명령으로 간행된 것이다. 한국교회 최초의 지도서는 1857년 베르뇌(Berneux, Simeon : 1814~1866) 주교가 최초의 한국 성직자회의를 소집하고 성직자와 신자들에게 필요한 행동지침을 결정하였던 것이다. 그후 1887년 블랑(Blanc, Jean : 1844~1890) 주교는 1857년의 법령을 비롯하여 한국교회의 傳承과 관습을 참조하여 『한국교회지도서』(Coutumier de la Mission de Coree)를 발간하였다. 그리고 1912년 대구교구는 새 지도서를 발간하였고, 1923년 서울교구도 고유한 새 지도서를 발간하였다(1982.1, 『교회와 역사』 78, 1쪽)
45) 『한국교회 공동지도서』 466항.
46) 『DEMANGE주교일기』, 1932.2.15 및 27일.
47) 『DEMANGE주교일기』, 1932.3.25.

효력을 발생하는 것으로 주일교황사절에 의해 6월 26일자로 공포
되었다.[48] 주일교황사절도, 교황청도 신사참배가 이단이므로 천주
교에서 거부해야 하는 것으로 알고 있었으며, 신사참배 거부를 결
정하였던 것이다. 이에 의하여 한국 천주교회의 성직자들은 더욱
분명하게 신사참배 불가를 신자들에게 가르칠 수 있었다. 메리놀회
가 운영하고 있던 평양의 성모(聖母)보통학교는 만주 침략 1주기
를 기념하여 일제가 강요한 만주 출정 전몰전사 위령제(1932년 9
월 18일)에 "참석하지 않으면 학교를 폐쇄할 것"이라고 위협하였
지만 불참하였다.[49]

그런데 미묘한 문제가 발생하였다. 신사참배 금지를 명시한 성직
자들을 위한 지도서와는 달리 신자들을 대상으로 하는 교리서에는
신사참배가 용인된 것이다. 『한국교회 공동지도서』와 같은 해인
1932년에 발간된 『천주교요리』, 즉 1925년판 『천주교요리』의 재판
본을 보면 신사참배를 허용한다고 수정되어 있다.

> "神社參拜는 비록 그 시작은 종교적이라 홀지라도 至今은 一般의 認定과
> 關係當局의 聲明에 依ㅎ야 國家의 흔가지 禮式으로 되어 잇스니 저것과 混
> 同홀 것이 아니며 天皇陛下의 御眞 압헤 禮홈도 異端이 아닌즉 國民된 者 可
> 히 行홀 것이오."[50]

"시작은 종교적일지라도 지금은 일반적으로 그리고 관계당국의

48) C-R-TaiKou, 1932.
49) Coleman, Walter J., 'De Jinja Sampai', Peng Yang, Korea, Oct. 1932 :
    Edited by Jung Soon Lee, O.L.P.H, Tae Ho Lee, *M.M. Father John E.*
    Morris, M.M. Sister of Our Lady of Perpetual Help, Seoul, 1994, p.446
    : Coleman, Walter J., 'Memo on the Rites Question', Chuwa, May
    1934, : Edited by Jung Soon Lee, O.L.P.H, Tae Ho Lee, *M.M. Father*
    John E. Morris, M.M. Sister of Our Lady of Perpetual Help, Seoul,
    1994, 472쪽.
50) 최 루수, 민 아오스딩 감준, 1932, 『천주교요리 대문답』 1권 2판, 서울,
    275쪽.

성명에 의해" 신사참배는 국가예식에 불과하다는 것이었다. 그것은
『천주교요리』 1932년판이 한국 천주교회 주교들의 의견을 모아 간
행된 것은 아니었다는 것을 의미한다. 1932년 9월 18일 만주 출정
전몰전사 위령제에 메리놀회 선교사들이 관할하는 평양의 성모보통
학교가 참여하지 않았던 사실이 이를 말해 준다. 메리놀회 선교사
들은 신사참배에 반대 의견을 분명히 하였다. 베네딕도회 선교사들
도 신사참배를 반대하였다. 1932년 9월 20일부터 열흘 동안 한국 천
주교회의 5개 교구 교리위원들이 대구에서 교리문답회의를 하였을
때도51) 신사참배는 용인되지 않았다고 여겨진다. 연길교구장 브레
허(Breher)는 1935년 한국 천주교 주교회의에서 신사참배에 동조할
필요가 있다는 주일교황사절의 의견에 정면으로 반대하였다.52)

그러므로 『천주교요리』 1932년판에 신사참배가 용인되는 것을
찬성하였다고 볼 수 없다. 원산교구도 신사참배를 찬성하지는 않았
다고 여겨진다. 신사참배는 원래 조상숭배를 위한 것이지만 전체적
인 것이 명확해질 때까지 판단을 보류하겠다고 하였다.53) 메리놀
회 선교사들과 베네딕도회 선교사들은 1932년판 『천주교요리』에
신사참배가 용인되는 것을 찬성하지 않았던 것이다. 그런데 파리외
방전교회원인 대구교구장 드망즈 역시 당시는 신사참배에 찬성하
지 않은 것 같다. 그는 신도 예식에 종교적인 요소가 있다고 생각
하였다.

　　"교토(京都)의 한 일본 신문에 실린 신도에 관해 양식있는 기사를 알려왔
　는데 그 내용은 이렇다. '문부성은 신도 예식이 순전히 세속적인 것임을 밝혔

---

51) 『DEMANGE주교일기』, 1932.9.20 · 30, 10.3 ; 『MUTEL주교일기』, 1932.
　　10.1.
52) Walter, P. Hermenegild, O.S.B, *IM KAMPF FURS KREUZ, Dr. Theodor
　　Breher O.S.B. Missionar · Abt · Bischof 1889-1950*, Gesamtherstellung : Eos
　　Offizin St. Ottilien, 1952 ; 정학근 신부 옮김, 1978, 『승리의 십자가』, 왜
　　관, 분도출판사, 87쪽.
53) *Chronik*, 1934년 Nr.2, 8~11쪽 ; 『원산교구 연대기』, 243쪽.

다. 그 시행을 맡은 사람들은 그 예식이 종교적인 것이라고 선언하고 있다. 이러한 오해에서 현재 수많은 어려움이 일어나고 있다. 그것이 세속적이고 또 그 언명과 시행이 일치한다면 모든 사람들이 그에 따르도록 강력히 요구할 수 있을 것이다. 그렇지 않고 그것이 종교적인 것이라면 헌법에 명시된 양심의 자유에 따라 다른 종교를 믿는 사람들이 따르도록 강요해서는 안될 것이다."[54]

그러므로 1932년판『천주교요리』는 서울교구장 뮈텔과 서울교구 선교사들에 의해 간행되었다고 보아야 할 것이다.

그렇다면 신사참배 문제에 뮈텔이 이와 같이 태도를 바꾼 것은 무엇 때문이었을까? 첫째로 만주 침략을 시작하면서 강요되기 시작한 일제의 신사참배 요구가 심상치 않다고 생각한 때문이었다. 조상제사를 금지함으로써 초창기의 한국 천주교회가 겪었던 박해의 경험을 뮈텔은 생각하였을 것이다. 당시 조상제사 금지는 유교를 통치이념으로 하는 조선정부에 도전으로 여겨졌다. 천주교회의 조상제사 금지는 단순한 우상숭배 금지 차원이 아니라 조선의 통치권을 위협하는 것으로 보였다. 그러므로 일제가 국가이념으로 내세운 신사참배에 대한 반대는 일제의 한국 통치에 대한 거부로 여겨질 수 있다고 뮈텔은 추측하였을 것이다. 한국 통치권을 강화해가는 일제의 신사참배 강요에 천주교회가 계속 반대한다면 그것은 또 다른 박해를 불러올 수 있다고 여겼음이 분명하다. 그러나 같은 파리외방전교회원이지만 드망즈 주교는 1898년 한국에 입국하였으므로 박해의 경험이 없었고, 베네딕도회원과 메리놀회원들은 1909년과 1923년에야 한국에 진출하였으므로 박해의 위험성을 생각하기 어려웠다고 여겨진다.

1932년 5월 파리외방전교회 총장의 한국 천주교회 방문도 뮈텔 주교의 태도 변화에 원인으로 작용하였다고 생각된다. 동양의 파리 외방전교회 선교지를 방문하였던 파리외방전교회 총장 게브리앙

---

54)『DEMANGE주교일기』. 1932.12.2.

(Guebriant) 주교는 파리외방전교회원들간의 협력과 일치를 강조하였다.[55] 한국 천주교회뿐 아니라 일본 천주교회에서도 동경교구를 비롯하여 요코하마(橫濱)교구, 오사까(大阪)교구, 후쿠오카(福岡)교구 등도 관할하고 있었던 파리외방전교회로서는 일본이나 한국의 사정보다는 파리외방전교회원들간의 협력과 일치가 더 중요한 것이었다.

그런데 이즈음 신사참배를 신학적으로 용인할 수 있다는, 일본 히로시마(廣島)교구장 로스(Ross)의 견해가 전해졌다. 그의 의견은 한국 천주교회에 일대 파란을 불러 일으켰다. 동경대교구장 샹봉(Chambon)은 신사참배 거부로 일본 천주교회가 어려움에 처하자 신사참배가 오로지 애국적이라는 사실이 명백해지기를 바란다는 서한을 1932년 9월 22일 문부성대신에게 발송하였다.[56] 이에 문부성은 9월 30일 신사참배가 애국심과 충성심에 근거한다고 회신하였다.[57] 그러자 주일교황사절 무니(Mooney, Edward Francis)[58]

---

55) "이 방문은 교구를 위해서 뿐 아니라 각 선교사를 위해서, 그리고 훈시에서 수시로 한 총장주교의 지도뿐 아니라 특히 하느님의 영광을 위한 큰 열성과 본 회에 대한 깊은 사랑에서 모두에게 보인 표양 때문에 참으로 큰 혜택이었다. 그 말을 듣고 실제로 선교사의 사명을 더 느끼게 되었고 동시에 우리 외방전교회에 대한 소속감도 더 느끼게 되었다고 말할 수 있을 것이다"(C-R-Seoul, 1932).

56) "이러한 예식들에 참가할 것을 요구하는 이유가 말할 필요도 없이 종교적이 아니라 애국심에서라는 것을 저는 알고 있습니다. 따라서 만약 그들이 그런 기회에 단체적으로 예배에 참가하기를 요구하는 것이 오로지 애국적인 의미를 지닌 것이지 조금이라도 종교적인 의미를 갖고 있지 않다는 것이 명백해진다면 참가에 대한 우리들의 어려움은 상당히 줄어들 것이라는 것을 각하에게 명확히 말씀드립니다"(「シャンホン大司教ノ書簡」, 상지대학사편찬위원회, 1993, 『상지대학사자료집』 補遺, 동경:상지학원, 115쪽 : 鄭東勳, 1996, 「일제 강점기하의 한국 천주교회와 신사참배에 관한 고찰」『敎會史硏究』 11, 77쪽에서 재인용).

57) "학생·생도·아동들을 신사에 참배시키는 것은 교육적인 이유에 근거를 둔 것으로서 이 경우에 학생·생도·아동의 단체가 요구받는 경례는 애국심과 충성심을 나타내는 것입니다"(「神社參拜に關する文部省の回答」『상지대학사자료집』 3, 74쪽 : 鄭東勳, 「日帝 强占期下의 韓國 天主敎會

는 신사참배를 신학적으로 천주교에서 용인할 수 있다는 로스의 글 「신사참배 참여에 관하여」(De Communicatione in Jinja Sampai)[59]를 문부성의 주장을 뒷받침할 수 있는 이론으로 일본의 천주교 교구장들에게 발송하였다.[60] 로스의 이론은 천주교신자들이 비천주교의 경신례에 참석하는 것과 관련되어 있는『비오-베네딕도법전』(1917년)의 제1258조[61]가 일본의 천주교신자들이 신사의식에 참여할 수 있는 근거가 된다는 것이었다. 신사에서 거행되는 예식들이 종교적인 요소를 지니고 있음을 인정하지만, 종교적인 것에의 참여가 아니라 민족적인 것에의 참여만 요구한다는 것이 문부성 선언문에서 명백해졌다는 것이었다. 또한 신사 의식에의 참여를 거부하는 신자들이 애국심 결여를 이유로 고발당하는 것을 볼 때 신사에서 행해지는 예식들은 종교적인 요소를 지니고 있다고 할지라도 민족적인 요소가 혼합되어 있는 '혼합된 것'이 된다는 것이었다.[62]

와 神社 參拜에 關한 考察」, 77쪽에서 재인용).

58) 아일랜드에서 태어나 5살 때 미국으로 이주하였고 1909년 4월 10일 사제로 서품되었다. 1931년 2월 25일 주일교황사절로 임명되어 근무하다 1933년 8월 28일 로체스터(Rochester) 주교로 전임되었다(*New Catholic Encyclopedia*, Vol.IX, San Francisco, 1103~1104쪽).

59) 라틴어로 된 8면 분량의 이 글은 현재 일본 上智大學校 廣報科에 보관되어 있다고 한다(鄭東勳, 「日帝 强占期下의 韓國 天主敎會와 神社 參拜에 關한 考察」, 75쪽의 주 54). 1932년 6월 작성한 것으로 추정되며, 같은 해 일본 정부의 반응이 있은 후 10월부로 공개되었다.(Minamike, George, 'The Chinese Rites Controversy', Chicago : Loyola University Press, 1985, 146~148쪽 ; 이정순 엮음, 『목요안 신부』, 562쪽).

60) Coleman, Walter J., 'De Jinja Sampai', Edited by Jung Soon Lee, O.L.P.H, Tae Ho Lee, M.M. ibid., 437쪽.

61) 2항 : 사회의 직책상으로 존경심의 표시를 이유로 비천주교인들의 장례식과 혼인식 그리고 이와 유사한 예식에 수동적으로나 단순히 몸으로만 참석하는 것은 묵인될 수 있으나 …"(鄭東勳, 「日帝 强占期下의 韓國 天主敎會와 神社 參拜에 關한 考察」, 78쪽에서 재인용)

62) Ross, *De Communicatione in Jinja Sampai*, 1~2쪽.

그러나 평양교구에서 활동 중이던 메리놀회 선교사들은 로스의 견해를 반대하였다. 평양교구 중화(中和)본당에서 활동 중이던 메리놀회의 콜만(Coleman, Walter J.) 신부는 로스의 이론을 받아들일 수 없다는 내용의 반대 의견서인 「카이사르의 것은 카이사르에게」(De Jinja Sampai, 1932년 10월)[63]를 주일교황사절 무니 대주교에게 제출하였다. 선교사들은 1742년 7월 5일자로 발표된 베네딕도 14세의 「Ex quo singulari」에 의해 「중국예식에 관한 서약」을 하였으므로 중국 제사에 반대하는 것과 마찬가지로 신사참배를 거부해야 할 의무가 있다는 것이었다. 또한 신사참배는 "국가의 현양 내지 신격화"이므로 이교(異教) 숭배 의식에 속한다고 하였다. 그리고 신사참배를 거부하지 않는 것은 선교사들이 추방당하거나 천주교학교가 누리고 있는 특권들을 잃게 되거나 기독교신자들의 생활에 위험이 올까 두려워하기 때문이라고 지적하였다. 그런데 콜만의 주장은 개인적인 것이 아니었다. 그의 반대 의견서는 평양교구장 모리스(Morris, John E.)의 허락하에 쓰여진 것이므로, 평양교구를 담당하고 있던 메리놀회 선교사들의 의견이었다고 보아야 할 것이다.

그러나 1933년 1월 무니 주일교황사절은 "공적인 권위의 믿을만한 발표에 의해 그것이 단지 애국심과 천황에 대한 충성을 나타내는 것뿐이라고 이해되는 머리를 숙이는 행위는 일본의 천주교신자들에게 상식적인 판단으로 인정되는 중대한 이유 때문에 허가될 수 있다"고 선언하였다.[64] 무니의 의사가 전해진 후 한국 천주교회는 1933년 3월 6일부터 16일까지 서울에서 개최된 주교회의에서 신사 문제를 정리하였다. 개별적으로 신사참배 문제에 부딪쳤을 경우에는 무니 주일교황사절의 견해를 한국에서도 용인한다는 것이었

---

63) Coleman, Walter J., 'De Jinja Sampai', 437~463쪽.
64) Minamiki, George, *ibid.*, 299쪽 ; 鄭東勳, 「日帝 强占期下의 韓國 天主教 會와 神社參拜에 關한 考察」, 83~84쪽.

다. 그러나 공식적인 신사참배는 교황청의 결정이 내려질 때까지
보류한다고 하였다.[65]

　이와 같이 주일교황사절의 언급이 있었고, 한국 천주교 주교회의
에서 용인하였음에도 평양교구의 메리놀회 선교사들은 자신들의
의견을 철회하지 않았다. 1934년 5월 15일 평양교구의 메리놀회 평
의회는 천주교신자학생의 신사참배 불허를 문서화하였다.[66] 그리
고 무니의 뒤를 이어 주일교황사절로 부임한 마렐라(Marella)[67]
대주교의 요구로 1934년 5월 30일경 평양교구를 방문한 메리놀회
의 부총장 드라우트(Drouat, James M.) 신부에게도 신사참배를
용납할 수 없다는 자신들의 주장을 피력하였다.[68] 모리스 교구장
도 신사참배 문제에 대해 다른 교구장들과 함께 행동하기로 하였
던 동의를 무시하고 신사참배를 계속 거부하였다.[69]

　그러나 군국주의를 표방하는 일제의 침략 야욕은 교회의 신사참
배 거부를 용납하지 않았다. 1933년 3월 27일 국제연맹에서 탈퇴한
일본은 심전개발운동(心田開發運動)을 권장하고 신사 중심의 황국
신민화를 위한 정신운동을 강화하였다. 심전개발운동은 종교단체
를 사회교육에 이용하기 위한 운동으로 신사참배와 신도 행사를

---

65) ibid., 324쪽 ; 鄭東勳, 「日帝 强占期하의 韓國 天主敎會와 神社 參拜에
　　關한 考察」, 84쪽 ;『DEMANGE 주교일기』, 1933.12.9.
66) "신도의 사제들이 집전하거나 희생이 봉헌되거나 영령들이 현존한다고
　　여겨지는 곳의 어떠한 예식이든지 우리 학교의 학생들을 참가시키는 것
　　은 허락하지 않는다"(코너스 신부가 평양에서 드라우트 신부에게 보낸
　　1935년 2월 12일 서한).
67) 1895년 로마에서 태어나 1919년 2월 23일 사제로 서품되었다. 포교성에
　　근무하다 1923년부터 워싱톤주재교황사절로 활동하였다. 1933년 9월 15
　　일 제3대 주일교황사절로 임명되어 1933년 12월 9일 동경에 도착하였다
　　(L'Eglise Catholique dans L'Empire Japonais 大日本帝國內公敎會, 1935,
　　Typis Tenshi-in, Sapporo, cura Katholik Chuo Shuppanbu Tokyo, 3쪽).
68) 드라우트 신부가 동경에서 모리스 신부에게 보낸 1934년 6월 11일 서한.
69) Coliman, Walter J., 'Memo on Rites Question', Edited by Jung Soon
　　Lee, O.L.P.H, Tae Ho Lee, M.M, ibid., 440쪽.

장려하는 것이었다.[70] 그러므로 천주교회가 신사참배를 거부한다
는 것은 교회의 존립과도 연결될 수 있었다. 이러한 상황에 놓인
교회의 입장을 담아 드라우트 신부가 동경에서 보낸 1934년 6월 11
일자 서한[71]은 평양교구에서 활동 중이던 메리놀회 선교사들의 태
도를 변화시키기에 충분하였다. 신사참배는 애국적인 요소와 종교
적인 요소의 한계가 정확히 구분되지 않은 '신학적인 접근'보다는
현재의 증거를 근거로 사례마다 달리 다루어야 한다고 드라우트는
설명하였다. 일제가 요구하는 '애국적인 요소를 지닌' 신사에 대한
참배는 신학적인 논증이 아니라 사례가 증거하는 바에 따라 참석
할 수 있다는 논리였다.

드라우트가 우려한 것은, 선교사들은 신사참배 거부를 종교적인
것으로 생각하지만 일본인들은 신사참배 거부를 정치적인 선동으
로 생각할 수 있다는 것이었다. 신사참배 거부는 종교적 문제가 아
니라 정치적 문제로 일본과의 관계에 어려움을 발생시킬 수 있고,
그 어려움은 교회의 존립까지 위협할 수 있다고 생각한 것이다. 따
라서 교회에 손실을 가져오면서까지 신사참배를 거부할 필요는 없
다고 생각하였다.

1935년 6월 평양교구장 모리스는 주일교황사절관으로 호출되었
고, 주일교황사절과 만난 이후 신사참배 거부 태도를 철회하였
다.[72] 메리놀회 총장도 평양교구의 메리놀회 선교사들에게 주일교
황사절의 지시에 따를 것을 명령하였다. 그리고 "일본인들에게 그
리스도를 이해시켜야 할" 선교사들은 국가 통치자들과의 협력이
가장 중요하다고 역설하였다.[73] 총장으로서는 일본에서 활동하는

---

70) 김승태, 「1930년대 기독교학교의 신사문제」『한국기독교와 신사참배문
　　제』, 367쪽.
71) 드라우트 신부가 동경에서 모리스 신부에게 보낸 1934년 6월 11일 서한.
72) "저는 … 동경에 가서 주일교황사절과 종교적인 문제로 이야기를 나누
　　고 … 우리의 양심은 제가 그 문제에 관해 현재 느끼는 것과 같이 이웃
　　들이 하는 대로 따를 수 있게 되어 약간 가벼워졌습니다"(모리스 신부
　　가 평양에서 드라우트 신부에게 보낸 1935년 6월 12일 서한).

메리놀회 선교사들도 고려해야 하였음이 분명하다. 한국보다는 적은 숫자였지만 메리놀회 선교사들은 일본에서도 활동하고 있었다.[74] 그러므로 한국에서 활동하고 있던 메리놀회 선교사들이 신사참배에 반대 의견을 표명함으로써 주일 선교사들이 겪어야 하였던 어려움을 총장으로서는 생각하지 않을 수 없었을 것이다. 총장은 메리놀회 선교사들의 신사참배 거부에 중심이 되었던 콜만 신부를 타지역으로 이동시킬 것을 명령하였다.[75] 콜만 신부와 함께 신사참배를 강력히 반대하였던 스위니(Sweeney, Leo) 신부는 주일 교황사절의 의견을 따라 안식년 휴가를 명목으로 한국을 떠나야 하였다.[76]

　1935년 9월 4일부터 6일까지 주일교황사절이 참석한 가운데 평

---

73) "나는 한국에 파견된 몇몇 훌륭한 선교사들이 주일교황사절 마렐라 대주교 각하의 정책과 통할에 의문을 품는 경향이 있음을 알게 되어 고심하고 있습니다. 그대도 알다시피 우리 메리놀은 사적으로 각하와 친분을 지녀왔기에 자연히 내 아들들 가운데 그 누구라도 그분께 폐를 끼치고 있다는 사실 자체가 당황스럽습니다 … 아무튼 마렐라 대주교가 교황의 대리라는 것이 요점입니다. 그분은 우리의 책임자이며 우리는 그분에게 순명해야 합니다 … 일본인들에게 그리스도를 이해시켜야 할 우리에게는 국가 통치자들과의 협력이 가장 중요하고, 우리는 교황청이 한국을 위임한 이래 그 일을 거의 예외없이 해왔습니다"(메리놀회 총장 월쉬가 메리놀회 본부에서 모리스 신부에게 보낸 1935년 7월 30일 서한).

74) *1936년도 메리놀회의 세계적인 선교 활동 현황(平壤敎區史編纂委員會 編, 1981, 『天主敎平壤敎區史』, 100쪽).

전교지대	미국본회	중국	만주	한국	일본	필리핀	하와이	로마	계
신부수	54	80	24	27	9	3	3	4	204
수사수	60	5	2	4	1	37	1	1	111

75) "모리스 신부에게 괜찮다면 콜만 선교사를 9월 1일 로스 알토스(Los Altos)의 덕스(Dirckx) 신부 자리로 보냅니다"(월쉬 총장이 메리놀회 본부에서 모리스 신부에게 보낸 1935년 7월 30일 전보).

76) "주일교황사절께서 서포에 머무시는 동안 레오 스위니 선교사의 경우를 말씀드렸더니 그의 강한 태도를 바꾸려는 시도보다 곧 10주년 맞이 휴가를 보내는 것이 더 나으리라는 제안을 하셨습니다"(모리스 신부가 평양에서 월쉬 총장에게 보낸 1935년 10월 10일 서한).

양교구 서포(西浦)에서 개최된 한국 천주교회의 연례 교구장회의
는 신사참배 허용으로 의견을 모았다. 물론 그 결정에는 주일교황
사절이 결정적인 역할을 하였다.

"평양의 우리는 지금까지 다른 교구에 비해 좀 다르면서도 엄격한 입장을
고수했습니다. 주일교황사절 및 다른 교구장들과 동석하였던 최근 회의 후
… 일치가 가장 중요하기에 저는 연로하시고 경험이 풍부한 교구장들의 지
도를 받으며 그들과 함께 하기로 합니다. 그러나 제 휘하에 있는 사람들 중
에서 주일교황사절의 뜻에 따른 이 접근책을 받아 들일 사람들을 얻기가 쉽
지 않을 것입니다."[77]

1935년 9월 27일 대구교구장 드망즈는 신사참배에 관한 회람
제112호를 대구교구 각 본당에 발송하였다.[78] 한편 평양교구의
모리스 교구장은, 1936년 2월 19일 서포에서 개최된 메리놀회 선
교사들의 회의에서 신사참배에 관해 신자들에게 충고하라고 하였
다.[79] 그리고 다음날 회합에서는 학교 문제나 애국적인 예식 문
제로 당국과 마찰을 일으켜 선교 사업에 피해가 오지 않도록 주
의하라고 당부하였다.[80]

1936년 4월, 한국 천주교회는 기관지 『경향잡지』를 통해 천주교
신자들의 신사참배를 공식 허락하였다.

" '질문해답 ─ 신사참배에 대하여'
문 : 교우가 신사참배하여도 관계 없습니까?
답 : 이왕에는 신사에 참배하는 것이 종교 의식인 줄로 알고 대문답에 기
재한 바와 같이 금하였더니 그후로 정부의 발표와 설명에 의하면 신사참배

---

77) 모리스 신부가 평양에서 월쉬 총장에게 보낸 1935년 10월 10일 서한.
78) 『DEMANGE주교일기』, 1933.9.27.
79) "정부가 신사에 관해 한글과 영어로 명백한 선언을 발표하였다. 사본은
    만들어 선교사들에게 보낼 것이므로 누구도 사람들에게 이 문제에 관해
    충고하는 일을 망설여서는 안된다"(『서포회의록』, 1936.2.19).
80) 『서포회의록』, 1936.2.20.

는 종교와는 전연 구별이 있어 다만 황실의 어조선을 경앙하며 국민정신을
작흥케 하는 한 국가의 의식이라 합니다. 뿐만 아니라 종교의 신앙은 법률상
자유인 만치 만일 신사참배가 종교 의식과 구별이 없다면 명하지도 아니할
것이라 합니다. 그러므로 교황대사와 주교들은 일반 신자들에게 이 설명을
알려주어 모든 이가 안심하고 참배하게 되었습니다. 이에 대하여 문의하실
것이 있으면 본당선교사께 질문하시어 더 세세한 설명을 들어주시기 바랍니
다."[81]

대문답, 즉『천주교요리』에서는 신사참배를 종교라고 여겨 금지
하였으나 그후 정부의 발표와 성명에 의하면 신사참배는 오직 황
실의 조선(祖先)을 경앙하며 국민정신을 작흥(作興)하게 하는 국
가 의식이므로 안심하고 참배할 수 있다는 것이었다.

이와 같이 한국 천주교회는 늦어도 1932년부터 신사참배 불가에
서 용인으로 태도를 변화하고 있었으며, 1936년 4월에는 한국 천주
교회의 모든 주교들이 신사참배 허용으로 의견을 모았다. 신자들은
주교들과 선교사들의 가르침에 따라 신사참배 문제에서 자유로울
수 있었다.

Ⅲ. 교황청의 신사참배 허용 훈령과
천주교회의 황국신민화

1936년 5월 26일 신사참배에 관한 교황청 포교성의 훈령「Pluries
Instanterque」[82]이 발표되었다.[83] 종교적 행사가 아니고 애국적 행

---

81) 1936.4.12,『京鄕雜誌』, 218쪽.
82) 주일교황사절 마렐라, 드크레아 명의대주교에게, 조국에 대한 천주교신
자들의 의무에 대한 훈령(INSTRUCTIO, AD EXCMUMD.
PAULUM,MARELLA, ARCHIEPISCOPUM TIT. DOCLEENSEM,

사이므로 신사참배를 허용한다는 내용이었다. 일본의 민족 종교에 기원을 두었지만, 본질적으로 악하지 않고 종교적 표징으로서가 아니라 자신의 국가에 대한 사랑을 표하기 위한 국민적 행위이므로 허락한다는 것이었다.[84] 그리고 그것은 1659년 "[기독교]신앙은 어

DELEGATUM, APOSTOLICUM, INIAPONIA, CIRCA CATHOLICORUM OFFICIA ERGA PATRIAM), 'Pluries Instanrterque', *Acta Apostolicae Sedis*, Vol.28, 1936, 406~408쪽).

83) 개신교는 교파에 따라 각기 다른 태도를 나타냈다. 성공회, 성결교, 구세군, 안식교 등의 군소 교파들은 대부분 별 저항없이 신사참배를 받아들였다. 감리교는 총독부 학무국에서 보내온 「신사문제에 대한 통첩」을 기관지에 게재함으로써 신사참배를 간접적으로 허용하는 태도를 보이다가 1938년 9월 총리사 양주삼 명의로 신사참배는 국민이 반드시 봉행할 국민 의식이라며 공식 승인하는 통고문을 발표하였다. 장로교에서도 신사참배 결정에 대한 감리교의 통고문이 발표된 일주일 후 신사참배를 결의하였다.

84) "일본인들이 애국심을 표현하는 행위에 대해 다음의 것을 지적해야 한다. 여기에서 관심을 기울이는 행위는, 본래 일본의 민족 종교에 기원을 둔 것이지만, 본질적으로 악하지 않고 그 자체로 종교와 무관한 행동들 그리고 종교적 표징으로서가 아니라 자신의 국가에 대한 사랑을 표명하고 고무시키기 위한 국민적 행위로서 행할 것을 명령받고 있는 것이다. 그리고 그러한 경우 천주교신자나 다른 사람들이 요구받고 있는 행위들은 그 의식의 기원이었던 종교에 귀의하는 것을 나타내는 증거로서 이러한 행위를 하도록 하는 의도는 전혀 없는 행위들이다. 일본제국의 당국자들은 이상의 것을 수차례에 걸쳐 명확하게 선언하였다. 당국의 이 선언은 신교 자유의 원칙에 근거하고 일본 정부에 의해 결정되어 공적으로 선언된 국가신도의 신사에서 행해지는 국가신도적인 의례와 종교로서의 신도의 예배 사이에는 구별이 있다는 것이다. 사실, 국민으로서의 의례가 행해지는 신사와 종교적인 의례가 행해지는 신사를 관할하는 정부의 부서는 서로 다르다. 1932년 9월 22일에 동경대교구장은 문부성대신에게 다음과 같은 질의서를 보냈다. '이러한 예식들에 학생들이 참가할 것을 요구하는 이유는 종교적인 것에서가 아니라 애국심에 관한 이유에서라는 것이 확실한 것인가?' 이에 대해 문부성의 차관은 이렇게 답하였다. '학생, 생도, 아동들에게 요구하는 경례의 유일한 목적은 애국심과 충성을 표현하는 것에 지나지 않는다.' 이러한 의례의 목적이 확실히 사회적이라고 하는 것은, 메이지 32년(1899) 8월 3일자로 공포된 교육칙어에 의해 증명되고 있다. 이 법령에 의해 공립학교와, 국

떠한 국민의 의례나 관습도 악한 것이 아닌 한 잘 보존되기를 희망
한다"라고 선교사들을 위한 지침에서 밝힌 바라고 하였다.

　"조국에 대한 천주교신자들의 의무에 대한 지침 / 일본주재 주일교황사절
마렐라, 드크레아 명의대주교에게 :
　일본의 천주교신자들에게 기독교 이외의 전례에 기원을 두었다고 생각되
는 행위를 하도록 조국의 법률이 관습에 의해 명령하거나 권고하는 경우, 어
떠한 태도를 취해야 하는가에 대해, 어떤 원칙을 제시해 줄 것을 포교성은
수차례에 걸쳐 요구받았다. 이러한 문제를 해결하는데 있어, 포교성이 이미
1659년에 선교사들을 위하여 낸 지침에서 밝힌 대단히 현명한 다음의 원칙을
상기하는 것은 유익한 일이다. '각 나라의 국민의례나 관습, 풍습이 신앙심이
나 올바른 도덕을 명백히 거스르지 않는 한 그것들을 변화시키기 위해 그 국
민들을 부추기거나 권해서는 안된다 … [기독교] 신앙은 어떠한 국민의 의례
나 관습도 악한 것이 아닌 한, 없애버리거나 훼손하지 않으며, 오히려 그것들
이 잘 보존되기를 희망한다. 인간은 본성상 자신의 것, 특히 자기 나라 국민
을 다른 나라 국민보다도 높이 평가하고 사랑한다. 그러므로 조국의 관습, 특
히 아주 오랜 옛날부터 대대손손 생활관습이 되어 온 것을 변화시키는 것은
무엇보다도 큰 증오나 반감을 일으킬 것이다 … 만일 악한 관습이라면, 말로
써 비난하기보다는 조용히 그리고 서서히 변화시켜야 한다. 즉 사람들의 마
음이 진리를 깨달을 수 있는 준비가 되었을 때, 좋은 기회를 보아 그 관습을
서서히 변화시키지 않으면 안된다.' 따라서 선교사들은 일본의 종교심과 애
국심을 인정하고 존경해야 하며, 또한 신자들에게 애국심의 관점에서 다른

<hr>

가의 법률에 따라 교과목을 결정해야 하는 그외의 학교들은 종교교육을
행하거나 종교 의식을 거행하는 것이 금지되어 있다. 이것으로부터 학생
들이 신사에서 행하도록 정부로부터 명령받은 예식은 종교적인 것이 아
니라고 결론지을 수 있다.
또한 마찬가지로 정해진 날에 국가신도의 신사에서 국가당국자가 참석
한 가운데 행해지거나 또는 국가당국자의 주재로 행해지는 공공 예식에
대해서도 이야기할 수 있다. 국가당국자는 이것에 관하여 위와 같은 의
도를 직접적으로 혹은 간접적으로 태도를 표명하여 왔고, 일본 제국의
문화 전문가들이나 일본인의 관습과 정신을 깊이있게 연구한 사람들도
이것을 폭넓게 인정하고 있다"(신사참배에 대한 교황청 포교성의 훈령」
SACRA CONGREGATIO DE PROPAGANDA FIDE 'Instructio',
Acta Apostolieae Sedis, Romae ; Typis Polyglottis Vaticanis, 1936,
Annua XXVIII, Series II, III, 408-409).

국민들로부터 비난받지 않도록 가르쳐야 한다."[85]

신사참배를 허용하기 위해 특별 훈령을 마련한 것이 아니라 270
여 년 전 이미 발표한 교회의 원칙에 따라 일본의 신사참배를 허용
한다는 내용이었다.

그러나 신사참배에 관한 교황청의 훈령이 결코 그런 이유에서
나온 것이라고 보기는 어렵다. 중국 천주교회가 조상제사 문제로
어려움을 겪고 있을 때 교황청에서는 그것을 미신으로 단죄하였
다.[86] 그리고 신사참배를 허용한 그때까지도 동양에 파견되는 선
교사들에게 「중국예식에 관한 선언」, 즉 조상제사를 금지하겠다는
선서의 의무를 지우고 있었다. 조상제사 문제나 신사참배 문제나
모두가 충분히 동양의 의례로 볼 수 있는 것이다. 신사참배보다는
오히려 조상제사가 종교적인 요소가 덜하다고 볼 수 있다. 그러므
로 신사참배를 허용한 교황청의 훈령이 나온 동기는 달리 찾아야
할 것이다.

첫째, 신사참배를 강력히 주장한 주일교황사절 마렐라의 역할에
주목해야 할 것이다. 신사참배에 관한 교황청 포교성의 훈령이 마
렐라의 의견을 그대로 수용하고 있기 때문이다. 마렐라는 1935년 5
월 8일 포교성에 보낸 보고문에서 신도 예식에 대한 교회의 결정
을 새로이 내려줄 것을 청하였다. 그는 "천주교 신앙에 반대되는
행위들에 큰 편견을 지니지 말아야 하며, 또한 국가에 대한 사랑의
표현으로 이해될 수 있는 행위들과는 진지하게 협력해야 한다"고
주장하였다.[87] 그러므로 이 훈령이 나오기 전까지는 교황청에서도
신사참배를 불허하였다는 것을 알 수 있다.

---

85) 위와 같음.
86) 1791년 전라도 진산에서 발생하였던 '辛亥事件'은 조상제사가 우상숭배
라는 교회의 가르침에 따라 尹持忠과 權尙然이 조상제사를 지내지 않았
던 데에 그 원인이 있었다.
87) Minamiki, George, *ibid.*, 152쪽.

둘째, 당시 교황청 포교성장관이었던 비온디(Biondi, Fumasoni) 추기경의 역할에도 관심을 두어야 할 것이다. 교황청 포교성 추기경회합에서 논의하였다지만, 당시 교황청 각 성에 맡겨진 사안에 대한 결정권이 대부분 해당 성(省)의 장관에게 있었다는 것을 고려할 때, 포교성장관 비온디의 의견이 신사참배 허용 훈령이 나오는데 결정적이었다고 여겨진다. 그런데 비온디는 1920년 초대 주일 교황사절을 역임한 인물이었다. 그리고 그가 주일교황사절로 활동하였던 시기 일본 천주교회에서는 이미 신사문제가 거론되고 있었다.[88]

페트렐리 교황사절의 적극적인 지지로 1917년부터 언급되기 시작한 일본과 교황청의 외교관계는[89] 제1차 세계대전 이후 교황청의 적극적인 노력으로 결실을 맺게 되었다. 1919년 12월 6일 주일 교황사절관이 설립되었고,[90] 1920년 3월 11일 인도주재교황사절이었던 비온디가 초대 주일교황사절로 부임하여[91] 약 2년 동안 활동하였다. 그리고 미국 워싱톤주재교황대사를 거쳐 1933년 포교성장관으로 임명되었다.[92] 그러므로 비온디는 일본에서 신사참배가 갖는 의미, 신사참배를 거절함으로써 일본 천주교회가 당할 어려움, 신사참배로 기울고 있던 일본 천주교회의 상황을 인식하였음이 분명하다. 여기에 동양문화를 이해하는 방향으로 추진되고 있었던 교황청의 동양선교정책도 고려하였다고 여겨진다. 교황청은 1926년 10월 28일 성 베드로 대성당에서 첫 번째 중국인 주교 6명을 서품하였고, 10월 30일에는 일본인 주교 1명을 서품함으로써 현지인에 의한 교회 관할을 추진하였다. 천주교는 17~18세기 전례논쟁을 겪

---

88) 1917년 나가사키(長崎)교구의 천주교신자학생들이 신사참배를 거부하였던 사건 이후 일본 천주교회는 이 문제로 골몰하고 있었다.
89) 『DEMANGE주교일기』, 1917.9.24.
90) *L'Eglise Catholique dans L'Empire Japonais* 大日本帝國內公敎會, 3쪽.
91) Joseph L. Van Hecken C.I.C.M., *The Catholic Church in Japan Since 1859*, Toyko : Herder Agency Enderle Bookstore, 1963, 270쪽.
92) 1933.2.28, 『京鄕雜誌』, 108쪽.

은 이후 점차 동양문화를 이해하기 시작하였다. 그래서 20세기 초
에는 동양에서의 관습들을 존중하였고, 신사참배나 조상제사 등에
대해서도 관용적인 정책을 펴나가게 된 것이다.[93]

　셋째, 당시 주일교황사절이었던 마렐라와 포교성장관 비온디의
특별한 관계가 신사참배 결정에 또다른 요인으로 작용하였다고 여
겨진다. 마렐라는 비온디가 워싱톤주재 교황대사로 활동하는 동안
그의 보좌로 임무를 수행하였다.[94] 비온디와 마렐라는 교황대사와
그 보좌로 워싱톤에서 함께 근무하다 비온디는 포교성장관으로, 마
렐라는 주일교황사절로 임명되었던 것이다. 그러므로 마렐라의 의
견은 비온디에게 결정적인 영향력을 미쳤다고 볼 수 있다.

　신사참배를 허용한 교황청 포교성의 훈령은 교황청의 변화된 동
양선교정책, 초대 주일교황사절이었으며 당시 포교성장관이었던
비온디 추기경의 이해와 마렐라 주일교황사절의 적극적인 노력으
로 이루어졌다고 할 수 있다.

　그렇다면 주일교황사절과 일본 주교들이 굳이 교황청으로부터
신사참배 허가 결정을 얻어내려 한 요인은 무엇이었을까? 그리스
도의 가시적 대리인으로서 교황은 교리, 도덕 문제, 신자와 교구의
일반적 삶을 관장하는 것에 대해서까지도 거의 절대적 권한을 갖
고 있다. 그리고 이같은 천주교회의 전통 속에서 교황과 고위 성직
자의 발언은 평신자들에게는 언제나 거룩한 진리의 권위를 갖는
진술로서 이해된다. 그리고 개인이 권위주의적 조직구조에 종속되
는 존재로 보여진다는 의미에서의 집합주의, 사회적이며 유기적인
성격을 갖는 제찬봉령, 미사라는 예배의 통합적 힘 등으로 성격지
워지는 천주교회에는 그 내부에 획일적인 태도가 존재한다.[95] 이

93) 이진구, 「신사참배에 대한 조선기독교계의 대응양상연구」, 334~335쪽.
94) 『DEMANGE주교일기』, 1933.9.20 ; 1933.9.30, 『京鄕雜誌』, 422쪽.
95) Joachim Wach, *Sociology of Religion*, University of Press, 1944, 29~30
　　쪽 ; e. Underhill, *Worship, Harper and Bros*, 1937, 250쪽 ; 김성건, 「한
　　국기독교와 신사참배 1931-1945」, 443쪽.

는 곧 교황청의 훈령은 한국 천주교회나 일본 천주교회의 개별적
인 판단이 아니라, 천주교회 최고 권위자인 교황의 지시로서 결정
된 것이라는 의미이다. 그리고 이것은 신자들에게 보다 설득력있
게, 효과적으로 신사참배를 권유하는데 힘이 될 수 있었다. 따라서
일본 천주교회는 신사참배 허가에 교황청의 지침이 필요하였던 것
이다.

  교황청 포교성의 훈령이 공포된 후, 한국 천주교회의 교구장들은
1936년 6월 12일 대구에서 열린 회합에서 1932년판『한국교회 공동
지도서』의 신사참배 부분을 수정하였다. 제466항을 애국심의 표현
인 한에서 신사에서 행해지는 예식들에 참여할 수 있는 것으로 허
용하였다.96) 대구교구장 드망즈는 신사참배에 관한 1935년 9월 27
일자 회람의 지시 내용을 확인하는 포교성의 훈령을 1936년 7월 7
일 발송하였다.97) 이어 8월 20일 신사참배에 관한 천주교회의 입장
에 관한 서한과 함께 일본어로 된 136개의 소책자와 편지를 대구교
구 관할 4개 도에 발송하였다.98) 천주교신자들의 신사참배가 일본
정부의 선언에 의해서가 아니라 천주교회의 결정에 의해서라고 강
조하기 위해서였다.99)

  그런데 신사참배를 허용한 포교성의 훈령은 한국에도 적용되는
것이었을까? 포교성의 훈령에서 관심의 대상으로 삼고 있는 행동
들은 일본 내에서 인정되는 관습이었다. 그러나 이 훈령은 한국에

---

96) "신사에서 행해지는 예식들에 참여하는 것은 애국심의 표현인 한에서 허
    용된다. 이 수정은 또한 대문답에도 적용된다"('Correctio in Diriectorio
    facienda', Pag.202, Art.466 : Viribus Unitis 9, 1936. 9 : 鄭東勳, 「日帝 强
    占期하의 韓國 天主敎會의 神祀參拜에 關한 考察」, 105쪽에서 재인용).
97) 『DEMANGE주교일기』, 1936.7.7.
98) 『DEMANGE주교일기』, 1936.8.20.
99) "신사참배가 순전히 시민적인 성격을 지닌 것으로 다른 모든 시민들과
    마찬가지로, 천주교신자들도 하나의 의무로서 애국적인 예식에 참가하도
    록 허락한 선언은 일본 정부의 선언이라고 믿어야만 했으나 사실은 천
    주교로부터 비롯된 것이라는 것을 사람들은 알고 있다"(C-R-TaiKou,
    1936).

도 적용될 수 있는 것이었다. 교황청은 1911년 대구교구를 설립하면서 이미 한국을 일본이 통치하는 지역으로 인정하고 있었다.[100] 그러므로 주일교황사절 마렐라는 신사참배에 관한 교황청의 훈령이 내리자 「국체명징에 관한 주일교황사절의 감상」을 통해 한국 천주교회에도 신사참배를 적극 권유하였다.

> " 1. 국체명징에 관한 주일교황사절의 감상
>
> 현금 대일본제국은 전국적으로 국체명징의 본의 철저를 위하여 만강의 정력을 기울이고 있다. 이는 국가 구성의 근본적 문제이므로 우리가 지금 가장 신중히 선처하여야 할 것은 말할 것도 없는 바이다. 그런데 최근 일부 인사 간에 가톨릭교회를 국체 문제와 직접 관련시켜 논의하며 가톨릭교의 교의적 또는 실천적 원리가 마치 일본 정신에 합치되지 않는 것처럼 오해하는 자가 있음을 듣는 것은 우리가 실로 천만의외로 여기는 바이다. 그러나 이러한 오해는 가톨릭교도가 국체를 넉넉히 인식하지 못한다는 그런 여론을 만들지도 모르는 것이다. 진정한 가톨릭신자의 이름에 합당한 자는 당연 충량한 국민이나 이에 관하여 나는 일본 가톨릭교회 최고 권위자로서 다음 여러 점에 대하여 간단한 소감을 말하고 오해를 풀어주고자 한다. 가톨릭교회의 목적은 결코 현세적, 정치적이 아니고 그 사명이야말로 본질적으로 신령한 것이어서 신자를 후세 생명에 관한 종교적 신앙으로 인도하고 그 도덕적 수준을 향상시키는 것이다. 따라서 가톨릭교회는 종교 이외의 것에는 직접 상관하지 아니하고 가톨릭교도에게 도덕적 기준을 주며 그 생활의 안내자가 되고자 하는 것이다."[101]

천주교를 국체 문제와 관련시켜 천주교의 교의적·실천적 원리

---

100) "… 현재 일본인들의 통치하에 있는 전 한국 지방을 하나의 교구가 관할하고 있는 실정에서 밀로의 명의주교이며 한국 포교지의 교구장으로서 각별히 열성과 현명의 칭송을 받는 아우구스티노 뮈텔 형제가 저 광대한 지방의 남부를 새로운 교구로 설정하는 것이 시기에 적절하다는 건의를 해왔으므로 …"(교황 비오 10세의 대구교구 설정 서한 : CONSTITUTIO NOVI VICARIATUS APOSTOLICI IX REGIONE COREANA DE 'TAI-KOU' NUNCUPATI, PIUS PP. X., *Acta Apostolica Sedis*, 1911, 224~225쪽).
101) 1937.2.25, 『京鄕雜誌』, 97~101쪽.

가 일본정신에 합치되지 않는다는 말이 있는데 진정한 천주교신자
는 당연 충량한 국민이라고 하였다. 그리고 천주교는 일본의 국체
와 조금도 어긋나지 않으며 국체를 존중한다고 하였다. 또한 신사
참배에 관한 교황청의 훈령은 일본의 천주교신자들이 신사에 참배
할 수 있도록 하며, 애국심을 표현함에 다른 종교인들보다 우수해
야 함을 가르치는 것이라고 하였다.

> "신사참배 문제, 기타에 관한 로마 교황청의 통첩
>
> 로마 교황청은 일본 가톨릭신자로 하여금 애국심을 철저히 표현하기 위하
> 여 작년 5월 26일부로서 신사참배와 그 문제에 관한 중대 통첩을 주일로마교
> 황사절관으로 송부하셨다. 이 통첩에 의하면 일본 가톨릭신자가 더욱 더욱
> 애국심을 드러내고 또 모든 정당한 방법으로 애국심을 표현함에 있어서 결
> 코 다른 종교자들만 못하지 않도록 하라고 간절히 가르치고 계시다. 신사참
> 배 문제에 관하여 당국은 비공식은 비공식이나 그것이 종교적 의미가 없다
> 는 것을 자주 자주 성명하셨다 … 이번 통첩은 일본 가톨릭신자에게 위에 말
> 한 문부성 회답에 복종하기를 명할 뿐 아니라 더욱 적극적으로 이 문제의 범
> 위를 넓혀 다음과 같은 원칙을 주었다. '신사에서 국가적 의식이 거행되는 경
> 우에는 충성과 애국심을 표명하는 것을 목적으로 하는 것이므로 재일본 가
> 톨릭 교구장들은 가톨릭신자에게 다른 참렬자와 같이 거기에 참렬하도록 가
> 르치지 않으면 안된다.' 이로써 일본 가톨릭신자에게 관한 한 신사 문제는 완
> 전히 해결되었다고 하지 않으면 안될 것이다. 이와 같이 일반 사교상 예컨데
> 장식(葬式), 결혼식, 기타 사사로운 의식이 거행될 때에 설령 그것이 본시는
> 다른 종교에서 시작되었을지라도 오늘에 있어서는 유식자간에 종교적 의의
> 가 없어졌다고 인증되는 경우에는 가톨릭신자도 다른 사람과 같이 거기에
> 참예하여 무방하다 …"[102]

주일교황사절은 천주교회가 일본의 국체와 결코 어긋나는 것이
아니라고 강조하였다. 이는 당시 천주교회의 신사참배 거부행위가
국체에 어긋나는 행위로 여겨졌다는 의미이다. 국체라는 용어가 법
률적인 구속력과 관계되어 언급된 것은 1925년 5월 8일 공포된 「치

---

102) 1937.2.25, 『京鄕雜誌』, 97~101쪽.

안유지법」에 의해서였다. 국체란 "만세일계(萬歲一系)의 천황이 군림하여 통치권을 총람하는" 국가체제이다.[103] 치안유지법은 "국체를 변혁할 목적으로 결사를 조직한 자" 또는 "사유재산제도를 부인할 목적으로 결사를 조직한 자"를 단속하기 위한 법령으로, 주로 당시의 사회주의나 공산주의 등의 급진 좌경사상을 통제하기 위한 것이었다. 그러나 국체에 어긋나는 행위는 무엇이든지 처벌할 수 있도록 확대·적용되었으며,[104] 종교운동도 이 법에 적용되었다.[105] 치안유지법에 의하면 종교운동도 국체에 역행하면 불법으로 여겨져 처벌할 수 있었다.[106] 후에 신사참배 거부자는 모두 불경죄나 이 법에 의해 처리되었다.[107]

천주교신자들은 선교사들의 가르침과 교황청의 훈령을 근거로 신사에 참배하였다. 포교성은 신사참배에 관한 지침을 내린 이 훈령에 대한 어떠한 논쟁도 금지하였다. 그러므로 천주교 성직자와 신자들은 공식적인 신사참배 문제에 어떠한 논쟁도 할 수 없었다. 그러나 많은 한국인 성직자[108]와 수녀 및 신자들이 신사참배를 거부하였고,[109] 신사참배를 거부함으로써 체포·투옥되었다.[110] 교회

---

103) 1929년 5월 31일 판결의 대심원 판례에서 정의한 것이다(丸山眞男, 1961, 『日本の思想』, 33쪽). 이후 1937년 문부성에서 발간한 『國體の本義』(9쪽), 1944년 神祇院에서 간행한 『神社本義』(1~3쪽)에서도 같은 정의를 내리고 있다.

104) 임경석, 1994, 「조선공산당의 재건운동」 『韓國史』 15, 한길사, 193쪽.

105) 이진구, 「신사참배에 대한 한국기독교계의 대응양상 연구」, 328쪽.

106) 宮地正人, 1971, 「第二次大本敎事件-전시하 종교탄압의 기점-」 『일본 정치재판사록』 昭和·後:第一法規出版, 5쪽.

107) 한석희, 「신사참배의 강요와 저항」, 56쪽.

108) 柳洪烈, 1962, 『韓國 天主敎會史』, 990~1020쪽 ; 전주교구 화산본당의 金永浩(1912~1978) 신부도 신사참배 거부로 일본 경찰에 체포·구속되어 전주·대구 형무소에 수감되었다(「화산천주교회 약사」 : 『전주교구사 연표』, 84쪽).

109) "1938년도에 소화강습소에 가서 소임을 했습니다. 수원 소화국민학교에 있을 때도 학교 전체가 신사참배에 가지 않았고, 이곳에서도 우리는 하지 않았습니다. 두세 번 경찰서에 불려 갔으나 몇 마디 위협적인 말만

의 공식적인 입장이 신사참배를 허용하고 있었지만, 신사참배가 결
코 시민적인 의식이 아니라는 것은 알고 있었으며, 따라서 신사참
배를 거절하였다. 한국 천주교회에서 신사참배를 결정할 당시 그에
대한 발언권을 행사할 만한 한국인 성직자는 없었다. 한국 교회의
관할권이 선교사들에게 있었기 때문이었다. 외국인 선교사들은 한
국 천주교회의 선교권을 보장받기 위해서, 그리고 일본에서 활동
중이던 동회 선교사들과의 관계 등을 고려하여 신사참배를 용인하
였다.

그러나 한국인들에게는 신사참배가 단순한 신앙의 문제로 끝나
는 것이 아니었다. 그것은 일제의 한국인 정신지배정책에 함몰되는
것이기도 하였기 때문이다. 한국에서 신사참배 문제는 일제의 문화
침략 내지는 동화정책의 일환으로서의 정치적 의미를 띠고 적극
추진되었던 식민주의정책에서 발생한 것이었다. 그러므로 이러한
식민주의적 침략에 항거한 신사참배 거부는 항거 주체의 개별적인
의도야 어떻든 민족운동 내지는 민족수호를 위한 항일운동의 차원
으로 해석될 수 있다.[111] 신사참배는 일제 통치의 핵심적인 지배
이념이었고 사회통합 이념이었으므로 그에 대한 항거는 곧 신성모

하고는 그냥 보내 주어서 무사했습니다. 또 많은 수녀들이 몬뻬이를 입
었으니 우린 끝까지 입지 않았습니다. 아마 지역에 따라 통제가 더 심
한 곳도 있고 덜한 곳도 있고 했었던 것 같습니다"('곽성진 보르지아
수녀의 증언, 1988.6, 샬트르성바오로수녀회 편, 1991, 『한국샬트르성바
오로수녀회 100년사』, 분도출판사, 146쪽).

110) "저는 일본 학교에 다녔습니다. 신사참배는 특별한 날이나 경축일, 혹
은 특별한 어떤 것을 기원할 때 단체로 갔습니다. 아이들은 아무런 의
식도 없이 하라니까 기계적으로 했습니다. 저희 오빠와 올케는 신사참
배를 하지 않아 감옥에까지 갔었지요. 그때 제가 다니던 학교에 한국
아이들이 한 반에 3명, 많으면 5명 정도밖에 없었는데 한국 학생들은
키가 컸기에 서서 하는 척만 하고 실제로는 하지 않기도 했지요"('박상
일 벨라지아 수녀의 증언, 1988.6, 『한국샬트르성바오로수녀회 100년사』,
289쪽).

111) 이만열, 『한국 기독교와 역사의식』, 349~353쪽 ; 김승태, 「일본신도의
침투와 1910·1920년대의 신사문제」, 393쪽.

독이었다. 이러한 신성모독 뒤에는 군국주의 국가라는 사회가 존재
하였으므로 그러한 항거는 곧 국가체제에 대한 항거였다. 신사참배
를 거부한 기독교인의 내면적인 동기까지 이러한 논리구조를 이루
고 있었는가에 대해서는 의문의 여지가 있지만 적어도 그것이 수
행한 기능에 있어서는 그러하였다.112) 일제는 한국 기독교의 신사
참배 항거를 민족적 차원의 정치적 항거로 간주하였다.

> "국내 수십년 선교 역사와 오십만 신자로서 일면 국내 민족주의자의 아성
> 인 듯하였던 한국 기독교가 그 다년에 亘하여 배양되었던 민족적 반감으로
> 써 신사 불참배의 태도를 고집하여 왔는데 신자들의 각성에 의하여 최후까
> 지 완미한 태도를 고수한 장로파도 금년 9월 평양에서의 장로회 총회에서 신
> 사참배를 결의함과 동시에 오랜 동안 한국 기독교에 뇌고한 지위를 보지(保
> 持)한 장로파 선교사도 노회로부터 가차없이 탈퇴당하였으며, 한편 조선기독
> 교연합회 기타 단체의 기독교를 통한 일선일체화(日鮮一體化)운동 등 점차
> 명랑한 일본적 기독교화의 동향으로 나아가고 있다."113)

신사참배는 신사참배 그 자체가 문제라기보다 그 행위가 일제에
대한 투항, 친일을 약속하는 상징적 행위라는 점에서 문제가 있었
다. 신사참배를 계기로 그후 일제에 대한 부일 협조가 계속되었기
때문이다.114) 1937년 7월 중일전쟁을 시작하면서 전시체제로 전환
한 일제는 한국인들의 정신 상태를 전시체제화하기 위해 1938년
국민정신총동원운동을 전개하였다. 그러나 신사참배를 허용하면서
일본 군국주의에 협력하기 시작한 천주교회는 어떠한 저항도 할
수 없었다. 오히려 신사참배를 더욱 강조하였다. 1940년 한국 천주
교회는 다시 한 번 신자들에게 신사참배를 권유하였다. 6월 주교회
의에서 교황청이 1939년 12월 8일에 내린 「중국 예식과 그에 대한
서약에 관하여」란 훈령115)을 적용, 신사참배가 각국의 전통적 관례

---

112) 노치준, 『일제하 한국기독교 민족운동 연구』, 233~234쪽.
113) 「최근의 치안상황-국내에서의 독립운동자료」 『한국독립운동사』 2, 307쪽.
114) 송건호, 『일제하 민족과 기독교』, 198쪽.

를 존중하려는 교황청의 뜻에 부합한다고 환기시킨 것이다.[116]

신사참배는 그 행위가 일제에 대한 투항, 친일을 약속하는 상징적 행위라는 점에서 문제가 있었다. 신사참배를 계기로 일본의 군국주의 침략정책에 대한 협조가 계속되었기 때문이다. 한국인들의 정신 상태를 전시체제화하기 위해 전개한 국민정신총동원운동에 천주교회가 참여한 것은 이미 신사참배 허용부터 그 기초가 놓인 때문이었다. 식민침략정책이고 식민통치정책인 신사정책을 수용하면서 천주교회는 그 정체성을 상실해갔다.

---

115) 1940.2.12,『京鄕雜誌』, 50~53쪽.
116) "일반 신자들은 순명의 정신으로 이에 청종하며 실행상 의심되는 바 있거든 군들의 목자(선교사)들에게 문의하여 그 지도함을 따라 아무쪼록 천주께 항상 충실한 신자로 있기를 바라노라"(1940.7.15,『京鄕雜誌』).

제6장

1940년대 일제의 전시종교정책과
천주교회의 예속

신사정책에서 분명하게 드러난 일제의 한국 기독교 소멸정책은 중일전쟁을 시작으로 본격화된 대륙침략정책이 추진되면서 한층 강화되었다. 한국의 종교단체를 그들의 침략전쟁을 위한 동원체제로 편성하고, 인적·물적으로 협력하게 만들었으며, 종교단체의 관할권을 탈취하고 종교단체를 해산시키기도 하였다. 한국인에게 관할권이 있었던 종교는 물론 서구인들이 관할권을 가지고 있었던 종교단체들에게도 전쟁동원에 협력하라는 이 시기 일제의 요구는 예외가 아니었다.

본 장에서는 전시체제하 일제의 종교정책과 천주교회의 대응 관계를 고찰하기 위해 천주교회의 국민정신총동원연맹 및 국민총력운동의 조직 과정 및 내용, 당시 교회와 일제식민정권과의 관계를 살펴보고자 한다. 태평양전쟁이 발발한 후 한국 천주교회의 관할권은 외국인 선교사들에게서 한국인 성직자에게로 이관되는 한편 관할권의 일부는 일본인 성직자에게 이관되었다. 당시 한국 천주교회의 운영권이 한국인 및 일본인 성직자들에게 이관된 것은 한국의 기독교계도 장악하려 하였던 일제의 종교정책에 의해 이루어진 것이다. 교회의 관리운영권도 일제의 식민 통치에 좌우된 것이다. 교황은 세계 천주교회의 최고 통치권자이며 한국 천주교회의 관할권자를 임명하는 것도 교황이다. 때문에 당시 한국 천주교회의 상황은 세계 천주교회사와 관련하여 살펴야 한다. 일제 말기 한국 천주교회의 상황을 교황청과 일제와 한국사와의 관계를 통하여 추적해보고자 한다.

I. '국민정신총동원 천주교연맹'의 결성과 활동

1937년 7월 일제는 중일전쟁을 도발한 후 국가의 모든 체제를 전시체제로 전환하였다. 1938년 4월 1일 「국가총동원법」(법률 제55호)을 공포하였고 칙령 제316호에 의거 동년 5월 5일부터 한국에서도 시행하였다. 이 법은 "국방 목적의 달성을 위하여 국가의 전력을 가장 유효하게 발휘할 수 있도록 인적·물적 자원을 통제 운용하는 것"(「총동원법」 제1조)을 목적으로 하였다. 그리고 그 목적 수행을 위해 모든 물산(物産)·산업·인원·단체·근로 조건·생산·유통 구조·출판·문화·교육에 이르기까지 통제·징발·징용할 수 있도록 규정하였다.[1] 전쟁 수행에 필요한 인적·물적 자원을 통제 운용하기 위해서 국가총동원법이라는 법령을 제정한 것이었다.

이와 같이 일제의 식민정책이 총동원 체제로 전환하자 식민지배 이념도 변하였다. 일제의 목표는 식민 지배 초기부터 식민지 한국을 물적으로 뿐 아니라 정신적으로도 완전히 지배하는 것이었다. 단지 여건이 조성되지 않았으므로 방법론적으로 회유의 손길을 보내고 타협의 몸짓을 하였을 뿐 언제나 최종 목적은 완전 지배였다. 3·1운동 이후 한국인들 사이에 침투하여 민족 분열을 본격적으로 획책하였던 일제는[2] 대륙 침략을 시작한 1930년대에 이르러서는 한국인들의 정신도 지배하겠다는 야욕을 표면화하였다. 군국주의

---

1) 조동걸, 1985, 「일제말기의 전시수탈—식민지 조선에서의 실태와 문제」 『千寬宇先生還曆紀念韓國史學論叢』, 正音文化社 ; 趙東杰, 1993, 『韓國民族主義의 發展과 獨立運動史研究』, 지식산업사, 124쪽.
2) 中塚明, 1976, 「日本 帝國主義と植民地」 『岩波講座日本歷史』 19, 岩波書店, 254쪽.

정책을 추진하며 신사참배를 강요함으로써 한국인의 정신을 일본화하려 하였던 것이다. 이것이 이른바 황국신민화정책이다.[3] 황국신민화정책의 특징은 '천황 신앙'의 강제를 축으로 하여 한민족의 정체성을 빼앗아 한국민의 민족성 말살을 단기적으로 달성하려는 것이다.[4]

일제는 한국인들의 신사참배를 강제 실현함으로써 정신적인 지배 목표를 달성할 수 있었다. 정신적인 협력이 이루어진 후 물적인 수탈과 지배는 보다 쉽게 이루어질 수 있기 때문에 일제는 정신 지배에 주력하였다. 그런데 당시 한국 기독교계는 일제의 군국주의 침략 과정상 협력으로 요구된 정신적인 타협에 굴복하였다. 총동원법이 한국에 시행되었을 때 한국 기독교계는 일제의 식민정책에 협력할 조건이 갖추어져 있었다고 할 수 있을 것이다.

조선총독 미나미(南次郎)는 중일전쟁 발발 직전인 1936년 8월 부임하였는데 1938년 3월 4일 제3차 조선교육령(칙령 제103호)을 공포하면서 국체명징, 내선일체, 인고단련(忍苦鍛鍊)을 3대 정신 강령으로 제정하였다.[5] 그런데 이 교육령이 한국 기독교계를 강타하였던 것은 이러한 강령 때문만이 아니었다. 각급학교의 교과목 중에서 성경 과목을 인정하지 않을 뿐 아니라 모든 종교 의식을 완전히 금지한 때문이었다.[6] 선교사들은 당시 신사참배 문제로 곤욕을 치루고 있었고, 이러한 규정은 교육계에서 선교사들의 영향력을 완전히 물리치겠다는 의미였다. 그러나 선교사들은 이 교육령이 목적한 바를 정확히 파악하지 못하였다. 3대 정신 강령 중 하나였던 내선일체는 한국인들을 병력자원화하겠다는 것이었다.[7] 일제의 이

---

3) 吉野誠. 1983. 「일본 제국주의의 한국지배」『새로운 韓國史 入門』. 조선 사연구회 신조선사입문 편집위원회. 299쪽.
4) 須崎愼一. 「아시아 가운데 파시즘 국가」『講座 日本史』 10. 260쪽.
5) 八木信雄. 1939. 『學制改革と朝鮮敎育の問題』. 祿旗聯盟. 12~23쪽.
6) 이화여자대학교. 『이화팔십년사』. 273쪽.
7) 崔由利. 1995. 「日帝 末期(1938년-45년) '內鮮一體'論과 戰時動員體制」. 이화여자대학교 박사학위논문. 36쪽.

러한 의도는 미나미 총독의 유고에서 확연히 드러났다.8) 선교사들
은 1915년 개정사립학교규칙이 공포되었을 때를 생각하였다. 성서
과목의 교수와 종교 의식을 금지하였던 1915년의 법령이 다시 효
력을 발휘하는 것으로만 인식하였다. 당시의 상황이 전시이고, 따
라서 일제의 모든 정책이 전시동원을 위한 방향으로 추진되고 있
다는 것을 파악하지 못하였다.

　전시체제로의 전환은 내선일체, 황국신민화의 기치 아래 인적으
로 한국인을 총동원하는 동시에 경제적으로 농공병진책(農工竝進
策)을 진행하여 한국을 대륙병참기지화하였다.9) 총동원법을 공포
한 이후 보다 구체적이고 직접적으로 한국인들을 전시체제에 동원
하기 위한 일제의 야욕이 드러났다. 중일전쟁 1주년을 기념하여
1938년 7월 27일 '국민정신총동원 조선연맹'(이하 총동원조선연맹
으로 약칭)을 결성하였던 것이다.10) 일본에서의 국민정신총동원운
동(이하 총동원운동으로 약칭)은 일본주의 정신에 의한 정신교화
운동과 국책협력운동을 두 기본 축으로 국가가 실행해 나가는 것
이었다. 따라서 이 운동은 정부가 지방 행정 기구를 통해 말단의
국민에 이르기까지 모든 생활을 통제하고 동원할 수 있는 체제를
성립시키는 획기가 되었다. 이러한 성격은 한국에서의 총동원운동
에도 그대로 이어졌다.11)

---

　8) "현재 세계정세는 점점 험악해지고 帝國의 처지 역시 용이하지 않다. 안
　　　으로 국민정신을 도야하고 경제 실적을 강화하여 국민적 능력을 진작
　　　배양시키며 동양 평화의 기반인 日滿一體를 수행함에 있어 양국 共榮의
　　　결실을 배양하는 것은 필수 긴급한 시무이므로 한국이 맡은 사명은 더
　　　욱 크다고 생각한다. 즉 인적·물적 요소의 內鮮一體 鮮滿相依의 경지를
　　　통찰하여 자원을 개발하고 민심을 계도하여 강대국민으로서 부족함이
　　　없는 생활 수준에 이르게 하는 것은 통치종국의 이상을 나타내는 것으
　　　로 앞으로 비상한 노력을 기울일 것이 많다"(「朝鮮施政に關する諭告·
　　　訓示並に演述集」 1927~1937년 3월, 4쪽 ; 朴慶植, 1986, 『日本帝國主義
　　　의 朝鮮支配』, 청아출판사, 340쪽에서 재인용).
　9) 박경식, 1994, 「일제의 황민화정책」 『한국사』 13, 한길사, 161쪽.
　10) 朝鮮總督府, 1940, 『施政三十年史』, 827~836쪽.

한국에서 총동원운동의 목표는 첫째로 한국인의 황국신민화를 통한 내선일체, 둘째는 일제의 전시 국책사업에의 협력, 셋째는 조직과 훈련을 통한 전시체제의 확립이 그 목적이었다.[12] 총독 미나미는 이 운동이 "일시동인의 성지(聖旨)를 받들어 반도 통치의 최고 지침인 내선일체의 이상을 철저히 구현하며, 중일전쟁의 성과를 확보하고 동아 신질서 건설의 대업을 관철하는 제국의 안녕을 확보하고 전통의 황도(皇道)를 세계에 선포하며 세계 각 민족에 공존공영의 진실한 평화와 질서를 가져오는 유일무이한 방책"이라고 강조하였다.[13] 총동원운동은 행정 조직과 일원화된 조직 체계 속에 한국인 모두를 조직화하였다. 하부 조직으로 행정단위인 도(道), 부(府)·군(郡)·도(島), 읍(邑)·면(面), 정(町)·동(洞)·리(里) 연맹 등의 지방 연맹과 학교·회사·종교단체 등 각종 연맹을 조직하고 그 아래 10호 단위로 애국반(愛國班)을 조직하여 한국인의 모든 생활을 통제하였다.[14] 실천 요목으로 21개 항목이 정해졌는데 천황제 이념 주입, 인적·물적 수탈과 관련된 강제적이고 폭력적인 것이었다.[15]

총동원조선연맹에는 59개 단체가 참여하였는데 25개 단체가 한국인 단체였다. 그리고 25개의 한국인 단체 중 10개 단체가 천주교 경성교구를 포함하여 종교단체였다.[16] 총동원조선연맹에 천주교회가 참여하게 된 것은 만주 침략 이후 재개된 일제의 기독교억압정

---

11) 崔由利,「日帝 末期(1938년-45년) ‘內鮮一體’論과 戰時動員體制」, 54~55쪽.
12) 綠旗聯盟, 1939,「朝鮮思想界槪觀」『今日の朝鮮問題講座』4, 39쪽.
13) 박경식,「일제의 황민화정책」, 171쪽.
14) 朴慶植,『日本帝國主義의 朝鮮支配』, 376~377쪽.
15) 國民精神總動員 朝鮮聯盟, 1939.6,『總動員』1, 40쪽.
16) 이외에 종교단체로 천도교중앙교구, 천도교중앙종리원·조선불교중앙교무원·조선장로회총회, 조선기독교연합회, 조선감리교총리원, 시중회, 성공회, 구세군조선본부 등이 가담하였다(國民精神總動員朝鮮聯盟, 1939.6,『總動員』1, 57쪽 : 김삼웅, 1995,『친일정치 100년사』, 도서출판 동풍, 178쪽).

책, 총동원조선연맹에 참여하라는 총독부의 거급되는 촉구[17] 때문
이었다. 또한 국가신도체제를 허용함으로써 일제의 군국주의 침략
정책을 인정하였던 천주교회가 한국의 현실이 전시체제로 변해간
다고 인식한 것도 총동원조선연맹에 참여하게 된 요인으로 작용하
였다.

국가신도는 천황제에 근거한 국가주의의 산물로 군국주의 일본
의 식민지 확장 및 식민지 통치의 정신적 원리로 기능하였다. 일제
는 식민지를 획득한 후 신사를 설치하여 식민지인에 대한 동화정
책의 전진기지로 삼으려 하였다.[18] 한국 천주교회는 이러한 신사
에 대한 참배를 늦어도 1932년부터 불가에서 허용으로 입장을 바
꾸었고, 1936년 4월에는 한국 천주교회의 모든 주교들이 신사참배
허가로 의견을 모아[19] 신사참배를 공식적으로 허용하였다.

한국 천주교회는 중일전쟁이 발발한 이후 신자들에게 나라에의
충성을 요구하는 교서를 발표함으로써[20] 일제의 중국 침략을 옹호
하였다.[21] 평양교구에서 발행하였던 천주교 잡지 『가톨릭朝鮮』은
1938년 4월호부터 첫 면에 '황국신민의 서사'를 수록하여 일제의 식
민통치정책에 협력하였다.[22] 황국신민의 서사는 한국인의 정신을

---

17) C-R-Seoul. 1938.
18) 韓晳曦. 1988. 「神社參拜の强要と抵抗」『日本の朝鮮支配と宗教政策』. 未
   來社. 161쪽.
19) 제5장 참조.
20) 한국 천주교회를 관할하고 있던 7명의 교구장들은 1937년 7월 25일 다음
   과 같은 교서를 발표하였다. "… 천주 10계 중 제4계에 왕과 국가에 대
   한 의무도 포함되어 있다 … 신자들은 천주께 국가의 행복을 위하여 기
   도함으로써 국가에 충성을 표하고 …"(1937.7.28.『京鄕雜誌』).
21) 개신교측에서도 '시국 설교 및 기도회'를 개최하고 일본의 전승을 매일
   아침 기도할 것을 결의하였다(『京城日報』. 1937.8.3). 불교계에서도 일제
   히 국위선양무운장구기원을 봉행하기로 결정하고 그에 대한 공문을 전
   국 사찰에 발송하였다(1937.8.1.『佛敎時報』25. 12쪽).
22) 경성교구가 총동원조선연맹에 참여한 때에 한국 천주교회는 두 개의 잡
   지를 발간하고 있었다. 『가톨릭朝鮮』은 평양교구에서 발행하였고, 『京鄕
   雜誌』는 경성교구에서 발행하였다. 『京鄕雜誌』는 1940년 7월호부터 황국

근본에서부터 일본을 위한 충실한 신민을 만들려는 의도로 제정된 것이었다. 일제는 황국신민의 서사의 반복적인 제창을 통하여 한국인들에게 지속적인 긴장을 요구함으로써 일제에 대한 비판의식을 약화시키는 동시에 일제의 국책에 동원시키는 데 아무런 장애가 없는 정신상태를 만들어 내고자 하였다.[23] 기독교계에 대한 일제의 강화된 규제방침도 천주교회가 총동원조선연맹에 가입하게 된 요인으로 작용하였다. 일제는 1938년 2월에 마련한 「기독교에 대한 지도대책」[24]에서 기독교를 그들의 통치정책에 부응하는 종교로 변질시켜 침략정책에 이용한다는 정책을 마련하였다.

총동원조선연맹에 천주교회에서는 서울교구장[25] 라리보 주교가 대표로, 장면(張勉 : 1899~1966)이 담당자로 선임되었다. 그리고 각 교회 대표자로 본당신부, 담당자로 신자대표 1명씩이 선출되었는데[26] 종현교회는 조종국(趙鍾國 : ?~1950?)[27], 약현교회는 김은식, 백동(栢洞)교회(현 혜화동성당)는 장면, 영등포(永登浦)교회는 김동환이었다. 당시 종현은 비에모(Villemot, 1869~1950), 약현은 김윤근(金允根 : 1878~1943)[28], 백동은 오기선(吳基先 : 1907~

신민의 서사를 수록하였는데 1939년 2월호부터 총동원조선연맹의 공문을 수록하였다. 한편 대한YMCA연맹에서 발간한 『靑年』은 1937년 10월호부터, 성결교 기관지 『活泉』은 1938년 4월호부터, 무교회주의를 주장한 김교신이 발간한 『聖書朝鮮』은 1939년 1월호부터, 『佛敎時報』는 1938년 1월 1일부터 황국신민의 서사를 수록하였다.

23) 崔由利, 「日帝 末期(1938년-45년) '內鮮一體'論과 戰時動員體制」, 47~48쪽.
24) 朝鮮總督府警務局, 1938, 『最近に於ける朝鮮治安狀況』, 390~391쪽.
25) 교회법적인 용어는 서울교구였는데 총독부와의 관계는 '경성' 이라는 용어가 '서울' 대신 사용되었다. 이 연구에서는 서울교구와 경성교구의 용어 혼용을 피하기 위하여 서울교구로 통일하였다.
26) 1938.7.15, 『京鄕雜誌』.
27) ?~1951 ?. 서울에서 태어나 啓星학교를 졸업한 후 한의약계에 투신, 조선매약주식회사를 설립하였으며, 1946년 대한약행을 설립하고 보인당 제약회사를 인수하였다. 명동본당의 청년회 회장으로 청년운동을 주도하였고, 1951년 9월 공산군에 피납되었다(1985, 『가톨릭대사전』, 1058쪽).
28) 1878년 경기도 김포에서 태어났다. 블랑 주교가 종현성당 내에 설립한

1990), 영등포는 서기창(徐起昌 : 1889~1950)이 본당신부였으므로 이들 성직자가 각 교회의 대표자였을 것이다.

서울교구가 총동원조선연맹에 참여하였을 때 한국 천주교회는 서울·대구·원산·평양·연길·광주·전주 등 7개 교구로 나뉘어져 있었다. 그런데 총동원조선연맹에는 서울교구만이 참여하였고, 서울교구 내에서도 모든 본당과 모든 신자들이 참여한 것은 아니었다. 총동원조선연맹에 처음 참여하였을 때는 서울 시내의 4개 본당만이 참여하였던 것 같다. 그렇지만 서울교구는 한국 천주교회의 모태이고 대표적인 교구이며 신자 수가 가장 많았으므로[29] 총동원조선연맹에 서울교구가 참여한 것은 이후 다른 교구에 영향을 끼치게 되었다.

일본에서 「종교단체법」(법률 제77호)이 제정된 것도 천주교회가 일제의 전시총동원운동에 적극 참여하게 된 이유가 되었다. 1939년 4월 8일 일제는 종교단체법을 통과시킴으로써[30] 사실상 전시체제하에서의 종교통제를 완전히 이룩하였다. 일제 말기 총동원체제하에서 종교통제의 가장 중요한 도구로 작용하였던[31] 이 법령은 종

서당에서 1883년 한문을 공부하다 1892년 용산 예수성심신학교에 입학하여 신학을 공부하였다. 1909년 6월 5일 사제서품을 받고 인천본당 보좌를 거쳐 서울교구 주교관에서 파리외방전교회 선교사들의 언어교사로 활동하였다. 1910년 12월 평북 용천의 枇峴본당으로 전임되었는데 성당 대지 매입을 부탁하였던 李基唐이 이른바 '105인 사건'에 연루되어 그를 돕고자 하였으나 일본 경찰의 방해로 돕지 못하였다. 1913년 4월 황해도 黃州본당, 1915년 6월 강원도 伊川본당을 거쳐, 1924년 종현본당 보좌 및 성가기숙사 사감, 성 바오로 영아원의 책임신부로 활동하다 1926년 3월 약현본당 신부로 임명되었다. 1943년 사망하였다(尹善子, 1993.3, 「김윤근 신부」『교회와 역사』 214, 18~20쪽).

29) 1938년 「한국 천주교회 교세통계표」에 의하면 신자 수는 165,878명이었는데 그중 69,911명이 서울교구 소속 신자였다(1938.11.28, 『京鄕雜誌』).

30) 1898년 일제는 「종교법안」을 제14회 제국의회에 상정하였다. 종교단체를 국가에서 감독하고 통제하기 위해서였으나 종교계의 극렬한 반대로 제정을 보류하였다가, 1939년 제74회 제국의회에서 통과시켰다.

31) 深谷善三朗, 1939, 『宗敎團體法解說』, 東京 : 中央社, 11쪽.

교단체와 선교활동에 정부의 감독을 엄중히 하고 황도정신(皇道精神), 신국사상(神國思想) 등 신도이념 고취를 목적으로 하였다. 따라서 이에 위배된다고 여겨질 경우 어떠한 종교이든 규제할 수 있었다.[32] 주일교황사절의 영향력 아래 있었던 한국 천주교회는 일본의 종교계에 깊은 관심을 기울일 수밖에 없었다.[33]

총동원조선연맹에 참여한 지 10개월이 지난 1939년 5월 14일 서울교구는 일제의 총동원정책에 협력하기 위해 종교단체로서는 가장 먼저 '국민정신총동원 천주교경성교구연맹'(이하 총동원경성교구연맹으로 약칭)을 개별 총동원연맹으로 조직하였다. 이사장에 라리보 주교, 이사에 김명제·김윤근·신인식(申仁植 : 1894~1968)[34]·노기남(盧基南 : 1902~1984)·구로가와(黑川米尾)[35] 신부, 간사에 장면·암곡이랑(岩谷二郞)·박병래(朴秉來 : 1903~1974)[36]·조종

<hr>

32) 김승태, 1991, 「일제말기 조선총독부의 기독교에 대한 정책과 한국 기독교계의 대응」 『현대불교』 ; 1994, 『한국 기독교의 역사적 반성』, 다산글방, 120~121쪽.

33) 1941년 5월 3일 일본 천주교회가 기독교 교파 중 가장 먼저 종교단체법에 의거하여 인가를 받았다고 기관지인 『京鄕雜誌』에 보도하였다(1941. 6.15, 『京鄕雜誌』).

34) 1894년 충남 서산의 천주교 집안에서 태어났고, 용산 예수성심신학교에서 신학을 공부한 후 1920년 9월 18일 사제서품을 받았다. 이후 종현성당 보좌, 1921년 약현성당 보좌, 1927년 종현 聖家기숙사 사감, 1937년 황해도 信川성당 주임, 1938년 혜화동 소신학교장으로 활동하였다. 성가기숙사 사감 시절 『가톨릭靑年』에 유물사관을 비판하는 글을 비롯하여 많은 글을 발표하였고, 1947년 잠실에 고아들을 모아 '聖心園'을 설립하였다(1985, 『한국가톨릭대사전』, 731~732쪽).

35) 인천 태생의 일본인 신부. 중일전쟁 발발 이후 자신의 방에 지도를 걸어놓고 일본군이 점령한 곳마다 조그만 일장기를 차례로 붙여놓고 無敵皇軍의 戰果를 자랑하였다고 한다(林忠信, 1986, 『일제와 공산치하의 司牧生活』, 가톨릭출판사, 29쪽).

36) 1903년 충남 논산읍에서 朴準鎬의 아들로 태어났다. 1924년 4월 경성의학전문학교를 졸업하고 경성제국대학 의학부 부속병원 '이토오 내과'(伊藤內科)에서 활동하였다. 1936년 5월 서울 성모병원의 초대 병원장으로 취임하여 1957년 1월까지 재직하였다. 1947년 4월 14일 천주교신자의사들의 모임인 '방지거 사베리오회'(1968년 3월 30일 '한국가톨릭의사협회'

국·김한수·정남규(鄭南奎 : 1886~1950)[37]·박대영(朴大英) 등
이 선임되었다.[38]

총동원경성교구연맹을 결성함으로써 서울교구는 교회조직인 교
구로서 총동원조선연맹에 참여하였을 때보다 더욱 조직력을 갖추
어 일제의 정책에 협력하게 되었다.[39] 총동원조선연맹에 참여하였
을 때는 대표와 담당자가 있었을 뿐이었는데 총동원경성교구연맹
은 이사장, 이사, 간사의 체제를 취하였다. 교구장을 정점으로 그
아래 성직자들이 이사진을 구성하고, 그 아래 신자들이 간사진을
구성하여 조직을 보다 체계화하였다. 이는 신부들은 교구장에게 순
명하여야 하고, 신자들은 성직자에게 순종하였던 천주교회의 체제
를 잘 이용한 조직이었다. 당시 서울교구에는 20여 명의 프랑스인
선교사들이 활동하고 있었는데[40] 5명의 이사진에 선교사가 전혀
포함되지 않았다는 것은 일제의 총동원운동에 선교사들은 참여하
지 않으려 하였다는 의미로 여겨진다. 이사로 선임된 4명의 한국인

로 개칭)를 창설하였으며, 1957년 2월 서울 종로구에 '성루가병원'을 개
원하였다(尹善子, 1991.9, 「박병래」『교회와 역사』 196, 24~26쪽).

37) 1886년 서울 玉洞(현 서울 종로구 玉仁洞)에서 태어나 일어학교에서 수
학한 후 17세에 탁지부 토지조사국 조사원으로 관직 생활을 시작하였다.
1904년 3월 종현성당에서 세례를 받았고, 경술국치 이후 경성부의 재무
주임으로 있던 중 뮈텔 주교의 제안으로 종현성당의 회장으로 임명되어
천주교 재단법인 설립에 관한 업무를 담당하였다. 1924년 4월에는 종현
성당 내에 한국 천주교회 최초로 양로원을 시작하였다. 1950년 9월 공산
군에 피납된 후 소식을 알지 못한다(尹善子, 1992.6, 「정남규」『교회와
역사』 205, 17~19쪽).

38) 1939.5.30, 『京鄕雜誌』 ; 김학민·정운현 엮음, 1993, 『친일파 죄상기』, 학
민사, 435쪽.

39) 국민정신총동원천도교연맹의 규약을 총동원조선연맹의 규약과 비교해 보
면 별다른 차이가 발견되지 않는다(1939.7, 『新人間』 136, 218~219쪽 ;
國民總力朝鮮聯盟 編, 1945, 『朝鮮に於ける國民總力運動史』, 179쪽). 총동
원경성교구연맹의 규약 내용도 총동원조선연맹의 규약 내용을 따랐으리
라 여겨진다.

40) 1938년 경성교구에서 활동 중이던 성직자는 라리보 교구장을 포함하여
프랑스인 선교사 24명, 한국인 신부 56명이었다(1938.11.28, 『京鄕雜誌』).

성직자 중 김명제 신부는 황해감목대리(黃海監牧代理)였고, 다른
세 신부들은 모두 서울에서 활동 중이었다.

총동원경성교구연맹의 이사장은 라리보 주교로 되어 있으나 실
무는 노기남 신부에게 일임되었다. 총동원조선연맹회의에는 각 개
별 단체의 최고 책임자가 참석하도록 되어 있었지만, 라리보 주교
는 고령이므로 자주 열리는 회의에 참석하는 일과 지방 순회 강연
을 다니는 일이 어렵다며 총동원경성교구연맹의 실무를 노기남 신
부에 맡겼다. 그러나 당시 라리보 교구장은 56세에 지나지 않았다.
라리보 주교 역시 선교사로서 일제의 총동원운동에는 참여하려 하
지 않았지만 교구장이었으므로 서울교구를 총동원연맹으로 처음 조
직하는데 최고 책임자로서 이사장에 선임되었다고 보인다. 라리보
교구장이 거처하던 주교관과 같은 경내에 있던 종현성당의 보좌였
던 노기남 신부는 라리보 주교를 대신하여 총동원운동 관련 각종
회의에 참석하였고, 서울교구의 40여 본당을 순회하며 일제에의 충
성을 권유하는 내용의 강연을 하였다.[41]

천주교회뿐 아니라 한국의 종교계는 모두가 일제의 총동원정책
에 협력하였다. 천도교는 1939년 6월 11일,[42] 유교는 10월 16일 각
각 총동원연맹을 조직하였다. 장로회는 1939년 9월 '국민정신총동
원 조선예수교장로회연맹'을 결성하고 일제의 국책 수행에 협력할
것을 다짐하였으며,[43] 이러한 협력을 효율적으로 수행하기 위해
이듬해에는 '총회중앙상치위원회'를 조직하였다.[44]

총동원경성교구연맹을 결성한 후 서울교구는 다른 교구에도 총
동원연맹의 결성을 권유하였다. 1939년 8월 12일 서울에서 개최된
제3회 '전조선유지교우묵상회'(全朝鮮有志敎友默想會)에서 총동원
조선연맹의 담당자였고 총동원경성교구연맹의 간사였던 장면이 국

41) 盧基南, 1984, 『明洞聖堂』, 中央日報社, 111쪽.
42) 1939.7, 『新人間』 136, 217쪽.
43) 朝鮮總督府 警務局保安課, 1940.9, 『高等外事月報』 14, 21쪽.
44) 『每日申報』, 1940.11.10.

민정신총동원에 천주교회가 교구로서 가입할 필요가 있다고 설명
하였다. 당시 이 묵상회에는 서울교구의 신자들뿐만 아니라 대구·
원산·평양교구에서 성직자와 신자들이 참여하였다.45) 서울에서
시작한 천주교회의 총동원 협력 활동은 서울교구의 타지역으로, 이
어 한국 천주교회의 타 교구로 확산되어 갔다.

일제는 총동원운동의 실천 내용으로 매조황거요배(每朝皇居遙
拜), 신사참배 여행(勵行), 조선제사(祖先祭祀) 여행(勵行) 등 21
개 항목46)을 규정하였는데 모두가 천황제 이념 주입, 인적·물적
수탈과 관련된 강제적이고 폭력적인 것이었다. 일제의 침략전쟁에
천주교회의 협력은 총동원연맹이 결성되기 전부터 이루어지고 있
었다. 협력은 미사, 기도회, 황군 위문, 시국 인식 강연회, 국방헌금
등의 형태로 전국에서 진행되었다.47) 황군은 일제식민당국이 강화
시키고 훈련시킨 군국주의 침략의 전위대들이었다. 그러므로 황군
위문은 일본군국주의 침략전쟁에 천주교회가 협력하는 결과를 초
래하는 것이었다.

총동원조선연맹에 참여한 후 일제의 전시총동원에 천주교회의
협력은 보다 강화되었다. 일제는 일장기의 성당내 게양, 모든 종교
집회에서의 일본 국가 제창 등을 요구하였다. 이에 서울교구장 라

---

45) 『京鄕雜誌』, 1939.9.12.
46) 1939.6, 『總動員』 1, 40쪽.
47) 서울교구뿐 아니라 메리놀회가 관할하고 있던 평양교구, 골롬반회가 관
　　할하고 있던 광주교구에서도 총동원운동에 대한 천주교회의 협력은 이
　　루어졌다. 『京鄕雜誌』에 수록된 내용을 참조로 그 구체적인 내용을 정
　　리하면 다음과 같다. 1937년 8월 15일 서울 시내의 종현·약현·백동교
　　회에서 중일전쟁 중 나라 위한 미사와 각 단체에서 황군위문금 수집, 8
　　월 22일 황해도 은율에서 비상시 국가의 응성을 위해 미사(1937년 8월
　　30일), 9월 9일 평양에서 전사한 병사 위령미사, 9월 26일 인천교회에서
　　비상시 국가 위한 미사(1937년 9월 30일), 10월 3일 황해도 안악, 10일
　　10일 사리원에서 전사한 병사 위령미사 및 시국인식강연회(1937년 10월
　　31일), 1938년 2월 13일 목포교회에서 국가응성 미사와 출정장병 가정
　　위문(1938년 4월 15일).

리보는 총독부와 종교적인 공간, 종교적인 권리를 확보하고자 협상
하였다. 그리하여 성당 입구에 국기 게양과 국민의례, 국경일과 일
정한 날에 평화와 국가의 번영을 위해 천황의 뜻에 따라 공동 기도
드리기, 일본 군대와 전쟁 희생자를 위한 헌금 등을 총독부와 합의
하였다.48) 이어 1938년 7월 총동원조선연맹에 가입한 후 교회로서
행할 바를 성명서로 발표하였다.

  "'국민정신총동원조선연맹가입단체 천주교경성교구 본년도 연맹행사'
  작년 이래 비상시국을 당하여 모든 행사를 하여 오는 바이나 이제 장기전
에 들어감에 따라 일층 진력할지니 본교구 소속 교회의 성직자와 신도는 총
동원하여 지금 전시체제 아래의 황국신민으로서 총후의 임무를 다하기 위하
여 자기 행사를 성심으로 실행할지어다.

  1. 매일 행사 : 매일 아침-황실의 어안태, 국운의 융흥, 황군의 무운장구,
    동양 영원의 평화를 위하여 기구함 : 매일 저녁-전쟁에 상하고 죽은 황
    군장병을 위하여 기도를 행함.
  1. 매주일 행사 : 무운장구를 위하여 미사성제를 거행하고 미사 중에 성인

---

48) "총독부에서는 천황에 대한 충성의 표시로서 국민정신총동원운동을 하
  고 있다. 이러한 목적에서 총독부에서는 그것을 특히 사회 단체와 종교
  단체에 호소하고 있다. 그러나 여러 곳에서 경찰이 한국인 신부들에게
  정부의 지시를 넘어 요구하는 경우가 가끔 있다. 즉 성당 안에 일장기를
  게양하고, 신자들로 하여금 성당을 출입할 때 그 앞에 인사를 하도록 요
  구하며, 모든 성무집행 때, 즉 미사, 성체강복, 심지어는 早晩課 때까지
  도 참석자들에게 일본 국가를 부르도록 요구하고 있다. 또 모든 신자에
  게, 또 모든 집회 때 국민에게 배부한 세 가지 선서를 하게 한다 … 그
  러나 성당은 오직 미사와 기도, 일반적으로 순수한 종교의식만을 위한
  장소라는 것, 그래서 순전히 시민적인 성격의 의식이 성당에서 용인될
  수 없다는 것을 본 주교[Larribeau]가 고위당국에 지적하였고, 총독부에
  서는 주교의 이런 지적의 타당성을 인정하고 이런 방향을 지방 경찰에
  지시하였다. 성당 입구에 국기 게양대를 세우고 그 앞에서 당국의 지시
  에 따라 경례, 선서 등을 하기로 합의하였다. 또한 국경일과 일정한 날
  에 평화와 국가의 번영을 위해 천황의 지향에 따라 공동 기도를 드리기
  로 확장하였다. 뿐만 아니라 그 날은 일본 군대와 전쟁 희생자들을 도와
  주기 위해 헌금을 하기로 하였다"(C-R-Seoul, 1938).

열품도문을 외울 것.
1. 매월 제1 일요일 행사 : 첨례에 모인 일반 신도에게 시국에 대한 인식과 총후국민으로서 각오(깨달음)를 일층 굳세게 하기 위하여 기원제례와 설교를 행함.
1. 년중 행사 : 교회 대첨례날에는 각 교회 신자 전부가 총동원하여 교회당에서 특히 장엄한 기원제를 거행하고 제식 후에 출정 군인 가족 방문과 상병 군인의 위문을 함 : 사방배, 기원절, 천장절, 명치절, 예수부활절, 성신강림일, 성모승천일, 예수성탄일.
1. 신자의 일상 생활을 극히 검소하게 하고 근로 저축을 힘써 행하여 위 축제일 중 기원절과 성모승천일에는 집회시에 이를 수합하여 국방헌금과 상병군인 위문금으로 헌납함.
1. 수시로 명사를 청하여 군사와 시국에 관한 강연회를 개최함.
1. 각 교회 주임신부는 일년에 2회 이상 관내 신자촌락을 일일이 순회하며 시국에 관한 강화와 그 실지로 행하기를 역설하여 신자의 애국열을 높이며 많은 실적을 얻도록 노력함 … 소화 13년 7월 천주교 경성교구 주교 라리보 원형근."[49]

성직자와 신자 모두가 전시체제 아래 황국신민으로서 총후(銃後)의 임무를 다하자는 내용이었다. 총동원조선연맹에서 요구하는 협력 사항 대부분을 포함하고 있지만 이 성명서에서는 특히 정신적인 면에서의 협력이 강조되고 있다. 위문금과 국방헌금에 대한 언급도 있지만 미사와 기도, 군인 위문과 시국 강연회 등이 주요 내용으로 되어 있다.

1939년에는 2월 8일부터 14일까지 실시된 '일본정신 발양주간'에 참여하였다. 서울교구는 교구 내 각 본당신부들에게 황실의 평안과 국위선양을 기원하는 뜻으로 미사를 거행하고 될 수 있는대로 교회가 중심이 되어 모든 행사를 실시하라고 권유하였다.[50] '일본정신 발양주간'을 수록한 이후 서울교구는 당시 한국 천주교회의 유일한 잡지였던 『경향잡지』에 총동원조선연맹의 공문을 게재해 나

49) 1938.8.12, 『京鄕雜誌』.
50) 1939.1.30, 『京鄕雜誌』.

갔다.51)

10월 3일부터 9일까지 '총후후원 강화주간'을 실시한 총동원경성교구연맹은 그해 말 자신들의 협력 사항을 결산하였다. 1937년 7월 7일부터 1939년 12월 30일까지 총동원경성교구연맹이 경성교구 49개 지방[본당]에서 이룩한 성과는 다음과 같았다. 동양의 평화, 황군 무운장구, 전몰 장병의 위령을 위한 각종 기원미사 29,622회, 동 목적을 위한 기도 55,452회,52) 국방헌금 3,624원 23전, 일선장병 위문헌금 932원, 병기 헌납 보조금 422원, 제일선에 보내는 위문주머니 691개, 시국강연회와 각종 좌담회 11,592회, 출정 장병 가족 위문 151회, 부상 장병 위문 37회, 기타 각종 행사 165회였다.53)

당시 서울교구의 관할지역은 서울을 포함하여 경기도·충청도, 황해도·강원도였다. 위의 통계에 포함되지 않는 곳은 대구·전주·광주·원산·연길·평양교구의 관할지역인 경상도·전라도·함경도·평안도였다. 그런데 서울교구 관할구역에서 뿐만 아니라 전국적으로 일제의 전시동원에 대한 천주교회의 협력은 이루어지고 있었다. 1939년 한국 천주교회의 신자 수는 171,123명이었는데 그중 42%에 해당하는 72,360명이 서울교구 소속이었다.54) 개별적으로 총동원연맹을 조직한 서울교구와 같았다고는 할 수 없겠지만 서울교구 관할구역 외의 지역에서도 천주교회의 협력은 적지 않았

---

51) '일본정신발양주간 실시에 관하여'를 시작으로 '육군기념일의 행사', '七월七일은 사변 二주년행사', '헌수폐지, 七분도의 쌀, 소비절약, 한재', '총후후원 강화주간', '한해이재민구제, 결핵예방국민운동'이라는 제목으로 총동원조선연맹의 공문이 1939년 『京鄕雜誌』에 수록되었다.

52) 당시의 상황으로 보아 각종 기원미사나 기도는 일제의 요구에 응하기 위해 동양의 평화, 황군무운장구, 전몰장병위령을 위한 것이었다고 보고되었을 것이다. 미사는 본당들에서, 기도는 본당과 공소들에서 행해졌을 것인데 미사와 기도가 모두 그러한 목적으로 행해진 것은 아니었지만 일제 당국에 보고할 때에는 일제의 요구에 응한 것이었다고 계산되었을 것이다.

53) 1940.3.15, 『京鄕雜誌』.

54) 1939.11.12, 『京鄕雜誌』.

으리라 생각된다. 그렇다면 중일전쟁 발발 이후 1939년 말까지 천
주교회가 정신적으로, 물적으로 협력한 내용은 총동원경성교구연
맹이 기록한 것보다 더 많은 내용을 기록할 수 있을 것이다. 일제
의 침략정책에 순응한 교회의 행동은 선교에 그림자를 드리웠다.
선교사들은 국민정신총동원으로 인하여 영세자가 감소한다고 불평
하였다.

　　"아직도 오래 지속될 것 같은 이번 전쟁을 감당해 내기 위하여 이 나라
　당국자들은 이미 적용하고 있는 나라 안의 물질적·정신적 역량을 동원하기
　위한 체제를 더욱 강화할 수밖에 없었고, 또 전부터 가해오던 제한을 확대하
　지 않으면 안되었다. 이러한 사태는 당연히 복음화에 중대한 지장을 초래하
　고 있다. 모두들 단 한 가지 목적, 즉 가족의 생계를 보장받으면서 나라에 대
　한 의무를 이행하고 총독부의 요구에 부응하는 데에 뜻을 두고 있다. 그러므
　로 많은 사람들이 천주교를 믿고 싶어하면서도 공부를 좀더 평온한 시기로
　미루고 있는 것은 그리 놀라운 일이 아니다. 영세자 감소의 이유도 대부분은
　이러한 비정상적인 상황 때문이다."[55]

　　일제에 대한 협력은 개신교측에서도 마찬가지였다. 중일전쟁 발
발 이후 공식적인 기독교 단체는 정도의 차이는 있었지만 모두가
일제의 전시동원정책에 협력하였다. 그렇지 않을 경우 존립을 보장
받을 수 없었기 때문이다. 개신교 교파 중 신자 수나 교회조직에서
가장 규모가 컸던 장로회는 1937년부터 1939년까지 전승 축하회
604회, 무운장구 기도회 8,953회, 국방헌금 1,580,324원, 휼병금(恤兵
金) 172,646원, 유기(鍮器) 헌납 308회, 시국 강연 1,355회, 위문 181
회, 위문대 1,580개를 일제의 전시동원정책에 협력한 결과로 장로
회 총회에 제시하였다.[56]
　　그런데 협력의 내용에는 천주교회와 개신교회에 차이가 있었다.
신자 수는 1939년 서울교구가 72,360명, 장로회가 134,894명[57]으로

---

55) C-R-TaiKou, 1939.
56) 『조선예수교장로회 총회 제28회 회록』, 88~89쪽.

1:1.86의 비율이었다. 그런데 정신적인 면의 협력이었다고 파악되는 미사와 기도회, 강연회에 있어서는 아래의 〈표 6-1〉에서 알 수 있듯이 천주교측이 우세하며, 물질적인 면에서의 협력으로 이해되는 국방헌금, 위문금은 장로교측이 천주교측을 능가하였다.

〈표 6-1〉 천주교회와 장로교회의 국민정신총동원 협력 사항 비교

	미 사 (축하회)	기도회	강연회	국방헌금	위문금	신자수
천주교회	29,622	55,452	11,592	3,624	932	72,360
장로교회	604	8,954	1,355	1,580,324	172,646	134,894
천주교회 : 장로교회	49 : 1	6 : 1	8 : 1	1 : 436	1 : 185	1 : 1.86

출전 : 『京鄕雜誌』 1940년 3월 12일, 89쪽 ; 『조선예수교장로회 총회 제28회 회록』, 88~89쪽.

천주교회는 정신적인 면에서 장로회보다 협력적이었다. 1930년대 초부터 이루어지기 시작한 신사참배 용인으로부터 일제의 대륙침략정책에 협력하였기 때문이었다. 종교적 요소가 분명한 신사참배를 용인하였으니 일제에의 협력이 정신적인 면에서 활발하였을 것은 당연하다고 할 것이다. 중일전쟁 이후 일제의 대륙침략전쟁에 천주교회가 활발하게 협력하였던 것은 신사참배에서 그 단초가 열렸다. 신사참배와 마찬가지로 일제가 주장한 국민정신총동원도 국민적인 의무사항으로 이해하였던 것이다.

---

57) 한국기독교사회문제연구원, 1982, 「한국교회 100년 종합조사연구 ─ 보고서 ─」, 146쪽. 천주교신자 수가 세례신자 수이므로 장로회의 신자 수도 세례신자 수를 기준으로 하였다. 당시 장로회에서 신자의 범위에 포함시키는 未세례 신자까지 합한 전체 신자 수는 360,838명이었다.

Ⅱ. 태평양전쟁의 발발과 한국 천주교회의
관할권 변경

한국을 식민지배하기 시작한 이후 일제는 한국의 기독교를 종교로서만 인식하지 않았다. 그들은 기독교 단체를 관할하고 있는 인적 구성에 관심을 기울였다. 성직자를 분류할 때에도 한국인 성직자는 성직자들의 보조자인 신자들과 함께 선교사들의 보조자로 취급하였다.[58] 또한 선교사들을 국적별로 분류,[59] 외국인으로 파악

---

58) 조선총독부에서 작성한 1937년 말 한국 천주교회의 통계를 살펴보면, 포교 기관(교회당 347, 강의소 52개, 기타 238개, 계 627개), 선교사(영국인 20명, 미국인 39명, 불국인 49명, 기타 66명, 계 174명), 조선인 목사 및 조수 413명, 신자 수(일인 506명, 조선인 106,134명, 외국인 53명, 계 106,693명)로 되어 있다. 즉 일본 통치자들에게는 한국인일 경우 성직자나 평신자나 차이가 없었다. 한국인 성직자는 그들에게 평신자들과 마찬가지로 외국인 선교사들의 보조로 여겨졌다(朝鮮總督府警務局 編, 김봉우 역, 『일제식민통치비사』, 74쪽)

59) 1938년 12월 말 기준으로 한국의 기독교 단체를 조사한 일제 자료는 다음과 같이 선교사들을 국적별로 분류하였다.

교 파 명	영국	미국	프랑스	독일	러시아	스웨덴	덴마크	스위스	계
천주공교	21	40	44	20				2	127
러시아정교회					1				1
조선예수교장로회	53	103							156
기독교조선감리회	2	65							67
성공회	31								31
제칠안식일예수재림교	1	10		2					13
구세군									
기독교회조선교회						3	1	1	19
기독교오순절교회	2	3							5
기독교회		1							1
계	123	222	45	22	1	3	1	3	420

하였다. 한국에 대한 완전 식민지배를 달성하기 위해서는 선교사들이 관할하고 있는 한국의 기독교계도 일본인들이 장악해야 한다고 생각하였다. 한국의 종교계를 장악하려 하였던 일제의 계획은 한국을 강점한 직후부터 실행에 옮겨지기 시작하였다.[60] 한국 기독교계의 관할권을 장악하겠다는 일제의 의도는 3·1운동을 겪은 후 한국 통치방침 중에 선명히 드러났다. 그리고 그 계획은 방법을 바꾸어가며 진행되었다.

전시체제에 접어든 일제 말기, 일제는 한국 기독교계에 배타적 지배권을 수립하기 위한 행동들을 진척시켰다. 1940년 9월 20일 「한국 기독교도 불온분자 검거령」을 공포함으로써[61] 기독교에 대한 본격적인 통제를 알렸다. 일제는 먼저 개신교측을 공략하였다. 감리교는 1940년 10월 2일 「감독제의 신안(新案)」에서 "선교사와 공동 연결 조직된 중앙협의회 해산"을 결의하였다.[62] 장로교는 1940년 12월 「결의문」을 채택하여 "구미 의존주의 해탈, 순정(純正) 일본 기독교에의 혁신"을 서약하였다.[63] 구세군은 1940년 11월 조선 구세군에서 조선 구세단(救世團)으로 명칭을 바꾸어 일본 구세단과 협력하며 "순일본적 지도 이념" 및 기구 확립을 선언하였다.[64] 성공회는 1940년 12월 일본 정신에 의한 보편적 성향을 표방하였다.[65] 이어 일제는 선교사가 경영하는 기관들을 빼앗고, 한국 교회와 선교사와의 관계를 차단시키기 위한 「기독교에 대한 지도 방침」을 마련하였다.[66] 일제의 압박이 심화되는 가운데 한국의 개

神寶長浩, 1940.4, 「조선에서 기독교의 활동」 『朝鮮』 299, 88~89쪽)

60) 이에 대해서는 제1장 Ⅱ절 참조.

61) 朝鮮總督府 警務局 保安科, 1940.9, 『高等外社月報』 14, 21쪽.

62) 「基督教朝鮮監理會 監督制의 新案」 『監理會報』, 1940.11.1.

63) 「決議文, 皇紀 二千六百年 奉祝 信徒大會 始終」 『長老會報』, 1940.12.18.

64) 「조선구세군 새 출발, 外人 기반을 이탈, 명칭도 개혁」 『每日申報』, 1940.11.30.

65) 「성공회서도 새 출발」 『每日申報』, 1940.12.12.

66) 朝鮮總督府 高等法院 檢事局 思想部, 1940.12, 「지도방침」 『思想彙報』 25.

신교 단체들은 서구와의 관계를 단절하고 일제의 식민지 통치이념
에 협력하는 기독교로 변질되었다.

한국의 기독교계를 장악하려는 일제의 계획 속에는 천주교회도
포함되어 있었다. 1938년 조선총독부의 조사자료에 의하면 천주교
회는 북장로교에 이어 한국에서 두 번째로 많은 신자 수를 기록한
기독교 단체였다.[67] 그런데 1940년 초까지도 한국 천주교회는 7개
교구 중 한국인 성직자가 관할하는 1개 교구[68]를 제외하고는 프랑
스인, 독일인, 미국인, 아일랜드인 등 외국인 선교사들이 관할하고
있었다.[69]

일본에서는 1927년 나카사키(長崎)교구가 일본인 교구장에게 관
할권이 이관된 후, 1937년 11월 9일 파리외방전교회 선교사가 물러
나고 일본인 도이 신부가 동경대교구의 교구장으로 임명됨으로써
일본 천주교회의 일본인 교구장 시대가 급속히 진전되었다.[70] 1939
년에는 일본 천주교회의 16개 교구 중 3개 교구를 일본인 교구장이

---

67) 북장로파 203,191명·남장로파 36,344명·캐나다 장로파 16,647명·호주
    장로파 16,891명·남감리파 6,571명·미감리파 42,522명·천주교교회
    106,692명·성공회 7,476명·안식교 6,647명·동양선교회 12,994명·구세
    군 6,290명(조선총독부 경무국보안과 사무관 森浩, 1938.11, 「사변하에서
    의 기독교」,『朝鮮』, 58쪽).
68) 1937년 4월 13일 전주교구가 한국 천주교회 최초로 한국인 교구장 관할
    교구로 설립되었다. 초대 전주교구장은 金洋洪 신부였다.
69) "천주교는 경성, 평양, 대구, 원산, 광주, 전주, 춘천의 7개 교구로 나뉘
    어 각각 포교관리자를 설치하였다. 그리고 각 교구는 재단법인으로 허가
    를 얻었다. 경성구천주교회유지재단은 1942년 설립 당시 이미 200만원의
    재산을 소유하고 있었는데 현재는 見積가격이 상당 앙등하였을 것이다.
    천주공교의 최고 책임자는 로마교황이지만 그 중간에 각국 선교회의 지
    휘를 받는 관계상 그 계통이 판연하다. 즉 경성, 대구 및 춘천은 불국계,
    평양은 미국계, 원산은 독일계, 광주는 애란계이다. 전주는 유일한 예외
    로 한국인이 이를 주재하고 있다"(神寶長治, 1940.1, 「朝鮮に於ける宗教
    の槪要」,『朝鮮』, 74~128쪽).
70) Joseph L. VAN HECKEN C.I.C.M., *The Catholic Church in Japan
    Since 1859*, Tokyo : Herder Acency Enderle Bookstore, 1963, 69~71, 75쪽.

관할하게 되었다. 그러나 다음의 〈표 6-2〉에서 알 수 있듯이 3개 교구만을 일본인 교구장이 관할하였지만 신자 수로는 전체 일본인 신자의 64%를 일본인 교구장이 관할하였다.

〈표 6-2〉 일본 천주교회의 교구 현황(1939년)

교 구	교 구 장(국적)	성직자(외국인/일본인)	신 자 수
동 경	일본인	52 / 28	11,190
長 崎	일본인	11 / 47	59,260
鹿兒島	일본인	0 / 3	4,682
大 板	파리외방전교회(프랑스)	29 / 11	9,368
橫 濱	파리외방전교회(프랑스)	22 / 14	4,408
福 岡	파리외방전교회(프랑스)	31 / 7	11,070
樺 太	프란치스코회(네델란드)	5 / 0	582
浦 和	프란치스코회(독일)	8 / 0	1,192
札 幌	프란치스코회(독일)	18 / 9	3,370
名古屋	신언회(독일)	25 / 3	1,944
新 瀉	신언회(독일)	19 / 1	1,345
廣 島	예수회(독일)	20 / 3	2,080
京 都	메리놀회(미국)	12 / 2	1,513
仙 臺	도미니코회(카나다)	35 / 12	3,468
四 國	도미니코회(스페인)	11 / 1	803
宮 崎	살레시오회(이태리)	13 / 1	1,478
계		311 / 142	117,760

출전 : 『경향잡지』 1939년 12월 12일, 554~556쪽.

일제는 1939년 11월 1일 「외국인의 입국, 체재 및 퇴거령」을 공포하였고, 1941년 8월 26일 외국인의 입국을 제한하였다. 그리고 1941년 12월 8일 진주만을 공격함으로써 제2차 세계대전에 뛰어들었다. 일제는 태평양전쟁을 도발하기 직전 한국의 모든 사회단체와 종교단체의 책임자들을 일본인으로 대치할 계획을 세웠다. 서양인이 관리자인 단체에는 일본인으로의 교체 독촉이 특히 심하였다.

외국인이 단체장인 경우 그 단체에는 국민의 권한 행사, 즉 시민권 행사를 허용하지 않을 만큼 강경한 조치를 취할 기세였다.

태평양전쟁 발발과 함께 일본의 준적성국 국민으로 분류된 선교사들이 감금되는[71] 혼란 속에서, 1942년 1월 8일 노기남 신부가 '서울교구장서리'로 임명되었다. 서울교구장 라리보 주교는 일제가 태평양전쟁을 도발하자 1941년 12월 20일 주일교황사절관을 통하여 서울교구장 사임서를 제출하고,[72] 주교 직권으로 노기남 신부의 서울교구장 임명을 교황청에 상신하였다.[73] 그러나 노기남 신부를 서울교구장으로 추천하였던 것은 한국인들을 위하여 한국인 성직자를 인정한 것이 아니라 객관적 정세의 추이에 따른 것이었다.[74] 당시 조선총독부의 방침이 사회·종교의 각 단체장을 일본인으로 교체할 것을 내정한 때인 만큼 한국 천주교회의 중앙 교구장을 일본인으로 대치하려는 계획은 거의 확정된 사실이기 때문이었다.

노기남의 서울교구장서리 임명이 쉽게 이루어진 것은 아니었다. 노기남을 후임 서울교구장으로 발령받기 위해 라리보 서울교구장이 추진하였던 계획을 알게 되고 협력하였던 오기선 신부는 당시의 상황이 한국인 교구장 선임에 어려움이 많았다고 하였다. 그가 주일교황사절관을 방문하여 라리보 교구장의 의향을 전달하고 한국 천주교회의 상황을 설명하였을 때, 마렐라 주일교황사절은 일본인을 후임 서울교구장으로 보내야겠다고 하였다. 그리고 노기남을 후임 서울교구장으로 추천하는 라리보 서울교구장의 서한, 한국 천주교회를 위해서는 한국인 교구장이 필요하다는 오기선 신부의 거

---

71) 태평양전쟁 발발과 함께 한국 천주교회에서는 일본의 적성국 국민인 미국인 선교사 35명, 준적성국 국민인 아일랜드인 선교사 32명 등 67명의 선교사가 被檢되었다.
72) 1942.2.15, 『京鄕雜誌』.
73) 盧基南, 1978, 『당신의 뜻대로』, 薇文出版社, 118쪽.
74) 양한모, 1986, 「일제하 민중과 천주교회」『새으롬』 9, 26쪽.

듭되는 설명과 호소로 노기남 신부의 서울교구장 추천으로 태도를 바꾸었다고 한다.75)

한국 천주교회에서 활동하였던 파리외방전교회 선교사들은 한국인 주교 양성과 한국 천주교회의 현지화에 소홀하였다. 파리외방전교회의 창설 제1 목적이 현지인 주교를 양성하여 그에게 현지 교회의 관할권을 넘긴다는 것인데 그들은 그 임무를 수행하는데 부진하였다.76) 교황청의 방침도 현지화 정책을 강조하는 것이었다. 1919년 교황 베네딕도 15세(Benedictus XV, 1914~1922 재위)는 「Maximun Illud」를 발표하고 선교사들의 조국에 대한 민족주의를 경계하는 한편 현지화하는 정책을 강조하였다. 그리고 이 원칙을 실현하기 위한 급선무로 현지인 사제 양성을 촉구하였다. 교황 비오 11세(Pius XI, 1922~1939 재위)는 1926년 「Rerum Ecclesiae」(천주교 선교)를 발표하여 현지화 정책을 재확인하였고, 그해 10월 28일 6명의 중국인 주교와 1명의 일본인 주교를 임명함으로써 현지화에 대한 의견을 분명히 하였다. 이는 선교지의 천주교회에 토착적인 성격을 부여하려는 교황청의 의지였다.77)

파리외방전교회 선교사들은 한국 천주교회의 관할권을 장악하려는 일제의 야욕이 극심해지자 일본인들에게 한국 천주교회의 관할권을 빼앗기지 않으려고 한국인 교구장을 추천하였다. 1926년부터 한국인 성직자 수가 50명 이상이었고, 1927년과 1928년에는 외국인 성직자 수를 능가하였지만78) 선교사들은 한국 천주교회의 관할권을 한국인들에게 이관하지 않았다. 일본의 정책 때문이기도 하였지만, 일본 천주교회를 관할하고 있던 선교사들은 일본인 성직자 수가 외국인 성직자 수보다 적었으나 일본인 성직자에게 관할권을

---

75) 오기선, 1967, 『사제생활 반생기』, 가톨릭출판사, 32~39쪽.
76) 이병호, 1987, 「프랑스 선교사들의 영성과 한국교회」『敎會史硏究』 5, 참조.
77) 김용자, 1982, 「중국인 주교서품에 대한 벨기에 여론의 반응」『서양사연구』 4, 1쪽.
78) * 일제하 한국 천주교회의 성직자 현황

이양하였다. 앞의 〈표 6-2〉에서 알 수 있듯이 1939년의 통계를 보
더라도 일본 천주교회의 전체 성직자 중 일본인 성직자는 31%에
지나지 않았다. 동경교구도 일본인 성직자 수는 35%에 불과하였
다. 한국 천주교회는 1920년대 후반부터 한국인 성직자 수와 외국
인 성직자 수에 큰 차이가 없었다. 그렇지만 한국 천주교회를 관할
하고 있던 선교사들은 한국인 성직자들에게 한국 천주교회의 관할
권을 이양하는데 주저하였다. 1937년에야 전주교구를 한국인 교구
장 관할 교구로 설립시켰을 뿐이었다.

서리였지만 서울교구장이 한국인으로 결정되자 일제는 한국 천
주교회의 다른 교구들을 장악하려 서둘렀다. 천주교회는 세계적인
조직이고 교구장은 교황의 임명에 따라 결정된다. 그러나 교황의
결정에는 세계사적인 역학구조와 지역적인 특수 사정들이 고려된
다. 당시 교황청은 무솔리니와 히틀러의 파시즘, 전쟁에 참여하고
있는 유럽의 상황 속에 있었으므로 동양의 천주교회에 깊은 관심
을 기울이기 어려웠다.

한국인이 서울교구장서리로 임명됨으로써 일제와 천주교회의 관
계는 악화되어갔다. 일제는 노기남 신부가 서울교구장서리로 임명
된 후 가장 먼저 대구교구의 재산 현황을 조사하기 시작하였다.[79]

연 도	1911	1912	1913	1914	1915	1916	1917	1918	1919	1920
한국인성직자	15	15	17	18	18	18	22	24	23	30
외국인성직자	48	50	51	50	48	46	45	43	42	41
연 도	1921	1922	1923	1924	1925	1926	1927	1928	1929	1930
한국인성직자	33	33	42	44		51	62	61	58	65
외국인성직자	40	47	49	60		82	40	58	89	93
연 도	1931	1932	1933	1934	1935	1936	1937	1938	1939	1940
한국인성직자	75	78	85		95	104		111	122	130
외국인성직자	95	99	98		122	126		132	145	163

(C-R-Seoul. C-R-TaiKou. 『京鄕雜誌』에 의해 작성함)

79) 『金永垠日誌』, 1942.1.17.

당시 한국 천주교회는 서울·대구·평양·원산·광주·전주·춘천 등 7개 교구로 나뉘어져 있었는데 서울교구에 이어 대구교구의 비중이 컸다. 일제는, 전주교구를 최초의 한국인 자치 교구로 설립시킴으로써 인력에서나 재정에서나 여력이 없는데 서울교구를 한국인 자치 교구로 만든 것은 잘못된 처사라고 불평하였다. 또한 한국인 신부들 중에는 교구장이 될 만한 적격자가 없다고 주장하였다.[80]

노기남 신부의 서울교구장서리 취임에 대구교구에서도 한국인의 대구교구장 임명을 추진해야 한다는 의견이 대두되었다. 1942년 1월 11일 '주교님 전(前)'이라 쓴 봉투 속에 "이 시국하에 주교님께서 빨리 사임하시고, 본방인 성직자에게 그 자리를 물려주시는 것이 교회를 위하여 좋겠습니다"라는 내용의 글이 대구교구장 무쎄(Mousset, Germain : 1836~1957) 주교에게 전달되었다. '복자(福者) 안드레아 청년부'의 간부 정구수(鄭求壽)가 쓴 것이었다. 무쎄 주교는 한국인 신자가 이 글을 쓴 데에는 한국인 성직자들이 관련되어 있다고 생각하였다. 그리하여 대구교구와 전주교구 신부들의 임지를 이동시키고 복자 안드레아 청년부를 해산시켰다.[81] 한국의 상황이 급변하고 있었지만 무쎄 주교는 그러한 현실을 인식하지 못하였으며, 대구교구를 한국인 성직자들에게 넘겨줄 의사도 없었다.

한국의 상황은 날로 급변하였다. 전시체제가 강화되어가자 무쎄 주교로서도 대구교구장의 한국인 성직자 인선을 고려하지 않을 수 없었다. 일제는 선교사들의 행동에 깊은 관심을 기울였다. 라틴어로 표기되었던 천주교회의 공문도 문제삼았으니[82] 교구장의 행동

---

80) 『金永根日誌』, 1942.7.7.
81) 윤광선, 1984.3, 「대구성가대와 천주교악대」『교회와 역사』 105, 20쪽.
82) 1941년 9월 20일 발송한 라틴어공문을 해명하기 위해 10월 28일 무쎄 주교가 대구경찰서 고등계에 출두하였다. 11월 5일에는 교황대사 마렐라의 1941년 9월 22일자 서한에 대한 조사를 받기 위해 경찰에 불려갔다(『金

이 그들의 감시망 안에 있었으리라는 것은 쉽게 짐작할 수 있다. 그런데 무쎄 주교는 대구교구장 인선과 관련하여 서울교구장 라리보 주교와 원산교구장 사우어 주교를 방문하였으며 동경의 주일교황사절도 면담하고자 하였다. 그의 이러한 행동들은 일제의 관심을 불러일으키기에 충분하였다. 일제는 무쎄 주교의 행동을 철저히 감시하였다.

1942년 7월 7일 무쎄 주교는 시국의 추이와 정세를 감안하여 대구교구장직을 사퇴하겠다며 주일교황사절 마렐라에게 영문전보를 보냈다.[83] 7월 22일 주일교황사절관을 경유하여 교황청의 지시가 전해졌는데, 무쎄의 대구교구장 사임서는 수리되었으니 "대구교구 내의 한국인 신부 중에서 후임 행정권자[법적 대리사목자]를 선임하라"는 것이었다. 무쎄주교는 대구교구 참사위원회를 소집하였고, 회의 결과를 종합하여 주일교황사절에게 회답하였다. 그런데 8월 21일, 교황청에서 지시한 한국인 신부의 후임 대구교구장 선정 문제는 취소하며, 일본인 교구장 후임이 유력하다는 내용의 서한이 주일교황사절관으로부터 대구교구에 전해졌다. 그리고 9월 7일 "대구교구의 제3대 교구장으로 일본 센다이(仙台)교구의 부주교 하야사까 규베이(早坂久兵衛, 1888~1946) 신부[84]가 임명되었다"는 서류가 주일교황사절관을 통하여 대구교구에 도착하였다. 로마에서의 발령일자는 8월 29일이었다.[85]

제3대 대구교구장은 일본인 성직자로 정해졌다. 한국인 교구장 선임을 추천하라던 교황청의 지시가 번복되었다는 것은 여러 가지

永垻日誌』, 1941.9.30, 10.28, 11.5)

83) 『金永垻日誌』, 1942.7.7.

84) 1888년 일본 나가사끼에서 태어나 로마 울바노 대학을 수학한 후 1915년 사제로 서품되었다. 27년 동안 일본 센다이 교구에서 선교하다 대구교구의 제3대 주교로 임명되었다. 8 · 15 해방 이후에도 일본으로 돌아가지 않고 계속 대구교구장으로 있다가 1946년 1월 7일 사망하였다(천주교대구대교구, 『대구본당백년사』, 315 · 321쪽).

85) 윤광선, 『영남교회사연구』 24, 3~4쪽.

의미를 갖는다. 우선은 교황청이 한국 천주교회의 바램을 저버려졌
다는 점이다. 그것은 제2차 세계대전의 와중에서 교황청이 처해 있
었던 어려운 위치 때문이었다. 당시 교황청은 히틀러와 무솔리니의
파시즘 치하에서 제 몸을 가누기도 힘든 상황이었다. 또한 교황청
은 한국을 일본의 식민지로 인식하였기에 한국 천주교회의 관할권
을 일본인 성직자도 맡을 수 있다고 생각하였던 것이다.

　이러한 교황청의 입장에 주일교황사절 마렐라의 영향력도 후임
대구교구장 선정이 한국인에서 일본인으로 바뀌는 데 크게 작용하
였던 것 같다. 서울교구장서리에 한국인이 임명됨으로써 한국 천주
교회와 일제의 관계가 악화되자 마렐라 주일교황사절은 전임 서울
교구장이었던 라리보 주교에게 조선총독부와 교섭하여 사태를 수
습하라고 지시하였다.

　　"귀하의 편지와 그 내용에 감사한다. 본인은 이 문제에 대해 본인이 할 수
　있는 일은 다하겠지만, 당장 할 수 있는 말은 시간이 걸릴 것이라는 것이다.
　내가 시급하다고 생각하는 것은 한국교구장에 대한 총독부의 확실한 의도를
　알아내는 것이다. 대구 문제에 대해서는 귀하도 알고 있을 줄 안다. 본인은
　이와 관련해서 당국의 관심을 불러 일으키고, 그들이 성급한 조치를 취할 경
　우 일어날 위험성을 경고한 바 있다. 본인이 얻을 수 있었던 것이라고는 조
　치를 취하기 전에 깊은 검토를 할 것이라는 보장뿐이었다. 본인은 귀하가 이
　제 사임한 상태이기 때문에 사심없이 당국과 접촉하여 귀하가 아는대로 상
　황을 설명하는 것이 좋을 듯하다. 이는 한국 천주교회의 전체를 위해 나아가
　서는 질서와 평화라는 관점에서 당국에게도 바람직한 것이 될 것이다. 한편
　으로는 한국 천주교회는 당국의 모든 사항을 잘 파악한 후, 우리가 바라지
　않는 일을 강요해 오면 그것은 우리 책임이 아니며 그것이 일본을 위해서도
　천주교회를 위해서도 좋지 않을 것임을 그들도 우리처럼 확신하게끔 태도를
　결정해야만 하는 것이다."[86]

---

86) 1942년 6월 6일 라리보 주교가 마렐라 주일교황사절로부터 받은 편지.
　파리외방전교회 고문서고(Arch. MEP). Region de Corée : 배세영,
　1984, 「한국에서의 파리외방전교회의 선교방침」『韓國天主敎會創設二百
　周年紀念 韓國敎會史論文集』I, 765쪽에서 재인용.

서울교구장의 권한이 한국인 노기남 신부에게 이양되었는데 주
일교황사절은 여전히 한국 천주교회에 관한 일을 프랑스인 라리보
주교에게 맡겼다. 일본 천주교회의 현지화를 주도하였던 마렐라는
한국을 일본의 식민지로 인식하고 있었으며, 따라서 한국 천주교회
의 모든 업무가 주일교황사절인 자신에게 권한이 있다고 생각하였
다. 신사참배를 한국 천주교회에 강력히 권유한[87] 데에서 알 수 있
듯이 그는 일제의 침략정책에 철저히 순응하였다. 한국 천주교회를
일본인이 관할하게 하려 했던 일제의 정책에 그가 협조적이었으리
라는 것은 충분히 짐작할 수 있다. 뿐만 아니라 일본인 성직자가
관할함으로써 천주교회의 선교권이 한국에서 계속될 수 있으리라
는 것이 그에게는 더욱 큰 관심이었으리라 여겨진다. 1942년 3월
교황청에 초대 일본공사를 파견함으로써[88] 교황청과 일본의 관계
가 긴밀해졌다는 점도 대구교구장의 일본인 성직자 임명에 일정한
영향을 미쳤으리라 생각된다.

대구교구장으로 일본인 성직자가 임명된 후 서울교구의 한국인
성직자들은 긴장하였다. 노기남이 주교로 승품된 것도 아니었고,
서울교구장으로 임명된 것도 아니었기 때문이었다. 노기남은 서울
교구장서리였고 신부의 신분이었다. 신부로서만, 서울교구장서리로
서만 업무를 수행할 경우 서울교구장도 일본인으로 경질될 수 있
다고 생각하였다. 한국인 신부들은 노기남 신부의 주교 승품을 추
진하였고, 1942년 11월 10일 노기남은 서울교구의 정식 교구장으로
임명됨과 동시에 주교로 서품되었다.[89]

대구교구에 이어 일제는 광주(光州)교구의 선교 관할권도 점령

---

87) 제5장 Ⅱ·Ⅲ절 참조.

88) 1942.4.15, 『京鄕雜誌』, 30쪽.

89) 1942년 11월 24일, 동경의 주일교황사절관을 통하여 다음과 같은 電文이
　　전달되었다 "서울교구장 오카모도(노) 바오로를 교구교황대리주교로 승
　　격 임명함. 비오 12세"(Nominamus administratorem Seoulensem Paulum
　　Okamoto (Ro) in Vicarium Apostolicum de Seoul et in Episcopum
　　titularem de Colbasa Pius XII)(노기남, 『당신의 뜻대로』, 153~154쪽).

하였다. 광주교구의 초대교구장이었던 골롬반회의 맥폴린 신부는
태평양전쟁의 발발과 함께 일본의 준적성국 국민으로 구금되고 일
본인 와끼다 이사고로오(協田淺五郞) 신부가 신임 광주교구장으로
임명되었다.[90] 태평양전쟁의 발발과 함께 교구장이 구속되었던 광
주교구의 관리는 전주교구장 주재용(朱在用 : 1894~1975) 신부에
게 1942년 2월 27일자로 겸임 명령이 내려졌다. 그러나 주재용 신
부는 광주교구장서리 임명 이후 한 번도 광주에 가보지 않은 사실
에서 알 수 있듯이 광주교구장대리 직무 수행에 소홀하였다.[91] 그
러는 사이 일본인 성직자가 광주교구장으로 부임하였다. 와끼다 광
주교구장의 취임식은 1943년 2월 5일 목포성당(현 목포 산정동성
당)에서 거행되었다.[92]

광주교구의 관할권이 일본인 성직자에게 넘어 간 것도 외국인
교구장의 망설임 때문이었다고 여겨진다. 대구교구에서 분리·설
립된 광주교구의 선교를 관할하였던 맥폴린 신부는 대구교구의 프
랑스인 선교사들로부터 많은 조언을 들었다. 따라서 프랑스인 주교
가 한국인 성직자를 후임 교구장으로 추천하여 한국인 성직자에게
관할권이 이양되었던 서울교구의 상황은 고려하지 않은 것 같다.
대구교구의 프랑스인 교구장도 마지막 순간에야 대구교구의 관할
권을 이양하는 상황에 관심을 기울였다. 태평양전쟁 발발 당시 맥
폴린 신부로서는 광주교구를 정식으로 관할한 지 4년이었으므로
관할권을 이양한다는 것이 시간적으로도 쉽지 않았을 것이라 여겨
진다. 맥폴린 광주교구장의 망설임, 광주교구장대리로 임명된 한국
인 성직자의 임무 수행 소홀로 광주교구의 관할권도 일제에 장악
당하게 되었던 것이다.

평양교구는 일제의 적성국 국민으로 분류된 미국인 메리놀회 선

---

90) 1942년 11월 21일 광주교구장 인선이 발표되었다(1943.1.15, 『京郷雜誌』,
   4쪽).
91) 金九鼎·金永九 共著, 1964, 『天主敎湖南發展史』, 天主敎全州敎區, 520쪽.
92) 노기남, 『당신의 뜻대로』, 151~152쪽.

교사들이 관할하고 있었기에 프랑스인이나 아일랜드인 선교사들이
관할하고 있었던 대구교구나 광주교구보다 상황이 어려웠지만, 한
국인 성직자가 관할권을 넘겨받을 수 있었다. 오세아(O'sea, 1884~
1945)[93] 주교가 감금당한 후 평양교구의 관할권은 서울교구장 노
기남에게 이양되었다가 1943년 2월 18일 홍용호(洪龍浩)[94] 신부가
평양교구장으로 임명되었다.[95] 외국인 선교사에게서 한국인 성직
자에게로 관할권이 이관된 서울교구와 평양교구는 한국인 성직자
가 계속하여 관할할 수 있었다. 그러나 선교사가 관할권 이양을 주
저하고 있었던 대구교구와 광주교구는 일본인 성직자에게로 관할
권이 넘어갔다. 평양교구장 홍용호 신부 역시 평양교구에 대한 한
국인 관할권을 확실히 하기 위한 한국인 신부들의 노력으로 1944
년 4월 17일 주교로 임명되었다.[96] 임명장은 주일교황사절관을 경
유, 1944년 4월 29일 홍용호 평양교구장에게 전달되었다.[97]

한국 천주교회의 관할권 문제는 성직자들에게서만 그치지 않았
다. 수녀회의 관할권도 문제가 되었다. 서울교구장으로 임명된 노
기남 주교는 한국인 수녀 최성소(崔成沼)를 프랑스인 수녀 가밀

93) 메리놀회 선교사. 미국 뉴욕에서 태어나 1917년 메리놀회 소속으로 사제
    서품을 받았다. 1938년 東京敎區에서 잠시 활동하다 평양교구장으로 임
    명되어 한국에 입국하였다. 1941년 12월 태평양전쟁이 발발한 후 일제에
    강제 체포·감금당하였다가 이듬해 6월 미국으로 강제 추방당하였다.
    1945년 미국에서 사망하였다(1985, 『한국가톨릭대사전』, 858쪽).
94) 1906년 平南 平原郡에서 태어났고, 평양 館後里본당신부의 추천으로
    1920년 9월 용산신학교에 입학하여 신학을 공부한 후 1933년 5월 25일
    사제로 서품되었다. 1934년 1월 창간된 『가톨릭硏究』(1937년 1월 『가톨
    릭朝鮮』으로 개제)의 사장 겸 주필로 활동하였다. 1941년 12월 태평양전
    쟁이 발발한 후 미국과 정보를 교환하고 있다는 혐의로 日警에 체포되
    어 3개월간 감금당하였다. 1943년 3월 제5대 평양교구장으로 임명되었
    고, 1949년 5월 공산주의자들에게 납치, 행방불명되었다(1980.8, 『교회와
    역사』 60, 5).
95) 平壤敎區史編纂委員會 編, 1981, 『天主敎 平壤敎區史』, 분도출판사, 154쪽.
96) 盧基南, 1969, 『나의 回想錄』, 가톨릭출판사, 89쪽.
97) 1944.7.15, 『京鄕雜誌』, 51쪽.

(Camill)의 후임으로 샬트르성바오로수녀회의 원장으로 추천하였
다. 이어 수녀들의 반대를 염려하여 1943년 2월 26일 최성소를 원
장으로 임명하였는데.[98] 최성소의 원장 임명에 반대하는 수녀들은
주교가 수도회의 행정에 관여하는 것이 잘못이라며 불평하였다. 그
런데 수녀들이 반대하였던 보다 중요한 이유는 최성소 수녀의 가
족 관계 때문이었다. 안중근과 가까운 친척이고 부친도 배일사상으
로 징역까지 살았으니 최성소가 원장이 되면 수녀원의 입장이 곤
란해질 것이라는 이유였다.[99] 그들은 샬트르성바오로수녀회 한국
지부가 소속된 일본관구에도 최성소의 원장 임명을 반대하는 편지
를 보냈다.[100] 1943년 9월 교회법상 수녀원 내정 불간섭 원칙이니
주교에 의한 원장 임명은 무효라는 판결이 내려졌다. 그런데 당시
한국이 식민지 상황이었으므로 이 사건은 주교가 수도회의 행정에
개입해서는 안된다는 문제로만 끝나는 것이 아니었다. 수도회 문제
가 수도회 문제로 그치지 않고 한국이 처한 식민지 상황과 연결되
어 복합적으로 작용하였기 때문이다.

　개신교측에서는 1943년 1월 장로교, 감리교, 성결교, 일본 기독교
구회, 구세단 등 5개 교파가 '조선기독교합동 준비위원회'를 개최하
였으나[101] 성서논쟁으로 합동이 결렬되고 각 교파는 개별적으로
일본 개신교에 예속되었다. 장로교는 1943년 5월 '일본 기독교 조선
장로교단'으로, 감리교는 8월 '일본 기독교 조선감리교단'으로 각각
개칭하였다. 동아기독교, 성결교, 안식교 등은 재림사상 등 교리상
의 이유로 강제 해산을 명령받았다. 안식교는 1943년 12월 28일.[102]

---

98) 『노기남 주교 일기』(발췌번역필사본) 1943.2.26・28, 3.25.
99) 안명근 사건으로 7년형을 선고받았던 崔益馨이 그 부친이었다. 제2장 Ⅳ
　　절 참조.
100) 강봉순 수녀와 남형우 수녀의 증언, 1987년 5월 ; 한국샬트르성바오로
　　수녀회, 1991, 『샬트르성바오로수녀회 100년사』, 분도출판사, 320쪽.
101) 「기독교 각파 합동, 明日준비위원회 개최」, 『每日申報』, 1943.1.26.
102) 1944.2, 「기독교 각파 합동, 明日준비위원회 개최」『東洋之光』, 48쪽 ;
　　임종국, 1987, 『친일논설선집』, 실천문학사, 393~394쪽.

성결교는 29일 해산되었다.[103] 그리고 1945년 7월 한국의 모든 개신교단은 '일본 기독교 조선교단'으로 통합되었다.[104]

일제 말기 한국 천주교회는 선교사들로부터 한국인 및 일본인 성직자들에게로 관할권이 이관되었다. 서울교구와 평양교구는 한국인 교구장이 관할하게 되었지만, 대구교구와 광주교구는 일본인 교구장이 관할하게 되었다. 한국인 성직자에게 관할권을 넘겨야 함에도 한국 천주교회의 관할권을 일본인에게 넘긴 것이다. 일제의 한국 지배를 인정한 현실적인 이유와 한국인이 서울교구장에 임명됨으로써 야기된 한국 천주교회의 곤란한 처지 때문이었다는 이유가 있었다. 그러나 그보다 더 중요한 이유는 한국 천주교회를 관할하고 있었던 선교사들의 태도에서 찾아야 할 것이다. 한국인들에게 한국 천주교회의 관할권을 이관시키려는 적극적인 태도가 그들에게는 부족하였다. 그에 대한 준비 부족이 일제 말기 한국 천주교회의 일부 관할권을 일본인들에게 넘겨주는 결과를 초래하였다.

Ⅲ. 일제의 전시체제 강화와 천주교회의 예속

중국을 침략함으로써 세계전쟁에 뛰어든 후 전개하였던 총동원운동은 일본에서도 한국에서도 목적을 달성하지 못하였다. 가장 중요한 이유는 침략전쟁이 확대되면서 일본을 둘러싼 국제정세가 변화하고 있었기 때문이었다. 1940년 9월 일본 군부는 일·독·이 3국동맹을 체결하였고, 남진정책의 추진과 정치 신체제 수립이라는

---

103) 1944.2, 『東洋之光』, 49쪽 : 임종국, 『친일논설선집』, 394~395쪽.
104) 閔庚培, 1991, 『日帝下의 韓國基督敎 民族·信仰運動史』, 대한기독교서회, 447쪽.

내외 정책의 전면적인 전환을 요구하며 세력을 강화시켜갔다.[105]
그리하여 일본에서 총동원운동은 대정익찬회(大正翼贊會)를 중심
으로 신체제운동으로 변화해갔다.

총동원운동이 신체제운동으로 변화해간 일본 내에서의 영향과
한국에서의 미흡한 성과 때문에 한국에서도 총동원운동은 변화를
겪게 되었다. 한국은 식민지 상황이었으므로 일본의 총동원운동과
는 다른 문제점들이 한계로 제기되었다. 한국의 총동원운동은 그
조직이 일본의 조직과는 달리 운동의 출발 단계에서부터 행정조직
과 완전히 일원화되어 있었다는 점이었다. 민간 단체인 총동원연맹
이 주도하는 형식을 취하기는 하였으나 운동 자체가 총독부의 분
위기에 압도된 관제운동이었다. 또한 총동원운동의 최대 목적이 한
국인의 사상통제, 정신동원에 있었음에도 이에 대한 성과가 뚜렷하
게 나타나지 않았다. 그리고 전쟁의 장기화로 한국인들 사이에 반
전(反戰) 분위기가 고조되고 있었으며, 여기에 1939년의 대한해(大
旱害)[106]로 민심의 동요, 특히 경제면에서의 동요가 매우 심각하였
다는 것이 일본에서와는 달리 한국에서 제기되는 한계점들이었
다.[107]

한국에서도 신체제 확립을 위해 종래의 총동원운동을 국민총력
운동(이하 총력운동으로 약칭)으로 전환하였다. 각 부문의 여러 운
동을 통합하여 '국민총력조선연맹'(이하 총력연맹으로 약칭)을 조
직하고, 총독정치와 일체가 된 밀접한 총력운동을 전개하였다. 총
동원연맹은 1932년에 결성된 농어산촌진흥회(農漁山村振興會)와
통합하여 1940년 10월 16일 총력연맹으로 개편되었다. 총력운동은

105) 「日獨伊樞軸强化ニ關スル件」, 1940.9.6, 外務省 編, 1965, 『日本外交年表
竝主要文書』 上, 原書房, 448쪽 ; 木坂順一郎, 1981, 「大政翼贊會の成立」
『岩波講座日本歷史』 20, 近代 7, 288~289쪽.
106) 1939년의 미곡 수확고는 1,453만석으로 전년도에 비해 1천만석의 감수
를 보였다(崔由利, 「日帝 末期(1938년-45년) '內鮮一體'論과 戰時動員體
制」, 127쪽).
107) 崔由利, 「日帝 末期(1938년-45년) '內鮮一體'論과 戰時動員體制」, 82~84쪽.

한국인을 국체의 본의에 투철하게 하여 황국신민으로서의 자각을
향상시키고 총력을 결집하여 황운(皇運)을 부익하여 받들기 위한
구체적 운동으로 전개되었다.[108] 총력운동이 실시되었던 시기는
중일전쟁이 끝나기도 전에 일제가 태평양전쟁을 도발한 때였기 때
문에 특히 경제적인 면에서 어려움이 많았다. 전쟁 막바지에 국민
운동으로 강제되고 있었던 총력운동의 가장 큰 목적은 인적 동원
과 함께 경제적인 면에서의 수탈 강화였다.[109]

총력운동의 조직 체계는 총동원운동의 조직 체계를 거의 그대로
수용한 형태였다. 중앙 조직은 총동원연맹을 총력연맹으로 개편하
였고, 지방 조직도 총동원운동의 지방 조직을 총력운동의 지방 조
직으로 전환하였다. 그러나 총동원연맹에서는 군인 출신이라 하더
라도 민간인을 총재로 기용하였는데 총력연맹에서는 조선총독과
정무총감이 총재와 부총재에 취임함으로써[110] 민간운동으로서의
성격이 완전히 사라지게 되었다.

1940년 11월 10일 총동원경성교구연맹도 '국민총력 천주교경성교
구연맹'(이하 총력경성교구연맹으로 약칭)으로 개편하였다.[111] 이
사장에 노기남 신부, 이사에 김명제·김윤근·신인식·구로가와·
오기선·장금구(莊金龜) 신부, 간사로 한국인과 일본인 천주교신
자 10명이 선임되었다.[112] 그런데 여기서 관심을 끄는 부분이 있
다. 총동원연맹 조직에서는 경성교구장 라리보가 이사장이었는데,
총력연맹 단계에 와서는 노기남 신부로 이사장이 바뀌었다. 총력운
동 단계에서는 종교단체일지라도 외국인 성직자가 명목상으로도
배제된 것이다. 그것은 총력운동 단계부터는 종교단체의 장(長)일

---

108) 박경식, 「일제의 황민화정책」, 172쪽.
109) 崔由利, 「日帝 末期(1938년-45년) '內鮮一體'論과 戰時動員體制」, 104쪽.
110) 共存社, 1942. 『大東亞共榮圈』, 東京, 213~214쪽 ; 趙東杰, 「일제말기의
    전시수탈-식민지 조선에서의 실태와 문제」, 125쪽.
111) 1940.11.12. 『京鄕雜誌』.
112) 1940.12.12. 『京鄕雜誌』.

지라도 외국인은 배제될 수밖에 없는 상황이 연출되고 있었다는 것을 의미한다. 또한 새롭게 결성하는 것이 아니고 총동원연맹을 총력연맹 체제로 바꾸는 것이었으므로 서울교구의 최고 책임자인 교구장이 필요하지 않았던 것 같다. 이사장이 된 노기남 신부를 제외하고는 총동원경성교구연맹의 이사 모두가 연임되었으며, 오기선 신부와 장금구 신부가 추가되었다.

총력운동은 한국을 일본의 침략전쟁에 물적으로 뿐 아니라 인적으로 동원하기 위한 것이었다. 그러므로 명목상으로라도 외국인 선교사를 총력운동의 책임자로 앉게 한다는 것은 총력운동의 목적 달성에 장애가 되는 것이었다. 이러한 상황들이 외국인 교구장이 아닌 한국인 성직자를 교회의 책임자 자리에 앉게 하였다고 여겨진다. 한편 한국인 성직자 중 성직자로서의 경력이 짧았던 노기남 신부가 이사장으로 선임된 것은 종현성당의 보좌로 라리보 교구장의 곁에서 생활하고 있었기 때문이라 생각된다. 노기남 신부가 이사장으로 선임되었지만 서울교구의 모든 일은 교구장 관할이었으므로, 총력연맹 관계 업무도 라리보 교구장의 지휘 아래 노기남 신부가 수행하였을 것이다.

총력연맹으로 개편한 총력경성교구연맹은 1940년 12월 25일 성탄 이전에 각 지방 교회의 연맹을 조직하고 성탄 때는 시국 관련 강연회나 영화회를 주최하며 매월 첫 번째 주일을 '교회 애국일'로 정하고 신사참배를 행할 것, 국민서사를 일반에게 보급 인식시킬 것 등을 실천 사항으로 정하였다.[113] 교구 방침에 따라 서울교구의 각 지방교회는 3개월만에 모두가 총력연맹을 결성하고 총력경성교구연맹에 가맹하였으며, 애국반을 조직하여 신자들을 총동원하였다.

"황기 2천 6백년 봉축일에 종래에 국민정신총동원 천주교경성교구연맹을 국민총력 천주교경성교구연맹으로 개조하고 당국의 주지를 따라 규약을 전

---

113) 1940.12.12. 『京鄕雜誌』.

면적으로 개조하고 역원에도 다소 이동이 있어 새로운 출발을 하게 되었습니다. 또한 지방조직으로 각 지방교회마다 혹은 종래의 정동연맹을 총력연맹으로 개조케 하고, 혹은 새로이 총력연맹을 결성하게 하는 동시에 각 연맹에는 다시 신자 전원을 망라하여 애국반을 조직하고 신도 전체가 하나도 빠지지 않고 총동원하기로 하였습니다. 교회연맹에 이러한 쇄신 기조를 시작한 지 불과 3개월 안에 전 경성교구 내에 각 지방교회마다 이미 총력연맹의 혹은 개조 혹은 결성이 완료되었고, 각 지방교회연맹에는 또한 각 애국반이 조직되어 전 경성교구 내에 각 신자는 하나도 빠짐없이 총력연맹에 동원하게 되었습니다 … 1941년 2월 25일. 국민총력 천주교경성교구연맹 이사장."[114]

1940년 「한국 천주교회 교세통계표」에 의하면 경성교구에는 53개 본당이 있었으며, 신자 수는 세례신자가 63,763명, 예비신자가 2,895명 등 66,658명이었다.[115] 그러므로 경성교구 관할구역에서는 53개 지방천주교회연맹이 결성되었고, 6,700여 개의 애국반이 천주교신자들을 구성원으로 조직되었던 것으로 파악된다.[116]

당시 한국 천주교회에는 경성교구 외에도 7개 교구가 있었는데, 1941년 2월 3일에 '국민총력 천주교평양교구연맹'(이하 총력평양교구연맹으로 약칭)이, 3월 2일에 '국민총력 천주교목포연맹'이 결성되었다.[117] 총력평양교구연맹은 총력경성교구연맹과 마찬가지의 조직을 구성하였으리라 여겨진다. 그렇다면 총력평양교구연맹은 23개의 지방교회연맹과 2,800여 개의 애국반을 조직할 수 있었을 것이다.[118]

---

114) 1941.3.15, 『京鄕雜誌』.
115) 1940.11.12, 『京鄕雜誌』.
116) 일반적으로 지역 연맹의 애국반은 10명을 단위로 조직되었다. 각종 연맹인 천주교연맹에 지역 연맹의 기준을 적용하기 어려우나, 장로교의 경우 애국반 1개반의 구성원이 약 8명인 것으로 보아(『조선예수교장로회 총회 제29회 회록』, 88~89쪽) 각종 종교단체 연맹의 애국반도 지역 연맹의 애국반 구성에 준하여 조직되었다고 여겨진다. 그러므로 천주교연맹의 애국반도 지역 연맹의 애국반 구성원 기준인 10명으로 나누면 이러한 계산이 가능하다.
117) 1941.4.15, 『京鄕雜誌』.

1942년 6월 총력경성교구연맹은 남상철(南相哲 : 1891~1978)을
새 이사장으로 선임하였다.[119] 전임 이사장이었던 노기남 신부는
1942년 1월 6일 서울교구장으로 임명되었다.[120] 그런데 서울교구장
으로 임명된 노기남 신부에게는 춘천교구와 평양교구의 교구장직
도 맡겨졌다.[121] 춘천교구는 아일랜드의 골롬반회가, 평양교구는
미국의 메리놀회가 관할하고 있었는데 아일랜드와 미국은 제2차
세계대전의 발발과 함께 일본의 적성국 내지 준적성국으로 분류되
었다. 그리하여 일제는 메리놀회와 골롬반회 선교사들의 선교활동
을 제한하였고, 교황청에서는 이러한 상황을 파악하고 두 교구의
관할권도 노기남 신부에게 위임하였다. 파리외방전교회 선교사가
관할하고 있던 대구교구와 골롬반회 선교사가 관할하고 있던 광주
교구의 상황도 어려웠다.[122] 이에 노기남은 총력경성교구연맹의
회장으로 대내적인 사무를 총괄하고, 대외적인 사무는 남상철이 맡
기로 역할을 분담하였다.

그런데 이사장직을 남상철에게 맡긴 이유가 3개 교구를 맡게 되
면서 업무가 많아졌기 때문이라고 하는 노기남의 회고만으로는 설
명이 충분하지 않다. 총력경성교구연맹에는 5명의 한국인 성직자
이사가 있었고, 교구장으로서 업무가 많기 때문이라면 한국인 성직
자 이사 중에서 후임 이사장을 선임할 수 있었다고 여겨지기 때문
이다. 교구장이 됨으로써 업무가 많아져 이러한 조치를 취하였다지
만 그보다는 국가 업무에 신자들을 동원하는 일이 교회 활동과 구

---

118) 1940년 「한국 천주교회의 교세통계표」에 의하면 당시 평양교구에는 23
개의 본당이 있었고, 신자 수는 세례신자가 24,400명, 예비신자가 3,384
명 등 27,784명이었다(1940.11.12. 『京鄕雜誌』).
119) 1942.7.15. 『京鄕雜誌』.
120) 盧基南, 『明洞聖堂』, 119쪽.
121) 盧基南, 1978, 『당신의 뜻대로』, 薇文出版社, 124~125쪽.
122) 태평양전쟁 발발과 함께 한국 천주교회에서는 일본의 적성국 국민인
미국인 선교사 35명, 준적성국 국민인 아일랜드인 선교사 32명 등 67명
의 선교사가 被檢되었다.

분된다는 것을 나름대로 선을 그은 것은 아닌가 생각된다. 성직자
는 교회 내적인 업무에 주력하게 편성하였고, 교회 외적인 업무로
국가시책에 협력하는 업무는 평신자가 책임을 맡도록 편성하였다
고 보인다. 물론 남상철에게 이사장의 직위는 맡겨졌지만 노기남
교구장이 총력운동에서 완전히 벗어날 수는 없었다. 노기남 교구장
은 이사장으로 있을 때보다는 덜하였지만 수시로 일제의 전시동원
요구에 응해야 하였다.

총동원운동이나 총력운동이나 목적은 한국을 일제의 침략전쟁에
동원시키는 것이었다. 차이점이라면 총동원운동이 한국인들의 정
신동원, 즉 내선일체화에 비중을 두었다면 총력운동은 정신동원뿐
아니라 '고도 국방국가체제의 확립'이라는 전쟁 수행을 위한 체제
확립에 한국인들을 직접 참여시킬 것을 목표로 하였다는 것이다.
정신적인 동원을 기본으로 하고, 여기에 인적 동원을 부가시킨 것
이다.

총력경성교구연맹으로 개편한 후 천주교회의 전시동원 협력은
보다 적극적이고 포괄적인 규모로 전개되었다. 당시 한국 천주교회
의 유일한 언론지였고 기관지였던 『경향잡지』에는 1941년 2월부터
'국민총력'난이 마련되었다.[123] 신자들에게 국가에 대한 국민의 의
무를 깨우쳐 주기 위해, 그리고 종교도 국가의 혜택을 받고 있으므
로 국가에 충성해야 할 의무가 있으므로 국가에 협력하기 위해 국
민총력란을 신설하였다고 천주교회는 설명하였다. 총동원이나 총
력연맹의 공문을 소개하는데 그치지 않고 고정난을 마련하여 매달

---

123) 1941년의 경우만 보면 『京鄕雜誌』의 '국민총력'난은 다음과 같은 제목으
로 채워졌다. 「매월 제1주일을 교회 애국일로(2월 15일)」 「각 지방 교회
연맹 결성을 보고서(3월 15일)」 「1인 매월 1전 헌금에 대하여(4월 15
일)」 「오늘의 시국(5월 15일)」 「성전 4주년의 애국일을 당하여 애국반
원들에게 고함(8월 15일)」 「전시 국민생활 강조 실천 사항(9월 15일)」
「국민 개노 운동 실시 사항(1) (10월 15일)」 「국민 개노 운동 실시 사
항(2) (11월 15일)」 「연맹원이여 분기하라(12월 15일)」.

정기적으로 총력연맹의 실천 사항을 수록함으로써 일제의 정책에 협력하였던 것이다.

총력경성교구연맹의 첫번째 행사는 '교회 애국일'이었다. 일제가 제정한 '애국일'에 보조를 맞추어 교회 애국일을 제정하면서, 그 이유를 "특별히 국가를 위하여 기도하고 국가에 봉사하려는 신념을 새롭게 하는 것이 비상시국에 처한 천주교신자들에게 가장 의미있는 일이라고 생각되어서"[124]라고 하였다.

> "우리는 다른 국민보다도 특별한 신분으로 즉 천주교신자라는 신분으로 제국의 국민이 되어 다만 일개 국민으로서만 천황폐하와 국가의 혜택을 받을 뿐 아니라 천주교신자로서도 또한 폐하와 국가의 혜택을 받고 있는 우리들입니다. 만일 오늘이라도 폐하와 제국의 엄연현명한 통치가 없었던들 우리가 오늘날 천주교신자로서 교회의 모든 본분을 안온하게 지켜가고 있을지가 의문입니다 … 국가 유사지시에는 종교로서도 자기의 신앙과 교리를 따라 국가에 충성을 다할 의무가 있는 것입니다. 그러므로 오늘날 우리 제국에 있어 지나사변을 완전히 처리하고 한걸음 더 나아가 대동아 건설의 대이상을 실현하기 위하여 일억일심으로 만민익찬의 신체제를 강조하는 이때 우리 천주교신자로서 우리는 국가정책에 관여할 바가 없다 하고 무돈착주의로 있다면 이는 잠시라도 용허할 수 없는 일이오, 우리의 교리와 신앙상으로 보아도 온당치 못한 일입니다. 이러한 취지에서 우리 천주교경성교구연맹은 매월 제일주일을 교회애국일로 정한 것입니다."[125]

정치가 문란하면 많은 어려움을 겪게 되니 '대동아 건설'을 목표로 하는 일제의 전시동원 요구에 적극 협력해야 한다는 것이었다. 일제의 통치 덕분에 천주교신자들이 평온하게 신앙 생활을 하고 있으니 일제의 정책에 깊은 관심을 갖고, 신앙과 교리에 따라 국가에 충성을 다해야 하는 것이 의무라고 하였다. 국가시책에 적극 참여함으로써 국민으로서 뿐 아니라 천주교신자로서의 의무도 다할 수 있다는 것이었다.

---

124) 1940.12.12, 『京鄕雜誌』.
125) 1941.2.15, 『京鄕雜誌』.

이어 보다 적극적인 협력의 태도로 군기헌납운동을 전개하였다. 신자 1인이 매월 1전씩 헌금하기 운동을 전개하고,[126] 12월분까지의 헌금을 6월 안으로 앞당겨 내달라고 권유하였다. 또한 유지신자들에게 기부금을 요구하며 각 지방교회연맹에 통보하였다.[127] 그리고 12월 말 약 1만원을 모아 조선군 사령부에 헌납하였다.[128] 교회가 직접 전쟁 무기를 마련하고자 하였다는 것은 침략전쟁에 함께 하였다는 의미이다. 정교분리를 주장하며 한국인들의 민족운동을 단죄하였던 천주교회의 태도는[129] 전시체제기에 이르러 이렇게 큰 변화의 모습을 보여 주었다.

1941년 12월에는 일제가 태평양전쟁을 도발하자 천주교회는 충성을 맹세하였다.[130] 이 전쟁을 일제가 일으킨 목적이 동양의 평화를 확립하기 위한 것이라고 하였다.[131] 따라서 일제를 믿고 직역봉공해야 하는데 천주교신자는 특히 총후국민의 의무에 있어 솔선수범하기를 바란다고 하였다.[132] 서울교구 주최로 '천주교우 결전대

---

126) 불교계도 1941년 11월 17일 제2회 宗會 때 군용기 헌납을 결정하였는데 신도 1인당 10전 이상이었으며, 기한은 1942년 2월까지였다(1942.1, 『新佛敎』 32, 49~51쪽).

127) 1941.4.15, 『京鄕雜誌』.

128) 1942.1.15, 『京鄕雜誌』. 1944년 비행기 1대는 8만원이었는데 이는 쌀 4,500가마의 값에 해당하였다(임혜봉, 1993, 『친일불교론』 하, 민족사, 339쪽).

129) 이에 대해서는 제2장 참조.

130) "「교우연맹원은 국민의 모범이 되라」 우리 교우들은 단순히 개인적으로 수계범절을 지켜 나감으로 만족할 것이 아니라 국가의 한 국민으로서 모든 본분을 충실히 지켜 나가고 남보다 적극적으로 애국의 열성을 드러내어 남의 모범이 되어야 한다. 이제 우리 제국은 상하를 들어 국민의 총력을 최대한도로 집중하는 이 때에 우리 교회 연맹원들은 잡지 연맹란에 기재된 임전체제의 강령을 문자 그대로 철저하게 실천하여 국가의 기대와 요망에 맞도록 최대의 노력을 다할 것이다"(1941.12.15, 『京鄕雜誌』).

131) 불교계도 1941년 12월 13일로 「宣戰御大詔의 渙發에 際하여 종도 일반에 고함」이란 제목의 담화를 발표하였다(1942.1, 『新佛敎』 32, 4~5쪽).

132) 1942.1.15, 『京鄕雜誌』.

회'를 개최하여 전승 기원 성체강복식과 대동아전쟁에 관한 강연회를 한 후 조선신궁에 참배하였다.[133] 또한 일본 군인들의 무운을 기원하며 죽음으로 나라에 충성하려는 용기를 갖자는 내용의 '대동아 전쟁 기구문'을 반포하기도 하였다.[134]

"만민의 구원자이신 천주여 / 이제 대동아건설을 목표로 하고 매진하는 / 우리 나라에 강복하시며 / 우리 나라에서 나신 성인성녀들은 / 우리 기구를 전달하사 하여금 / 제 일선에 나선 장병들에게는 무운이 날로 혁혁하게 / 하여 주시고 / 총후를 지키는 우리에게는 / 억조일심으로 각기 직역봉공에 전력을 다하게 하시고 / 일사보국(一死報國)하려는 결심과 용기를 / 우리에게 더욱 치성케 하여서 / 하루라도 속히 / 대동아 영원한 평화를 확립케 하시고 / 따라서 세계가 평화한 중에 주의 성명을 찬미하게 하소서."[135]

또한 1942년 5월 5일의 총력경성교구연맹 총회에서는 천주교신자들에게 일본정신의 앙양과 황민화를 촉진시키기 위하여 일본어의 완전한 습득과 지원병 모집에 노력하자고 하였다.[136] 일본어 보급운동과 징병제 실시는 밀접한 관계를 갖고 대두·진행되었다. 징병제의 성패가 징병 대상인 한국 청년들에게 일본어를 얼마나 완벽하게 보급할 수 있는가 하는 점에 직결되는 것이었기 때문이다.[137] 총력경성교구연맹은 총력조선연맹의 지시에 따라 교구 내 각 본당에 일본어의 교수를 권유하였고, 각 본당은 교구의 권고에 맞추어 '국어 강습회'를 개최하였다.[138] 그리고 1943년 2월 한국 청년들에게 징병제가 시행되자[139] 징병의 취지를 철저히 인식시키기

---

133) 주 132)와 같음.
134) 그러나 일제당국에 잘 보이려는 목적에서 작성된 이 기도문은 한국인들에게 전쟁 혐오사상을 심어줄 수 있다고 생각한 총독부의 회수 명령을 받았다(林忠信, 『일제와 공산치하의 司牧生活』, 32~33쪽)
135) 1942.3.15, 『京鄕雜誌』.
136) 위와 같음.
137) 崔由利, 「日帝 末期(1938년-45년) '內鮮一體'論과 戰時動員體制」, 106쪽.
138) 1942.6.15 및 8.15, 『京鄕雜誌』.
139) 이 전쟁 동안 조선 천주교회에서는 한공열(1913~1973) 신부와 金壽煥

위해 남상철 이사장은 장연·신천·제천·춘천 등에서, 이사 신인
식 신부는 전주와 광주에서 강연회를 하였다.[140] 1943년 11월에는
학도병 독려에 공헌할 목적으로 종교단체가 연합하여 만들어낸 '조
선종교전시보국회'가 11명을 대표위원으로 조직되었는데 천주교회
에서는 노기남 주교와 김한수가 참여하였다.[141] 일제가 군국주의
적 야욕으로 일으킨 전쟁을 천주교회는 성전(聖戰)으로 규정하였
다. 그리고 승전하기 위해서는 몸과 마음을 모두 바치되, 특히 천
주교신자들은 일제가 지도하는 바에 따라 마음을 다하여 복종함으
로써 다른 사람의 모범이 되어야 한다고 하였다.[142]

　전시체제화한 한국 천주교회는 교회의 존립을 위해 일제의 침략
전쟁에 협력하였다. 그러나 천주교회의 이러한 태도는 교세의 현상
유지에 급급하였을 뿐 교회의 발전과 성장에는 도움이 되지 않았
다. 일제의 침략전쟁을 옹호하고 후원함으로써 교회는 변질되어 갔
다. 침략 전쟁에 협력하는 교회의 모습은 신자들의 신앙을 변질시
켰을 뿐 아니라 교세를 침체시켰고 퇴보시켰다.

　　(1922～) 등 동경유학 신학생 6명이 학병으로 징병되었고, 朴性春
　　(1915～) 신부와 신학생 10여 명이 징용되었다(1946.9, 『京鄕雜誌』 ;
　　천주교 왜관교회 편, 1978, 『왜관 반세기』, 121쪽).

140) 1943.12.15, 『京鄕雜誌』.

141) 임종국, 1989, 「일제말 친일군상의 실태」 『해방전후사의 인식』, 한길사,
　　273쪽.

142) "사변 5주년을 맞이하여 : 일지사변 이래 북지, 중지, 남지 등 그 광대
　　한 전역에서 4주년이나 넘도록 그만큼 혁혁한 전과를 거두고 나서도
　　대동아전쟁이 시작되자 불과 반년만에 비율인, 말레반도, 바르마니아지
　　에서 적군의 그림자까지 없애는 동시 태평양 인도양을 제압하고 있는
　　일찍이 인류의 전쟁 역사에서 볼 수 없는 위대한 사실이다……비록 제국
　　의 불패태세가 확립되었을지라도 이로 만족하여 방심하지 말고 오로지
　　성전 목적 달성에 정신과 힘을 통째로 바칠 것이다. 이를 위하여는 무
　　엇보다도 당국에서 지도하는 바에 무언복종할 것이오, 복종할지라도 마
　　지 못하여 하거나 겉으로 하는 체만 하지 말고 진심으로 하여 나갈지
　　니 특히 이 점에 있어서 모든 교우들은 다른 이의 모범이 되어 주기를
　　바라는 바이다. 오까모도 교구장"(1942.7.15, 『京鄕雜誌』).

다음의 〈표 6-3〉에서 알 수 있듯이 교구장들이 한국인과 일본인
들로 바뀐 1942년부터, 1945년 8월 15일 해방이 되기까지 한국 천
주교회의 교세증가율은 침체의 늪에 빠져들었다. 전체적으로 보았
을 때 1941년 183,262명이었던 신자 수가 1945년 183,666명으로 4년
동안 404명이 증가하여 연평균 100명이 증가한 셈이다. 이를 한국
인 교구장이 관할하였던 교구와 일본인 교구장이 관할하였던 교구,
그리고 독일인 교구장이 관할하였던 교구로 나누어 살펴보면 다음
과 같다.

〈표 6-3〉 전시체제하 한국 천주교회의 신자 수

연도	경성 교구	대구 교구	덕원 면속구	함흥 교구	평양 교구	연길 교구	전주 교구	광주 교구	춘천 교구	계
1936	64,487	46,351	8,568(원산)		17,738	12,588				149,732
1937							19,300	4,016		158,960
1938	69,911	27,003	9,586(원산)		20,752	13,998	20,272	4,356		165,878
1939	72,360	27,431	10,007(원산)		22,359	14,841	19,273	4,852		171,123
1940	63,763	26,990	11,064		24,400	15,709	19,322	5,346	10,444	177,038
1941	64,655	27,736	12,005		26,424	16,333	19,173	5,772	11,266	183,262
1942	64,891	28,587	12,324			16,855	18,794			
1943	65,756									
1944	65,795	27,184	5,370	3,474	28,400	17,764	18,615		10,548	
1945										183,666

출전 : 『경향잡지』 1936~1945년.

한국인 교구장이 관할하였던 교구는 서울·평양·전주교구였고,
덕원·함흥·연길교구는 독일인 교구장이, 그리고 대구교구와 광
주교구는 일본인 교구장이 관할하였다. 〈표 6-3〉에서 알 수 있듯이
프랑스계 파리외방전교회와 미국계 메리놀회 선교사로부터 한국인
성직자가 관할권을 이양받았던 서울교구는 1941년 64,655명이었던
신자 수가 1944년 65,756명으로, 평양교구는 26,424명에서 28,400명
으로 각각 1,111명, 1,320명, 1,976명이 증가하였다. 한편 한국인 교

구장이 관할하였지만 전주교구는 19,173명에서 18,615명으로 55명
이 감소하였는데 이것은 전주교구 성직자들의 투옥과 관련이 있다
고 여겨진다. 태평양전쟁이 발발한 이후 전주교구에서는 최민순(崔
玟順) 신부(전주본당 주임 겸 해성학교 교장, 1912~1975), 석종관
(石鍾寬) 신부(김제본당, 1899~1974)가 구속되었다. 그리고 이와
관련하여 주재용(朱在用 : 1894~1975) 교구장, 김현배(金賢培 :
1905~1960) 신부, 김양홍(金洋洪 : 1874~1945) 신부, 이상화(李尙
華 : 1876~1957) 신부, 교구장복사 한영기(韓永基) 등이 이리경찰
서, 김제·전주경찰서로 호출되었고 체형도 받았다.[143] 진안(鎭安)
본당의 이기수(李基守 : 1862~1981) 신부도 체포되었고,[144] 안대
동(安大洞)본당의 서병익 신부는 로마에 교세통계보고서를 보내는
행위가 스파이 활동으로 여겨져 구속되었다.[145] 이와 같이 교구 내
의 많은 성직자들이 체포된 것이 교세 감소와 관련이 있다고 생각
된다.

　독일인 교구장이 관할하였던 세 지역 중 한국 밖에 있었던 연길
교구는 신자 수가 16,333명에서 17,764명으로 1,431명 증가하였다.
그러나 한국내 지역에서는 12,005명에서 8,844명으로 3,161명 감소
하였다. 일본과 동맹 관계에 있는 독일인 선교사들이 관할하는 지
역이었지만 한국 내에서는 선교 활동이 어려웠다는 것을 알 수 있
다. 일본인 교구장이 관할하였던 대구교구는 27,736명에서 27,184
명으로 552명이 감소하였다. 연평균 100여 명의 신자 수가 감소한
셈이다. 역시 일본인 교구장이 관할하였던 광주교구는 수치상으로
정확히 확인하기는 어렵지만 와끼다 교구장이 김재석(金在石 :
1910~1984) 신부의 도움을 받아 사목 활동을 전개하다가, 김재석

---

143) 金九鼎·金永九 共著,『天主敎湖南發展史』, 518~519쪽 ; 김진소 엮음,
　　1993,『천주교 전주교구사 연표』, 전주:호남교회사연구소, 85쪽.
144) 위와 같음.
145) 金九鼎, 金永九 共著,『天主敎湖南發展史』, 520쪽 ; 1982.6,『교회와 역
　　사』82, 5쪽.

신부가 신병으로 이임되자 통역을 두고 미사를 진행함으로써 광주본당의 교세가 급격히 쇠락하였던 점으로[146] 미루어보아 감소하였던 것으로 여겨진다. 이와 같이 일본인 교구장이 관할하였던 지역에서는 신자 수가 감소하였다. 일본인 교구장의 한국 천주교회 관할은 한국 천주교회의 정체성을 위협하였을 뿐 아니라 한국 천주교회의 교세도 퇴보시켰다. 이러한 현상은 1945년 8·15 해방과 함께 일본인 교구장이 물러가고 선교사들이 선교일선에 복귀함으로써 또 한번 홍역을 치르는 원인이 되었다.

---

146) 천주교광주대교구, 『광주대교구 50년사』, 127~128쪽.

이 글은 조선총독부의 종교정책과 천주교회의 대응 관계를 규명하고자 하였다. 그 범위는 시간적으로 일제가 식민정책을 시행하게 된 을사조약이 체결된 1905년부터 1945년까지였으며, 공간적으로는 한국 본토와 간도 지역이었다. 이러한 범주에서, 한국인을 주체로 일제 강점기의 한국 천주교회사를 구성해보려 노력하였다.

제1장에서는 일제가 기독교 규제에 포문을 열었던 1910년대의 상황을 기독교 규제법령을 통하여 살펴보았다. 1910년대 일제는 법령에 근거하여 종교를 규제하였다. 불교 및 유교의 포교·운영에 직접적인 규제를 가한 사찰령과 경학원규정은 인적 규제와 함께 경제적인 압력을 통하여 통제가 이루어졌다. 서구세력과 연계되어 있는 기독교에 대해서는 정교분리로 규제가 시작되었다. 사립학교규칙은 종교와 교육의 분리를 명문화하였고, 개정사립학교규칙은 학교에서의 종교 교육 및 종교 의식을 금지함으로써 교육에서의 외국인 배제 의사를 표명하였다. 또한 포교규칙은 기독교 자체에 대한 규제를 목표로 하였다.

총독부는 개정사립학교규칙이 프랑스와 미국에서 행해졌던 종교와 교육의 분리를 모델로 한 것이라고 주장하였다. 미국인이 주류를 이루고 있었던 개신교 선교사들과 프랑스인이 주류를 이루고 있었던 천주교 선교사들을 겨냥한 것이었다. 프랑스혁명 이후 각종 종교규제법령으로 어려움을 경험한 프랑스인 선교사들에게 프랑스의 사례를 예로 드는 일제의 설명은 위협이었다. 프랑스에서 행해졌던 각종 규제도 가능하다는 경고로 해석되기에 충분하였기 때문이다. 포교규칙은 한층 강화된 종교규제법령이었다. 일본에서는 통과되지 못한 종교법안을 모델로 한 이 법령은 한국 지배에 어떠한 외국 세력도, 외국 사상도 용납하지 않겠다는 일제의 강력한 의지 표명이었다. 포교규칙과 같은 날 신사사원규칙이 공포되었던 것은 총독부의 이러한 의지를 뒷받침해 준다.

천주교측에서는 이러한 기독교 규제법령들을 수용하는 입장이었다. 일제를 한국의 합법적인 지배자로 인정한 때문이었다. 또한 1910년대에는 제1차 세계대전으로 선교사들이 징집되고 선교후원금이 감소 내지 중단되어 선교인력면에서 그리고 선교자금면에서 어려움을 겪고 있었기 때문이었다. 감소된 선교인력으로는 기존의 신자들을 관리하는데도 힘에 겨웠고, 선교후원금이 축소되었으므로 새로운 교회를 설립한다는 것도 엄두를 내기 어려운 형편이었다. 그러므로 교회 설립에 총독부의 인가를 요구한 포교규칙에 천주교회는 강력 대응할 수 있는 처지가 아니었다.

제2장과 제3장에서는 일제가 강력히 주장하였던 정교분리 종교정책과, 교회의 정교분리 선교정책의 허상이 드러났던 1910년대 말 1920년대의 상황을 독립운동과 관련하여 국내와 국외로 나누어 살펴보았다. 주교 및 외국인 선교사를 비롯하여 천주교 성직자들은 한민족의 3·1운동에 부정적이었다. 대부분의 선교사들은 일제의 한국 지배를 인정하였고, 한국인 신자들의 만세운동 참여를 금지하였다. 천주교신자들의 3·1운동 참여가 교회에서 주장하는 정교분리원칙에 위배된다며 금지하였다. 그런데 선교사들이 주장하였던

정교분리는 체제옹호적인 일제의 정교분리정책에 동조하는 것이었다. 천주교회에서 이러한 행동을 하게 된 것은 선교 활동을 보장받기 위해 가능한한 일제와의 마찰을 피하자는 의도에서였다. 당시 천주교회는 개정사립학교규칙과 포교규칙으로 선교 활동에 가해지는 각종 규제와 압박을 받고 있었고, 제1차 세계대전으로 선교자금에서도 어려움을 겪고 있었다. 3·1운동 당시 23명을 헤아리던 한국인 성직자들도 성속분리의 이원론적 신학교육과 정교분리론에 충실하여 한국이 겪고 있던 현실, 민족문제를 인식하지 못하였다.

외국인 선교사나 한국인 성직자나, 제도교회의 천주교 성직자들은 모두가 3·1운동에 부정적이었고, 신자들이 만세운동에 참여하는 것을 금지하였다. 그렇지만 한국인 신자들은 개인의 자격으로 만세운동에 참여하였다. 한국인 신학생들도 만세운동을 준비하였지만 교구장과 학교장의 협박으로 시작도 해보지 못한 채 막을 내렸다. 주교들은 신학생들이 만세운동에 참여한다면 퇴학시키겠다고, 학교를 폐쇄하겠다고 위협하였다. 그러므로 신학생들은 성직자가 되는 길을 계속하려면 만세운동에의 참여를 포기해야 하였다. 대부분의 신학생은 주교의 명령에 순응하였다.

시간이 흐르면서 3·1운동은 민족적인 공감대가 형성되었고 전국적으로 확산되었다. 만세운동 준비 단계에서 배제되었던 천주교회와 타종교와의 연합도 운동이 전개되면서 이루어졌다. 천주교신자들이 만세운동을 주도한 곳도 적지 않았다. 만세운동에 참가한 신자들은 한국인으로서 한국의 독립을 희망하는 것은 당연한 일이고, 한국 독립만세 운동에 참여하는 것도 한국인으로서 의무라고 생각하였다. 천주교신자이지만 동시에 한국인이고, 따라서 한국 독립운동에 참여하는 것이 당연한 의무라고 인식하였던 한국인 신자들의 의식구조를 볼 수 있다. 만세운동에 참여하였던 천주교신자들은 독립운동에의 참여를 금지하는 교회의 방침을 알고 있었지만 한국인이므로 식민지로 전락한 한국의 독립을 위해 당연히 노력해야 한다고 인식하였다.

개신교 및 천도교와 비교하여 천주교신자들의 3·1운동 참여율이 저조하였던 것은 사실이다. 그 이유는 첫째, 주교를 정점으로 조직된 천주교회의 구조 때문이었다. 당시 한국 천주교회는 프랑스인 주교들이 관할하고 있었는데 그들은 한국인들에게는 자주독립의 능력이 없으니 일제의 통치를 받는 것이 다행스럽다고 인식하였다. 그리고 한국의 기독교인들에게 일본에 반항하는 정치투쟁을 피하도록 권고하였다. 만일 한국의 기독교인이 정치적 경향성을 나타내면 교회의 책임있는 자리에서 멀어지게 하였다. 둘째, 선교사들이 심어 준 성속이원론적인 신앙 구조가 천주교신자들의 3·1운동 불참에 영향을 미쳤다. 신자들의 일상생활은 현실을 삼구(三仇) 전쟁터로 인식하였고, 내세의 구원을 위한 종말론적 신앙에 몰두하였다. 그리하여 세속에 대한 경멸, 사회에 대한 무관심한 개인주의, 내세지향적 신앙만 남게 되었고, 이러한 신앙은 민족의식을 약화시켰다. 셋째, 3·1운동에 천주교신자들의 참여가 저조하였던 것은 천주교와 개신교, 천주교와 천도교와의 불편한 관계 때문이었다. 3·1운동은 준비 단계에 천도교와 개신교가 주도하고, 불교가 이에 합류함으로써 거족적일 뿐 아니라 범종교적인 민족독립운동으로 계획되었다. 그러나 개신교가 본격적인 선교활동을 전개하면서 시작된 천주교와 개신교의 갈등, 동학과 천주교의 불편하였던 관계가 천주교회와의 연합에 관심을 기울이기 어렵게 하였다.

일제의 민족분열정책을 깨닫지 못한 것도 3·1운동기 천주교회의 한계였다. 제도교회의 견고한 금지책으로, 한국인 지도자가 없었기 때문에 개신교 및 천도교와 비해 상대적으로 참여율이 저조하였던 천주교회에 일제는 회유의 손길을 보냈다. 한국인 성직자 중에는 일제 식민지배자들보다 만세운동에 참여한 한국인들을 불편하게 생각하는 이들도 있었다. 그런데 그들의 태도는 개인의 문제로 끝나지 않았다. 만세운동에 대해서는 선교사들보다 한국인 신자들의 의식과 행동에 영향을 미쳤다. 같은 한국인이었기에 한국인 성직자들의 사고방식과 태도는 선교사들보다 한국인 신자들에게 더 많은 설득력을 지닐 수 있었기 때문이다.

3·1운동에 참여한 천주교신자들은 당시의 천주교 교세와 비교해 볼 때, 그리고 개신교나 천도교의 참여율과 비교해 볼 때 매우 낮았다. 그러나 교회 구조에서, 신앙 구조에서 천주교회가 안고 있었던 여러 한계들을 고려할 때 천주교회의 참여가 저조하였다는 평가는 다시 검토되어야 한다. 만세운동을 단죄하는 외국인 주교들이 관리하는 한국 천주교회의 일원이면서도 한국인으로서의 민족의식을 잃지 않고 만세운동에 참여한 그들의 행동은 신앙과 민족의식을 잘 조화한 것이었다. 따라서 수적인 면에서가 아니라 내용적인 면에서 천주교신자들의 3·1운동은 재평가되어야 하고 독립운동사에서도 자리매김이 되어야 할 것이다.

제3장에서는 국외에서 전개된 한국인 천주교신자들의 독립운동에 대해 살펴보았다. 제2장에서 알 수 있듯이 한국 내에서는 천주교신자들의 독립운동 참여 사례가 적었다. 그런데 간도의 천주교신자들은 한국 독립운동에 많은 숫자가 상당히 깊게 참여하였다. 그것은 첫째로 교육운동을 통하여 민족의식 및 독립사상을 고취할 수 있었기 때문이다. 교회학교를 통하여 이루어진 교육운동은 교회 차원에서의 독립운동으로 이해할 수 있다. 교회에서 학교를 설립하고 교육운동을 전개한 목적이 독립운동이었던 것은 아니다. 그러나 교육에 참여한 한국인 교사들이 민족의식과 독립사상을 가지고 있었으며, 교과목도 독립사상을 고취시키는데 기여하는 것들로 이루어져 있었기에 독립운동에 순기능으로 작용하였던 것이다.

간도의 천주교신자들이 독립운동에 참여할 수 있었던 두 번째 이유는 독립운동을 전개하는데 인적·물적 기반이 될 천주교회가 설립되어 있었기 때문이다. 그리고 세 번째 이유는 간도 지역에서 전개된 독립운동에 종교인들의 참여가 활발하였기 때문이었다. 당시 천주교회는 간도에서 상당한 교세를 확보하고 있었을 뿐 아니라 신자들의 경제력도 비교적 풍부한 편이었다. 종교인들을 인적 기반으로 독립운동이 전개되고 있던 간도 지역의 분위기가 천주교 신자들에게도 영향을 끼쳤던 것이다.

교육운동, 종교단체들의 활발한 무장독립운동, 일제의 한국인 탄압 등이 복합적으로 작용하여 간도의 한국인 천주교신자들은 한국 독립운동에 투신하였다. 물론 이들의 독립운동은 정교분리론에 입각한 정치불간섭, 독립운동에의 참여를 금지한 제도교회의 공적인 입장과는 일정한 거리가 있었다. 그러나 신자들이 곧 교회라는 교회론에 입각해 볼 때 신자들이 개인적인 차원에서 전개한 독립운동도 교회의 독립운동 참여로 파악해야 할 것이다.

천주교신자들이 참여한 간도의 무장독립운동단체로는 대한의민단과 신민단, 그리고 국민회 등이 있었다. 천주교신자들에게 근거지를 두었던 의민단은 인적·물적으로 상당한 규모였고, 상해 임정의 권고를 받아들여 북간도 독립운동단체의 연합에 뜻을 합하였다. 청산리전투에도 참여하여 무장독립운동에 직접 참여하였다. 그러나 중국 마적들의 수탈, 일제의 침탈, 반종교운동의 심화로 교회 자체의 보호와 유지에 주력하게 됨으로써 한국 독립운동선상에서 멀어져갔다.

제4장에서는 1920년대 일제의 기독교정책과 천주교회의 대응 관계를 살펴보았다. 3·1운동 이후 일제는 한국에 대한 식민통치정책을 전환하였다. '문화정책'이라는 미명으로 전개된 1920년대 일제의 통치정책은 그 핵심이 한국인의 민족분열을 획책하는 것이었다. 문화정책을 표방하였던 1920년대 일제의 식민통치정책은 '무단정책'으로 행해졌던 1910년대의 그것보다 더욱 교활하였고, 그만큼 한국인들에게 깊은 상처를 남겼다. 기독교정책도 회유책과 함께 한민족 분열정책이 동시에 추진되었다.

총독부는 학무국 내에 종교과를 신설하여 종교문제를 전담하게 하고, 선교사와의 연락을 담당하게 하였다. 사립학교규칙을 다시 개정하여 기독교계 학교에서의 종교 과목 교수를 허용하였으며, 종교·교육의 분리주의를 완화함으로써 학교 내에서의 종교 행사를 허용하였다. 포교규칙을 개정하여 교회의 설립을 허가제에서 신고제로 바꾸어 교회 설립 규제를 완화하였다. 외국인이 소유한 부동산일지라도 종교단체의 재산은 내국법인으로 허가해 줌으로써 재산관리상의 편의를 제공하였다. 이러한 조치들은 분명 선교사 회유, 기독교 회유의 성격을 띠는 것들이었다. 그러나 교회가 독립운동에 사용될 경우 교회를 폐쇄할 수 있다는 조항을 조선총독의 권한으로 첨부함으로써 기독교 규제에 대한 일제의 기본 방침은 바꾸지 않았다. 오히려 1920년대에는 보다 교활한 기독교정책을 수행하였다.

기독교계 학교에서의 규제 완화 및 교회 설립 기준 완화는 제1차 세계대전 이후 한국의 기독교계에 큰 의미가 없었다. 1920년대 한국의 기독교계를 관할하고 있던 선교사들이 종교교육이나 교회의 설립만큼 관심을 두었던 것은 종교법인 문제였다. 일제의 식민지가 되어버린 한국에서 한국인들을 선교의 대상으로 활동해야 하였던 선교사들에게는 종교단체의 법인화가 곧 선교 활동의 보장이었으며, 한국에서 지속적으로 교권을 장악하기 위한 방법이었다. 제5장에서는 한국 기독교의 신앙 및 정체성에 일본의 군국주의 종교정책이 강요된 신사참배문제를 통하여 1930년대의 한국 천주교회사를 살펴보았다. 한국을 강점한 후 일제는 신사 신앙을 보급함으로써 종교적, 정신적 식민지화를 꾀하였다. 일제가 아무리 부인하더라도 종교적 성향이 뚜렷한 신도가 한국인들을 향해 달려오고 있었다. 그렇지만 한국 천주교회의 지도자들은 일제의 신사정책이 목적하는 바를 인식하지 못하였고, 구체적인 대응도 하지 못하였다. 3·1운동을 경험한 후 일제는 한국 통치에 정신적 지배가 긴요함을 깨달았다. 그리하여 신도를 한민족 동화정책, 황민화정책의

도구로 삼고자 한국인에게 신사참배를 강요하였다 신사문제에 한국 천주교회가 공식적인 입장을 표명한 것은 1922년 9월 1일 발표된 「서울교구 지도서」에서였다. 천황의 사진에 절하는 것은 가능하지만 신사참배는 불가능하다고 규정하였다. 이어 1925년 발간된 교리서 『천주교요리』에도 신사참배 불가를 명시하였다.

그런데 1930년대로 접어들면서 신사참배 불가를 선언한 천주교회의 태도가 바뀌었다. 세계 경제공황이 시작되면서 일본은 군국주의자들이 움직이기 시작하였다. 대륙으로 진출하고자 하였던 그들은 한국인들의 정신 지배에 주력하게 되었고, 그것은 신사참배 강요로 나타났다. 1932년 『한국교회 공동지도서』를 발간하였을 때도 한국 천주교회의 공식적인 태도는 신사참배 불가였다. 그러나 한국 천주교회는 이때부터 신사참배를 용인하는 방향으로 기울고 있었다. 1932년 발간된 『천주교요리』 수정본은 신사참배를 허용하고 있었다. 한국에 대한 통치권을 강화해가는 일제의 신사참배 강요에 천주교회가 계속 반대한다면 그것은 또 다른 박해를 불러올 수 있다고 여겼기 때문이었다. 평양교구에서 활동 중이던 메리놀회 선교사들의 신사참배 반대 입장도 한국보다는 일본을 먼저 생각하였던 주일교황사절, 한국 천주교회의 상황보다도 일본에서 활동하는 동회원들과의 협력과 일치를 강조하였던 메리놀회 총장에 의해 철회될 수밖에 없었다. 한국 천주교회는 늦어도 1932년부터 신사참배 불가에서 용인으로 태도를 변화하고 있었으며, 1936년 4월에는 한국 천주교회의 모든 주교들이 신사참배 허가로 의견을 모았다. 1936년 5월 16일 발표된 교황청 훈령은 일본과 한국 천주교회에서 이미 결정된 신사참배 허용에 힘을 더한다는 의미뿐이었다.

신사참배는 그 행위가 일제에 대한 투항, 친일을 약속하는 상징적 행위라는 점에서 문제가 있었다. 신사참배를 계기로 일본의 군국주의 침략정책에 협조가 계속되었기 때문이다. 한국인들의 정신 상태를 전시체제화하기 위해 전개한 국민정신총동원운동에 천주교

회가 적극 참여한 것은 이미 신사참배 허용에서 예비되어 있었다
고 할 수 있다. 식민지 통치정책이고 민족말살정책인 신사정책을
수용하면서 천주교회는 그 정체성도 함께 함몰되어 갔던 것이다.

신사정책에서 분명하게 드러난 일제의 기독교 소멸정책은 중일
전쟁을 시작으로 본격화된 대륙침략정책이 추진되면서 한층 강화
되었다. 한국의 종교단체를 그들의 침략전쟁을 위한 동원체제로 편
성하고, 인적·물적으로 협력하게 만들었으며, 종교단체의 관할권
을 탈취하고 종교단체를 해산시키기도 하였다. 한국인에게 관할권
이 있었던 종교는 물론 서구인들이 관할권을 가지고 있었던 종교
단체들에게도 전쟁동원에 협력하라는 일제의 요구는 예외가 아니
었다.

제6장에서는 중일전쟁을 도발한 이후 일제가 취하였던 전시 종
교정책과 한국 천주교회의 예속화 과정을 살펴보았다. 일제는 한국
기독교신자들의 신사참배를 강제 실현함으로써 정신적인 지배 목
표를 달성할 수 있었다. 정신적인 협력이 이루어진 후 물적인 수탈
과 지배는 보다 쉽게 이루어질 수 있기 때문에 일제는 정신 지배에
주력하였다. 중일전쟁 1주년을 기념하여 결성한 '국민정신총동원
조선연맹'에는 천주교경성교구도 참여하였는데 경성교구장이 총대
표로, 본당신부들이 각 본당대표자로, 신자대표가 담당자로 선임되
어 천주교회의 교계제도가 일제의 전시동원체제와 어우러진 모습
을 빚어냈다. 총동원조선연맹에 가입한 후 천주교회는 전시체제 아
래 황국신민으로서 총후의 임무를 다하자고 결의하였다

중일전쟁 이후 한국의 공식적인 종교단체는 정도의 차이는 있었
지만 모두가 일제의 전시동원정책에 협력하였다. 그렇지 않을 경우
존립을 보장받을 수 없었기 때문이다. 천주교측에서는 1939년 5월
14일 '국민정신총동원 천주교경성교구연맹'을 결성하였는데 일제의
침략전쟁에 대한 협력은 총동원조선연맹이 결성되기 전부터 미사,
기도회, 황군위문, 국방헌금 등의 형태로 진행되고 있었다.

천주교측에서는 정신적인 면에 보다 협력적이었다. 그것은 1930년대 초부터 이루어지기 시작한 신사참배 용인으로부터 일제의 정책에 적극 협력하는 데 길들여지기 시작하였기 때문이었다. 종교적인 요소가 분명한 신사참배를 용인한 입장에서 일본을 위한 협력이 정신적인 면에서 활발하였을 것은 당연하다고 할 것이다.

국민총력연맹으로 개편한 후 천주교회의 협력 양상은 날로 더해 갔다. 당시 한국 천주교회의 유일한 언론지였고 기관지였던 『경향잡지』에 1941년 2월부터 '국민총력'난을 신설하였다. 신자들에게 국가에 대한 국민의 의무를 깨우쳐 주기 위해, 그리고 종교도 국가의 혜택을 받고 있으므로 국가에 충성해야 할 의무가 있으므로 국가에 협력하기 위해 '국민총력'난을 신설하였다고 하였다. 신자들의 민족운동 참여를 정교분리원칙을 내세우며 단죄하였던 한국 천주교회의 사목방침이 일제의 식민정책을 철저히 옹호하는 방향으로 바뀐 것이다.

일제는 태평양전쟁을 도발하기 직전 한국의 모든 사회단체와 종교단체의 책임자들을 일본인으로 대치할 계획을 세웠다. 1940년 초까지도 한국 천주교회는 7개 교구 중 한국인 성직자가 관할하는 1개 교구를 제외하고는 외국인 선교사들이 관할하고 있었다. 태평양전쟁 발발과 함께 일본의 준적성국 국민으로 분류된 선교사들이 감금되는 혼란 속에서 1942년 1월 8일 노기남 신부가 서울교구장서리로 임명되었다. 그러나 노기남 신부를 서울교구장으로 추천하였던 것은 한국인들을 위하여 한국인 성직자를 인정한 것이 아니라 객관적 정세의 추이에 따른 것이었다.

일제는 노기남 신부가 서울교구장서리로 임명된 후 한국 천주교회의 나머지 교구들을 장악하려 서둘렀다. 대구교구에서도 한국인의 교구장 임명을 추진해야 한다는 의견이 대두되었고, 교황청에서도 처음에는 한국인 교구장의 인선을 고려하였지만 곧 태도를 바꾸어 일본인 성직자를 후임 대구교구장으로 임명하였다. 교황청의 지시가 번복되었다는 것은 교황청이 한국 천주교회의 바램을 저버렸다는 것이었다. 그것은 제2차 세계대전의 와중에서 교황청이 처해 있었던 어려운 상황 때문이었다. 당시 교황청은 히틀러와 무솔리니의 파시즘 치하에서 제 몸을 가누기도 힘들었다. 또한 한국을 일본의 식민지로 인식하였기에 한국 천주교회의 관할권을 일본인 성직자가 맡을 수 있다고 생각하였다. 이러한 교황청의 입장에 주일교황사절 마렐라의 영향력도 후임 대구교구장 선정이 한국인에서 일본인으로 바뀌는데 작용하였다. 신사참배를 한국 천주교회에 강력히 권유한 데에서 알 수 있듯이 그는 일제의 침략정책에 철저히 순응하였다. 일본인으로 한국 천주교회를 관리하게 하려 했던 일본의 정책에 그가 협조적이었으리라는 것은 충분히 짐작할 수 있다. 뿐만 아니라 일본인 성직자가 관할함으로써 천주교회의 선교권이 한국에서 유지될 수 있다는 것이 그에게는 더욱 큰 관심이었다.

태평양전쟁이 발발한 후 한국 천주교회는 일본의 완전 지배 아래 들어갔다. 일본인 교구장이 관할하는 교구들이 있게 되고, 다른 교구들도 한국인이 관할하거나 일본과 동맹관계에 있는 독일인 선교사들이 관할함으로써 일제의 정책에 항거할 수 있는 세력이 없어졌다. 천주교측에서는 일제가 도발한 태평양전쟁의 목적이 동양의 평화를 확립하기 위한 것이라고 하였다. 일제를 믿고 직역봉공해야 하는데 천주교신자는 특히 총후국민의 의무에 있어 솔선수범하기를 바란다고 하였다. 전시체제화한 한국 천주교회는 교회의 존립을 위해 일제의 침략전쟁에 적극 협력하였다. 그러나 천주교회의 이러한 태도는 교세의 현상 유지에 급급하였을 뿐 교회의 발전과 성장에는 전혀 도움이 되지 않았다. 일제의 침략전쟁을 옹호하고 후원함으로써 교회는 변질되어 갔다. 침략 전쟁에 협력하는 교회의 모습은 신자들의 신앙을 변질시켰을 뿐 아니라 교세를 침체시켰고 퇴보시켰다.

참 고 문 헌

1. 일차 사료

1) 관변 사료

『舊韓國官報』

『朝鮮總督府官報』

『舊韓國外交文書』

獨立運動史編纂委員會 編,『獨立運動史資料集』1-10.

金正明 編,『朝鮮獨立運動』Ⅰ・Ⅱ・Ⅲ, 民族主義運動 篇(東京 : 原
　　　書房, 1967).

在上海日本總領事館警察部第二課 編,『朝鮮民族運動年鑑』(東文社
　　　書店, 1946).

國會圖書館 編,『韓國民族運動史料』, 1978.

국사편찬위원회 편,『韓民族獨立運動史資料集』.

국사편찬위원회 편,『한국독립운동사』.

「東部間島及咸鏡南北兩道　　特別調査報告書」(朝鮮總督府中樞院,
　　　1918) :『白山學報』23・24, 1977.12・1978.6.

「國境地方視察復命書」(朝鮮總督府, 1915.4) :『白山學報』9, 1970. 12.

「安岳事件・新民會事件 判決文」, 서울지방검찰성 소장 刑事判決原
　　　文綴 중『明治 44년(下) 上訴判決原文綴』:『韓國學報』8.

京城日報社,『朝鮮年鑑』

『朝鮮總督府施政年報』

『朝鮮總督府統計年報』

『朝鮮彙報』

『政府記錄保存文書』(총무처 정부기록보존소)

姜德相·梶村秀 編,『現代史資料』25-28,「朝鮮」I-IV, 3·1운동
　　　1-2；獨立運動 1-2(東京：みすず書房, 1970).

2) 천주교계 사료

Acta Apostolicae Sedis (1911-1945)

〈MUTEL문서〉

『MUTEL주교일기』(Journal de Mgr. G. Mutel) (1890-1932)

『DEMANGE주교일기』(Journal de Mgr. F. Demange) (1911-1937)

Compte Rendu de la Société des M.E.P. de Seoul (1878-1938)

Compte Rendu de la Société des M.E.P. de Taikou (1912-1940)

Les Missios Catholiques (1897-1933)

Bulletin (1902-1921)

TABELLA (1912-1937)

DIRECTORIUM Missions de Seoul (1923)

DIRECTORIUM COMMUNE (1931)

Missions-Blätter von St. Ottilien (1910-1945)

Chronik der Kongregation von St. Ottilien (1923-1940)：한국교회
　　　사연구소 편,『원산교구 연대기』, 1991.

「全國本堂別 敎勢統計表」(한국교회사연구소 소장)

『金永垠 日誌』(『문산본당사』에 일부 수록)

2. 신문 및 잡지

1) 일반 신문 및 잡지

『皇城新聞』

『大韓每日申報』

『獨立新聞』(上海 판)

『朝鮮日報』

『東亞日報』
『每日申報』
『帝國新聞』
『東洋之光』
『朝鮮』(朝鮮總督府)
『總動員』(國民精神總動員 朝鮮聯盟)
『高等外事月報』(朝鮮總督府 警務局 保安課)
『思想彙報』(朝鮮總督府 檢查局 思想部)
『朝鮮總督府 月報』

2) 천주교계 신문 및 잡지

『寶鑑』(1906~1910)
『경향신문』(1906~1910)
『京鄕雜誌』(1910~1945)
『天主敎會報』(1927~1933)
『가톨릭靑年』(1933~1936)
『가톨릭硏究』(1934~1936)
『가톨릭朝鮮』(1937~1938)

3) 개신교계 신문 및 잡지

『基督申報』
『神學世界』
『長老會報』
『監理會報』
The Korean Review
The Korean Mission Field (1905-1941)
Annual Report of the Board of Foreign Missions of the Methodist
        Episcopal Church
The Annual Report of the Board of Foreign Missions of the

Presbiterian Church in the United States of America (1886-1947)

3. 편저 및 저서

姜東鎭, 1980, 『日帝의 韓國侵略政策史-1920年代를 中心으로-』, 한길사.

강만길, 1994, 『고쳐 쓴 한국근대사』, 창작과 비평사.

姜渭祚, 1997, 『日本統治下 韓國의 宗敎와 政治』, 基督敎書會.

姜昌錫, 1995, 『朝鮮 統監府 硏究』, 國學資料院.

慶尙北道 警察部, 1934, 『高等警察要史』.

京城區天主敎會靑年會聯合會, 1931, 『朝鮮天主公敎略史』, 京城區天主敎靑年會聯合會.

高橋濱吉, 1927, 『朝鮮敎育史考』, 帝國地方行政學會 朝鮮本部.

高橋亨, 1921, 『朝鮮宗敎史に現はれたる信仰の特色』, 朝鮮總督府.

高麗大學校民族文化硏究所, 1980, 『韓國現代文化史大系 Ⅴ-文化運動·民族抗爭史』, 高麗大學校 民族文化硏究所.

高承濟, 1973, 『韓國移住史硏究』, 장문각.

고파르 소이에 편(김정옥 역), 1990, 『뱅상 레브 신부 서간집』, 수원 가톨릭대학 출판부.

고판정현 외, 1962, 『近代 日本とキリスト敎 - 大正·昭和 編』, 창문사.

구라타 마사히코, 1991, 『일제의 한국 기독교 탄압사』, 기독교문사.

국사편찬위원회, 1966~1978, 『日帝侵略下 韓國三十六年史』 1-12.

_____, 1972, 『大韓帝國官員履歷書』.

宮田節子, 1985, 『朝鮮民衆と皇民化政策』, 東京 : 未來社.

近藤釼一, 1964, 『太平洋戰下の朝鮮』 5, 朝鮮史硏究會.

吉川文太郎, 1921, 『朝鮮の宗敎』, 朝鮮印刷株式會社.

金九鼎, 1967, 『天主敎慶南發展史』, 天主敎釜山敎區.

金九鼎・金榮九 共著, 1964, 『天主敎 湖南發展史』, 全州 : 天主敎全
　　　州敎區.

金南植, 1990, 『신사참배와 한국교회』, 새순출판사.

김삼웅, 1995, 『친일정치 100년사』, 도서출판 동풍.

金承台 엮음, 1991, 『한국기독교와 신사참배문제』, 한국기독교역사
　　　연구소.

金如星・金世鎔, 1933, 『數字朝鮮硏究』 4, 朝鮮總督府.

金玉姬, 1983, 『崔良業 神父와 敎友村』, 學文社.

김용복 외, 1981, 『한국 기독교와 제3세계』, 풀빛.

金雲泰, 1986, 『日本帝國主義의 韓國統治』, 朴英社.

金源模 編, 1984, 『近代韓國外交史年表』, 檀大出版部.

金田隆一, 1985, 『戰時下キリスト敎の抵抗と挫折』, 新敎出版社.

김진소 엮음, 1993, 『천주교 전주교구사 연표』, 전주 : 호남교회사
　　　연구소.

김흥수 엮음, 1992, 『일제하 한국기독교와 사회주의』, 한국기독교역
　　　사연구소.

盧基南, 1969, 『나의 回想錄』, 가톨릭출판사.

_____, 1978, 『당신의 뜻대로』, 徽文出版社.

_____, 1984, 『明洞聖堂』, 中央日報社.

盧吉明, 1988, 『가톨릭과 朝鮮後期 社會變動』, 高麗大學校 民族文化
　　　硏究所.

盧榮澤, 1979, 『日帝下 民衆敎育運動史』, 탐구당.

노치준, 1993, 『일제하 한국기독교 민족운동 연구』, 한국기독교역사
　　　연구소.

大野謙一, 1933, 『朝鮮敎育問題管見』, 朝鮮敎育會.

東洋拓殖株式會社 編, 1918, 『間島事情』, 京城 : 大日本印刷株式會社.

르페브르(민석홍 옮김), 1993, 『프랑스혁명』, 을유문화사.

마르크스(임지현・이종훈 옮김), 1991,『프랑스혁명사 3부작』, 서울 :
　　　소나무.

滿洲國 軍政府 顧問部, 1936,『滿洲共産匪の研究』1.

모리야마 시게노리(김세민 옮김), 1994,『近代韓日關係史研究』, 현
　　　음사.

문규현, 1994,『민족과 함께 쓰는 한국 천주교회사』, 서울 : 빛두레.

文定昌, 1996,『軍國日本 朝鮮强點 三十六年史』上・中・下, 柏文堂.

閔庚培, 1974,『韓國民族敎會形成史論』, 연세대출판부.

＿＿＿, 1981,『敎會와 民族』, 大韓基督敎出版社.

＿＿＿, 1991,『日帝下의 韓國基督敎 民族・信仰運動史』, 대한기독
　　　교서회.

＿＿＿, 1993,『新改訂版 韓國基督敎會史』, 연세대출판부.

民政部急務司調査課 編,『在滿朝鮮人事情』.

朴慶植, 1986,『日本帝國主義의 朝鮮支配』, 청아출판사.

朴慶植・水野直樹, 1989,『天皇制と朝鮮』, 神戶 : 神戶學生靑年セン
　　　タ出版部.

박병채 외, 1982,『일제하의 문화운동사』, 현암사.

박양운, 1996,『가톨릭 신학의 어제와 오늘-기초신학을 중심으로-』,
　　　가톨릭출판사.

朴永錫, 1982,『韓民族獨立運動史研究』, 일조각.

＿＿＿, 1984,『日帝下 獨立運動史研究-滿洲露領地域을 중심으로-』,
　　　일조각.

朴殷植, 1920,『朝鮮獨立運動之血史』.

박찬승, 1992,『한국 근대 정치사상사연구 : 민족주의 우파의 실력
　　　양성운동론』, 역사비평사.

朴　煊, 1991,『滿洲韓人民族運動史研究』, 일조각.

백낙준, 1973,『한국 개신교사』, 연세대출판부.

백낙청 엮음, 1991,『민족주의란 무엇인가』, 창작과 비평사.

백 브레트 지음(임충신 옮김), 1970, 『원산에서 북간도까지』, 한국
　　　천주교중앙협의회.
부산올리베타노성베네딕도수녀회, 1991, 『은혜의 60년』, 부산 : 올
　　　리베타노성베네딕도수녀회.
山邊建太郎, 1971, 『日本統治下の朝鮮』, 東京 : 岩波書店.
徐紘一·東巖 편저, 1993, 『間島史新論』, 우리들의 편지사.
孫仁銖, 1971, 『韓國近代敎育史』, 연세대출판부.
宋建鎬, 1978, 『韓國現代史論』, 韓國神學硏究所出版部.
松浦鎭次郎, 1933, 『朝鮮總覽』, 朝鮮總督府.
愼鏞廈, 1982, 『朝鮮土地調査事業 硏究』, 지식산업사.
　　　　　　, 1985, 『韓國民族獨立運動史硏究』, 乙酉文化社.
愼鏞廈 외, 1991, 『일제 강점기하의 사회와 사상』, 신원문화사.
深谷善一朗, 1939, 『宗敎團體法解說』, 東京 : 中央社.
沈一燮, 1982, 『韓國民族運動과 基督敎受容史考 : 民族·敎會·土
　　　着化』, 亞細亞文化社.
岩下傳四郎, 1941, 『大陸神社大觀』.
앙드레 모아 저(신용석 역), 1980, 『프랑스사』, 홍성사.
藥峴天主敎靑年會, 1933, 『天主敎會 藥峴地方史』.
오경환, 1979, 『宗敎社會學』, 서광사.
吳基先, 1967, 『司祭生活 半生記』, 가톨릭출판사.
오기순, 1971, 『사랑은 물결같이』, 성바오로출판사.
　　　, 1972, 『사랑의 명상』, 성바오로출판사.
吳允台, 1968, 『日韓キリスト敎 交流史』, 東京 : 新敎出版社.
요트 마르크스(김창수 역), 1959, 『가톨릭 교회사』 상·하, 가톨릭
　　　출판사.
왜관성마오로빨라치도수도원 편, 1985, 『옛 등걸에 새 순이-베네
　　　딕도회 성오딜리아수족 100년-』, 왜관 : 분도출판사.
友邦協會, 1970, 『齋藤總督の文化政治』.

柳洪烈, 1981,『증보 한국천주교회사』하, 가톨릭출판사.

尹建次, 1982,『朝鮮近代教育の思想と運動』, 東京 : 東京大學出版.

尹慶老, 1990,『105人 事件과 新民會 硏究』, 一志社.

_____, 1992,『한국 근대사의 기독교사적 이해』, 역민사.

尹春炳, 1984,『韓國基督敎 新聞・雜誌 百年史』, 대한기독교출판사.

原敬一郎, 1950,『原敬日記』8, 東京 : 乾元社.

殷栗郡民會 郡誌刊行委員會, 1975,『殷栗郡誌』.

李萬烈, 1976,『한말 기독교와 민족운동』, 평민서당.

_____, 1981,『韓國 基督敎와 歷史意識』, 지식산업사.

_____, 1987,『韓國基督敎文化運動史』, 大韓基督敎出版社.

_____, 1991,『한국 기독교와 민족의식 - 한국기독교사연구논고』, 지식산업사.

이만열 외, 1992,『한국 기독교와 민족운동』, 종로서적.

李元淳, 1986,『韓國天主教會史研究』, 韓國教會史研究所.

李章植, 1981,『基督敎와 國家』, 大韓基督敎出版社.

李勳求, 1933,『滿洲와 朝鮮人』, 평양숭실전문학교 경제학연구실.

日本外務省・陸海軍省 編, 1990,『日本의 韓國侵略史料叢書』29, 한국출판문화원.

林鍾國, 1985,『일제하의 사상탄압』, 평화출판사.

林忠信, 1986,『日帝와 共産治下의 司牧生活』, 가톨릭출판사.

장을병 외, 1982,『국가권력과 기독교』, 민중사.

田口芳五郎, 1935,『滿洲帝國のカトリク敎』, 東京 : カトリク中央出版部.

전달수 엮음, 1996,『교황사』, 가톨릭출판사.

全錫淡・李基洙・金漢周, 1947,『日帝下의 朝鮮社會經濟史』, 朝鮮金融組合聯合會.

鄭廈權, 1979,『敎會論』II, 왜관 : 분도출판사.

趙 珖, 1984,『韓國 天主教 200年』, 햇빛출판사.

趙東杰 외, 1981,『日帝下 植民地時代의 民族運動』, 풀빛.

趙東杰, 1989,『韓國近代史의 試鍊과 反省』, 지식산업사.

_____, 1989,『韓國民族主義의 成立과 獨立運動史硏究』, 지식산업사.

_____, 1993,『韓國民族主義의 發展과 獨立運動史硏究』, 지식산업사.

朝鮮教育會, 1927,『朝鮮教育法規例規大全』.

朝鮮總督府, 1917, 1918, 1921,『朝鮮の保護及併合』.

_____, 1915~1925, 1927,『朝鮮總督府施政年報』.

_____, 1935,『施政 二十五年史』.

_____, 1940,『施政 三十年史』.

_____, 1915~1944,『朝鮮法令輯覽』 1-21, 京城帝國地方行政學
    會朝鮮本部.

朝鮮總督府 警務局, 1933, 1936, 1939,『最近に於ける朝鮮治安狀況』.

朝鮮總督府 警務局 編,『최근 조선의 치안 상황』(김봉우 역, 1988,
    『日帝植民地統治秘史』, 청아출판사).

朝鮮總督府 官房文書課, 1941,『諭告・訓示・演述總覽』, 朝鮮行政學會.

朝鮮總督府 學務局, 1921,『朝鮮の統治と基督教』.

朝鮮總督府 學務局 宗教課 編, 1928~1932,『朝鮮における宗教及享
    祀一覽』.

朝鮮總督府 學務局 社會課 編, 1933~1936,『朝鮮における宗教及享
    祀一覽』.

朝鮮總督府 學務局 社會教育課 編, 1937,『朝鮮における宗教及享祀
    一覽』.

_____, 1938~1942,『朝鮮に於ける宗
    教及享祀要覽』.

朝鮮總督府 學務局 鍊成課 編, 1943~1945,『朝鮮の宗教及享祀要
    覽』.

朝鮮行政編輯總局 編, 1937,『朝鮮統治秘話』, 帝國地方行政學會.

趙恒來 編, 1994,『日帝經濟侵略과 國債報償運動』, 아세아문화사.

주섭일, 1987, 『프랑스혁명과 한말변혁운동』 I, 일월서각.

朱在用, 1975, 『배론聖地』, 가톨릭출판사.

진덕규 외, 1981, 『민족주의와 기독교』, 민중사.

차기벽, 1978, 『한국 민족주의의 이념과 실태』, 까치사.

_____ 편, 1985, 『일제의 한국식민 통치』, 정음사.

蔡根植, 1946, 『武裝獨立運動秘史』.

千敬化, 1994, 『한국인 민족교육운동사연구 — 일제하 만주·노령·
　　　　중국본토·미주지역을 중심으로—』, 白山出版社.

천주교광주대교구, 1990, 『광주대교구 50년사』, 광주 : 빛고을출판사.

천주교대구대교구 교구사편찬위원회 편, 1984, 『교구사연대표』, 대
　　　　구 : 천주교대구대교구.

천주교왜관교회 편, 1978, 『왜관반세기』, 왜관 : 분도출판사.

村上重良, 1986, 『天皇帝國家と宗敎』, 日本評論社.

최 루수 편, 민 아오스딩 감준, 1925, 『天主敎要理』, 大問答) 2권,
　　　　서울.

최 루수, 민 아오스딩 감준, 1932, 『天主敎要理 大問答』 1권 2판, 서
　　　　울.

최문형, 1993, 『제국주의의 시대의 열강과 한국』, 민음사.

崔奭祐, 1982, 『韓國 天主敎會의 歷史』, 韓國敎會史硏究所.

_____, 1982, 『韓國 敎會史의 探究』, 韓國敎會史硏究所.

_____, 1991, 『韓國 敎會史의 探究』 II, 韓國敎會史硏究所.

崔正福, 1954, 『大邱天主敎會史』, 大邱 : 天主敎 大邱桂山洞敎會.

崔鍾庫, 1980, 『法史와 法思想』, 博英社.

崔洪奎 編, 1975, 『安重根 事件公判記』, 正音社.

澤正彦, 1979, 『日本基督敎史』, 現代新書 102.

土肥昭夫, 1980, 『日本プロテスタント・キリスト敎史』, 東京 : 新
　　　　敎出版社(김수진 옮김, 1991, 『일본 기독교사』, 기독교문사).

八木信雄, 1939, 『學制改革と朝鮮敎育の問題』, 祿旗聯盟.

平壤敎區史編纂委員會 編, 1981,『天主敎平壤敎區史』, 왜관 : 분도출판사.

포교성베네딕도수녀회, 1988,『포교성베네딕도수녀회 원산수녀원사』, 왜관 : 분도출판사.

폴 헤이즈 외(강철구 옮김), 1995,『유럽 현대사의 제문제(1890~1945)』, 명경.

俵孫一, 1910,『韓國敎育の現狀』, 學部.

孫仁銖, 1971,「韓末 日帝治下의 私學史 硏究」『韓國近代敎育史』, 연세대출판부.

프란쯘 아우구스트(최석우 옮김), 1982 · 1990,『敎會史』, 왜관 : 분도출판사.

韓國敎會史硏究所 編, 1984,『黃海道天主敎會史』, 黃海道天主敎會史刊行事業會.

─────────, 1985,『한국 가톨릭 대사전』.

한국교회사연구소 편, 1995,『함경도 천주교회사』, 한국교회사연구소

韓國基督敎社會問題硏究院, 1982,『한국교회 100년 종합조사연구─보고서─』.

한국기독교역사연구소, 1989 · 1990,『한국기독교의 역사』 I · II, 기독교문사.

한국사목연구소, 1990,『사목연구총서 1─세계사』, 한국천주교중앙협의회.

한국사목연구소, 1991,『사목연구총서 2─국사』, 한국천주교중앙협의회.

韓國史硏究協議會 編, 1986,『韓佛修交 100年史』, 正文社.

韓國史硏究會 編, 1985,『韓國近代社會와 帝國主義』, 三知社.

한국샬트르성바오로수녀회, 1991,『한국샬트르성바오로수녀회 100년사』, 왜관 : 분도출판사.

韓國精神文化硏究院, 1993,『韓國思想史大系』, 近代篇.

한국역사연구회 · 역사문제연구소, 1989, 『3 · 1 민족해방운동연구』, 청년사.

韓國政治外交史學會 編, 1985, 『韓國獨立運動과 列强關係』, 평민사.

韓國學硏究所 編, 1981, 『朝鮮居留歐美人調査錄 1907-1942』, 永信 아카데미 韓國學硏究所.

강만길 외, 1994, 『韓國史』 13~16, 한길사.

韓晳曦, 1988, 『日本の朝鮮支配と宗敎政策』, 朝鮮近代史研究叢書 6, 未來社.

玄奎煥, 1967, 『韓國流移民史』, 어문각.

戶村政博 編, 1976, 『神社問題とキリスト敎』, 東京 : 新敎出版社.

홍근수, 1988, 『기독교와 정치』, 한울.

洪相杓, 1966, 『間島獨立運動小史』, 경기도 평택 : 한광중고등학교.

黃海道天主敎會史編纂委員會 編, 1984, 『黃海道天主敎會史』.

黑田甲子郎 編, 1926, 『元帥寺內伯爵傳』, 朝鮮及滿洲社.

平山政十, 1930, 『萬歲騷動とカリツク敎』, 長崎 : 藤木博英社.

Aummannm, Jordan, *Christian Spirituality in the Catholic Tradition* : 이홍근 · 이영희 역, 1991, 『가톨릭 전통과 그리스도교 영성』, 분도출판사.

Baldrige, J. Victor, *Sociology : A Critical Approach to Power, Conflict, and Change*, New York : John Wiley and Sons, 1980.

Blair, William Newton, *Gold in Korea, Topeka*, Kansas, H.M. Ives and Sons Inc., 1957.

Carr, William, *A History of Germany, 1815-1945*, 1969 : 이민호 · 강철구 역, 1993, 『독일근대사(개정증보판)』, 탐구당.

Dallet, Ch., *Histoire dr l'Eglise de Corée*, Parie : Victor Parmé, 1874 : 안응열 · 최석우 역주, 1980, 『한국천주교회사』 下,

왜관 : 분도출판사.

Fischer, Edward, *Light in the Far East-Archbishop Harold Henry's Forty-Two Years in Korea*, New York : The Seabury Press, 1976.

Griffis, William E., *Corea, The Hermit Nation*, W.H.Allen Co., 13. Water Loo Place, London, 1882 : 申福龍 옮김, 1972, 『隱者의 나라 韓國』, 探求堂.

Guennou, Jean, *Les Missions Étrangères*, Paris, 1963.

Hanson, Eric O., *Catholic Politics in China and Korea*, New York : Orbis Books, 1980.

Harrington F. H., *God, Mammon and the Japaness*, 李光隣 역, 1973, 『開化期의 韓美關係』, 一潮閣.

Herlihy, Francis, *Swords and Ploughshares-Fifty Years of Mission in Korea*, Melbourne : Dove Communications, 1983.

Hulbert, Honer B., *The Passing of Korea*, William Heinemann Co., London, 1906, 申福龍 옮김, 1973, 『大韓帝國 滅亡史』, 평민사.

Kasper, A.·Berger, P., *HWAN GAP*(還甲 : 60 Jahre *Benediktinermission in Korea und der Mandschurei*, Munsterschwaryach, 1973.

Kelly, Jeremiah F., *The Splendid Cause 1933-1983*, Columban Fathers(Seoul : Korea), 1983.

Kendall, Calton W., *The Truth about Korea*, San Fransisco : The Korean National Association, 1919 : 申福龍, 1986, 『韓國獨立運動의 眞相』, 평민사.

Lee Jung Soon edi., *Father John E. Morris*, M.M. Sisters of Our Lady of Perpetual Help, Seoul : Korea, 1994.

McKenzie, Frederick A., *The Tregedy of Korea*, 1908 : Seoul :

Yonsei Uni. Press, 1969.

_____, *Koera's Fight for Freedom*, London :
　　　Fleming H. Revell Co., 1920 : 李光隣 역, 1977,『韓國의 獨
　　　立運動』, 一潮閣 ; 申福龍, 1986,『韓國의 獨立運動』, 평민사.

McLeod, Hugh, *Religion and the People of Western Europe*
　　　1789-1970, Oxford University Press, 1981.

McPolin, Owen, *The Church in Korea*.

Niesei, Wilhelm, *The Gospel and the Churches : A Comparison of*
　　　Catholicism, Orthodoxy, and Pretestantism : 이종성·김항
　　　안 역, 1988,『비교 교회론』, 대한기독교출판사.

Sands, W.F., *Undiplomatic Memories(The Far East 1896-1904)*,
　　　London, John Hamilton ; 김훈 옮김, 1986,『조선의 마지막
　　　날』, 도서출판 未完.

Underwood, Horace G., *The Call of Korea*, 李光隣 역, 1989,『韓國
　　　改新敎受容史』, 一潮閣.

H.H.Underwood, *Modern Education in Korea*, New York :
　　　International Press, 1926.

Van Hecken, Joseph L., C.I.C.M., *The Catholic Church in Japan*
　　　Since 1859, Herder Agency Enderle Bookstore, Toyko,
　　　1963.

Walter, P. Hermengild, *IM KAMPF FURS KREUZ. DR.*
　　　THEODOR BREHER O.S.B. MISSIONAR BISCHOF
　　　1889-1950, Gesamtherstellung : Eos Offizin St. Ottilien,
　　　1952. 鄭學根 역, 1978,『승리의 십자가』, 왜관 : 분도출판사.

Weber, N., *Im landre der Morgenstille*, St. Ottilien, 1923.

L'Eglise *Catholique dans L'Empire Japonais* 大日本帝國內 公敎會,
　　　Katholik Chuo Shuppanbu, Tokyo, 1935.

Nouvelle Histoire de l'Eglise, Vol. 4, Paris, 1966 : 日語 譯, 1982,

『キリスト教史』 10, 東京:講談社.
The Catholic Encyclopedia, New York, 1967.

4. 논 문

강돈구, 1990, 「한국 근대 종교운동과 민족주의의 관계에 대한 연구」, 서울대학교 종교학 박사학위논문.

姜萬吉, 1981, 「日帝時代의 火田民生活」, 上·下, 『東方學志』 27·28.

강위조, 「日帝下 韓國基督敎의 存在樣式과 그 發展」; 차기벽 엮음, 1985, 『일제의 한국식민통치』, 정음사.

高承濟, 1968, 「間島移民史의 社會經濟的 分析」 『白山學報』 5.

_____, 1973, 「東拓移民의 社會史的 分析」 『白山學報』 14.

구본식, 1989, 「가톨릭교회와 프랑스대혁명－가톨릭성직자와 혁명과의 관계 중심으로－」 『가톨릭敎育 硏究』 4, 효성여대.

구중서, 1984.6, 「일제하의 '가톨릭청년'지 연구」 『교회와 역사』 108.

권태억, 1992, 「일제하 재만한인의 존재양태와 독립운동－1920년대 후반～30년대 전반을 중심으로」 『한국사에 있어서 滿洲의 위치』.

吉昇欽, 1985, 「日本帝國主義의 性格」 『韓國近代社會와 帝國主義』, 三知社.

吉野誠, 1983, 「일본 제국주의의 한국지배」 『새로운 韓國史 入門』, 조선사연구회 신조선사입문 편집위원회.

吉井蒼生夫, 1978, 「舊刑法の制定と'皇室ニ對スル罪」 『神奈川法學』 13-3.

金敬泰, 1984, 「동아시아 3국의 분기와 제국주의 세계체제」 『梨花史學研究』 15.

_____, 1985, 「日本帝國主義의 形成과 大韓帝國－光武年間의 國際

的 條件－」『韓國近代社會와 帝國主義』, 三知社.

金光植, 1994, 「日帝下 禪學院의 運營과 性格」『한국독립운동사연구』 8 ; 1996, 『韓國近代佛教史研究』, 民族社.

_____, 1994, 「朝鮮佛教青年會의 史的 考察」『韓國佛教學』 19 ; 『韓國近代佛教史研究』.

_____, 1995, 「1910年代 佛教界의 進化論 受容과 寺刹令」『吳世昌教授華甲紀念 韓國近現代史論叢』, ; 『韓國近代佛教史研究』.

金基周, 1996, 「베트남에 있어서의 프랑스의 植民主義」『柳洪烈博士 華甲紀念論叢』, 탐구당.

김남식, 1987, 「일제의 사상통제와 한국교회의 변질」『神學지남』 여름.

金明漢, 1986, 「日帝의 思想統制와 그 法體系」, 서울대학교 법학과 석사학위논문.

김명혁, 1988, 「교회와 국가의 관계에 대한 역사적 고찰」『교회와 국가』.

金輔璟, 1991, 「韓末 天主教의 民族運動論 小考－경향신문(1906～1910) 논설 분석을 중심으로」, 숙명여자대학교 석사학위논문.

金宣珠, 1977, 「愛國啓蒙運動期의 京鄉新聞論說分析」, 고려대학교 석사학위논문.

金承台, 1986, 「日本 神道의 침투와 1910·1920年代의 '神社問題'」, 서울대학교 석사학위논문.

_____, 1991, 「일제하 '천황제' 이데올로기와 기독교학교」『신학사상』 74 ; 김승태, 1994, 『한국 기독교의 역사적 반성』, 서울 : 다산글방.

_____, 「일제하 주한 선교사들의 '신사문제'에 대한 인식과 대응」『한국근현대사 연구』 ; 『한국 기독교의 역사적 반성』.

_____, 1997, 「한말 일제침략기 일제와 선교사의 관계에 대한 연

구(1894-1910)」『한국기독교와 역사』 6, 한국기독교역사연
구소.

金良善, 1969, 「三一運動과 基督敎界」『三一運動 五十周年紀念論
集』, 東亞日報社.

김용자, 1985, 「敎皇 비오 11세와 東洋 宣敎政策」『韓國天主敎創設
二百周年紀念 韓國敎會史論文集』 II, 韓國敎會史硏究所.

_____, 1982, 「중국인 주교서품에 대한 벨기에 여론의 반응」『서양
사연구』 4.

金貞松, 1991, 「뮈텔 주교의 조선 인식과 선교방침(1890~1919) - 정
치·사회적 측면을 중심으로-」『誠農崔奭祐神父古稀紀念
韓國가톨릭文化活動과 敎會史』, 韓國敎會史硏究所.

김정옥, 1985, 「迫害期 宣敎師들의 韓國觀」『韓國天主敎創設二百周
年紀念 韓國敎會史論文集』 II, 韓國敎會史硏究所.

_____, 1987, 「일제하 프랑스 선교사의 활동」『敎會史硏究』 5.

金鍾健, 1995, 「19세기 山東省에서의 基督敎 宣敎와 그 問題點-山
東義和團運動의 發生 原因에 관한 接近-」『昌原史學』 2.

김종서, 1993, 「현대 사회의 정교관계 이론 연구」『정신문화연구』
16-1.

김진소, 1986, 「개화기·일제치하의 한국천주교회와 역사의식」『새
오름』 9, 광주가톨릭대학.

_____, 1996, 「일제하 한국 천주교회의 선교방침과 민족의식」『敎
會史硏究』 11.

김창수·김승일 지음, 1999, 『대한민국 임시의정원 의장, 해석 손정
도의 생애와 사상 연구』, 넥서스.

김흥수, 1987, 「교회와 국가 관계의 역사적 유형」『神學思想』 59.

_____, 1988, 「교회와 국가 관계에 대한 미 북장로교 선교부와 헐
버트와의 갈등」『韓國基督敎史硏究』 22.

盧吉明, 1977, 「構造·機能的 側面에서 본 韓國基督敎의 受容過程」

『人間과 未來』5, 中央神學校出版部.

盧吉明, 1983, 「가톨릭과 韓國社會開發 – 韓國가톨릭의 性格 形成을 中心으로 한 序說的 硏究」『가톨릭社會科學硏究』2.

_____, 1987, 「開化期의 韓國 가톨릭 敎會와 國家와의 關係」『가톨릭社會科學硏究』4.

_____, 1991, 「朝鮮後期 韓國 가톨릭 敎會의 民族意識」『誠農崔奭祐神父古稀紀念 韓國가톨릭文化活動과 敎會史』.

_____, 1991, 「開港期 帝國主義 列强의 朝鮮侵略에 대한 프랑스 宣敎師들의 態度」『崔在錫 敎授 停年退任紀念論叢 韓國의 社會와 歷史』, 一志社.

_____, 1994, 「安重根의 信仰」『敎會史硏究』9.

盧明信, 1978, 「韓國 天主敎 神學校 敎育의 敎育史的 意義 設定 試考」, 이화여자대학교 석사학위논문.

_____, 1984, 「韓末·日帝下 샬트르 聖 바오로 修女會의 育英事業」『韓國天主敎創設二百周年紀念 韓國敎會史論文集』I, 韓國敎會史硏究所.

盧榮澤, 1982, 「日帝下 韓國 天主敎會의 敎育事業(1)」『崔奭祐神父華甲紀念 韓國敎會史論叢』, 韓國敎會史硏究所.

_____, 1984, 「日帝下 韓國 天主敎會의 敎育事業 硏究(2)」『韓國天主敎創設二百周年紀念 韓國敎會史論文集』I, 韓國敎會史硏究所.

_____, 1984, 「日帝下 天主敎의 民族運動」『韓國近代宗敎思想史』, 원광대학교 출판부.

_____, 1986, 「日帝下 韓國 天主敎會의 敎育事業 硏究(3)」『가톨릭敎育硏究』1.

_____, 1987, 「일제하 천주교와 천도교의 사회사상 비교論攷」『한국전통문화연구』3, 효성여자대학교.

_____, 1987, 「日帝下의 敎會와 國家」『가톨릭社會科學硏究』4.

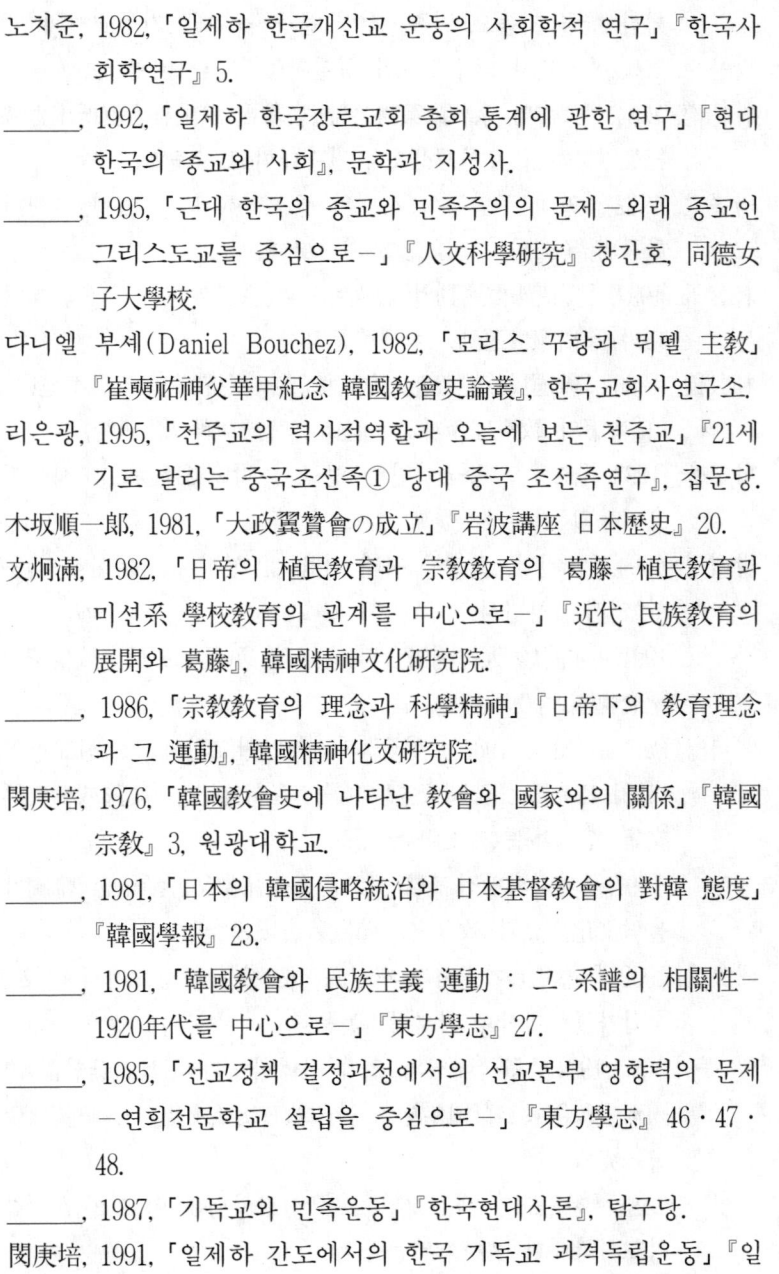

노치준, 1982, 「일제하 한국개신교 운동의 사회학적 연구」『한국사
　　　회학연구』5.

_____, 1992, 「일제하 한국장로교회 총회 통계에 관한 연구」『현대
　　　한국의 종교와 사회』, 문학과 지성사.

_____, 1995, 「근대 한국의 종교와 민족주의의 문제 - 외래 종교인
　　　그리스도교를 중심으로-」『人文科學硏究』창간호, 同德女
　　　子大學校.

다니엘 부세(Daniel Bouchez), 1982, 「모리스 꾸랑과 뮈텔 主敎」
　　　『崔奭祐神父華甲紀念 韓國敎會史論叢』, 한국교회사연구소.

리은광, 1995, 「천주교의 력사적역할과 오늘에 보는 천주교」『21세
　　　기로 달리는 중국조선족① 당대 중국 조선족연구』, 집문당.

木坂順一郞, 1981, 「大政翼贊會の成立」『岩波講座 日本歷史』20.

文炳滿, 1982, 「日帝의 植民敎育과 宗敎敎育의 葛藤-植民敎育과
　　　미션系 學校敎育의 관계를 中心으로-」『近代 民族敎育의
　　　展開와 葛藤』, 韓國精神文化硏究院.

_____, 1986, 「宗敎敎育의 理念과 科學精神」『日帝下의 敎育理念
　　　과 그 運動』, 韓國精神化文硏究院.

閔庚培, 1976, 「韓國敎會史에 나타난 敎會와 國家와의 關係」『韓國
　　　宗敎』3, 원광대학교.

_____, 1981, 「日本의 韓國侵略統治와 日本基督敎會의 對韓 態度」
　　　『韓國學報』23.

_____, 1981, 「韓國敎會와 民族主義 運動 : 그 系譜의 相關性-
　　　1920年代를 中心으로-」『東方學志』27.

_____, 1985, 「선교정책 결정과정에서의 선교본부 영향력의 문제
　　　-연희전문학교 설립을 중심으로-」『東方學志』46·47·
　　　48.

_____, 1987, 「기독교와 민족운동」『한국현대사론』, 탐구당.

閔庚培, 1991, 「일제하 간도에서의 한국 기독교 과격독립운동」『일

제하 한국 기독교 민족·신앙 운동사』, 대한기독교서회.

박문수, 1993,「일제하 천주교단의 친일활동」『역사비평』 23.

朴相權, 1984,「日帝의 宗教政策과 韓國宗教」『崇山朴吉眞博士古稀紀念 韓國近代宗教思想史』, 원광대학교 출판부.

박승길, 1992,「일제 무단통치 시대의 종교정책과 그 영향」『현대 한국의 종교와 사회』, 文學과 知性社.

朴容玉, 1994,「國債報償運動의 發端背景과 女性參與」『日帝經濟侵略과 國債報償運動』, 아세아문화사.

朴殷穆, 1986,「韓國民族主義의 教育理念과 抵抗的 民族教育運動」『日帝下의 教育理念과 그 運動』, 韓國精神文化研究院.

박창욱, 1993,「조선족 중국이민사 연구」『間島史新論』, 도서출판 우리들의 편지사.

박태영, 1994,「노기남, 호교를 위해 신을 판 성직자」『청산하지 못한 역사』, 청년사.

朴 烜, 1991,「北間島 大韓國民會의 成立과 活動」『尹炳奭教授華甲紀念韓國近代史論叢』.

배세영(Pelisse, M.), 1984,「한국 파리외방전교회와 그 선교방침 (1831-1942)」『韓國天主教創設二百周年紀念 韓國教會史論文集』 I, 韓國教會史研究所.

_____, 1991,「파리외방전교회」『誠農崔奭祐神父古稀紀念 韓國가톨릭文化活動과 教會史』, 韓國教會史研究所.

배효식, 1992,「구한말 가톨릭과 개신교 선교사들의 선교정책 비교」, 수원가톨릭대학교 석사학위논문.

백 뻴라치도, 1984,「한국에서의 초기 베네딕도회의 선교방침」『韓國天主教創設二百周年紀念 韓國教會史論文集』 I, 韓國教會史研究所.

백영민, 1985,「천주교와 개신교의 초기 선교방법론 비교 연구」, 감리교신학대학 석사학위논문.

卞鎭興, 1982, 「1930年代 韓國 가톨릭 敎會와 共產主義 認識」『崔奭祐神父華甲紀念 韓國敎會史論叢』, 韓國敎會史硏究所.

山本有造, 1991, 「日本における植民統治思想の展開」(2) 『アシア經濟』32-2.

徐紘一, 1981, 「北間島 基督敎人들의 民族運動 硏究(1906-1921)」『神學思想』32, 34, 35 ; 이만열 외, 1992, 『한국기독교와 민족운동』, 종로서적.

_____, 1987, 「北間島 基督敎 民族運動家 鄭載冕」『한국기독교사연구』15, 16, 한국기독교사연구회.

_____, 1995, 「日帝下 北間島 韓人들의 民族主義 敎育運動 硏究(1906-1919)」『仁荷史學』3.

石洪旭, 1977, 「政敎分離原則에 관한 考察」, 연세대학교대학원 석사학위논문.

孫仁銖, 1971, 「韓末 日帝治下의 私學史硏究」『韓國近代敎育史』, 연세대출판부.

_____, 1986, 「日帝 植民地 敎育政策의 性格」『日帝下의 敎育理念과 그 運動』, 韓國精神文化硏究院.

孫禎睦, 1987, 「朝鮮總督府의 神社普及·神社參拜 强要政策硏究」『韓國史硏究』58.

宋建鎬, 1981, 「日帝下 民族과 基督敎」『민족주의와 기독교』.

宋明和, 1991, 「프랑스 宣敎師 뮈텔의 日記(1890-1900) 分析」, 국민대학교대학원 석사학위눈문.

宋順嬉, 1978, 「海西敎案 硏究」, 고려대학교대학원 석사학위논문.

宋友惠, 1986, 「北間島 大韓國民會의 組織形態에 관한 硏究」『한국민족운동사연구』, 지식산업사.

_____, 1992, 「獨立運動家 安定根의 生涯」『朴永錫敎授華甲紀念 韓民族獨立運動史論叢』, 탐구당.

宋裕才, 1967, 「光武年代의 京鄕新聞硏究」, 이화여자대학교 석사학

위논문.

松村高夫, 1972. 「滿洲國成立以降における移民勞動政策の形成と展開」『日本帝國主義下の滿洲』, 東京 : 御茶の水書房.

신광철, 1995. 「개항기 한국천주교와 개신교의 관계－海西敎案을 중심으로－」『宗敎硏究』11.

_____, 1996. 「초기 한국 가톨릭과 개신교의 상호 관계 및 이해에 대한 연구」, 서울대학교 종교학과 박사학위논문 : 1998, 『천주교와 개신교 －만남과 갈등의 역사－』, 한국기독교역사연구소.

申奎燮, 1993. 「日本の間島政策と朝鮮人社會」『朝鮮史硏究會論文集』, 綠蔭書房.

愼鏞廈, 1980. 「安重根의 思想과 國權恢復運動」『韓國史學』2(韓國精神文化硏究院.

_____, 1984. 「韓國 基督敎와 民族運動」『기독교사상』10월호.

_____, 1994. 「愛國啓蒙運動에서 본 國債報償運動」『日帝經濟侵略과 國債報償運動』, 아세아문화사.

辛周炫, 1986. 「1920年代 韓國基督敎人들의 民族運動에 關한 一考察－社會經濟運動을 中心으로」, 숙명여자대학교대학원 석사학위논문.

阿部洋, 1960. 「合倂初期における 朝鮮總督府とキリスト敎主義學校－植民地敎育政策の側面－」『歷史學硏究』27-2.

안홍균, 1988. 「'별'보에 대한 한 연구」『敎會史硏究』6.

鈴木敬夫, 1988. 「法을 통한 朝鮮植民地 支配－植民地統治法에 의한 民族敎育과 獨立思 想의 彈壓－」, 고려대학교 법학 박사학위논문.

오경환, 1983. 「개항기 천주교와 개신교의 관계」『가톨릭대학교논문집』9.

_____, 1983. 「체코敎會와 敎勢變動의 要因考察」『가톨릭社會科學

研究』 2.

오경환, 1987, 「敎會文獻에서의 政敎關係」『가톨릭社會科學硏究』 4.

_____, 1994, 「안중근과 인천 천주교 초대 주임 빌렘 신부」『황해
　　　　문화』 2, 인천 : 새얼문화재단.

吳世昌, 1970, 「在滿韓人의 社會的 實態(1910~1930)－中國의 對韓
　　　　人 政策을 中心으로－」『白山學報』 9.

_____, 1992, 「滿洲 韓國獨立軍의 編成과 活動」『何石金昌洙敎授
　　　　華甲紀念論文集 韓國民族運動史의 諸問題』.

_____, 1992, 「日本의 間島地方 韓國獨立運動 根據地 剿討作戰」
　　　　『西巖趙恒來敎授華甲紀念 韓國史學論叢』, 아세아문화사.

吳麟鐸, 1982, 「日帝下 民族敎育과 宗敎敎育의 葛藤」『近代 民族敎
　　　　育의 展開와 葛藤』, 韓國精神文化硏究院.

柳東植, 1985, 「한국 기독교(1885-1985)의 타종교에 대한 이해」『논
　　　　문집』 21, 인문편, 연세대학교 대학원.

유승희, 「정치적 증거로서의 순교－일제하 한국 기독교의 신사참배
　　　　항거를 중심으로－」, 숙명여자대학교대학원 석사학위논문.

柳禮卿, 1992, 「1920년대 조선에서의 개신교 선교사 배척운동에 관
　　　　한 연구」, 고려대학교대학원 석사학위논문.

劉願淑, 1995, 「1930년대 일제의 조선인 만주 이민정책 연구」『釜大
　　　　史學』 19.

유홍렬, 1982, 「일제치하 천주교의 수난」『한국학』 27, 중앙대.

尹慶老, 1982, 「初期 韓國 改新敎側의 天主敎觀 : 改新敎 宣敎師들
　　　　의 見解를 中心으로」『崔奭祐神父 華甲紀念 韓國敎會史論
　　　　叢』, 韓國敎會史硏究所.

_____, 1985, 「初期 新·舊敎 關係의 史的 考察－‘海西敎案’과 ‘文
　　　　書論爭’을 中心으로」『한글성서와 겨레문화』, 기독교문사.

_____, 1985, 「安重根思想硏究」『民族文化』 4, 한성대 : 윤경로,
　　　　1992, 『한국근대사의 기독교사적 이해』, 역민사.

尹慶老, 1988, 「105인 사건의 기독교사적 이해」 『기독교사상』 12월호
: 윤경로, 1992, 『한국근대사의 기독교사적 이해』, 역민사.

_____, 1989, 「1900년대 한국교회와 기독교 민족운동」 『한국기독
교 역사』 I, 기독교문사 ; 윤경로, 1992, 『한국근대사의 기
독교사적 이해』, 역민사.

_____, 1989, 「통감부 시기 일제의 기독교정책과 조선전도론」 『民
族文化』 4 ; 윤경로, 1992, 『한국 근대사의 기독교사적 이
해』, 역민사.

_____, 1991, 「초기 한국 장로교회의 치리와 교인의 사회경제적
성향－새문안교회를 중심으로－」, 『한국기독교역사연구』 1
: 윤경로, 1992, 『한국근대사의 기독교사적 이해』, 역민사.

尹炳奭, 1979, 「安岳・新民會事件 判決文」 『韓國近代史料論』, 一潮
閣.

_____, 1992, 「韓人(朝鮮族)의 間島開拓과 民族運動」 『何石金昌洙
敎授華甲紀念史學論叢 韓國民族獨立運動史의 諸問題』.

尹善子, 「Deneux」・「李學秀」・「朴秉來」・「李내秀」・「鄭南奎」・「姜
賢洪」・「金允根」・「姜華錫」・「金燦洙」・「金永濟」・「金榮九
」・「權永兆」・「金季龍」・「金在石」・「金慶佑」, 『교회와 역
사』 188～235, 한국교회사연구소, 1991.4～1994.12월호.

_____, 1996, 「'한일합병' 전후 黃海道 天主敎會와 빌렘 신부」 『한
국근현대사연구』 4.

_____, 1996, 「日帝下 天主敎 信者들의 間島 이주와 民族運動」 『釜
山敎會史報』 11, 釜山敎會史硏究所.

_____, 1996, 「日帝下 朝鮮 天主敎會의 宣敎政策」 『北岳論叢』 14.

_____, 1996, 「間島 天主敎會의 設立과 朝鮮人 天主敎信者들의 間
島 移住」 『全南史學』 11.

_____, 1997, 「1910년대 일제의 종교규제법령과 조선 천주교회」
『한국근현대사연구』 6.

尹承容, 1992, 「社會變動에 대한 宗敎의 反應形態硏究」, 서울대학교 철학 박사학위논문.

尹汝德, 1988, 「勞動憲章(R.N)의 社會史的 背景」『가톨릭社會科學 硏究』5.

尹政熙, 『間島開拓史』; 1991, 『한국학별집』3, 인하대.

尹輝鐸, 1992, 「1920~30年代 滿洲 中部地域의 農村社會構成－間島 地方의 朝鮮人 農民을 中心으로－」『韓國史學論叢』, 박영 석교수화갑논총간행회.

元光浩, 1989, 「日帝의 宗敎政策과 韓國基督敎」, 연세대학교 교육대 학원 석사학위논문.

李萬烈, 1981, 「한말 기독교인의 민족의식 動態化과정」『민족주의 와 기독교』, 민중사 : 이만열, 1991, 『한국 기독교와 민족의 식－한국기독교사연구논고』, 지식산업사.

_____, 1982, 「改新敎의 傳來와 日帝下의 敎會와 國家」『國家權力 과 基督敎』, 民衆社.

_____, 1984, 「한국 기독교 사회운동－한말·일제하를 중심으로」 『기독교사상』8월호 : 이만열, 『한국 기독교와 민족의식－ 한국기독교사연구논고』, 지식산업사.

_____, 1990, 「한말 기독교 思潮의 兩面性 試考－한국 기독교의 진 보·보수의 역사성 탐구와 관련하여」『民族史의 展開와 그 文化』下, 碧史 李佑成敎授定年退 職紀念論叢 : 이만열, 1991, 『한국 기독교와 민족의식－한국기독교사연구 논고』, 지식산업사.

이명화, 1992, 「朝鮮總督府 學務局의 機構變遷과 機能」『한국독립 운동사연구』6.

_____, 1983, 「조선총독부의 유교정책(1910-1920년대)」『한국독립 운동사연구』7.

이병호, 1987, 「프랑스 宣敎師들의 靈性과 韓國敎會」『敎會史硏究』5.

李尙根, 1994, 「韓人 露領移住史 硏究」, 단국대학교 박사학위논문.

이상욱, 1988, 「〈보감〉과 〈경향잡지〉의 '법률문답'을 통한 천주교회의 법률계몽운동」『가톨릭敎育硏究』3.

李省展, 1993, 「宣敎師と日帝下朝鮮の敎育」『朝鮮民族運動史硏究』9, 東京:靑丘文庫.

李愚振, 1986, 「臨政의 파리講和會議外交」『韓佛外交史 (1886-1986)』, 평민사.

李元淳, 1969, 「未公開史料 Mutel文書」『韓國史硏究』3, 1969.

_____, 1973, 「朝鮮末期社會의 對西敎問題硏究-敎案을 中心으로 한-」『歷史敎育』15.

_____, 1986, 「朝鮮末期社會의 '敎案' 硏究」『韓國天主敎會史硏究』, 韓國敎會史硏究所.

이정복, 1981, 「대한민국임시정부의 교통국과 연통제」『韓國史論』10, 국사편찬위원회.

이준식, 1993, 「일제침략기 기독교 지식인의 대외인식과 반기독교운동」『역사와 현실』10.

李進龜, 1988, 「神社參拜에 對한 朝鮮基督敎界의 對應樣相」『宗敎學硏究』7.

_____, 1996, 「종교자유에 대한 한국개신교의 이해에 관한 연구-일제시대를 중심으로」, 서울대학교 종교학 박사학위논문.

李昌訓, 1986, 「20世紀初 프랑스의 對韓政策」『韓佛外交史 (1886~1986)』, 평민사.

李太載, 1987, 「敎會와 國家」『가톨릭社會科學硏究』4.

李鉉淙, 1966, 「舊韓末 政治·社會·學會·會社·言論團體 調査資料」『亞細亞學報』2, 亞細亞學術硏究會.

李炫熙, 1985, 「일본의 문화침략정책과 그 실상-특히 교육·종교 분야를 중심으로」『정신문화연구』25.

張秉吉, 1985, 「朝鮮總督府의 宗敎政策」『정신문화연구』25.

장석만, 1990, 「19세기 말 20세기 초 한·중·일 삼국의 정교분리담론」『역사와 현실』 4.

藏田雅彦, 1989, 「일제하 한국기독교와 일본의 천황제와의 갈등관계에 대한 역사적 고찰」, 연세대학교 석사학위논문.

張昌鎭, 1993, 「日帝下 民族問題論爭과 反宗敎運動-1920年代 社會主義者들의 反基督敎 運動을 中心으로-」, 서울대학교 석사학위논문.

정광현, 1976, 「일제의 종교정책과 식민지불교」『한국근대 민중불교의 이념과 전개』, 한길사.

鄭東勳, 1996, 「日帝 强占期下의 韓國 天主敎會와 神社 參拜에 關한 考察」『敎會史硏究』 11.

정양모, 1992, 「한국 가톨릭과 개신교의 대립과 대화」『宗敎神學硏究』 5, 서강대학교.

鄭然泰, 1994, 「日帝의 韓國 農地政策(1905-1945년)」, 서울대학교 박사학위논문.

丁原鈺, 1990, 「北間島 獨立軍의 編成과 獨立鬪爭」『이재룡 화갑기념논문집 한국사학논총』.

井田泉, 1984, 「安重根クリスト敎」『キリスト敎學』, 日本立敎大學キリスト敎學會.

鄭濟愚, 1996, 「朝鮮總督 寺內正毅論」『한국독립운동사연구』 6.

趙 珖, 1975, 「日帝侵略期 天主敎徒의 民族獨立運動」『司牧』 42.

_____, 1978, 「〈京鄕新聞〉의 창간경위와 그 의의」『京鄕新聞』(影印本), 弗咸文化社.

_____, 1994, 「安重根의 愛國啓蒙運動과 獨立戰爭」『敎會史硏究』 9.

_____, 1995.1, 「일제하 무장독립투쟁과 한국 천주교회」『교회와 역사』 236.

조동걸, 「문화투쟁사교육편」『독립운동사』 8, 독립운동사편찬위원회.

_____, 1983, 「植民地 社會構造와 民衆」『月刊朝鮮』 2월호 : 1984,

韓國神學硏究所,『한국민중론』.

조동걸, 1984,「1920년대의 日帝收奪體制」『史學硏究』38 ; 조동걸,
    1993,『한국민족주의의 발전과 독립운동사연구』, 지식산업사.

_____, 1986,「韓國近代民族主義와 民衆의 役割」『新東亞』8월호 ;
    조동걸, 1993,『한국민족주의의 발전과 독립운동사연구』, 지
    식산업사.

趙英烈, 1987,「日帝의 對宣敎師政策 - George Kennan의 활동을 중
    심으로 -」『史學硏究』39.

_____, 1992,「日帝下 改新敎宣敎師硏究(1905~1920) - 美國宣敎指
    導部의 政治的 動向을 중심으로」, 건국대학교 박사학위논문.

趙恒來, 1994,「國債報償運動의 發端과 展開過程」『日帝經濟侵略과
    國債報償運動』, 아세아문화사.

中塚明, 1976,「日本 帝國主義と植民地」『岩波講座日本歷史』19(岩
    波書店.

車錫基, 1982,「日帝下 民族敎育'과 植民敎育의 葛藤」『近代 民族
    敎育의 展開와 葛藤』, 韓國精神文化硏究院.

崔起榮, 1984,「舊韓末 '京鄕新聞'에 관한 一考察」『韓國天主敎創
    設二百周年紀念 韓國敎會史論文集』I, 韓國敎會史硏究所 ;
    1991,『大韓帝國時期 新聞硏究』, 一潮閣.

_____, 1985,「國譯〈越南亡國史〉에 관한 一考察」『동아연구』6.

최대근, 1992,「로마 가톨릭 교회와 개신교의 한국 선교정책 비교
    연구」, 한신대학교 석사학위논문.

崔峰龍, 1992,「在滿朝鮮人 反日民族獨立運動에서의 宗敎의 歷史的
    地位에 大하여 - 1910~1920년대를 중심으로 -」『朴永錫敎
    授華甲紀念 韓民族獨立運動史論叢』, 探求堂.

崔奭祐, 1980,「韓國宗敎運動史 : 天主敎」『韓國 現代文化史大系』
    V, 高麗大學校 民族文化硏究所.

_____, 1983,「韓國 芬道會의 初期 修道生活과 敎育事業」『史學硏

究』36.

崔奭祐, 1984,「韓國 天主教會와 로마 教皇廳」『韓國天主教創設二百周年紀念 韓國教會史論文集』II, 韓國教會史研究所.

_____, 1984,「재한 천주교선교사들의 한국관과 선교정책」『숭산 박길진박사고희기념 한국근대종교 사상사』, 원광대 출판부.

_____, 1994,「안중근의 의거와 교회의 반응」『教會史研究』9.

崔由利, 1995,「日帝 末期(1938年~45年) ‘內鮮一體’ 論과 戰時動員體制」, 이화여자대학교 박사학위논문.

崔鍾庫, 1979,「韓末 京鄉新聞의 法律啓蒙運動」『韓國史研究』26 ; 최종고, 1980,『法史와 法思想』, 박영사.

_____, 1981,「한국에 있어서 종교자유의 법적 보장과정」『教會史研究』3.

平野武, 1972,「日本統治下の朝鮮の法的 地位」『阪大法學』83.

韓晳曦, 1982,「戰時下 朝鮮の 神社參拜とキリスト者の抵抗」『朝鮮史叢』5・6 ; 한석희, 1988,『일제 파시즘과 한국사회』, 청아.

_____, 1991,「신사참배의 강요와 저항」『한국 기독교와 신사참배문제』, 한국기독교역사연구소.

韓庸熙, 1983,「韓國社會와 가톨릭政治倫理」『가톨릭社會科學研究』1.

韓貞烈, 1993,「朝鮮總督府의 韓國 基督教 彈壓政策史 研究」, 연세대학교 석사학위논문.

戶村政博, 1982,「近代 日本의 天皇制國家와 基督教」『國家權力과 基督教』, 민중사.

洪鍾佖, 1984,「만주 조선인 교육문제 소고-1920년대 간도지방을 중심으로-」『白山學報』28.

_____, 1986,「滿洲朝鮮人 宗教問題 小考-1910年~1930年을 中心으로-」『白山學報』33.

黃明淑, 1988,「大韓帝國末期 天主教의 實業振興論-‘京鄉新聞’ 論調를 中心으로-」『教會史研究』6.

黃有福, 1990, 「正義府 硏究」(上), 『國史館論叢』 15.

Chay Jong Suk, *The United States and the Closing Door in Korea : American Korean Relations, 1894-1905*, Ph.D. Dissertation, University of Michigan, 1965.

Clark, Donald N., "Surely God will Work out Their Salvation : Protestant Missionaries in the First Movement", *Korean Studies*, The Center for Korean Studies, University of Hawaii, 1989, Vol.13.

Federal Council of Churches of Christ in America, Commission on Relations with the Orient, *The Korean Situation* 2, 1920. 4.

Foreign Mission Board, *Korean Information Papers*, Presbytetian Church, New York, 1905.

Gale, J. S., *Korea in Transition*, New York, Young People's Missionary Movement of the United States and Canada, 1909.

Government-General of Chosen, *Outline of Administrative Reforms in Chosen*, Seoul, Seoul Press, 1920.

O'dea, Thomas F., *The Sociology of Religion*, Englewood Cliffs, New Jersey, Prentice-Hall, 1966.

Rhodes Harry A. and Archibald Campbell, *History of the Korea Mission : Presbyterian Church in the U.S.A : 1935-1959*, New York, Commission on Ecumenical Mission and Relation, the United Presbyterian Church in the U.S.A., 1964.

Shin Ki Young, *CHRISTIANITY AND NATION-BUILDING IN KOREA, 1885~1945*, Arizona State University, August 1993.

Taylor, Sandra C., "Japan's Missionary to the Americans : Sidney

Gulick and America's Interwar Relationship with Japanese", *Diplomatic History*, Vol.4, No.4, Fall 1980

Underwood, L.H., *Fifteen Years Among the Top-Knot*, 김철 역, 1984, 『언더우드 부인의 조선생활』, 뿌리깊은 나무.

Underwood, Harace Horton, *Modern Education in Korea*, New York, International Press, 1926.

Welch, G., "The Missionary Significance of the Last Ten Years : A Survey in Korea", *The International Review of Missions*, Vol. XI, 1922.

[ABSTRACT]

The main purpose of this dissertation is examine the relationships between the religious policy of Japanese colonial government and the Catholic church. This study covers from 1905 when the protectorate treaty was established to 1945 when Japan was retreated from Korea. It mentions the relationship between the ruling structure of Westernimperialism and Japanese colonial ruling structure. It also compares and analyzes the discrepancy between goal and reality of the Catholic church under Japan's domination of Korea.

The religious policy of Japanese colonialism was that religion should contribute to Japanese rule in Korea. Japan not only persuaded Christianity which was related withwith the Western power but also controlled it according to the laws. 'Private school laws' stated the separation of religion and education. 'Revised private school laws' showed its intention to exclude foreigners in education by preventing the religious education and ceremonies in schools. 'Missionary laws' modelled on 'religious laws', which could not be passed in Japan, showed clearly that Japan would not admit any foreign powers or foreign thoughts under its rule of Korea. The Catholic church accepted these laws, because it recognized Japan as a legitimate ruler of Korea. In 1910s the Catholic church fell short of persons and supporting funds because lots of missionaries were mobilized and the supporting fund was diminished.

In 1919 Koreans who had been undergoing difficulties inside as well as outside of Korea developed the March First movement to demand the independence of Korea. Catholic priests including bishops and foreign missionaries responded negatively about this movement. Most of the missionaries permitted Japanese rule of Korea and they prevented believers from joining in the movement. They thought the March First movement violated the principle of separation of religion and politics. But Korean believers joined in the movement according to their individual decision. Although they were members of the Catholic church which was under the charge of foreign bishops who rejected the March First Movement, their action harmonized their national consciousness and beliefs.

The percentage of Catholics involved in the March First Movement was lower than that of protestants or the believers in Chondogyo(Religion of the Heavenly Way). The reasons are threefold. First, the Catholic church had a structure whose summit were bishops. At that time it was governed by French bishops. They took Japanese rule for granted, because they thought Koreans were uncapable of independence. Second, missionaries inculcated the principle of the separation of church and states in the mind of believers. And third, there existed an uncomfortable relationships with other religions such as protestants and Chondogyo. The Catholic church was uncapable of seeing how the Japanese policy was dividing the Koreans, and this was also its limitation.

Unlike the domestic situation, Korean Catholics of Kando were eager to join the March First Movement. The elements which made them eagerly join were the education movement, the armed movement for independence of Korea by religious clubs, and the Japanese persecution of Korean believers. The armed Catholic clubs in Kando were Korean Righteous People Club, New People Association, People's Club etc.

After the March First Movement Japan mitigated mission school regulations and laws for establishing churches. But it did not make much difference in Korean Christian world after World War I. The main concern of missionaries in Korea in 1920s was a religious corporation. Making religious organizations as corporations would guarantee the missionaries's freedom to act. And it was also a way to seize an ecclesiastical influence in Korea.

After experiencing the March First Movement, Japanese colonial government realized the importance of reigning the piople's mind. So it made Shinto as an instrument of carrying out the assimilation policy and the imperial subjects policy. It ordered that Korean should attend Shinto ceremonies. In 1920s the Catholic church stated plainly that attending Shinto ceremonies was incompatible with their beliefs. But it changed its position from disapproval to approval. In April 1936 all the bishops in Korea agreed upon Catholics' attendance at Shinto ceremonies. They decided that because they thought further objection might bring further persecution. Pope's announcement that permitted the attendance at Shinto ceremonies helped the existed decision made by Japanese and Korean Catholic church. Attendance at Shinto ceremonies was wrong in that it showed symbolically a surrender to Japanese colonial rule and it was an action to show pro-Japanese sentiment.

Japanese policy to annihilate Christianity was fortified all the more when they carried out the policy of invading the continent after the Chinese-Japanese War. 'Korean League for National Spiritual Mobilization' was organized in commemoration of the first anniversary of the Chinese-Japanese War. The regional constituency of Kyeong-seong Catholic church joined in that meeting. Head of Kyeong seong parish was elected as a general representative, parish priests were elected as representatives of each main building, and the representative of laymen was elected as a charge. This organization of Catholic order was similar with that of Japanese mobilization in the war time. From February 1941 on Keong-hyang Journal, the only journal of the Korean Catholic church, made a new column named 'All National Energy'. Its intention of this column was to awaken the people to their duty. It also maintained that religion also got benefits from the nation, so it must be loyal to the nation. The Catholic church had convicted the March first Movement on the ground of the principle of separation of religion and politics. Now they changed their position, and were defending the Japanese colonial policy.

After the Pacific War broke out, the Korean Catholic church was subordination to Japanese imperial government. Some parishes were under the charge of a Japanese head. Others were under the charge of a Korean of a German head. At that time Germany was allied with Japan. So the foundation to resist against Japanese religious strategy disappeared. The Catholic church said that Japan started the pacific War in order to establish peace in the East, and therefore the people should trust and serve Japan and especially Korean Catholics. It assisted Japanese in the invading Chinese-Japanese War because it wanted to keep the Catholic church.

The Catholic church only maintained its status quo. There was no more development or growth. It deteriorated Catholicism and its power went backward.

This dessertation could be used in three ways. First of all it makes us comprehend the history of Korean Catholic church, because it tries to examine it under Japanese rule. Second, it makes us understand Japanese colonial strategy, because it analyzes the policies which Japan announced and enforced. Third it makes us know the Korean history more broadly, because this dissertation is the first comprehensive study on the history of the Catholic church under Japanese rule.

찾아보기

＜ㅊ＞

＜ㅋ＞

<저자소개>

윤선자 尹善子

　　전남 목포에서 출생
　　전남대학교 사학과 졸업
　　국민대학교 대학원 졸업(문학박사)
　　광주대교구사 편찬위원, 한국교회사연구소 연구원
　　국민대학교 · 단국대학교 강사 역임
　　전남대학교 · 순천대학교 강사

저서 : 『성심원 · 파티마의 성모프란치스코수녀회 창설자 아우철 신부의 생애와
　　　활동』(2001), 『한국가톨릭문화유산과 절두산순교기념관』(1999), 『광주 ·
　　　전남의 역사』(공저, 2001), 『민족사와 명동성당』(공저, 2000), 『김포본당
　　　반세기 발자취』(공저, 1999), 『일제하 북한지역 천주교회의 활동터전』
　　　(공저, 1998), 『교회와 국가』(공저, 1997) 등 다수.

논문 : 「천주교회의 민족운동」, 「한국전쟁과 교회의 피해」, 「6 · 25한국전쟁과 군
　　　종활동」, 「안중근의 애국계몽운동」, 「일제의 종교정책과 신종교」, 「개화
　　　기 · 일제하 천주교회사 연구」, 「한국천주교회와 남자수도회」, 「민족운동
　　　과 교회」, 「안창호의 국제인식」, 「대한민국임시정부의 홍보활동」, 「1939
　　　년 조상제사 허용훈령」, 「1930년대 조선천주교회와 교황청의 중국의례허
　　　용 훈령」, 「1915년 '포교규칙' 공포 이후 종교기관 설립 현황」, 「간도 천
　　　주교회의 설립과 조선인 천주교신자들의 간도 이주」, 「일제하 조선 천주
　　　교회의 선교정책」, 「'한일합병' 전후 황해도 천주교회와 빌렘 신부」 등 한
　　　국 근 · 현대사 논문 다수.

고려사학회 연구총서⑧

일제의 종교정책과 천주교회

2001년 12월 24일   초판발행
2002년 10월 15일   재판발행

저   자 : 尹 善 子
회   장 : 韓 相 夏
발 행 인 : 韓 政 熙
발 행 처 : 景仁文化社
편   집 : 申 鶴 泰
서울특별시 麻浦區 麻浦洞 324 - 3
電話 : 718 - 4831~2, 팩스 : 703 - 9711
E-mail : kyunginp@chollian.net
登錄番號 : 제10 - 18號(1973. 11. 8)

ISBN : 89-499-0135-8 93910   정가 : 20,000원

* 파본 및 훼손된 책은 교환해 드립니다.